大师 学前教育专业系列教材

学前教育学

第3版

李生兰　著

华东师范大学出版社

图书在版编目(CIP)数据

学前教育学(修订版)/李生兰著.—上海:华东师范大学出版社,2006.8

ISBN 978-7-5617-2084-4

Ⅰ.学… Ⅱ.李… Ⅲ.学前教育—教育学 Ⅳ.G61

中国版本图书馆 CIP 数据核字(1999)第 30221 号

学前教育学(第 3 版)

著　　者　李生兰
策划编辑　朱建宝
项目编辑　王瑞安
审读编辑　舒小林
责任校对　赖芳斌
封面设计　高　山

出版发行　华东师范大学出版社
社　　址　上海市中山北路 3663 号　邮编 200062
网　　址　www.ecnupress.com.cn
电　　话　021-60821666　行政传真 021-62572105
客服电话　021-62865537　门市(邮购)电话 021-62869887
地　　址　上海市中山北路 3663 号华东师范大学校内先锋路口
网　　店　http://hdsdcbs.tmall.com

印 刷 者　常熟高专印刷有限公司
开　　本　787×1092　16 开
印　　张　19
字　　数　446 千字
版　　次　2014 年 3 月第三版
印　　次　2017 年 5 月第六次
书　　号　ISBN 978-7-5617-2084-4/G·986
定　　价　41.00 元

出 版 人　王　焰

作者简介

李生兰，教育学博士，华东师范大学学前教育与特殊教育学院学前教育系教授、博士生导师。

主要从事学前教育原理、学前儿童家庭和社区教育、比较学前教育、学前教育法规政策、幼儿园课程、学前儿童英语教育等方面的教学和科研工作。

主持了教育部人文社会科学研究“十五”规划基金课题“幼儿园利用家庭和社区资源对儿童进行德育的研究”、上海市教育科学研究基金课题“推进新郊区新农村幼儿园家长开放日活动改革与发展的研究”、“中外学前儿童社会教育的比较研究”、美国伊利诺伊大学研究学者基金课题“中美幼儿园与家庭、社区合作共育的比较研究”等20几项省部级和国际合作科研项目。

出版了《学前教育学》、《学前儿童家庭教育》、《幼儿家庭教育》、《幼儿园与家庭、社区合作共育的研究》、《幼儿园家长开放日活动的研究》、《学前教育法规政策的理解与运用》、《比较学前教育》、《儿童的乐园：走进21世纪的美国学前教育》8部著作，主编了《幼儿园英语教育》6本系列教材，在国内外教育核心刊物上公开发表百余篇学术论文。

先后赴美国、英国、澳大利亚、新加坡、日本、希腊等国家访学、讲学，进行学前教育领域的学术交流和考察研究活动。

曾获“上海高校优秀青年教师”称号，上海市第八届教育科学研究成果奖，上海市成人高等师范“教育教学优秀奖”，华东师范大学“继续教育工作教学奖”，中国学前教育研究会“优秀科研工作者”、“优秀论文奖”、“幼儿教育优秀作品奖”以及“中国全国妇女联合会好作品奖”等多项奖励。

第 3 版说明

《学前教育学(第 3 版)》与《学前教育学(修订版)》相比,具有以下几个特点:

一、更加重视依法治教。为了强调学前教育的基础性、法制性,在许多篇章里都开辟了专节,用于推介我国政府教育职能部门最近几年所颁发的学前教育法规和政策。例如,在第二章"学前儿童观"里,增加了第四节"《中国儿童发展纲要(2011—2020 年)》简介";在第三章"学前教育观"里,增加了第六节"《关于当前发展学前教育的若干意见》简介";在第七章"幼儿园的家庭教育指导"里,增加了第六节"《全国家庭教育指导大纲》简介";在第八章"幼儿园的教师"里,增加了第四节"《幼儿园教师专业标准(试行)》简介"。

二、更加强调具体实用。为了凸显学前教育的实践性、操作性,在一些篇章里,都新设了专节,用来介绍幼儿园行之有效的活动案例。例如,在第五章"幼儿园的社会教育"里,增加了第七节"幼儿园社会教育活动的案例";在第六章"幼儿园的游戏活动"里,增加了第七节"幼儿园游戏活动的案例"。

三、更加关注新颖全面。为了表现学前教育的发展性、系统性,在许多篇章和小节里,都新增了相关的内容。例如,在第四章"学前教育的课程"里,添加了第六节"后现代课程理论及启示";对第一章"导论"中的第三节"学前教育学的研习方法"、第二章"学前儿童观"中的第二节"儿童权利的扩大与保护"、第三章"学前教育观"中的第二节"学前教育的发展"、第七章"幼儿园的家庭教育指导"中的第四节"幼儿园家庭教育指导的形式"、第八章"幼儿园的教师"中的第三节"幼儿教师的职业培训"里的许多内容都进行了更新和补充。此外,还删除了原来放在各章结尾部分的"补充读物"。

四、更加注意生动形象。为了增强读者学习的兴趣性、形象性,在每章各节的开端,都配了 1 张照片,共有 47 张照片;删掉了原来放在各章起始部分的照片。

五、更加注重自主自评。为了发挥读者学习的主动性、评价性,在每章的"阅读参考书目"里,都新添了许多近几年出版的图书信息;在每章的"复习思考题"里,都补充了一些发展思维能力的题目;在"附录"里,完善了学前教育学课程"教学(考试)大纲",增加了学前教育学课程模拟考试"试卷九"和"试卷十"及其"参考答案"。

衷心感谢国内外许多学者所做的各项研究,他们的研究成果激发了我不断学习的热情,使《学前教育学(第 3 版)》的内涵变得更加深厚。

衷心感谢允许我摄影的国内外各个学前教育机构,他们的友好相助给了我不断进取的动力,使《学前教育学(第 3 版)》的形式变得更加丰富。

衷心感谢华东师范大学出版社高等教育分社朱建宝老师的邀请、理解、支持和帮助，使我能顺利地完成《学前教育学(第3版)》的修订工作。

真诚欢迎广大的读者朋友对《学前教育学(第3版)》提出宝贵的批评意见和修改建议。

李生兰

2013年12月2日于华东师范大学李生兰教授工作室

目 录

第一章 导论 / 1

第一节 学前教育与学前教育学 / 1
第二节 学前教育的理论与实践 / 4
第三节 学前教育学的研习方法 / 10

第二章 学前儿童观 / 16

第一节 儿童观的界说 / 16
第二节 儿童权利的扩大与保护 / 18
第三节 正确儿童观的树立 / 24
第四节 《中国儿童发展纲要(2011—2020 年)》简介 / 30

第三章 学前教育观 / 36

第一节 学前教育的价值 / 36
第二节 学前教育的发展 / 39
第三节 学前教育的目标 / 48
第四节 科学学前教育观的树立 / 51
第五节 学前儿童的因材施教 / 57
第六节 《关于当前发展学前教育的若干意见》简介 / 63

第四章 学前教育的课程 / 67

第一节 学前教育课程的界定 / 67
第二节 学前教育课程的理论 / 69
第三节 学前教育课程的方案 / 75

第四节　学前教育课程的设计 / 80
第五节　学前教育课程的评价 / 88
第六节　后现代课程理论及启示 / 90

第五章　幼儿园的社会教育 / 95

第一节　幼儿园社会教育的价值和内容 / 95
第二节　幼儿社会化的理论及其实践 / 103
第三节　幼儿园社会教育的路径探寻 / 111
第四节　幼儿园社会教育活动的设计原则 / 117
第五节　幼儿园社会教育活动的组织与实施 / 120
第六节　幼儿园社会教育活动的观察与评价 / 123
第七节　幼儿园社会教育活动的案例 / 129

第六章　幼儿园的游戏活动 / 139

第一节　幼儿园游戏活动的种类 / 139
第二节　幼儿园游戏活动的价值 / 142
第三节　幼儿园游戏活动的准备 / 148
第四节　幼儿园游戏活动的观察 / 151
第五节　幼儿园游戏活动的指导 / 156
第六节　幼儿园游戏活动的评价 / 160
第七节　幼儿园游戏活动的案例 / 166

第七章　幼儿园的家庭教育指导 / 171

第一节　幼儿园家庭教育指导的价值 / 171
第二节　幼儿园家庭教育指导的内容 / 173
第三节　幼儿园家庭教育指导的原则 / 180
第四节　幼儿园家庭教育指导的形式 / 186
第五节　幼儿园家庭教育指导的方案 / 199
第六节　《全国家庭教育指导大纲》简介 / 202

第八章 幼儿园的教师 / 207

第一节 幼儿园教师的职业特点 / 207
第二节 幼儿园教师的职业素养 / 213
第三节 幼儿园教师的职业培训 / 220
第四节 《幼儿园教师专业标准(试行)》简介 / 231

第九章 国外学前教育的改革及启示 / 235

第一节 美国学前教育的特点及启示 / 235
第二节 英国学前教育的特点及启示 / 241
第三节 新加坡学前教育课程述评 / 251
第四节 埃及幼儿教师的特征及思考 / 259

附录 1 学前教育学课程教学(考试)大纲 / 266

附录 2 学前教育学课程模拟考试试卷及参考答案 / 280

第一章
导　论

内容提要：本章由三节组成，首先介绍了有关学前教育的几个重要概念，其次阐述了学前教育学发展的主要历程，最后讲解了学前教育学的学习和研究方法。

每一门学科都有自己独特的研究对象和内容，学前教育学作为一门独立的学科也不例外，它主要研究学前教育的现象及规律，探索学前教育的原则和特点，掌握学前教育学的研究方法，增强教育者自身的素质，提高学前教育的质量。

第一节　学前教育与学前教育学

一、学前教育的概念及界定

什么是学前教育？对这一概念的认识可谓仁智各见，国内外对此至今尚无统一的认识。但较有影响的观点有以下几种：

我国学者黄人颂先生提出，“学前教育是指从初生到六岁前儿童的教育”。①

我国学者梁志燊先生认为，学前教育是对“出生到入学前的儿童”所进行的教育。②

国外一些学者提出，学前教育是从胎儿到正式受教育前这段时期的幼年照管和教育（“学前教育新态度”的区域性会议，泰国，1978年9月）。

国外还有一些专家对学前教育做出了这样的解释：能够激起出生至进入小学的儿童（小学入学年龄因国家不同而有5—7岁之别）的学习愿望，给他们学习体验，且有助于他们整体发展的活

---

① 黄人颂：《学前教育学》，人民教育出版社1989年版，第1页。

② 梁志燊：《学前教育学》，北京师范大学出版社1990年版，第2页。

动总和(联合国教科文组织“国际学前教育协商会议”,巴黎,1981 年 11 月)。

笔者认为,学前教育是对胎儿至进入小学前的儿童所进行的教育、组织的活动和施加的影响。它的教育对象包括胎儿、婴儿(0—3 岁)、幼儿(3—6、7 岁)。理由如下:

遗传学、优生学的研究表明,青年男女在成立家庭的时候,就应慎重择偶,精心选择受孕时间,注意孕期保健、营养、教育,以有助于胎儿的健康成长。古今中外许多教育家都提出了胎教的思想,认为这是人生教育的起点,对儿童未来的生活影响极大。

生理学、心理学的研究表明,3 岁前是儿童身体、心理发展的重要时期,儿童发展的巨大潜力储存在这个时期。如果能及时得到开发,有助于早出人才,出好人才。

教育实践证明,胎儿教育和婴儿教育、幼儿教育是密切相联的,对胎儿进行教育,有利于提高学前教育的质量。随着我国独生子女政策的进一步贯彻落实,人们格外重视孩子的优生优育、优养优教工作,而胎儿教育是其基础,这个基础打得好,孩子健康出生,才有可能把他培养成为一个和谐发展的人,反之,如果不注意胎教,孩子先天残疾,就难以把他培养成为一个身心健全的人。我国许多地方在 20 世纪 80 年代都创办了新婚夫妇学校,向即将做父母的年轻人传授优生优育知识。正规的胎教机构的建立始于 20 世纪 90 年代初。据报道,1991 年 12 月,上海第一妇婴保健院创办了国内第一所胎儿学校,这预示着我国研究运用胎教、培养和开发人才基因的问题已经提到了重要的议事日程上来了。现在社会上强调托幼一体化的呼声越来越高,有些省市还拨专款资助开展这一方面的研究,以提高学前教育的质量。

世界上学前教育发达的国家都十分重视胎儿、婴儿教育。如英国科学家研究认为,从受孕后最初 8 周起,胎儿就已具有灵敏的感觉;胎儿是可以“学习”的,通过有意识的“宫内学习”措施——胎教开发潜在的智能,使胎儿出生后具有同龄孩子不具有的智力水平及良好的个性。美国医生还创办了胎儿大学,专门对怀孕 5 个月左右的孕妇进行语言、音乐、动作方面的训练,使出生后的孩子不仅智力发达,学站、走都比别的孩子快些。日本学者也提出 0 岁教育太晚了的呼声,倡议采取多种胎教方法,如子宫对话、交流体语、给胎儿听音乐,使孩子今后的人生过得更加幸福而有意义。我国学前教育要与世界接轨,面向 21 世纪,也要重视对胎儿、婴儿的教育。

二、学前教育的机构及形式

学前教育的实施是通过学前教育的机构来进行的,学前教育机构的形式多种多样,主要有以下几种:

(一) 胎儿学校

胎儿学校是对胎儿进行教育的专门场所,主要由医务部门管理。胎儿学校招收的对象是孕妇及其丈夫,教育方式是让孕妇对胎儿说话、听音乐,适当拍打、抚摸肚皮上的一定部位,使胎儿出生后的学习更容易,发育更正常,同时还可巩固家庭关系。国外胎教学校的产生早于我国。

(二) 托儿所

托儿所是对 0—3 岁的儿童进行教育的专门机构,全天开放,主要由妇联部门创办和管理,属民办性质。托儿所的儿童按月份或年龄分班,1 岁以下的儿童在托小班,1 岁以上、2 岁以下的儿童入托中班,2 岁以上、3 岁以下的儿童进托大班。现阶段我国托儿所主要是为 1 岁以上的儿童服务的,每个班级的儿童数量都较多,往往在 30 名以上,只有 2 名保育员照看,且保育员仅受过较少的培训。与国外发达国家的托儿所相比,我国托儿所招收的儿童的起始年龄稍大,班级规模、师生比例都偏高,物质设施也较差,保育员的专业知识与技能均不尽如人意。

(三) 幼儿园

幼儿园是对 3—6 周岁的儿童进行教育的专门机构,主要由教育部门负责。儿童按年龄分班,小班一般有 25 个幼儿,中班有 30 名幼儿,大班有 35 名幼儿;每班有 2 名教养员、1 名保育员,或两个班级合用 1 名保育员;教养员除了职前要经过专门的幼教师资培训,还要接受在职的学历培训和业务提高训练。如上海市要求幼儿园教师职前要有中专以上的学历,在职要有大专以上的学历,2010 年,部分教师的学历要达到大学本科以上的水平。

(四) 托幼园所一体化

有些学前教育机构是托儿所、幼儿园联在一起的,招收出生几个月至 6 周岁的儿童。这种机构主要是由工厂兴办,由厂工会负责管理监督,根据工人上、下班时间制定作息制度,解除家长的后顾之忧,实行 24 小时开放。

(五) 幼儿班

幼儿班也称学前班,多半建于城镇、农村,附设在小学里,作息制度仿照小学进行。或招收学前一年的儿童,按年龄分班。或招收学前几年的儿童,混龄编班;每班约 40 名儿童,由 1 名教师负责教授各个学科。

(六) 儿童福利院

儿童福利院也称儿童教养院,是一种招收残疾儿童的社会福利机构。我国的儿童福利院,由国家和地方民政部门管理,原则上招收被父母遗弃的 0—15 岁的残疾儿童,这些儿童按年龄、残疾程度分班。儿童福利院重视锻炼残疾儿童,帮助他们恢复已丧失的机能。

(七) SOS 国际儿童村

SOS 是 Save Our Soul 的简称,意为拯救我们的灵魂,是国际通用的呼救信号。SOS 国际儿童村是收养孤儿的国际慈善组织机构。1949 年由奥地利医学博士哥麦纳在维也纳创办,旨在给儿童“母爱”。目前,世界上已有 90 多个国家建立了 250 多个国际儿童村。我国于 1986 年在天津、山东烟台、湖北武汉等地也建立了儿童村,一切费用由国际儿童村总部提供。儿童村内建有若干个家庭,每个家庭由 5—7 名孤儿、1 位“妈妈”组成。“妈妈”大都是从当地女青年中招聘,年龄在 25—38 岁之间,经过培训、实习,与儿童村订下 7 年合同,履行教育职责。

(八) 家庭教育

即在家庭中对学前儿童进行教育。家庭是儿童受教育的第一个场所,父母是孩子的首任教师。独生子女政策的实施,使父母有更多的时间、精力、财力投入到孩子的教育工作之中去,易于因材施教。五天工作制实行以后,家庭教育对学前儿童的成长具有更为重要的作用。

此外,还有儿童游戏场、儿童玩具图书馆、儿童博物馆、玩具图书大篷车、玩具图书流动站等非正规社会学前教育形式,负责对偏远的山区、牧区儿童进行灵活多样的教育。

三、学前教育学的研究对象和内容

学前教育学是专门研究学前教育现象,揭示学前教育规律的一门科学。比如,幼儿园应如何安排儿童的一日生活,才能有利于儿童的健康成长;教师应如何创设游戏环境,才能充分发挥游戏活动在幼儿发展中的作用等,都是它所要探讨的问题。

学前教育学的研究内容,主要包括:(1)儿童观的演变与发展,例如,儿童观的基本内涵与种类;(2)教育观的形成与变革,例如,如何帮助教师树立正确的儿童教育观;(3)学前教育的目标与任务,例如,学前儿童体、智、德、美教育的基本任务各是什么;(4)学前教育课程的种类与评价,例如,公开课程与隐蔽课程各有什么特点,对儿童发展的价值是什么;(5)学前教育活动的内容与形式,例如,开展儿童生活活动、劳动活动、参观活动、娱乐活动时,各需要注意哪些问题;(6)学前教育的途径与策略,例如,怎样通过良好的环境培养儿童的行为习惯;(7)学前教育的社会化,例如,幼儿园如何与托儿所、小学衔接,如何与家庭配合;(8)学前教育师资的资格与培训,例如,学前教育工作者职前、在职培训的主要课程有哪些,采取什么样的途径进行等等。

第二节　学前教育的理论与实践

学前教育学随着社会的进步、科学文化的发展、学前教育机构的建立和教育学的完善而逐步发展起来,成为一门独立的学科。在学前教育学形成与发展的漫长历程中,各个不同历史时期的众多哲学家、教育家,以其独特的教育思想和丰富的教育实践活动,为学前教育学学科的创建与发展作出了重大的贡献。

一、学前教育思想的产生

学前教育思想最初出现在古代欧洲一些哲学家的著作之中。例如,古希腊哲学家柏拉图(前 427—前 347),代表著作有《理想国》、《法律篇》,在西方教育史上最先论述了儿童优生优育的问题;重视学前教育,提出儿童出生以后应接受公共教育；强调通过游戏、体育、唱歌、讲故事等活动，对儿童进行体、智、德、美全面发展的教育。再如，古希腊哲学家亚里士多德（前384—前322），著有《政治学》、《伦理学》等，他把学前教育分为三个阶段：出生前的胎教、出生至5岁的婴幼儿教育和5—7岁的儿童教育；重视胎儿的保健、优生、优育，婴幼儿的体育、游戏，儿童的良好行为习惯的培养。

学前教育思想较集中地反映在众多教育家的教育论著中。比如，捷克教育家J·A·夸美纽斯（1592—1670），代表著作有《大教学论》（*The Great Didatic*）、《世界图解》（*The World in Pictures*）等。《世界图解》是世界上第一本图文并茂的儿童读物；他重视学前教育，提出学前教育应遵循儿童的自然，给儿童一种积极的、自由的、愉快的体验；感官教育是学前儿童学习的基础。法国大革命的思想先驱、教育家J·J·卢梭（1712—1778），著有《爱弥儿》（*Emile or Education*），强调教育要回归自然，按照儿童的自然发展历程来进行教育。他的教育思想是传统教育和现代教育的分水岭，至此，教育从封闭走向开放，强调教育要适合于儿童，而不是使儿童去适合教育机构。瑞士教育家J·H·裴斯泰洛齐（1746—1827）著有《林哈德和葛多德》（*Leonard and Gertrude*）、《葛多德是怎样教育她的子女的》（*How Gertrude Teaches Her Children*）、《母亲读物》（*Book for Mothers*），提出教育要遵循儿童的自然，一切教育都应以感官教育为基础，儿童学习的最好方式是操作，母亲是儿童的最好老师。

二、学前教育理论的建立

学前教育机构的出现，促进学前教育理论的产生，使学前教育学从普通教育学中分化出来，成为一门独立的学科。对此做出巨大贡献的教育家是德国的F·W·福禄培尔（1782—1852），他把毕生精力都奉献给了探索学前教育理论、实践学前教育之中，撰写了《人的教育》（*The Education of Man*）、《幼儿园教育学》（*Pedagogies of the Kindergarten*）等著作。他的学前教育思想影响了整个欧洲及美国、日本等许多国家的幼儿教育。

首先，他指出学前教育是很重要的，关系到国家的命运和前途。他曾写道："我教育儿童是为了整个一代人。为了共和国的利益，我一直在为他们实践共和国的美德做准备"。他躬身实践，从1816年开始从事幼儿公共教育活动，1837年在德国勃兰根堡组织了新型的教育机构，并于1840年正式命名为"幼儿园"，这是世界上最早的一所幼儿园。从此，"幼儿园"这一名称便被世界各国所采用。

其次，他指出学前教育要全面。因为社会发展需要的是全面发展的人，而学前教育也只有培养出全面发展的人，才能适应社会发展的需要。为此，他指出幼儿园的任务是对"成长着的儿童给予全面的关心"，"为儿童的全面发展进行全面的引导"。为了实现幼儿园的任务，幼儿园的教育内容应该是广泛的、多样的，既包括语言、数学、动植物、社会方面的知识、能力，也包括音乐、美术、体育等方面的知识、技能，而不是使儿童在学前期就处于社会生活的某一特殊方位或过早地接受专业训练。幼儿园的教育方法应该是通过活动来丰富儿童的知识、发展儿童的能力。教师要"专门设计发展儿童的活动能力（创造力）、感知能力（情感）和智力（思维力）等几方面能力的活动"。这样，教育过程就能达到"想和做的统一，认识和行动的统一，知识和能力的统一"，儿童身心两方面就得到了全面发展。因此，儿童个体的全面发展既是必要的，也是可能的。此外，福禄培尔还指出，为使儿童得到全面的发展，学前教育机构还要帮助家庭教育子女，让儿童进行必要的活动，使他们身体正常发展，训练他们的感官，使他们了解周围的人和自然。

再次，他指出学前教育要遵循儿童的自然。他批判地继承了夸美纽斯提出的教育"适应自然"的思想，以及裴斯泰洛齐提出的只有适当的教育"才能使人成为人"的思想，指出在教育过程中，要使幼儿的个性得到充分的发展，就必须遵循儿童的自然，遵循儿童成长发展的规律。他把幼儿比作花草树木，教师比作园丁，幼儿园比作花园。他认为儿童成长发展的过程就像是一朵花从花蕾到开花结果的过程，一棵树从播种发芽、柔嫩的枝条长成参天大树的过程。他希望儿童能在适合于自己的自然和宇宙的自然中受到教育。福禄培尔还进一步指出，年幼儿童的自然发展情况是不同于年长儿童的。所以，对年幼儿童的教育应该在内容上、形式上与年长儿童相区别。

最后，他指出学前教育要注意游戏化。福禄培尔认识到活动对于儿童的成熟、个性全面和谐的发展有重大价值。他指出"游戏、学习和工作"这些活动是"不可分割的整体"，是未来"光明幸福生活的基础"，其中游戏是"儿童最纯洁的活动，是儿童活动的主体，是儿童最典型的生活"。"游戏给儿童带来无限的快乐、自由、满足、休息、平安。一个能自己决定并坚持游戏直到身体疲劳为止的儿童，将会是一个能全面做出决定的人，能为别人的利益而牺牲自己的人。"儿童的游戏不仅在幼年期是重要的，而且还对儿童未来的生活有深远的影响。"幼儿的游戏是他们未来生活的胚芽；因为整个人就是在游戏中，在他最柔嫩的性情中，在他最内在的倾向中发展和表现。"①因此，在福禄培尔创办的幼儿园中，游戏成了幼儿的主要活动，幼儿的生活充满了欢乐。福禄培尔还亲自为幼儿编制了各种游戏，例如，模仿自然界某些现象和周围成人生活的某些动作的游戏："小河流水"、"磨坊"、"蜗牛"、"旅行"等等。幼儿通过游戏发展了智慧、道德和体力。福禄培尔认为游戏不仅是幼儿的主要活动，而且也是他们"生活的镜子"，反映"儿童受教育的世界"，反映儿童的内部倾向和创造才能，而这又是通过"操作"某一材料和使用某一玩具如一块小木头或一个小石子来进行的。所以，福禄培尔创立了一个独特的游戏体系。这一体系的主要特征是操作"恩物"。他创造的恩物有几十种，主要的有六种。如一个大立方体，可以分割成大小、数量不等的小立方体、长方体、长方板及小三角形板。幼儿在镶拼中，可以认识多种图形、颜色和数目，搭成各种各样的建筑造型，以发展语言能力、认识能力、想象力和创造力。他的一些教具、玩具如积木就一直沿用到现在。

此外，他指出要加强对学前儿童的指导。福禄培尔认为要使游戏等活动充分发挥教育儿童的作用，教师就必须对儿童的活动进行指导。教育儿童是一个师生相互影响、相互作用的过程，教师应根据教育原理，为儿童设计、安排许多不同的活动。教师的作用就是在观察、了解儿童的基础上，为儿童提供他们想学的东西和机会；教师的作用，从本质上说，是帮助儿童发展个体中已有的学习的内部能力。所以，教师是儿童经验和活动的设计者，给儿童引导和保护，而不是命令、强制和干涉。因为儿童的"不受干扰的操作才是好的操作"，"这意味着幼儿——依然处于创造过程——虽然是无意识的，但却力图成为一个自然的产物，这肯定是他本身最好的；进一步讲，这完全适合于他的发展、他的性情、他的能力和他的愿望"。这些见解后来被蒙台梭利和皮亚杰所强

---

① George S. Morrison. *Early Childhood Education Today*. Merrill. 1998. p. 72.

调。与此同时，福禄培尔还指出没有教师引导、设计的环境，不是良好的环境，因为儿童在这里不可能真正地进行学习，或者，他们从事的是一种错误的学习。

三、学前教育理论的发展

学前教育学作为一门独立的学科形成以后，在理论上和实践上都得到了迅速的发展。美国教育家J·A·杜威(1859—1952)，著有《我的教育信条》(*My Pedagogical Greed*)等，提出教育应该以儿童为中心，教育即生长，教育即生活，教育即经验的不断改造，从做中学，他的教育思想对许多国家的学前教育都产生了重要的影响。

意大利著名的学前教育家蒙台梭利(1870—1952)，代表著作有《儿童的发现》(*The Discovery of the Child*)、《蒙台梭利法》(*The Montessori Method*)、《蒙台梭利手册》(*Dr. Montessori's Own Handbook*)、《童年的秘密》(*The Secret of Childhood*)等，创办了儿童之家(Children′ House)，她的学前教育的理论与实践，对世界现代学前教育的发展产生了广泛而深远的影响。

一方面，蒙台梭利指出，学前教育在确定自身的教育原则和方法之前，只有了解儿童心理发展的特点，才能不压抑、不损害儿童潜伏的和内在的能力，使儿童按其本身的规律发展。她认为儿童的心理主要有以下两个特点：一是具有吸收力。儿童具有一种天赋的、强烈的内在能力和不断发展的积极力量，就像海绵吸水一样，能持续地从环境中吸收感觉信息。儿童这种有吸收力的心理发展经历了两个不同阶段：无意识地和有意识地吸收心理阶段。处在无意识吸收心理的阶段(从出生到3岁)的儿童，通过看、听、闻、尝、摸、碰物体，神经系统吸收、存储了对各种物体的反应记录，使视觉、听觉、嗅觉、味觉和触觉等感官得到了发展。处于有意识地吸收心理阶段(从3岁到6岁)的儿童，开始对环境中的刺激信息进行选择和存取，从而促进了感觉器官对未来刺激的定向性反应及发展。二是儿童的心理发展具有敏感期。即在某一时期，儿童对一定物体或某种练习活动特别感兴趣，并且很容易习得，但错过了这一时期，则往往事倍功半，甚至劳而无功。她确认儿童从初生到5岁是感觉的敏感期；从初生到6岁是动作的敏感期，出生后8个星期到8岁是语言的敏感期等等。她认为，在感觉敏感期间，儿童能有选择地注意周围的环境，建立和完善感觉的功能，但是，过了这个时期，儿童的感觉发展就不能收到像这一时期这样明显的效果。蒙台梭利还认为，儿童在不同的时期，对周围环境有不同的感受性，正是这种感受性才使儿童能以各种不同的方式与外部世界保持联系。但是，儿童感受性的敏锐程度不是恒定不变的，当一种积极的充满活力的心理活动消失时，另一种心理活动被激起并替代前一种心理活动的位置。儿童就是"在一种稳定的节奏中，在一个不停地燃烧着的火焰中进行着人的精神世界的创造工作"。经历一个又一个的感受敏锐期，习得一种又一种经验，从而推进心理的发展。儿童虽然都要经历相同的敏感期，但是，不同的儿童，各个感受敏锐期发生和延续的具体时间是有一定差异的。

另一方面，蒙台梭利认为儿童有发展的需要，为满足和强化这种需要，必须通过自由活动、自我控制、自我教育的方式与途径来实现。一般情况下，儿童能自我成长起实现发展需要的各种活动方式，问题在于教师应重视和培育儿童的这种能力，并给予一定的指导和帮助，这是教师在教育过程中的主要职责。为此，蒙台梭利提出：首先，教师要尊重儿童。儿童的心理不同于成人，不能被当作小大人来对待，那种站在成人的角度来看待儿童，教育儿童的观念和方法，视儿童为成人可以任意填塞东西的“空容器”，粗鲁地要求儿童盲目顺从、绝对地信任成人，完全是一种背离儿童发展需要的错误做法。如果成人误以为自己是儿童的创造者，一味强求儿童被动地、机械地接受成人的支配，那么，发出的指令信息越多，儿童个体身心发展所受的阻碍就越大。蒙台梭利主张，每个儿童都有自己独特的个性，所以，对他们进行的教育方式，应考虑通过个体化的途径来实施。

其次，教师要为儿童创设环境。蒙台梭利深信，“儿童在一个准备好的环境中能够学得最好”。[①] 因为人们生活的环境日趋复杂，儿童出生后，如果没有成人的指导和帮助，就难以适应这样一个错综纷繁的世界，所以，有必要在成人和儿童之间架起一座“桥梁”。创设“有准备”的环境，就是要起到这种桥梁的作用。教师为儿童准备环境的目的，既不是去建立一个小型的成人世界，也不是把现实世界改造成一个假想的乐园，来满足儿童的意愿的幻想，而是使儿童在这个“有准备”的环境中，可以按照自己的兴趣与爱好，自由地选择、操作材料，不受成人意见的支配、干涉和阻挠。蒙台梭利认为，教室、游戏场所、家庭等都可以创设这种“有准备”的环境，在这个环境中，自由是其最主要的特征，儿童可以自由地探索他们所选择的材料，按自己的意愿创造物体，依据自己的兴趣吸收信息。

再次，教师要为儿童提供活动。蒙台梭利提出，有了一个为儿童自己准备的环境，还必须适时地提供各种活动以及材料，使儿童、环境、活动三者结合起来，形成一个学习过程。提供的活动主要包括以下两个方面：一是生活活动，如日常生活锻炼和园艺活动；二是感官练习活动，如触觉练习、视觉练习、听觉练习、嗅觉和味觉练习。

最后，要重视儿童的“自动教育”。蒙台梭利认为，教师不能也不应像浇铸件那样，来培养儿童，因为儿童是学习的主体，对自己的学习有着内在的动力。她确信，当儿童积极参加到一个“有准备”的环境中，按照自己的速度、程序，自由地选择材料进行练习时，他们就在教育自己，即“自动教育”。在她看来，自动教育比教师的榜样教育和说服教育，更有效地促进了儿童的发展。蒙台梭利指出，儿童能够进行自动教育，教师不必干涉儿童的活动。当儿童在操作教具材料或纠正活动错误时，教师所要做的事情就是观察和等待。她告诫教师，不应该以自己的智慧去代替儿童的智慧；也不要做儿童的“仆人”，替他们梳洗、穿衣、喂饭等，否则，就会切断儿童活动的通道，成为儿童积极性发展的最大障碍。她呼吁教师应该引导儿童自己去思考、自己去活动，进而发展儿童的主动性和独立性。

此外，还要重视教师的指导。蒙台梭利虽然强调儿童自由选择和自主进行活动的能力，但她并不主张让儿童毫无限制地去进行选择和活动。她认为，儿童在完成适应环境和发展自己的过程中，不仅需要教师的尊重和理解，同时也需要教师的指导和帮助。她指出，教师在指导儿童活动时，应当注意：从儿童的实际与需要的角度出发，设计“准备好的环境”，安排教学等各种活动；鼓励儿童在一定范围内自由选择材料、探索材料；观察儿童、了解儿童的个别差异和兴趣爱好，并给予必要的帮助。

美国心理学家、教育家 A・马斯洛(1890—1970)，提出了“需要的层次理论”，认为儿童的基本需要有五类：生理的需要、安全的需要、归属和爱的需要、尊重的需要和自我实现的需要；儿童各

---

① George S Morrison. *Early Childhood Education Today*. Merrill. 1998. p. 99.

种需要的产生和其身体的发育相关；儿童低级的生理需要满足之后，才能产生高级的社会需要。

陶行知（1891—1946）是我国人民教育家，发表《创设乡村幼稚园宣言书》、《如何使幼稚教育普及》、《幼稚园之新大陆》等论文，创办了我国第一所乡村幼稚园和劳工幼稚园；强调学前教育的重要性；针对当时国内幼儿教育的“三种大病”，提出要把外国的幼稚园化成中国的幼稚园，把费钱的幼稚园化成省钱的幼稚园，把富贵的幼儿园化成平民的幼儿园；通过“艺友制”，来解决幼教师资的培养问题。

陈鹤琴（1892—1982）是我国现代著名的学前教育专家，在他为中国幼儿教育事业走向现代化而不懈努力的一生中，从理论创立和实践躬行两方面，对儿童成长与发展进行了长期的观察实验和探索研究。

首先，他指出学前教育对于儿童一生的发展至关重要，关系到国家的前途和民族的命运。他对自己的子女进行了3年跟踪观察实验研究，记录了儿童身心发展的特点，总结出家庭教育的原则和方法101条。1923年又创办南京鼓楼幼稚园，并以此作为幼教实验中心，进行课程、故事、读法、设备等项实验，以探索幼儿教育的规律，促进幼儿的成长发展。

其次，他指出学前教育要考虑儿童的特点。幼儿教育的对象是儿童，儿童不是小大人，不是成人的缩影，“儿童与成人在身体上是不同的，在心理上也是不同的”，所以，对儿童的培养与成人不同，不能给他们成人化的东西，而要适应儿童好游戏、好奇、好群、好模仿、喜欢野外生活、喜欢成功的生理、心理特点，做到儿童化，杜绝中小学化、成人化；即使是同一年龄阶段的儿童，也还存在着个别差异，在生活经验、个性、兴趣以及学习能力等方面都会有所不同，倡导要了解每个儿童的个性，多采用小团体的教学法，因材施教，使儿童得到健康的成长；儿童有独立的人格，教师要热爱儿童，公平地对待儿童，做儿童的朋友和伴侣，同游同乐地去玩去教，要启发、诱导、暗示儿童，不能任意恐吓、打骂儿童，要绝对尊重儿童的人格，以免阻碍儿童身心的正常发展。

再次，他指出要对儿童进行全面发展的教育，使儿童成为“体魄强壮、品德良好和智力发达”的祖国幼苗。主张幼稚园“第一要注意的是儿童的健康”，培养儿童卫生习惯，妥善安排儿童的作息时间，为儿童提供必要的营养，注意衣着合理，矫正儿童身体缺陷，预防传染疾病，发展儿童各种活动动作，锻炼儿童体格，重视开展户外活动、娱乐和游戏等；重视培养儿童的良好道德品质，教导儿童互相谦让、敬爱父母、尊敬师长，遵守纪律，有毅力、坚韧力、忍耐心，勤劳、勇敢、艰苦朴素，爱祖国、爱人民、爱大自然；培养儿童对自然美、社会美、艺术美的认识、鉴赏和创造，发展艺术才能；重视儿童的感觉训练和智力发展，特别是观察力的提高。

最后，他提出幼儿教育要注意多样性。儿童是在游戏、作业、劳动生活、自然社会等丰富多彩的活动中得到成长和发展的。教师要竭尽全力为儿童创造游戏的环境、工作的环境，并组织儿童参加一些力所能及的劳动，随时随地向大自然、社会汲取教育资源。为了充分发挥游戏环境的教育价值，陈鹤琴先生指出游戏设备要符合儿童化、坚固耐用、合乎卫生、艺术意识、本地风光、安全、多变化等标准，游戏玩具要达到使用国货、坚固耐用、式样美观、大小合度、没有危险性等要求。在室内、园内的各种活动中，陈先生最为重视的是游戏活动，而室内、园内活动与室外、园外活动相比而言，陈先生又更为重视儿童的室外、园外活动。

此外，他还提出要对幼儿加以指导。儿童是教育的主体，教育不能主观地指挥一切，包办代替。陈鹤琴先生坚决反对以教师为中心，同时也反对儿童中心主义，放任自流，教师要给予指导。陈先生强调教师指导作用的发挥要和儿童主动性、独立性、创造性的发展有机结合，倡议要让儿童自由集合、自由合作。教师指导幼儿活动的艺术在于：和儿童共同游戏，共同工作。为了较好地发挥教师的指导作用，陈先生提出，必须从政治思想、业务修养、教学技术、优良品质等方面加强对教师的培养和提高工作，他曾在江西泰和创建江西省立实验幼稚师范学校（后改国立，增设幼稚师范专科），实践自己的教育理论。

另外，他还指出幼儿园要和家庭紧密配合。陈先生认为儿童教育是幼稚园与家庭共同的责任，“儿童教育是一件很复杂的事情，不是家庭一方面可以单独胜任的，也不是幼稚园一方面可以单独胜任的，必定要两方面共同合作方能得到充分的功效”。家庭是孩子成长的第一个教育场所，父母是孩子的首任教师，应尽到教育好孩子的责任，幼稚园可以通过恳亲会、讨论会、报告会、探访家庭等形式，向家长宣传婴幼儿早期教育的重要意义，宣传党的教育方针政策，普及儿童心理学、学前教育学的知识，使广大家长都能对自己的子女有正确的培养目标和教育方法；取得家长在教育上的密切配合，使家庭教育与幼稚园教育步调一致，保证儿童得到合理的教养而生动活泼地成长。

瑞士心理学家、教育家 J·皮亚杰（1896—1980）提出，学前儿童认知的发展是从感知运动阶段（0—2 岁）过渡到前运算阶段（2—7 岁）的；儿童的动作和活动在其发展中起重要作用，儿童具有主动性；儿童通过与环境积极的相互作用而获得发展；儿童的发展是个持续的过程。

美国教育家 E·H·埃里克森（1902—1994）认为，儿童人格的形成是生物因素和社会因素相互作用的结果；学前儿童人格的发展经历了四个阶段，第一个阶段（出生至 1.5 岁）是基本信任对不信任，第二阶段（1.5—3 岁）是自主对羞怯和疑虑，第三阶段（3—6 岁）是主动性对内疚，第四个阶段（6—11 岁）是勤奋对自卑；在不同的阶段，教育的任务不同，分别是培养儿童的信任感、自主性、主动性和勤奋感。

第三节　学前教育学的研习方法

一、学习学前教育学的方法

在学习学前教育学这门学科的时候，应注意采用以下几种方法：

（一）教学与自学相结合

课堂教学的时间是有限的，受教育者应学会自己学习；终身教育也要求每个人都具有自学的能力，活到老，学到老，才能适合社会的需要。

(二) 理论与实际相结合

在学习某一章学前教育理论的时候，要紧密联系学前教育的实际，尝试利用理论知识去解决实际问题，做到学以致用、学用结合。

(三) 博览与精读相结合

在精读教材的基础上，还应广泛阅读有关教育、学前教育的各种专业书刊。书籍类如《陈鹤琴教育论著选》、《谈幼儿园的素质教育》、《儿童世界》、《学习的革命》等。刊物类如《教育研究》、《中国教育学刊》、《课程.教材.教法》、《外国中小学教育》、《外国教育研究》、《比较教育研究》、《学前教育研究》、《早期教育》、《幼儿教育》、《学前教育》、《幼教园地》、《教育导刊》、《启蒙》、《家庭教育》、《父母必读》、《为了孩子》等，并结合具体章节，重点阅读某些杂志或某类杂志某一栏目的内容。

(四) 口语与书面语相结合

教学的过程是师生互动的过程，在学习中，应开动脑筋，勤动口，踊跃发言，积极参加课堂讨论；勤动手，认真做读书笔记，撰写学习心得。

(五) 预习与复习相结合

在教学之前，应对即将讲授的内容先浏览一下，做到心中有数，以便能带着问题投入到课堂学习中去，提高课堂学习的质量；课后，应及时复习巩固，降低遗忘比率。

二、研究学前教育学的方法

在研究学前教育学这门学科的时候，可以采用以下几种方法来进行：

(一) 观察法

观察法是学前教育研究中最独特的收集信息的方法，通过对研究对象进行感知，深入了解学前教育活动的实际情况。例如，要研究幼儿的告状行为，就可对幼儿告状的时间、地点，告状的内容、目的、频率等方面进行观察、记录，分析幼儿产生告状行为的原因，得出幼儿的告状行为是否有年龄差异、性别差异、个别差异的结论。

观察法具有以下几个优点：(1)直接性：通过观察，可以直接了解整个现场情况，感受当时当地的情境和气氛，获得第一手资料。(2)自然性：在自然环境中进行观察，对观察对象的干扰比较少。(3)广泛性：不仅可以对使语言文字容易沟通的对象进行观察，而且也可以对使用语言文字难于沟通的对象(如幼儿)进行观察。(4)真实性：可以边观察边录音、边摄影或边录像，以获得详细、可靠的视听资料。[①]

观察的基本过程如下：(1)制定观察提纲：在确立观察的主要问题以后，开始编制观察记录提

---

① 袁方主编：《社会研究方法教程》，北京大学出版社 1997 年版，第 359 页。

纲,以便将观察的内容具体化。(2)准备记录设备:选择录音笔、数码照相机和摄像机,记录观察的整个过程和结果。(3)联系观察对象。(4)现场观察活动。(5)整理观察记录:通过电子计算机,将摄影资料、录像资料加以保存和整理;把录音、录像的视听资料转换成书面文字资料,并加以保存和整理。

(二) 访谈法

访谈法是学前教育研究中最普遍的收集资料的方法,通过和研究对象进行交谈,深入了解学前教育活动的基本情况。例如,教师通过与大班幼儿进行个别谈话,发现"庆祝活动"和"游戏活动"是引起幼儿愉快情绪体验的较强刺激物,这样,在幼儿园的教育活动中,教师就能加重这些活动的分量,以进一步发展幼儿的积极情绪。

访谈法具有如下几个优点:(1)可靠性:当访问对象对访问者提出的问题不理解时,访问者可以立即解释;当访问对象对问题的回答不完全时,访问者可以及时加以追问。(2)丰富性:通过访问者与访问对象的相互作用,能够获得大量而深刻的资料。(3)个体性:访问者与访问对象的互动是否能达到预期的效果,在某种程度上取决于访问者的人际交往能力、访问技巧和对访问过程的有效控制程度。(4)广泛性:访学者既可以对文化水平较高的访问对象进行访谈,也可以对文化水平较低的访问对象进行访谈。①

访谈的准备工作主要有:(1)制定研究协议书。② (2)设计访谈提纲。(3)选择访谈对象。(4)准备访谈工具。一类是普通工具,如笔、纸等;另一类是特殊工具,如数码录音机和 MP3,同时记录访问的过程和结果。(5)联系访谈对象。通过电话和访谈对象取得联系,告知访谈的目的、自愿原则、保密原则和大约花费的时间,协商访谈的具体时间和地点。

访谈的基本过程是:(1)致谢。感谢访谈对象如约到达现场接受访问,并赠送其一份小礼物,以示谢意。(2)人距。如果访谈者和访谈对象比较熟悉,那么访谈时可以坐得比较近。(3)签名。向访谈对象呈现一份自愿参加研究的协议书,请其阅读,如同意就签名。(4)说明。给访谈对象(除幼儿以外)提供一份访谈的详细提纲,说明访谈的问题和时间、交谈的规则和录音的规则。(5)询问。和访谈对象就访问提纲上所列举的一系列问题进行面对面的交谈。(6)记录。在和访问对象进行交谈时,得到现场笔录和录音(边访谈边记录)的许可后,就在访谈的提纲上进行笔录(主要是内容型记录即受访者在访谈中所说的内容),并用数码录音机和 MP3 进行录音。(7)结束。以轻松、自然的方式结束访谈。(8)致谢。再次感谢访谈对象的配合和对各个问题的回答。

整理与反馈访谈资料步骤如下:(1)整理访谈资料。在访谈结束以后,通过电子计算机将访谈的听觉资料转换成视觉文字资料,并加以保存和整理。(2)反馈访谈资料。把整理好的访谈资料分别送给或寄给所有的访谈对象(幼儿除外),请其审核,鉴定其正确性,修改不符合其想法的地方,增加新的想法,然后再把访谈资料还给或寄给研究者。

---

① 袁方主编:《社会研究方法教程》,北京大学出版社 1997 年版,第 292—293 页。

② 李生兰著:《幼儿园家长开放日活动的研究》,华东师范大学出版社 2008 年版,第 412—415 页。

（三）问卷法

问卷法是学前教育研究中最常用的资料收集方法，通过问卷法，初步了解研究对象对学前教育活动的基本看法和具体做法。例如，教师要研究班级家长开放日活动，就可以通过问卷来了解本班家长对开放日活动的时间、场地、准备、过程、效果的喜好程度、具体想法、改进建议。①

问卷法具有以下几个优点：(1)匿名性：问卷不要求调查对象填写姓名，而只要求他们回答问题，所以能减轻他们的心理压力，使他们能如实地回答各个问题。(2)一致性：每个调查对象得到的问卷都是相同的，受到的影响也是相同的，这样就能减少调查资料中的误差，真实地反映调查对象的情况。(3)定量性：问卷调查所得到的资料易于数字化，便于用电子计算机进行量化处理和分析。(4)节约性：问卷可以在同一时间发放给许多调查对象，能节省调查的时间和人力。②

设计问卷的主要步骤如下：(1)进行非结构访问。围绕研究的一般问题，以十分自然的方式，和研究对象进行交谈，以获得对各种问题的提法、形式、数量、可能的回答种类、封面信的设计等内容的第一手资料，把自由回答的开放式问题转变成多项选择的封闭式问题。(2)设计问卷初稿。围绕研究的具体问题，设计问卷初稿，每份问卷初稿都由封面信、指导语、问题及答案几个部分组成。①封面信：是一封给调查对象的短信，向他们说明调查的目的及内容、调查者的身份、联系方式、谢意，并向他们解释“不记名”和“对回答保密处理”的许诺，以得到他们的信任和配合。②指导语：是一组给调查对象的说明，使他们知道正确填答问卷的方法和要求。③问题及答案：是问卷的主体。A. 问题的形式和种类：以封闭问题（即在提出问题的同时，还给出若干个可能的答案，以供填答者根据自己的实际情况从中选择一个作为回答）为主，以相倚问题、开放式问题为辅。③ B. 问题的提出和答案：用中立的态度提出简短的问题，不提否定式或具有双重含义的问题；列出的答案具有穷尽性和互斥性，有些问题的答案不可能全部呈现出来，就列出几个主要答案，然后加上一项“其他”。C. 问题的顺序和数目：在安排问题的前后顺序时，把较容易的问题放在前面，把较难的问题放在后面；把封闭式问题放在前面，相倚问题放在中间，开放式问题放在后面；把有关行为方面的问题放在前面，把有关态度方面的问题放在中间，把有关个人背景资料的问题放在后面。(3)试用问卷初稿。(4)修改确定正式问卷。

运用问卷法的具体步骤如下：(1)发放及回收问卷。(2)整理及统计问卷。

（四）文献法

文献法是学前教育研究中一种非常有效的收集资料的方法，通过对研究对象的文献资料加以收集，评析学前教育活动的发展情况。例如，为了研究幼儿园的家长开放日活动，研究者不仅可以向园长获取全园家长开放日活动的通知、安排表，而且还可以向教师获取各班家长开放日活动的方案、评价表，此外还可以向家长获取家长开放日活动的观后感想、改进建议。

文献法具有以下几个优点：(1)抗干扰性：由于只是对信息材料进行研究，而不是直接与人打

---

① 李生兰著：《幼儿园家长开放日活动的研究》，华东师范大学出版社 2008 年版，第 409—412 页。

② 袁方主编：《社会研究方法教程》，北京大学出版社 1997 年版，第 264—265 页。

③ 李生兰著：《幼儿园家长开放日活动的研究》，华东师范大学出版社 2008 年版，第 73—74 页。

交道，所以研究对象不会受到研究者的影响。(2)显趋向性：由于可以对不同年代相应的文字材料进行追溯和查找，所以可以研究其发展特点和趋势。(3)显可比性：由于可以对不同教师、不同幼儿园相应的文字材料进行查找和比较，所以可以研究其发展的异同点。①

文献资料的种类有：(1)个人文献：园长、教师、家长、幼儿的各种文字和图像资料。(2)官方文献：各级政府机构和教育部门的政策文件、幼儿园的有关规章制度。(3)大众传播媒介：幼儿园自编的报刊及书籍、自拍的照片和录像带及光盘。②

收集各种文献资料，要向幼儿园说明收集文献资料的原因，请其给予协助和支持，并注意从幼儿园处获取各种形式的相关信息。

(五) 个案研究法

个案研究法是教师利用观察法、调查法、作品分析法等方法对班级个别儿童进行全面系统的研究，以揭示儿童发展的普遍规律的一种研究方法。比如，在幼儿园的小班里，有个 3 岁的儿童，入园以来从未哭过；有客人老师来参观时，他能在教师的提醒下，主动向客人老师介绍自己的绘画作品、纸工作品等，据此，教师可以这个儿童为研究对象，探索提高儿童适应能力、社会交往能力的途径和方式。

(六) 实验法

实验法是教师根据研究目的，对某些条件加以控制，有计划地改变某种教育因素，从而考察该因素与随之产生的结果之间的因果关系的一种研究方法。例如，在幼儿园英语教学中，究竟是"听说"领先好，还是"认读"领先好，可针对这一问题开展实验研究：随机抽出两个小班，一个班进行"听说领先"的教学，另一个班进行"认读领先"的教学，到大班末期，分别对两个班幼儿的英语听、说、认、读的水平进行综合测试，就可得出孰优孰差的结论。

阅读参考书目

1. 史慧中主编：《谈幼儿园的素质教育》，科学普及出版社 1994 年版。
2. 黄人颂主编：《学前教育学》，人民教育出版社 1989 年版。
3. 袁方主编：《社会研究方法教程》，北京大学出版社 1997 年版。
4. 梁志燊著：《学前教育学》，北京师范大学出版社 1998 年版。
5. 李生兰著：《幼儿园家长开放日活动的研究》，华东师范大学出版社 2008 年版。
6. 中国学前教育发展战略研究课题组著：《中国学前教育发展战略研究》，教育科学出版社 2010 年版。
7. 李生兰著：《儿童的乐园：走进 21 世纪的美国学前教育》，南京师范大学出版社 2011 年版。

① 袁方主编：《社会研究方法教程》，北京大学出版社 1997 年版，第 418—419 页。
② 同上书，第 392 页。

8. 王彩凤、庄建东主编:《学前教育研究方法》,北京师范大学出版社 2011 年版。

9. 李生兰等著:《学前教育法规政策的理解与运用》,南京师范大学出版社 2012 年版。

10. [苏]查包洛塞兹等主编,李子等译:《学前教育学原理》,人民教育出版社 1984 年版。

11. [美]黛安·E·帕普利等著:《儿童世界》,人民教育出版社 1984 年版。

12. [美]珍妮特·沃斯、[新西兰]戈登·德莱顿等著,顾瑞荣等译:《学习的革命》,上海三联书店 1997 年版。

13. George S. Morrison. *Early Childhood Education Today* (*12th Edition*). Prentice Hall, 2011.

复习思考题

1. 什么是学前教育? 什么是学前教育学?
2. 学前教育理论与实践的发展历程。
3. 福禄培尔对学前教育的重要贡献。
4. 蒙台梭利学前教育理论与实践述评。
5. 陶行知学前教育改革思想的现实意义。
6. 陈鹤琴学前教育理论与实践的现实意义。
7. 研究学前教育主要有哪些方法? 你最喜欢哪一种方法? 你认为应如何运用这种方法?

第二章

学前儿童观

内容提要：本章由四节组成，首先介绍了儿童观的概念和种类，其次说明了儿童的各种权利及保护，再次指出了应如何树立正确的儿童观，最后简介了《中国儿童发展纲要(2011—2020年)》的主要内容。

儿童观是随着社会的进步、人类文明的进化而不断发展、变化的，了解儿童观的基本内涵、主要类型，认识儿童的权利、地位，树立正确的儿童观，有利于学前教育工作者确立科学的教育观，提高学前教育的质量。

第一节　儿童观的界说

人们对儿童的认识是多种多样、千变万化的，形成了形形色色的儿童观，我们应该用辩证唯物主义的观点加以剖析。

一、儿童观的概念

儿童观是成人如何看待和对待儿童的观点的总和，它涉及儿童的特点与能力、地位与权利、儿童期的意义、儿童生长发展的形式和成因、教育同儿童发展之间的关系等诸多问题。

在不同的时代有不同的儿童观，儿童观随着社会的发展而日益更新：儿童的特点，随着生理学、心理学、现代科技的发展，已被越来越深入、细致地揭示出来；童年期在人的一生发展中的价值也被更多的教育实践所证明，因而得到了人们的广泛重视；儿童的地位和权利也逐渐受到人们的尊重和保护。儿童一来到人间，就享有国籍权、姓名权、生存权、受保障权、健康权、发展权、游戏权、娱乐权、受教育权等等。

二、儿童观的种类

在人类社会漫长的发展过程中，人们对儿童的认识不尽相同，主要有以下几种看法：

1. 儿童是“小大人”

持有这种观点的人认为，儿童是“缩小”的大人，儿童是小大人，儿童和大人没有什么区别，即使有的话，那也只是身高和体重的不同而已。用成人的标准去要求儿童，儿童被期待像成人一样去行动，充当童工、童农、童商等，使之过快、过早地生长发育。儿童的特点、儿童期的意义则被完全忽视了。

2. 儿童是“白板”

“白板”是空白的板或擦过的黑板。持这种观点的人认为，儿童刚生下来的时候，其心灵就像一块白板，成人可以将其任意塑造成各种各样的东西；就像是一张白纸，洁白无瑕，成人可以在上面画最新最美的图画；就像是一个空容器，成人可以任意填塞，把各种知识经验灌输进去，而不考虑儿童的需要。儿童的发展仅仅是周围环境的产物，是消极被动地接受外界刺激的结果，完全忽视了儿童的主观能动性。

3. 儿童是“有罪的”

这些人认为，儿童一生下来，就充满了罪恶，是有罪的“羔羊”，卑贱无知，成人应该对他们严加管束、约制，使儿童能不断地进行赎罪。儿童体内的各种毒素，是儿童犯罪的根源，容易导致儿童的错误行为，而严酷的纪律则会减轻、消除儿童的这种行为，可以责骂、鞭打儿童，对儿童施行体罚是合法的。儿童承受了各种肉体的、精神的折磨，遭受到成人的轻视，任何带有创新乃至尝试意识的行为都会受到指责，人格被严重摧残。

4. 儿童是“花草树木”

文艺复兴运动对人权的倡导，开启了人们从全新的角度来审视儿童，在儿童观上有了一个大的飞跃，开始把儿童看作是一个有独立存在价值的实体，有自己的权利、思想、情感、需要。提出不应用成人的标准去要求儿童，儿童应该像个“儿童”，要倍加珍惜童年的生活。尊重儿童具有的纯洁美好、独立平等的自然本性。儿童的生长发展是按自然法则运行的，教育者的作用就像是“园丁”，活动室就像是儿童逐步成熟的“花园”，每个儿童的成熟都有内部的时间表，在恰当的时间学习特别的任务，而不能强迫儿童去学习。儿童的成熟过程至少和儿童的经验一样重要。

5. 儿童是“私有财产”

在这种观点看来，儿童是父母婚姻的结晶，产生于母体，归父母所有，是父母的隶属品。父母可以左右儿童的命运，控制儿童的生活，决定儿童的一切事情，要求儿童学习许多并不感兴趣的课程，把儿童培养成为他们认为是最理想的人，压服儿童，让儿童唯命是从。儿童，特别是男童被认为是家庭的希望，传宗接代的工具，开始重视儿童、关心儿童，但儿童仍然被视为家庭和家族的附属品，父母的私有财产，没有独立自主的人格和地位，与其抚养人之间的关系只是一种依附关系。例如，“老子打儿子”被认为是天经地义的，是家庭的私事，别人无权干涉。

6. 儿童是“未来的资源”

这种观点认为，儿童是国家最宝贵的财富，是国家潜力最大的资源、未来的兵源和劳动力。对儿童进行教育，就是对未来进行最有价值的投资，这种投资，利国利民。多投资，才能高产出。

7. 儿童是“有能力的主体”

人类的童年期长于动物的童年期，这为儿童以后的发展奠定了良好的基础。儿童在体力、智力、情感、社会性、道德等许多方面，都不同于成人，他们是正在发展中的人。不能因为儿童弱小，需要保护，就轻视他们，使他们被动发展。儿童是有能力的、积极主动的权利主体，应有主动发展自己潜能的机会，在出生、发育、成长的过程中，成为自主的行动者，表达自己的主张和意见，充分行使自己的权利。

上述各种儿童观既有时代的烙印，有些又并存于同一个时代；既有非理性、不科学的一面，也有较为合理、科学的因素，实事求是地进行分析，批判性地加以继承与借鉴，将有利于正确地认识儿童。

第二节　儿童权利的扩大与保护

中国是世界的一部分，随着国际社会对儿童权利认识的深化，中国政府也制定了一系列儿童权益保护政策和法规，并加入了联合国《儿童权利公约》；在保障儿童基本权益的实践中，也取得了令世人瞩目的成就，但中国是一个发展中国家，经济文化发展水平还相当落后，使得在落实儿童权利保障方面，尚面临许多困难及障碍，还需要进行长期艰苦努力的工作，才能使儿童的基本权益得以全面实现。

一、儿童权利的国际认识

从尊重人权到尊重儿童的权利，是人类社会的一大飞跃；从人们意识到儿童应有自己的权利，到通过法律的形式，进一步明确和扩大，是人类社会的又一个进步。

早在1924年，国际联盟就通过了《日内瓦儿童权利宣言》，这是第一个主张儿童权利的国际性文件，重在救济、保护儿童，防止奴役、贩运童工，迫使其卖淫等。

为了保障全世界儿童的权益，1949年11月，国际民主妇女联合会(Women's International Democratic Federation — WIDF)在莫斯科召开执委会决定，将每年的6月1日定为国际儿童节(International Children's Day)。

1959年11月20日，联合国大会通过了《儿童权利宣言》(*Declaration of the Rights of the*

Child),指出:(1)儿童有被尊重、热爱和理解的权利;(2)儿童有得到足够营养和医疗保护的权利;(3)儿童有充分的娱乐和游戏的权利;(4)儿童有姓名和国籍的权利;(5)特殊儿童有受到特殊保护的权利;(6)在受灾期间,儿童有最先得到救济的权利;(7)儿童有成为一个有用的社会成员和发展个人能力的权利;(8)儿童有被培养成充满仁爱精神的人的权利;(9)所有儿童都享有这些权利,而不受种族、肤色、性别、宗教、国籍和社会出身的限制;(10)所有儿童,无一例外,均同等享受这些权利等。可见,儿童的权利得到了扩大和加强,并把儿童主体的作用提高到了重要的地位。据此,许多儿童专家及儿童保护组织,都提出了扩大儿童基本权利的目标,并作了宣言。比如,美国儿科研究院拟定了这样的目标:(1)儿童应出生于健康的母亲;(2)儿童应该较好地出生;(3)儿童应该免受疾病的影响,必须采取免疫措施;(4)儿童应该有良好的营养;(5)儿童应该有健康教育;(6)儿童应该生活在一个安全的环境中;(7)特殊儿童应该在原有基础上得到发展;(8)儿童应该生活在一个有足够的经济收入以保证其身心与才智发展的家庭里;(9)儿童应该尽可能地生活在一个无污染的环境中;(10)儿童应该生活在一个认识到他们有特殊的个人需要、社会需要的社会中。

在1976年联合国第31届大会上,决定将1979年定为"国际儿童年",继承并发展了联合国大会于1959年提出的儿童权利的基本思想。根据联合国的决议,举办国际儿童年活动的主要目的是促使所有国家重视儿童问题,并根据本国情况大力发展儿童保护、教育和福利事业。

1989年11月20日,在第44届联合国大会上一致通过了《儿童权利公约》(*Convention on the Rights of the Child*),1990年9月2日正式生效。《公约》由"序言"和"第一部分"、"第二部分"、"第三部分"组成,共有54项条款。联合国儿童权利委员会副主席汉姆伯格指出,《公约》的基本原则是:(1)儿童优先考虑的原则。任何事情凡是涉及儿童,都必须以儿童利益为重。例如,第3条规定:"关于儿童的一切行动,不论由公私社会福利机构、法院、行政当局或立法机构执行,均应以儿童的最大利益为一种首要考虑。"(2)尊重儿童人格的原则。不仅要关注儿童的生存与发展的权利,更要注意儿童的生活与发展的质量。比如,第6条提出,"缔约国应最大限度地确保儿童的存活与发展","确认每个儿童均有固有的生命权";第7条规定,"儿童出生后应立即登记,并有自出生起获得姓名的权利,有获得国籍的权利,以及尽可能知道谁是其父母并受其父母照料的权利";第13条提出,"儿童应有自由发表言论的权利";第24条提出,"儿童有权享有可达到的最高标准的健康";第28条规定,"儿童有受教育的权利";第31条提出,"儿童有权享有休息和闲暇,从事与儿童年龄相宜的游戏和娱乐活动,以及自由参加文化生活和艺术活动"。(3)尊重儿童意见的原则。不论什么事情,只要涉及儿童,都要认真听取他们的看法。例如,第12条规定"缔约国应确保有主见能力的儿童有权对影响到其本人的一切事项自由发表自己的意见,对儿童的意见应按照其年龄和成熟程度给以适当的看待"。(4)一视同仁的原则。不论儿童来自什么文化背景,出身如何,是男童还是女童,正常还是异常,都应享有同等的权利,而不应受到任何歧视。比如,第27条提出,"缔约国确认每个儿童均有权享有足以促进其生理、心理、精神、道德和社会发展的生活水平";第2条规定"缔约国应尊重本公约所载列的权利,并确保其管辖范围内的每一儿童均享受此种权利,不因儿童或其父母或法定监护人的种族、肤色、性别、语言、宗教、政治或其他见解、民族、族裔或社会出身、财产、伤残、出生或其他身份而有任何差别"。《公约》是第一个强调儿童权利的国际公约，首次把国际社会保护儿童权利的思想转变成了各国政府的诺言，对儿童的成长与发展负责，开始进入政府的职责和行为范畴，因而具有划时代的意义。

1990年，世界儿童问题首脑会议通过了《儿童生存、保护和发展世界宣言》、《执行九十年代儿童生存、保护和发展世界宣言行动计划》，提出"一切为了孩子"的90年代新的儿童观，确认在儿童问题上的进步应成为国家全面发展的一个主要目标。呼吁要让每个儿童都有更美好的未来，在2000年前努力结束当前存在的儿童死亡及儿童营养不良状况，并为全世界儿童身心的正常发展提供必要的保护。

二、儿童权利的中国承诺

党和政府一贯关心和重视儿童的生存、保护和发展，使我国儿童的健康水平有了很大的提高。

新中国成立后，中央人民政府政务院于1949年12月23日规定，将中国的儿童节与国际儿童节统一起来。

1982年12月4日，第五届全国人民代表大会通过了《中华人民共和国宪法》(1988年第七届全国人民代表大会通过了《中华人民共和国宪法修正案》，1993年第八届全国人民代表大会通过了《中华人民共和国宪法修正案》，1999年第九届全国人民代表大会通过了《中华人民共和国宪法修正案》和2004年第十届全国人民代表大会通过了《中华人民共和国宪法修正案》)，第46条规定："中华人民共和国公民有受教育的权利和义务。国家培养青年、少年、儿童在品德、智力、体质等方面全面发展。"

为了进一步维护儿童的合法权益，提高儿童的素质，1990年8月29日我国政府正式签署了联合国《儿童权利公约》。

1991年1月18日，国务院第七十六次常务会议通过了《禁止使用童工规定》；1991年3月，李鹏总理代表中国政府签署了世界儿童问题首脑会议通过的国际文件《儿童生存、保护和发展世界宣言》、《执行九十年代儿童生存、保护和发展世界宣言行动计划》。1991年9月4日，第七届全国人大常委会第二十一次会议通过了《中华人民共和国未成年人保护法》，在第一章总则的第4条中提出："保护未成年人的工作，应遵循下列原则：(1)保障未成年人的合法权益；(2)尊重未成年人的人格尊严；(3)适应未成年人身心发展的特点；(4)教育与保护相结合"。在第二章家庭保护、第三章学校保护、第四章社会保护、第五章司法保护中，分别对家庭、学校、幼儿园、教师、社会、国家司法机关提出了保护儿童的权利和责任，体现了儿童权利的新观念。

1992年2月29日，国务院批准了《中华人民共和国义务教育法实施细则》；1992年3月8日国务院颁布了《九十年代中国儿童发展规划纲要》，在全社会倡导"爱护儿童，教育儿童，为儿童做表率，为儿童办实事"的公民意识，明确规定了90年代我国儿童生存、保护和发展的主要目标，例如，提出：(1)将1990年的婴儿死亡率和5岁以下儿童的死亡率分别降低1/3；(2)将1990年的孕产妇死亡率降低1/2；(3)使1990年5岁以下儿童中度和重度营养不良患病率降低1/2等。

1993年10月31日，第八届全国人大常委会第四次会议通过了《中华人民共和国教师法》；1994年8月23日国务院令发布了《残疾人教育条例》；1995年3月18日第八届全国人大第三次会议通过了《中华人民共和国教育法》，规定公民受教育的基本权利和义务以及受教育机会平等的基本原则，例如，第 9 条提出："中华人民共和国公民有受教育的权利和义务。公民不分民族、种族、性别、职业、财产状况、信仰等，依法享有平等的受教育机会。"

1996 年 6 月 1 日，原国家教育委员会发布了《幼儿园工作规程》，提出要从保障学前儿童学习权利，促进每个儿童在原有水平上得到发展的角度，来考虑环境的创设、教育内容的选择、教育方法的运用、教育评价的实施。同年还颁布了《全国教育事业"九五"计划和 2010 年发展规划》，确定了我国学前教育的发展目标："到 2000 年，全国学前 3 年儿童毛入园(包括学前班)率达到 45%以上，大中城市基本解决适龄幼儿入园问题，农村学前 1 年幼儿入园(班)率达到 60%以上。"

我国政府高度重视学前儿童的受教育权利，原国家教育委员会于 1997 年，又制定了《全国幼儿教育事业"九五"发展目标实施意见》，就"九五"期间我国学前教育事业发展的指导思想、具体目标、措施保障等提出基本要求。

这些法律法规的制定，都使我国儿童的身心发展权、受教育权得到了法律上的保证。

三、儿童权利的保障与实施

联合国《儿童权利公约》颁布以后，世界各国都为保护儿童的各种正当权益做出了积极的努力，取得了卓著的成绩，但仍存在着许多问题，需要解决。

(一) 儿童权利保障的绩效

1. 儿童的生存权

联合国世界卫生组织(World Health Organization，简称 WHO)很重视儿童的平安出生，自 1950 年以来，每年于 4 月 7 日庆祝"世界卫生日"(World Health Day)，通过一个主题，来突出所关注的重点领域。1977 年的主题是"预防注射，保护你的孩子"(Immunize and Protect Your Child)；1979 年的主题是"健康的儿童，世界的未来"(A Health Child, A Sure Future)；1984 年的主题是"儿童的健康——明天的财富"(Children's Health——Tomorrow's Wealth)；1987 年的主题是"免疫——每个儿童应有的机会"(Vaccination against 6 infectious diseases — give all children a chance)；1998 年的主题是"母亲安全：人权问题"(Safe Motherhood: A Matter of Human Rights)；2003 年的主题是"创建未来生活：让儿童拥有一个健康的环境"(Shape the Future of Life: Healthy Environments for Children)；2005 年的主题是"珍爱每一位母亲和儿童"(Make Every Mother and Child Count)。

为了保证儿童生活中的安全，世界上许多国家都采取了有效的措施，比如，美国在许多公共场所设立了"送我回家"的失踪儿童信息亭，信息亭的电脑里有失踪儿童的照片和情况，供孩子家长和知情人查询，使丢失的孩子有处寻找；哥伦比亚航空公司还把儿童看作是"空中的小皇帝"、最受关怀的乘客，制订了照顾儿童的计划，为儿童提供特殊休息厅、不同饮食、玩具和小朋友俱乐部，有专人照料儿童，在飞机上，孩子坐在前排，到达目的地后只被交给父母委托的人，如委托人不在，就由公司继续照料，直到委托人来领走为止。此外，欧美许多发达国家还规定，父母不能打骂儿童，否则就会"吃官司"，被起诉"虐待儿童"。

2. 儿童的发展权

国际社会非常重视儿童发展中的各种用品的开发，据报道，英国的艾里斯怀特女士发明了一种“会讲话的尿盆”，这种尿盆由一个录音装置和触发器组成，适用于学前儿童，能发出“宝贝真乖，宝贝真聪明”等事先灌制的声音，鼓励儿童养成良好的卫生习惯，该女士也因此而获得了1998年英国妇女发明奖。

3. 儿童的教育权

联合国儿童基金会（United Nations International Children's Emergency Fund，简称UNICEF），1998年7月8日的报告指出，发展中国家女性受教育的水平偏低，只有不到1/4的女孩子能够上学，非洲和南亚女童受教育的比率则更低。

自20世纪80年代中期我国一系列保障儿童受教育权利的法律政策出台以后，学前儿童的受教育面日益扩大，在园儿童的递增速度越来越快，据统计，1987年以来，以2%—12%的速度上升，基本情况如表2-2-1。

表2-2-1　1987—1995年全国在园（班）幼儿数统计表

年份	在园（班）幼儿数（万）	增长百分数（%）
1987	1807.83	
1988	1854.53	2.6
1989	1847.65	
1990	1972.23	6.7
1991	2209.28	12.0
1992	2481.80	9.9
1993	2614.92	5.8
1994	2630.27	0.5
1995	2711.23	3.1

全国教育事业发展统计公报显示，进入21世纪以后，我国学前教育事业持续稳步发展，幼儿园数量、在园幼儿人数不断提高，园长和教师人数持续增加，师幼比不断下降，详见表2-2-2。

表2-2-2　1998—2012年全国学前教育事业发展统计表①

年份	幼儿园园数（万所）	在园幼儿数（万人）	园长和专任教师（万人）
1998	18.14	2403.03	95.57
1999	18.11	2326.26	95.79
2000	17.58	2244.18	94.65
2001	11.17	2021.84	63.01
2002	11.18	2036.02	65.93

① 本表是作者根据中华人民共和国教育部门户网站 http://www.moe.edu.cn 上发布的数据编制而成的。

续 表

年份	幼儿园园数(万所)	在园幼儿数(万人)	园长和专任教师(万人)
2003	11.64	2003.91	70.91
2004	11.79	2089.40	75.96
2005	12.44	2179.03	83.61
2006	13.05	2263.85	89.82
2007	12.91	2348.83	95.19
2008	13.37	2474.96	103.20
2009	13.82	2657.81	112.78
2010	15.04	2976.67	114.42(不包括园长)
2011	16.68	3424.45	131.56(不包括园长)
2012	18.13	3685.76	147.92(不包括园长)

(二)儿童权利保障的困境

1. 儿童的出生权

随着科技的发展,电脑、电视机、微波炉、无绳电话、手机等现代科技产品的广泛应用,既给人们的工作与生活带来了许多便利之处,但与此同时也产生了一些负面效应。据报道,在美国军事机构中长期从事计算机系统终端操作的15名妊娠妇女中有7人发生流产,3人发生畸胎。加拿大航空公司中从事与此类似工作的13名怀孕的操作者中有7人流产。我国对25个省、市、自治区的医用X线职业受辐射人员做调查,自然流产率、多胎率、新生儿死亡率明显高于对照组。胎儿是人类的种子,他们十分脆弱,缺乏抵抗能力,所以,要对胎儿进行防电磁保护,使他们能免受这些不良因素的伤害,顺利地来到人间。

我国提倡计划生育,一对夫妇只生一个孩子,但有些家庭为了生男孩,"续香火",就千方百计做B超,测性别,堕女胎。儿童在母体中孕育以后,就有降生于世的权利,所以,保护儿童的出生权就显得十分重要。

1998年7月8日联合国儿童基金会发表的一份报告说,全球近1/3的新生儿出生时,没有办理出生证明,儿童可能因此而不能合法地接种疫苗,享受医疗保健,接受教育。所以,儿童的出生权对其以后的发展至关重要。

2. 儿童的生存权

儿童要生存下去,就必须得到合理的饮食、充足的营养和睡眠,但在此过程中,也会遇到某些意外事故。据报道,江苏省南京市某私立幼儿园日托班的一位4岁儿童,在幼儿园吃晚饭时,被一块2厘米×2厘米的方肉块卡住咽喉窒息,抢救无效死亡。睡眠是儿童最重要的一种休息形式,是儿童生存之必需,年龄越小的儿童,所需要的睡眠时间越长,儿童在睡觉时,应得到成人的照料,安排合理的睡姿——仰睡。比如,一对夫妇外出看电影,把睡着的孩子托给老人照看,缺乏科学育儿常识的老人为使孩子尽快入睡，采用避光卧睡，结果造成孩子窒息。

在社会转型期间，儿童的人身安全保障也受到了一些不利因素的影响，弃婴、溺婴、溺女婴、拐卖儿童等危及儿童生存的违法、犯罪行为尚未禁绝，还出现了将儿童的生命当作诈取钱财手段之类的灭绝人性事件。例如，有个年仅 4 岁的儿童，被罪犯当成了敲诈的诱饵，一次又一次地被抛向汽车飞驰的公路，这个可怜的孩子最终没能躲过无情的车轮而被活活压死。

3. 儿童的健康权

健康的身体是儿童生存、发展的前提条件。联合国儿童基金会 1998 年 7 月 8 日发布的一项报告说，发展中国家保护儿童健康权益的任务仍十分艰巨：虽然在接种疫苗方面取得了重大进步，如 1980—1990 年间，对 6 种致命疾病（破伤风、白喉、结核、小儿麻痹症、麻疹和百日咳）的免疫率从 5%增加到了 80%，但是，人口中最穷的一部分人仍然没有接种的机会，全球每年约有 200 万 5 岁以下儿童因此而死亡。

今天的儿童是 21 世纪的主人，儿童的生存、保护和发展是提高人口素质的基础，是人类未来发展的先决条件，儿童的健康成长关系到祖国的前途和命运，各国政府和社会必须保障儿童的各种合法权利。

第三节　正确儿童观的树立

为了树立正确的儿童观，学前教育工作者应认识到以下几点：

一、儿童有各种合法权利

每个儿童拥有的出生权、姓名权、国籍权、生存权、发展权、学习权、游戏权、娱乐权、休息权、教育权等，应该得到我们的承认、尊重和保护。早在 17 世纪 30 年代，捷克教育家夸美纽斯就提出：儿童是无价之宝，是任何事物都无法相比拟的宝物，我们要像尊重上帝那样来尊重儿童。瑞典教育家爱伦·凯在 19 世纪末期就预言：20 世纪将是儿童的世纪，并著有《儿童的世纪》一书，倡导人们要热爱儿童，尊重儿童，保护儿童的权利，培养儿童的个性。

今天，保护儿童权利的思想已为各国政府和社会所承认，并日益深入人心。作为一名学前教育工作者，要认识到儿童与成人在人格上是平等的，享有同样的社会地位和权利保障；要保护儿童的生命与健康，注意为儿童提供充足的营养、休息时间和游戏、娱乐、教育的机会与条件；要把儿童看作是学习的主体，用民主与科学的态度对待儿童，不歧视、不虐待儿童。

二、儿童的成长受制于多种因素

影响儿童发展的因素是多种多样的，归纳起来主要有生物因素和社会因素两大类，它们相互作用，共同制约着儿童的发展。

（一）生物因素是儿童成长的生理基础

生物因素主要指的是遗传素质，它是儿童从父母身上获得的各种基因，为儿童后天发展成为一个正常的人提供了生理基础和物质条件。儿童在遗传素质上是存在着差异的，这种差异使儿童在发展上也出现差异。美国研究人员指出，婴儿说话早晚同基因有关，到了2岁还没有学会说话的孩子，其基因和语言之间有着重要的联系，基因对男孩子的影响大于女孩子。华盛顿大学的菲利普·戴尔和他的英国同行对英格兰和威尔士的3000对双胞胎进行了观察，发现：不论这些双胞胎是异卵还是同卵，他们在2岁的时候，语言能力大体上是相同的。但是，在讲话最差的孩子，即语言能力测试得分最低的5%的孩子中，异卵双胞胎与同卵双胞胎有很大的不同。如果一个同卵双胞胎孩子是讲话能力最差的5%的孩子之一，那么他或她的双胞胎兄弟或姐妹同在这一组的可能性为81%。但是，一对异卵双胞胎讲话能力低的可能性只为42%。研究人员认为：由于同卵双胞胎的遗传基因的构成是相同的，而异卵双胞胎只有50%的相同的遗传基因，因此这表明基因有影响。

遗传不仅与儿童的心理发展水平有关，而且还对儿童的身体健康有影响。近期我国学者的研究表明，儿童支气管哮喘的发生和遗传因素有直接的关系。研究者通过对124例患儿家系调查发现，患儿父母双亲哮喘患病率为17.1%，同胞患病率为18.5%，明显高于一般群体0.5%—2%的患病率。患儿双胞胎研究表明，同卵双胞胎哮喘发病一致率为19%，而异卵双胞胎仅为4.8%。还有许多研究也显示，儿童支气管哮喘是一种多基因遗传病，遗传度约为80%。由此可见，遗传因素对患儿发病有重要影响。

（二）社会因素是儿童成长的关键条件

社会因素主要指的是环境，包括自然环境和社会环境，教育是一种独特的社会环境，它们为儿童的成长开辟了广阔的空间，决定了儿童发展的速度和水平。近几年来，中国和日本的研究者，分别通过对600名3—4岁的幼儿进行研究，发现：中国幼儿在活动量、规律性、趋避性、适应性、反应阈、反应强度、情绪本质、注意力分散度、坚持度等9项检测气质的指标上，均优于日本儿童。但到了学龄期以后，在性格和素质上的某些表现却逊色于日本儿童。可见，后天环境和教育等因素对儿童的影响是很大的。

儿童生活的环境不同，其发展水平也不同。一方面，生活在不同家庭环境里的儿童，发展的水平也不同。例如，一对聋哑夫妇生下了一个健康的孩子，孩子和父母的交流只能通过特定的语言——哑语来进行，孩子不能像其他普通的孩子那样，通过口语来和父母交谈，致使孩子语言发展滞后于同龄的孩子。据此，父母积极为孩子创造条件，给她买来了大量的图书、玩具、录像带、磁带，让孩子学习语言，提高孩子的语言发展水平。

另一方面，生活在不同托幼机构里的儿童，发展的程度也不同。比如，生活在一个重视幼儿体育活动，每天坚持体育锻炼的幼儿园里，儿童的基本动作发展得就较好，体质也比较强；生活在一个注重幼儿艺术教育，天天让幼儿接受艺术熏陶的幼儿园里，儿童的音乐、舞蹈、绘画、书法的技能掌握得就较好，审美的能力也得到了良好的发展。

三、儿童发展的潜力要及时挖掘

儿童的发展有极大的潜力。生理学、脑科学研究表明，儿童在1个月至6岁期间，其大脑不是按天而是按小时生长的，儿童吸收知识几乎毫不费力。神经心理学家、生物化学家，通过对人类神经系统的“可塑性”进行研究，指出：儿童的经验决定其大脑的结构，大脑在敏感期接受信息的质量和数量又决定着神经元结构的密度和效率。在儿童生命的头两年，大脑迅速成长、联系不断增加，此时儿童大脑里的各种联系尤如“信息高速公路”，使儿童在今后的生活中，都沿此前进。到了2岁时，儿童脑部的联系已达到300万亿个，那些还未得到使用的或未与别的细胞建立联系的细胞就会被遗忘、弃置。儿童大脑区位之间的这种联系即是智力的“机会之窗”，儿童智力机会之窗不是长期打开的，随年龄的增长，会逐渐关闭，如不及时打开，以后就无法补救，所以要及早打开。一些网坛天才，如贝克尔、格拉芙，几乎还在牙牙学语时，就来到了网球场。

儿童发展的潜力只有通过适当的环境和教育，才能挖掘出来。美国心理学家克莱格·拉梅、弗朗希思·坎贝尔对来自贫困家庭4个月大的儿童进行研究：他们把儿童分为两组，第一组儿童白天在托儿所生活，除了必需的营养以外，教师还通过游戏、音乐来教育儿童；第二组儿童则不然，他们只有营养，而无游戏活动和音乐活动。结果，在学前期，第一组儿童的智商比第二组儿童高出许多；到15岁时，第一组儿童的读、写、算的成绩明显高于第二组。可见，早期教育有利于儿童的成长和发展，对早出人才、多出人才、出好人才也有积极的效益。

四、儿童是连续不断发展的

儿童在不同的年龄阶段具有不同的身心发展特征，他们会对同一个环境做出截然不同的行为反应。我们曾把幼儿园大、中、小班的幼儿分别放在一个活动室里，室内有小椅子、衣叉等物体，告诉幼儿：如果你能拿到悬挂在空中的风铃，那么，这个风铃就归你所有。结果发现，刚开始时，幼儿都喜欢伸手去拿，但当他们拿不到时，却做出了不同的表现：大班幼儿往往能在活动室里寻找物体，解决面临的问题，比如，站在椅子上去拿，用墙角的衣叉去够；小班幼儿常常急得乱蹦乱跳，发现地上的小椅子时，就来“开汽车”，发现墙角处的衣叉时，就用它当“马骑”；中班幼儿介于这两种情况之间。可见，年龄较大的幼儿能利用椅子、衣叉作工具，获取物体；而年龄较小的幼儿却因椅子、衣叉而转移了注意力，以此为玩具进行游戏，忘记去获取物体。

儿童随着年龄的增长，身心发展水平日益提高。例如，在动作的发展上，儿童2个月时能抬头，5个月时能翻身，7个月时能坐，8个月时能爬行，10个月时能站立，12个月时能行走；在大脑的重量上，新生儿平均为390克，相当于成人脑重量的1/3，儿童3岁时，脑重已达900—1010克，接近于成人脑重的2/3；在记忆的特点上，儿童以机械记忆为主，意义记忆开始发展，且效果更好。所以，为了提高幼儿记忆的效果，教师应注意帮助幼儿进行意义识记。例如，在教儿童背诵古诗

《锄禾》时，教师画了一幅农民播种、插秧、施肥的图画，以帮助幼儿理解这首古诗的含义，使幼儿记得又快又好。

儿童的发展呈现出阶段性，前一个阶段是后一个阶段的基础，后一个阶段是前一个阶段的继续，彼此相联，不能分割。比如，在婴儿期，儿童通过动作来思维；到了幼儿期，儿童开始凭借形象来思维。

五、儿童的发展具有差异性

（一）儿童的发展有性别差异

同一年龄的儿童，在发展上呈现出性别的差异。首先，国外的许多研究说明，男女儿童在很小的时候就开始表现出差异。美国的研究表明，男女婴儿在听讲童话故事或音乐会时，用脑的部位正好相反。研究者通过对3个月的婴儿进行脑电波测试，发现男孩子对童话故事和音乐的反应部位是在脑的右半球，女孩子则是在脑的左半球。英国心理学家赫特的研究结果表明：在婴儿期，男孩子对视觉图案模型更感兴趣，女孩子则更容易为声响所吸引。日本科学家近期的研究表明，男女儿童在空间知觉上有明显的差异，研究者把19名3岁儿童带到一个丁字路口，让他们自由行走，结果11位男孩中，有10人向左拐弯，只有1人向右转弯；与此相反，8位女孩中，有7人向右拐弯，只有1人向左转弯。我国许多学者通过研究发现，男女儿童在智力发展上的差异是和年龄联系在一起的：在学前阶段，男女儿童智力差异不很明显；在乳儿期、婴儿期，这种差异很小；在幼儿期显示出差异，女孩的智力略优于男孩，但不显著。

其次，教育实践证明，男女儿童在发展上也有差异。幼儿性别之间发展的差异，在幼儿园的六科教育上有所表现，据许多教师反映，男孩子在数学、体育、科学、美术等方面显得比女孩子稍强一些，而女孩子则在语言、音乐等方面显得比男孩子好一些，比如，有的教师在组织"六一国际儿童节"文艺汇演比赛时，为了得到名次，就让幼儿"女扮男装"。

再次，学前儿童自身也意识到了男女性别之间的差异。比如，有的女孩子觉得做个男孩子真光荣，真能干，"能当警察，抓坏人"。

（二）儿童的发展有个别差异

同一年龄的儿童，在发展上还有个别差异。儿童的个体差异体现在许多方面。首先表现在对物体的感知上，例如，让5岁幼儿观察一个"小蘑菇房子"（见图2-3-1），分别要他们回答"这上面有哪几种几何图形？各有几个"的问题时，发现：有的幼儿说"有圆形、正方形、长方形"、"圆形有7个"、"正方形有1个"、"长方形有1个"，而忽略了图形的整体特征；有的幼儿却说"有半圆形、长方形"、"半圆形有1个"、"长方形有1个"，而忽略了图形的局部特征。

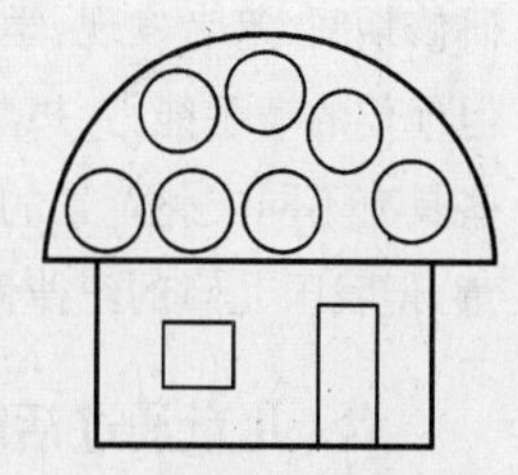
图2-3-1 小蘑菇房子

其次，还表现在儿童的判断推理上。有的幼儿已能进行简单的判断推理，但有的幼儿则不能。比如，在晨间活动时，教师要求中班幼儿对班级的气象角加以记录，当问及幼儿"昨天18号，今天应该是多少号时"，有的幼儿说是"13号"，有的幼儿说是"16号"，还有的幼儿说是"20号"；当一位幼儿说是“19号”的正确答案时，教师请他说一说“你怎么知道今天是19号的？”幼儿回答说：“8字后面应该是9，昨天18号，今天当然应该是19号了。”

再次，还表现在儿童的兴趣爱好上。不同的儿童对教育科目的喜好是不同的，参与活动的频率也不同。我们曾对大班幼儿参加区域活动的情况进行了为期一周的观察，发现：有的幼儿在自由活动时，所选的区域全是阅读区；有的幼儿有时选美工区，有时又选科学区；有的幼儿则在5天里去了积木区、种植区、玩沙区、玩水区、装扮区等5个不同的区域进行活动。表2-3-1是笔者对幼儿在园一周进入益智区活动的简单记录。

表2-3-1 幼儿一周参加益智区活动的记录表
（打“√”表示进入区内活动）

幼儿编号	幼儿姓名	星期一	星期二	星期三	星期四	星期五
1	王×	√		√		√
2	李×	√	√	√	√	√
3	张×		√		√	√
4	赵×		√	√	√	
5	钱×	√	√	√		
6	孙×	√				
7	傅×	√	√			
8	赵×		√	√		
……						
35	魏×			√	√	

此外，儿童还在情感、意志、个性等方面的发展上存在着差异。

(三) 儿童的发展有文化差异

同一年龄、不同国家的儿童，各自所受到的文化熏陶不同，在发展上也有差异。在澳大利亚研修期间，笔者发现：学前教育机构中儿童的计算能力、歌舞能力、绘画技能比我国儿童差得多，但他们的动手能力、想象能力、创造能力却明显优于我们的儿童。不论是在国外，还是在国内一些具有不同文化背景的幼儿园里，我们都发现外国儿童的主动性、自我意识、自信心胜于我国儿童，但我国儿童的纪律性、自尊心、评价能力却优于外国儿童。

六、儿童通过活动得到发展

活动对学前儿童的发展有着重要的价值，不论是在婴儿期，还是在幼儿期，均如此。儿童的活动可以分为两大类：一类是操作活动，儿童通过与物体的相互作用而获得发展。儿童在做中学，做中成长。通过动手操作，儿童逐渐理解事物之间的关系，掌握基本概念。比如，一个2岁的婴儿，面对放在眼前的2个牛奶盒，不能说出哪个较大、哪个较小，或一样大，但他通过尝试、探索，把1个盒子放在另1个盒子的上面或下面、里面或外面，就能得出正确的结论，进而理解空间关系，发展逻辑推理能力。再如，当4岁的幼儿具有了木头会漂浮，石头、铁棒会下沉的知识以后，如果教师给他呈现一个小铁碗，要他回答“这个小铁碗是漂浮还是下沉”的问题时，他仍会感到很困难；但如果教师再给他提供一大盆水，就为他进行探究活动创造了条件，他就能容易回答：“当水没有进入到小铁碗里时，小铁碗会漂浮；当很多水进入到小铁碗里以后，小铁碗就会逐渐下沉。”并明白这是因为漂浮的方式不同所导致的道理，从中扩展到理解用很重的钢铁制作的船在海上漂浮的原理。

儿童活动的另一类是交往活动，儿童通过与教师、同伴的相互作用而得到发展。首先，儿童在与教师交往的过程中，能够学会如何正确地表达自己的思想、情感，掌握与别人交往的技能，形成良好的行为习惯，萌发创造性，增强责任感，提高积极的自我意象。例如，早晨入园时，幼儿在教师的鼓励下，站在大衣镜前观看自己，辨认自己身体的各个部位和款式多样的服装，谈论自己的感觉和情绪，有助于幼儿形成良好的自我意识。其次，儿童在与同伴交往的过程中，不论是集体活动，还是小组活动，或是个人活动，都能促进儿童认知能力的发展，社会情感的升华，心理活动水平的提高。比如，当全班幼儿一起进行走、跑、跳、爬、球类等体育活动时，不仅能产生生理上的满足感，而且还能给幼儿以精神上的快感，同时，幼儿的生理活动和心理活动又是相互联系、相互促进的。幼儿在这些活动中，可以无拘无束地玩耍，尽情地说笑，陶醉于欢快的活动之中，促进身心健康活泼地成长。

七、儿童作为一个整体来发展

儿童生理、心理、精神、道德、社会性的发展是儿童发展的各个不同的侧面，它们构成一个整体，互相联系，彼此制约。处在学前期的儿童，生理的发展尤为重要，它是儿童整体发展的基础。列宁曾经指出，儿童只有“健全的身体”，才能有“健全的精神”。两次获得过诺贝尔奖的居里夫人也认为，“科学的基础是健康的身体”。儿童大脑的成长使儿童的心理发展成为可能。脑科学研究表明，儿童的大脑由众多细胞组成，它比全世界的电话网络还要复杂多样，大脑的重量虽然只占其体重的1/47，但它消耗的氧气总量却是人体的1/4，而经常开展体育活动，锻炼身体，就能提高新陈代谢20%—30%，保证大脑有充足的氧，细胞变得活跃起来，大脑功能得以改善，使儿童耳聪目明，学习和活动质量均可以有所提高。

儿童道德、社会性的发展也与大脑的发育息息相关。美国心理学家斯坦利·格林斯通过研究提出，“情绪决定大脑结构”。一些医学研究也表明，音乐是特殊的“维生素”：不同速度、节拍和旋律的音乐，通过听觉神经传递到大脑，可使大脑皮层产生新的兴奋区，使原来的兴奋区得到休息，儿童就会感到轻松愉快。此外，听音乐还会使机体分泌有益健康的激素，调节全身的脏器功能，儿童若能随着音乐的节拍欢歌起舞，对其肺活量来说也是一种很好的锻炼。

“木桶理论”告诉我们，儿童发展的这几个侧面犹如组成一个木桶的各块木板，只有每块木板既长又厚实，才能盛很多水，如果某块木板短小又单薄，那盛的水就很少，甚至不能盛水。同时，儿童某一侧面的发展也是一个整体，它应该包含各个不同的层面，比如，儿童身体的发展应包括大肌肉（如四肢、躯干的发展）和小肌肉（如指头、手眼协调能力的发展）。所以，要满足儿童各种发展的需要，不孤立片面地强调某一方面而忽视另一方面，以保证儿童整体性的发展。

综上所述，学前教育工作者只有树立了科学的儿童观，才能在教育实践中，把儿童放在恰当的位置上，引导儿童生动活泼地成长，提高儿童的素质。

第四节 《中国儿童发展纲要(2011—2020年)》简介

2011年7月30日，国务院要求各省、自治区、直辖市人民政府、国务院各部委、各直属机构认真贯彻执行《中国儿童发展纲要(2011—2020年)》。

一、《中国儿童发展纲要(2011—2020年)》的基础和价值

(一)《中国儿童发展纲要(2011—2020年)》的制定基础

2001年，国务院颁布了《中国儿童发展纲要(2001—2010年)》(以下简称《纲要》)，从儿童健康、教育、法律保护和环境四个领域提出了儿童发展的主要目标和策略措施。十年来，国家加快完善保护儿童权利的法律体系，强化政府责任，不断提高儿童工作的法制化和科学化水平，我国儿童生存、保护、发展的环境和条件得到明显改善，儿童权利得到进一步保护，儿童发展取得了巨大成就。截至2010年，《纲要》确定的主要目标基本实现。儿童健康、营养状况持续改善，婴儿及5岁以下儿童死亡率、孕产妇死亡率不断下降，纳入国家免疫规划的疫苗接种率达到了90%以上。儿童教育普及程度持续提高，学前教育毛入园(班)率从2000年的35.0%上升到56.6%。孤儿、贫困家庭儿童、残疾儿童、流浪儿童、受艾滋病影响儿童等弱势儿童群体得到更多的关怀和救助。

受社会经济、文化等因素的影响，儿童发展及权利保护仍然面临着诸多问题与挑战。全社会儿童优先意识有待进一步加强，儿童工作机制有待进一步完善。城乡区域间儿童发展不平衡，贫

困地区儿童整体发展水平较低;出生缺陷发生率上升,出生人口性别比偏高;学前教育公共资源不足,普及率偏低;贫困家庭儿童、孤儿、弃婴、残疾儿童、流浪儿童的救助迫切需要制度保障;人口流动带来的儿童问题尚未得到有效解决;社会文化环境中仍然存在不利于儿童健康成长的消极因素等等。进一步解决儿童发展面临的突出问题,促进儿童的全面发展和权利保护,仍然是今后一个时期儿童工作的重大任务。

未来十年,是我国全面建设小康社会的关键时期,儿童发展面临前所未有的机遇。贯彻落实科学发展观,将为儿童健康成长创造更加有利的社会环境。制定和实施新一轮儿童发展纲要,将为促进人的全面发展,提高中华民族整体素质奠定更加坚实的基础。

(二)《中国儿童发展纲要(2011—2020年)》的价值取向

儿童时期是人生发展的关键时期。为儿童提供必要的生存、发展、受保护和参与的机会和条件,最大限度地满足儿童的发展需要,发挥儿童潜能,将为儿童一生的发展奠定重要基础。

儿童是人类的未来,是社会可持续发展的重要资源。儿童发展是国家经济社会发展与文明进步的重要组成部分,促进儿童发展,对于建设人力资源强国具有重要的战略意义。

二、《中国儿童发展纲要(2011—2020年)》的导向和原则

(一)指导思想

高举中国特色社会主义伟大旗帜,以邓小平理论和“三个代表”重要思想为指导,深入贯彻落实科学发展观,坚持儿童优先原则,保障儿童生存、发展、受保护和参与的权利,缩小儿童发展的城乡区域差距,提升儿童福利水平,提高儿童整体素质,促进儿童健康、全面发展。

(二)基本原则

(1)依法保护原则。在儿童身心发展的全过程,依法保障儿童合法权利,促进儿童全面健康成长。

(2)儿童优先原则。在制定法律法规、政策规划和配置公共资源等方面优先考虑儿童的利益和需求。

(3)儿童最大利益原则。从儿童身心发展特点和利益出发处理与儿童相关的具体事务,保障儿童利益最大化。

(4)儿童平等发展原则。创造公平社会环境,确保儿童不因户籍、地域、性别、民族、信仰、受教育状况、身体状况和家庭财产状况受到任何歧视,所有儿童享有平等的权利与机会。

(5)儿童参与原则。鼓励并支持儿童参与家庭、文化和社会生活,创造有利于儿童参与的社会环境,畅通儿童意见表达渠道,重视、吸收儿童意见。

三、《中国儿童发展纲要(2011—2020年)》的目标和措施

(一)总目标

完善覆盖城乡儿童的基本医疗卫生制度,提高儿童身心健康水平;促进基本公共教育服务均

等化，保障儿童享有更高质量的教育；扩大儿童福利范围，建立和完善适度普惠的儿童福利体系；提高儿童工作社会化服务水平，创建儿童友好型社会环境；完善保护儿童的法规体系和保护机制，依法保护儿童合法权益。

（二）发展领域、主要目标和策略措施

1. 儿童与健康

(1) 主要目标：①严重多发致残的出生缺陷发生率逐步下降，减少出生缺陷所致残疾。②婴儿和5岁以下儿童死亡率分别控制在10‰和13‰以下。降低流动人口中婴儿和5岁以下儿童死亡率。③减少儿童伤害所致死亡和残疾。18岁以下儿童伤害死亡率以2010年为基数下降1/6。④控制儿童常见疾病和艾滋病、梅毒、结核病、乙肝等重大传染性疾病。⑤纳入国家免疫规划的疫苗接种率以乡(镇)为单位达到95%以上。⑥新生儿破伤风发病率以县为单位降低到1‰以下。⑦低出生体重发生率控制在4%以下。⑧0—6个月婴儿纯母乳喂养率达到50%以上。⑨5岁以下儿童贫血患病率控制在12%以下。⑩5岁以下儿童生长迟缓率控制在7%以下，低体重率降低到5%以下。⑪略。⑫降低儿童心理行为问题发生率和儿童精神疾病患病率。⑬提高适龄儿童性与生殖健康知识普及率。⑭减少环境污染对儿童的伤害。⑮发展0—3岁儿童的早期教育，加强儿童潜能开发。

(2) 策略措施：①加大妇幼卫生经费投入。②加强妇幼卫生服务体系建设。③加强儿童保健服务和管理。④完善出生缺陷防治体系。⑤加强儿童疾病防治。⑥预防和控制儿童伤害。⑦改善儿童营养状况。⑧提高儿童身体素质。⑨加强对儿童的健康指导和干预。⑩构建儿童心理健康公共服务网络。⑪加强儿童生殖健康服务。⑫保障儿童食品、用品安全。⑬加大环境保护和治理力度。

2. 儿童与教育

(1) 主要目标：①促进0—3岁儿童早期综合发展。②基本普及学前教育。学前三年毛入园率达到70%，学前一年毛入园率达到95%；增加城市公办幼儿园数量，农村每个乡镇建立并办好公办中心幼儿园和村幼儿园。③略。④略。⑤略。⑥保障所有儿童享有公平教育，均衡配置教育资源，缩小城乡差距、区域差距、校际差距。⑦学校标准化建设水平提高，薄弱学校数量减少。⑧教育质量和效益不断提高，学生综合素质和能力全面提升。

(2) 策略措施：①落实教育优先发展战略。②依法保障儿童受教育的权利。③促进基本公共教育服务均等化。④加快发展少数民族和民族地区儿童教育事业。⑤积极开展0—3岁儿童科学育儿指导。⑥加快发展3—6岁儿童学前教育。⑦确保受人口流动影响儿童平等接受义务教育。⑧略。⑨略。⑩略。⑪全面推进素质教育。⑫加强和改进学校思想道德教育。⑬提高儿童科学素养水平。⑭加快推进教育教学改革。⑮提高教师队伍素质和能力。⑯全面推进教育现代化和信息化。⑰建设民主、文明、和谐、平等、安全的友好型学校。⑱完善学校收费管理与监督机制。

3. 儿童与福利

(1) 主要目标：①扩大儿童福利范围，推动儿童福利由补缺型向适度普惠型的转变。②保障儿童享有基本医疗卫生服务，提高儿童基本医疗保障覆盖率和保障水平，为贫困和大病儿童提供医疗救助。③基本满足流动和留守儿童基本公共服务需求。④满足孤儿生活、教育、医疗和公平就业等基本需求，提高孤儿家庭寄养率和收养率。⑤提高0—6岁残疾儿童抢救性康复率。⑥减少流浪儿童数量和反复性流浪。⑦增加孤儿养护、流浪儿童保护和残疾儿童康复的专业服务机构数量。⑧保障受艾滋病影响儿童和服刑人员未满18周岁子女的生活、教育、医疗、公平就业等权利。

(2) 策略措施：①提高面向儿童的公共服务供给能力和水平。②保障儿童基本医疗。③提高儿童医疗救助水平。④扩大儿童福利范围。⑤建立健全孤儿保障制度。⑥完善孤儿养育和服务模式。⑦建立完善残疾儿童康复救助制度和服务体系。⑧加强流浪儿童救助保护工作。⑨建立和完善流动儿童和留守儿童服务机制。

4. 儿童与社会环境

(1) 主要目标：①营造尊重、爱护儿童的社会氛围，消除对儿童的歧视和伤害。②适应城乡发展的家庭教育指导服务体系基本建成。③儿童家长素质提升，家庭教育水平提高。④为儿童提供丰富、健康向上的文化产品。⑤保护儿童免受网络、手机、游戏、广告、图书和影视中不良信息的影响。⑥培养儿童阅读习惯，增加阅读时间和阅读量。⑦增加县、乡两级儿童教育、科技、文化、体育、娱乐等课外活动设施和场所，坚持公益性，提高利用率和服务质量。⑧90%以上的城乡社区建设1所为儿童及其家庭提供游戏、娱乐、教育、卫生、社会心理支持和转介等服务的儿童之家。⑨保障儿童参与家庭生活、学校和社会事务的权利。⑩保障儿童享有闲暇和娱乐的权利。

(2) 策略措施：①广泛开展以儿童优先和儿童权利为主题的宣传教育活动，提高公众对儿童权利尤其是儿童参与权的认识。②将家庭教育指导服务纳入城乡公共服务体系。③开展家庭教育指导和宣传实践活动。④为儿童成长提供良好的家庭环境。⑤创造有益于儿童身心健康的文化环境。⑥规范与儿童相关的广告和商业性活动。⑦为儿童健康上网创造条件。⑧净化校园周边环境。⑨加大儿童活动设施建设。⑩强化城乡社区儿童服务功能。⑪为儿童阅读图书创造条件。⑫保障儿童的参与和表达权利。⑬增强儿童环保意识。⑭加强儿童社会工作队伍建设。⑮开展促进儿童发展的国际交流与合作。

5. 儿童与法律保护

(1) 主要目标：①保护儿童的法律法规和法律保护机制更加完善。②贯彻落实保护儿童的法律法规，儿童优先和儿童最大利益原则进一步落实。③依法保障儿童获得出生登记和身份登记。④出生人口性别比升高趋势得到遏制，出生人口性别比趋向合理。⑤完善儿童监护制度，保障儿童获得有效监护。⑥略。⑦预防和打击侵害儿童人身权利的违法犯罪行为，禁止对儿童实施一切形式的暴力。⑧依法保护儿童合法财产权益。⑨禁止使用童工(未满16周岁儿童)和对儿童的经济剥削。⑩保障儿童依法获得及时有效的法律援助和司法救助。⑪预防未成年人违法犯罪，降低未成年罪犯占刑事罪犯的比重。⑫司法体系进一步满足儿童身心发展的特殊需要。

(2) 策略措施：①继续完善保护儿童的法律体系。②加强法制宣传教育。③加强执法监督。④落实儿童出生登记制度。⑤消除对女童的歧视。⑥建立完善儿童监护监督制度。⑦保护儿童人身权利。⑧加强儿童财产权益保护。⑨完善儿童法律援助和司法救助机制。⑩推动建立和完善适合未成年人的专门司法机构。⑪完善涉嫌违法犯罪的儿童处理制度。⑫完善具有严重不良行为儿童的矫治制度。

四、《中国儿童发展纲要(2011—2020年)》的实施和评估

(一)组织实施

1. 加强对《纲要》实施工作的组织领导。

2. 制定地方儿童发展规划和部门实施方案。

3. 加强《纲要》与国民经济和社会发展规划的衔接。

4. 保障儿童发展的经费投入。

5. 建立健全实施《纲要》的工作机制。

6. 坚持和创新实施《纲要》的有效做法。

7. 加大实施《纲要》宣传力度。

8. 加强实施《纲要》能力建设。

9. 鼓励儿童参与《纲要》实施。

(二)监测评估

1. 对《纲要》实施情况进行年度监测、中期评估和终期评估。

2. 各级妇儿工委设立监测评估领导小组,负责组织领导监测评估工作,审批监测评估方案,审核监测评估报告等。

3. 各级政府要将监测评估工作所需经费纳入财政预算。

4. 建立儿童发展综合统计制度,规范和完善与儿童生存、发展有关的统计指标和分性别统计指标,将其纳入国家和部门常规统计和统计调查。

5. 各级妇儿工委成员单位、相关机构及有关部门要向同级统计部门报送年度监测数据,向同级妇儿工委提交中期和终期评估报告。

阅读参考书目

1. 刘晓东著:《解放儿童》,新华出版社2002年版。

2. 屠美如主编:《向瑞吉欧学什么——“儿童的一百种语言”解读》,教育科学出版社2002年版。

3. 刘金花主编:《儿童发展心理学(修订版)》,华东师范大学出版社2006年版。

4. 张洪生著:《广告与儿童发展》,中国传媒大学出版社2011年版。

5. [美]迈克尔·古里安等著,张吉吉等译:《男孩女孩学习的差异》,华龄出版社2003年版。

6. [英]普拉特著,张文新译:《奇迹般的童年(0—5岁儿童发展与教育指南)》,山东科学技术出版社2007年版。

7. [日]林光江编著:《国家·独生子女·儿童观——对北京市儿童生活的调查研究》,新华出版社2009年版。

8. [美]桑特洛克著,桑标等译:《儿童发展(第 11 版)》,上海人民出版社 2009 年版。

9. [美]尼尔森著,叶平枝等译:《一周又一周——儿童发展记录》,人民教育出版社 2011 年版。

复习思考题

1. 什么是儿童观?
2. 儿童观主要有哪几种?你认为哪一种较为科学?为什么?
3. 你认为儿童应该有哪些权利?
4. 联系学前教育实际,说明实施联合国《儿童权利公约》的意义。
5. 试举例说明幼儿教师应如何树立正确的儿童观。
6. 你读了《中国儿童发展纲要(2011—2020 年)》以后,有什么感想?

第三章

学前教育观

内容提要：本章由六节组成，首先论述了学前教育的价值、学前教育的发展、学前教育的目标，其次阐述了教师应如何树立科学的学前教育观、如何对学前儿童进行因材施教，最后简介了《关于当前发展学前教育的若干意见》的主要内容。

学前教育对儿童的成长至关重要，学前教育事业的发展受制于国家的政治经济、科学技术、文化教育，学前教育目标保证了学前教育发展的方向，树立科学的教育观，有助于儿童的全面发展，促进学前教育质量的提高。

第一节　学前教育的价值

学前教育在儿童发展中具有重要的作用。不论是对胎儿，还是对婴儿，或是对幼儿，只要实施与他们适宜的教育和训练，他们就能得到较好的成长和发展。

一、保证了胎儿健康的出生

新的生命在母体中孕育之后，母体环境便对胎儿的发育起着重要的影响。为了提高新生一代的素质，近些年来，我们国家出版了大量的宣传优生优育内容的图书画册，并录制了一些胎教电视节目；科研人员还对胎教音乐进行了系统的研究，探究最适宜于胎儿聆听的音乐；许多省市还开办了孕期保健班、胎教学习班，专门对孕妇及其丈夫进行培训，帮助孕妇获得胎教知识，掌握胎教技能，提高胎教的质量。

中国古代胎教经验证明，孕妇注意规范自己的行为举止，有利于儿童的成长。《颜氏家训集解》记载了圣王的胎教之法是："怀子三月，出居别宫，目不邪视，耳不妄听"，"周后妃妊成王于身，立而不跛，坐而不差，独处而不倨"。汉朝韩婴在《韩诗外传》中记录了孟子的母亲在怀孟子时，能做到“席不正不坐”。

现代生理科学研究表明，孕妇注意保持愉快的情绪，对胎儿的生长发育十分有益。胎儿在5个月时，听觉系统的发育已基本完善，六七个月时，已能分辨出母亲的情感；孕妇的情绪会通过神经—体液的变化，去影响胎儿的血液供应、呼吸、胎动等。孕妇如果情绪安宁、乐观，则有助于健康激素和酶的分泌，调节血液流量，使神经细胞兴奋，改善胎盘的供血状况，增强血液中的有益成分，使胎儿在子宫内受到“动听音乐”的陶冶，向着理想的方向发育成长；孕妇如果情绪烦躁、忧虑，则会使大脑皮层高级神经活动和内分泌代谢功能发生不规则的变动，使胎儿在子宫内受到“噪音”的干扰，造成发育缺陷。

当代医学科学研究说明，孕妇若能注意合理的饮食，摄取充足的营养，避免烟、酒、药物等因素对胎儿的不良影响，就会使胎儿正常地发育与出生，反则反之。英国科学家的研究显示，孕妇在日常生活中，应多食香蕉，让胎儿获得充足的钾和大量的叶酸，促进脑细胞的生长。美国科学家的研究发现，孕妇吸烟，会导致新生儿体重平均下降200—300克；孕妇的丈夫用药，也会影响胎儿的安危，比如一些抗菌药、解热镇痛药等都会通过精液影响胎儿的发育，增加围产期新生儿的死亡率。

由此可见，重视胎儿教育，就会使儿童健康地出生，并能为其日后接受教育提供最初的良好基础。

二、保证了婴儿及时的成长

婴儿期是学前儿童发展的第二个重要时期。英国心理学家托尼·布赞通过研究指出，每个儿童健康出生时，就是一个有待发展的天才，他所拥有的潜能要比达·芬奇一生中所使用过的还要大得多。哈佛大学教授波顿·L·怀特认为，儿童8个月至2岁这段时期是特别重要的，因为语言、好奇心、智能和社会化的发展等基础都是在此期间奠定的。许多从事脑科学研究的人员确信，每个人学习能力的50％是在生命的头4年中发展起来的，早期学习不但不会剥夺童年的欢乐，而且还能为婴儿提供各种发展的良机。

母亲注意母乳喂养，有利于婴儿免疫能力的增强。母乳喂养对婴儿的呼吸道有保护作用，能降低呼吸道的发病率。苏格兰威尔逊博士调查了545名婴儿的喂养方式，对母乳喂养、混合喂养、人工喂养进行了比较研究，发现：母乳喂养（至少达15周而不加固体食物）的婴儿，在未来的7年内，呼吸道疾病的发病率要低得多，如母乳喂养的婴儿出现咳嗽、喘鸣、呼吸困难的比例仅为9.7％，而混合喂养则占31％，人工喂养占32.2％。可见，母乳喂养的婴儿呼吸道免疫能力较其他方法喂养的婴儿明显要强，这是因为母乳中含有较多的疾病免疫的因子，当它们进入婴儿体内时有助于刺激婴儿免疫系统的成熟。世界卫生组织向母亲们推荐的最佳喂养方式是：产后半小时开始喂奶，开奶前不喂其他食物和饮料；出生后4个月内坚持母乳喂养，4—6个月开始添加辅食，具体月龄依婴儿生长情况而定；6个月月龄的婴儿均应添加辅助食品；母乳喂养可以维持到2岁。随着科学喂养婴儿知识的普及，母乳喂养婴儿已被越来越多的年轻母亲所接受。

母亲注意卫生保健，有益于婴儿的生长发育。研究表明，在婴儿哺乳期间，母亲吸烟，乳汁的分泌大约较不吸烟者少20％，且产后2—4周乳汁的分泌量无增加；并会使婴儿的支气管炎和肺炎发生率明显提高;婴儿比其他儿童矮1—2厘米,智能测试的结果较差,发生小儿多动症的可能性上升;使婴儿猝死综合征出现的危险性增高。

成人重视体育训练,有助于婴儿的健康成长。德国汉堡儿童发展研究所所长弗洛博士,多年来一直致力于对4岁以下儿童的体育训练进行研究,结果发现,婴儿经过特别设计的体育训练后,生长发育的情况更好,对运动更感兴趣,身体更健康,也更富有自信心。为此,弗洛亲自创办了一个"体育托儿所",招收1.5—3.5岁的儿童,引导他们参加一系列适宜的体育活动,如荡秋千、体操、乒乓球、足球等,从小培养儿童良好的身体素质和勇于挑战的心理特征。

成人注意语言刺激,有利于婴儿的智力发展。婴儿虽听不懂母亲的话语,但对其发展也有益。英国伦敦语言与听力中心华德博士和治疗专家毕凯对140名9个月月龄的婴儿进行跟踪研究,把这些婴儿随机分成两组,向第一组70名婴儿的家长提供如何与孩子谈话的建议,例如,要多与婴儿谈话,每天至少半小时,观察婴儿的眼神,谈论一些令他们感兴趣的事情;成人在与婴儿谈话时,要设法消除所有背景杂音,避免婴儿分心。而对第二组婴儿的家长则不给予指导,任其自流。7年之后,对两组儿童进行测试,发现:第一组儿童不仅在语言技巧上强于第二组儿童,而且平均智力水平也比第二组儿童高得多。

成人注意激发阅读兴趣,有益于婴儿良好品行的塑造。德国慕尼黑大学的研究表明,儿童在婴儿期就喜欢看书刊画报,不但有助于其日后听说和写作能力的发展,而且还能提高其遵纪守法的自觉性,降低青少年的犯罪率。

成人注意音乐刺激,有助于婴儿的情感陶冶。日本一个母亲研究小组,从早期发展协会随机选择了几个新生儿,大家确认这些婴儿彼此很相像,并和别的婴儿没什么差别。然后,让这些婴儿听音乐名曲。4个月以后,研究人员发现:这些婴儿的面部表情和其他婴儿差别很大,显得更活泼,眼睛也更有神。这是由于婴儿的听觉系统的发展优于视觉系统,婴儿长期置身于音乐环境中,音乐的节奏和旋律就会通过听觉神经对脑细胞产生兴奋或抑制作用。

由此可知,重视婴儿教育,可以使婴儿在身体、语言、智力、品行、情感等方面得到更好的成长。

三、保证了幼儿迅速的发展

幼儿期是儿童身心发展的关键期,对幼儿进行教育,就能使幼儿得到更好的发展。据许多幼儿园中班教师反映,班上儿童的年龄虽然差别不大,但儿童在发展上则有明显的差别,特别是在第一学期的开端,主要表现在上过小班的儿童与未上过小班的儿童之间:前者比后者更懂礼貌、守纪律、自信、善于表达、好奇好问、喜欢动手等,幼儿发展上的这种差异随着教育的进程固然能够逐渐减小,但教师往往要花费更多的心血。

教师重视体育锻炼,能促进幼儿身心健康成长。广西省北海市银海区机关幼儿园进行的比较研究表明,开展"三浴一路"(即日光、空气、冷水三浴和鹅卵石健身一路)体育活动,能使幼儿体质较差、怕苦怕累、生活自理能力低下的状况有所改观。他们把发展较为正常的儿童作为对照班,把身高、体重都低于正常儿童的45名幼儿作为实验班;对实验班的幼儿进行了为期4个月的"三浴一路"的锻炼活动:幼儿从教室里跑到阳光下嬉戏,女孩子身着泳衣,男孩子穿条小短裤,在老师的组织下，打着赤脚，随着口哨声在鹅卵石路上走几圈；列队走向游泳池，做好准备活动，下水嬉戏。结果发现：这些幼儿无论是在身高上，还是在体重上都已经赶上了对照班的正常儿童，且更富有不怕困难、顽强进取的精神。

教师重视音乐训练，能提高幼儿的智力水平。英国研究表明，儿童从3岁开始学习莫扎特、贝多芬的乐曲，即使每天只弹10分钟的钢琴，幼儿智力测试的成绩也会大幅度提高，思维能力得到发展，且这种效益是长久的。因为幼儿经常演奏乐曲、做音乐练习，能改进大脑皮层主管创造力和认知能力部位的发展，促使幼儿更好地认识空间和时间。

幼儿期是儿童接受正规的学校教育的准备时期，幼儿的发展水平直接关系到小学教育质量的提高。据笔者对A省W市200名小学一年级学生所作的比较研究表明，上过幼儿园的儿童与未上过幼儿园的儿童相比，适应小学生活的能力更强，语文、数学平均成绩更高，当上班干部、三好学生的比例更大。

幼儿期儿童所受的教育对其一生的发展都有着至关重要的影响。古今中外许多杰出人物，如爱国将领、政治家、思想家、科学家的成长经历都足以证明这一点。1988年75名诺贝尔奖获得者聚集一堂，当记者问一位获奖者“您在哪所大学、哪个实验室学到了你认为最主要的东西”时，这位白发苍苍的学者沉思片刻回答“在幼儿园”，并说在幼儿园学到的最重要的东西就是“把自己的东西分一半给小伙伴；不是自己的东西不拿；东西要放整齐；吃饭前要洗手；做错了事情要表示歉意；午饭后要休息；要仔细观察周围的大自然。从根本上说，我学到的全部东西就是这些”。可见，从小培养幼儿养成良好的行为习惯、生活习惯、学习习惯，对其事业和一生的影响是十分巨大的。

学前教育要充分发挥出在儿童成长发展中的作用，还必须遵循儿童身心发展的规律，考虑儿童发展的年龄阶段和具体特点。

第二节　学前教育的发展

为了培养有理想、有道德、有文化、有纪律的一代新人，党和政府一向关心和重视学前儿童的生存、保护和发展，把“提高全民族素质，从儿童抓起”作为我国社会主义现代化建设的根本大计，使得学前教育事业如雨后春笋般迅速发展、壮大起来。

一、学前教育事业的发展

由于国家的高度重视和全国人民的共同努力，新中国成立以来，我国学前教育事业取得了令人瞩目的成就，并不断发展壮大。例如，1946 年，全国幼儿园只有 1300 所，在园儿童仅有 13 万人；而到了 1996 年，全国幼儿园上升到 18.7 万所，在园儿童高达 2666.3 万人；1999 年，全国共有幼儿园 18.1 万所，在园儿童为 2326.3 万人；2001 年，全国共有幼儿园 11.2 万所，在园儿童为 2021.8 万人；2002 年，全国共有幼儿园 11.2 万所，在园儿童为 2036.0 万人；2005 年，全国共有幼儿园 12.4 万所，在园儿童为 2179.0 万人；2006 年，全国幼儿园园数达 13.1 万所，在园儿童 2263.9 万人；2009 年，全国共有幼儿园 13.8 万所，在园儿童 2657.81 万人；2010 年，全国幼儿园已达 15.0 万所，在园儿童(包括学前班)已达 2976.7 万人；2011 年，全国幼儿园已达 16.7 万所，在园儿童(包括附设班)已达 3424.5 万人，2012 年，全国幼儿园高达 18.1 万所，在园儿童 3685.8 万人，学前教育规模在持续增长。

地方各级人民政府积极发展托幼事业，努力办好新婚夫妇学校、孕妇学校、托儿所、幼儿园，鼓励和支持国家机关、社会团体、企业事业组织和其他社会力量兴办哺乳室、托儿所、幼儿园，提倡和支持举办家庭托儿所。“动员社会力量，多渠道、多形式地发展幼儿教育”已成为我国学前教育事业发展的宝贵经验。据报道，少数民族儿童的学前教育也受到了重视。例如，上海市原南市区(现并入黄浦区)于 1997 年对回民幼儿园进行了改建，新教室整洁明亮，活动场地宽敞规范，环境布置儿童化、教育化。此外，独资、合资托幼机构也在众多的大城市开始兴办。据悉，经国家教委批准，1997 年日本出资并管理的幼儿园——上海美丘第一幼儿园在沪注册登记，坐落于古北新区。该园是上海目前规模较大、具备一流水准、教学形式新颖的独资幼儿园，运用蒙台梭利教育理论来指导学前教育的实践活动。

近几年来，随着我国经济的发展，教育改革开放步伐的加快，学前教育事业又有了可喜的惊人的变化，普及水平不断提高，受教育机会进一步扩大。据《中国教育概况——2010 年全国教育事业发展情况》统计：(1)全国学前 3 年毛入园率为 56.6%，比上年提高 5.7 个百分点；小学招生中接受过学前教育的比例为 91.9%，比上年提高 2 个百分点。(2)民办幼儿园发展较为迅速，全国有民办幼儿园 10.2 万所，比上年增加 1.3 万所，在园幼儿为 1399.5 万人，比上年增加 265.3 万人，增长 23.4%，远高于同年全国学前教育在园幼儿总数 12.0%的增幅，占全国学前教育在园(班)幼儿总数的比例达 47.0%，比上年提高 4.3 个百分点。(3)学前教育少数民族在园幼儿达到 212.7 万人，比上年增加 23.3 万人，占学前教育在园幼儿总数的 7.2%，比上年略增 0.1 个百分点。① 据《2011 年全国教育事业发展统计公报》报道：(1)全国学前教育毛入园率达到 62.3%，比上年提高 5.7 个百分点。(2)全国有民办幼儿园 11.5 万所；比上年增加 1.3 万所，在园儿童1694.2万人，比上年增加 294.7 万人。② 另据《2012 年全国教育事业发展统计公报》报道：(1)全国学前教育毛入园率达到 64.5%，比上年提高了 2.2 个百分点。(2)全国有民办幼儿园 12.46 万所，比上年增加 9234 所；在园儿童 1852.74 万人，比上年增加 158.54 万人。③

① www.moe.edu.cn，2012 年 8 月 6 日。
② www.moe.edu.cn，2012 年 9 月 2 日。
③ www.moe.edu.cn，2013 年 11 月 23 日。

二、农村学前教育的发展

中国是农业大国，农村人口占全国人口的大多数。学前教育事业的发展，不能不关注农村这块绿地。我国是个发展中国家，经济文化发展不平衡，学前儿童的教育、保健等与实际需要仍有较大的差距。在经济不发达的农村和人口居住分散、交通不便的山区、牧区学前教育的发展既取得了一定的成绩，同时也面临诸多的问题和困境。据笔者对A省J县、Q县乡镇幼儿教育情况的调查发现：20世纪80年代以来，农村经济体制的改革、计划生育政策的实施，使昔日贫穷山村发生了巨大的变化，幼儿教育已逐步得到了重视，并且有了很大的发展，幼儿入园（班）率逐年提高。如J县B乡幼儿入班率1990年是20％，1991年为23.8％，1992年上升到27.9％。但是，发展中的农村幼儿教育，存在着许多前进中的困难和问题，突出表现在：(1)办园（班）条件简陋。幼儿活动室窗户较小，采光面积不足地面的1/5；桌椅、板凳由农户家庭自筹，高低长短不一；没有幼儿厕所、饮水桶；缺乏教具、玩具、幼儿读物。(2)“小学化”现象严重。幼儿一日活动与小学生相似，到校后坐在教室里上自习，和小学生一起做操，按照小学的铃声上下课；注重读、写、算的学习；教师讲、幼儿听，教师念、幼儿读，教师做、幼儿看；每周上课节数在18—24节之间，每节课在45分钟左右；给幼儿布置课外作业，进行期中、期末考试。(3)“城市化”教育误导。教师到城里幼儿园听课，然后按照听课的教案，利用本班幼儿进行模拟教学，并推广给其他教师，其他教师再去效仿。(4)幼儿园（班）教育与家庭教育脱节。许多教师不能准确地回答我们的提问：“班上有多少幼儿是独生子女？”“幼儿经常和哪些人一起生活？”家长也不重视子女的教育，在为某乡村中心幼儿班家长举行的家庭教育咨询活动中，只有10％的家长前来参加，他们觉得自己农活忙，没时间教育孩子。(5)教师专业素质较差。教师以乡村招聘的民办教师为主，大多为初中文化，绝大多数没受过职前专业训练；在职培训机会又很少，合格率较低。(6)幼儿发展水平落后。个人身体体质体能和服装清洁卫生习惯均较差；胆怯；普通话差。为了使农村儿童能生动活泼地成长，在加快农村幼儿教育事业发展的同时，必须深化幼儿教育的改革，采取一系列行之有效的政策和措施，例如，更新教育观念，优化幼儿园（班）环境，科学安排幼儿一日活动，提高教师专业水平，加强家长工作等，方能使农村幼儿教育尽早摆脱困境，走出误区。

近年来，我国农村学前教育又有了新的变化。随着农村经济的发展，特别是农村集镇化、城区化建设的推进，带动了农村托幼事业的发展。据上海市教委统计，郊区3—6岁幼儿入园率已从1993年的71.57％上升到1997年的88.3％，教师达标率也由80.91％提高到87.46％，一级幼儿园由31所增加到44所。另外，各区县注重强化政府职能，推行“村办乡管”的管理体制，并积极做好设点布局调整，目前，已有65个乡镇完成了幼儿园的调整工作。与此同时，各级政府部门还加大了学前教育投入，努力改善园所物质条件，并采取措施，稳定教师队伍，促进了教育教学质量的提高，已有22个乡镇被确定为“托幼工作示范乡镇”，一批中心幼儿园已达到或接近上海市“九五”幼儿园建设标准的要求。

进入21世纪以后，我国政府出台了一系列改革学前教育的法规和政策，鼓励多种形式创办学前教育机构，从而促进了城市、县镇、乡村学前教育的迅速发展。教育部发布的“教育事业发展”数据显示：在1997年，全国幼儿园园数为18.2万所，其中农村幼儿园10.7万所；在1999年，全国幼儿园园数为18.1万所，其中农村幼儿园10.2万所；在2000年，全国幼儿园园数为17.6万所，其中农村幼儿园9.3万所;在2005年,全国幼儿园园数为12.4万所,其中农村幼儿园6.0万所;在2006年,全国幼儿园园数为13.1万所,其中农村幼儿园6.5万所;在2007年,全国幼儿园园数为12.9万所,其中农村幼儿园6.1万所;在2008年,全国幼儿园园数为13.4万所,其中农村幼儿园6.4万所;而到了2009年,全国幼儿园园数发展为13.8万所,其中农村幼儿园发展为6.6万所(详见表3-2-1)。可见,城乡幼儿园园数都在逐年增加。另外,《中国教育概况——2010年全国教育事业发展情况》也表明:2010年,全国在园幼儿为2976.7万人,比上年增加318.9万人,增长12.0%,其中,农村在园幼儿为2224.1万人,比上年增长11.8%。①

表3-2-1 2009年教育统计数据:幼儿园园数、班数②

	园数(所)		班数(个)	
	计	其中少数民族幼儿园	计	其中学前班
总计	**138209**	**1601**	**867894**	**246121**
教育部门办	26958	1144	366980	181539
集体办	17542	146	70918	5691
民办	89304	311	395050	55924
其他部门办	4405		34946	2967
城市	**33496**	**116**	**227516**	**23108**
教育部门办	4062	58	46826	6841
集体办	2401	14	16121	738
民办	23777	44	137018	14048
其他部门办	3256		27551	1481
县镇	**38347**	**291**	**251079**	**51200**
教育部门办	8155	164	97847	29937
集体办	2919	12	17986	1383
民办	26721	115	130846	19317
其他部门办	552		4400	563
农村	**66366**	**1194**	**389299**	**171813**
教育部门办	14741	922	222307	144761
集体办	12222	120	36811	3570
民办	38806	152	127186	22559
其他部门办	597		2995	923

① www.moe.edu.cn,2012年8月6日。

② 同上注。

三、学前特殊教育的发展

处于困难条件下的学前儿童的受教育权利得到了保护。美国在20世纪60年代中期发出了向贫困宣战的呼声，在全国范围内开始实行“开端教育计划”（Head Start），为低收入家庭的儿童提供学前教育的机会，时至90年代末期，这一计划仍然对美国学前教育的普及发挥着重要的作用。我国政府多年来始终关注学前教育的“大众化”和“平民化”问题，近些年来，一些托幼机构对家庭经济条件较差的学前儿童，实行减免入托入园部分费用的制度。如上海市宝山区为下岗职工家庭发放了“绿卡”，凭此卡，孩子在托儿所、幼儿园可享受优惠待遇，免交管理费等。社会各界还对灾区的学前儿童，开展“献爱心”活动，捐款捐物，帮助他们渡过难关，享受教育；为贫困地区的学前儿童建立“希望工程”，并和富裕地区的学前儿童结成“一帮一”的对子，形成全社会都来关心和帮助贫困地区和贫困家庭儿童教育的风气。

处于残疾状态下的学前儿童的早期诊断、护理、康复和教育工作也得到了加强。在经济比较发达的地区，面向残疾儿童的学前特殊教育发展较为迅速，已成为残疾人教育事业“大家族”的新成员，使残疾学前儿童也与正常儿童一样享有受教育的机会，聋儿开口学说话，视力残疾、智力落后儿童身心得到良好的发展，也逐渐成为现实。上海市曾在颁布的《上海市特殊教育1995—2000年发展规划》中，明确规定了到2000年普及视力、听力残疾儿童3年制学前教育，智力残疾儿童2年制学前教育达50%的目标，力争使更多的残疾儿童接受学前补偿教育。据报道，1997年在上海各区县的特殊教育学校和普通幼儿园内，共开设了30个学前特教班，252名3—7岁的听力、智力、视力残疾儿童得到了早期教育和康复训练；为支持特教水平的提高，市教委、市托幼办还向全市学前特教班一次捐赠价值35万元的教玩具、特殊教育训练器材。

特殊儿童与正常儿童是合在一起接受学前教育的效果好，还是分开来进行教育的效果好？针对这一难题，世界许多国家都进行了不懈的探索，如丹麦、瑞典、澳大利亚学者通过研究指出，合在一起接受学前教育的效果更为理想。为了使我国学前特殊教育也能顺应世界的潮流，一些省市开展了一体化教育的实验研究和实践活动，采用在幼儿园办特殊班、进行随班就读等方式，使特殊儿童在最少受限制的环境中生活和接受早期教育。学前儿童一体化教育国际研讨会于1996年在我国陕西省西安市举行，中外学者普遍认为应当把能否接纳残疾儿童作为现代化教育的重要标志之一，提出要使所有的残疾儿童都有接受教育的机会，探索使残疾儿童回归主流、接受有效的早期干预的策略和措施。近年来，我国学前儿童一体化教育也取得了一定的成效，如上海市教委在虹口区召开了学前一体化教育现场会，据报道，1998年全市有听力残疾幼儿教育点14个，开设17个班级，另有12个随班就读点，基本上满足了3—6岁听力残疾幼儿接受早期教育和训练的需要，有17%的聋儿经过语言训练后进入普通幼儿园、普通小学和后续班学习；智力残疾幼儿教育点有17个，开设22个班，随班就读点近90个，为3—6岁智力残疾幼儿提供教育服务。为了进一步扩大学前特殊教育实施的范围，提高学前教育的质量，有识之士提出应设立以特殊儿童为对象的教育基金，建立“希望工程”，保证特殊教育教学设施的供应，满足残疾儿童物质上的特殊需求；创办专门的咨询机构，开通热线电话，帮助残疾儿童家庭解决一些具体的困难。

随着我国特殊教育事业的发展和学前教育事业的完善，学前特殊教育越来越受到重视。

2009年5月7日国务院办公厅转发了教育部、发展改革委、民政部、财政部、人力资源社会保障部、卫生部、中央编办、中国残联《关于进一步加快特殊教育事业发展的意见》，明确提出要“因地制宜发展残疾儿童学前教育。有条件的城市和农村地区要基本满足残疾儿童接受学前教育的需求。地方各级教育、民政、卫生部门和残联要相互协作，采取多种形式，在有条件地区积极举办0—3岁残疾儿童早期干预、早期教育和康复训练机构。鼓励社会力量举办学前特殊教育机构”。2010年7月国务院印发了《国家中长期教育改革和发展规划纲要(2010—2020年)》，再次强调要“因地制宜发展残疾儿童学前教育”。这些法规政策的出台必将推动我国学前特殊教育事业的健康发展。

四、社区学前教育的发展

社区学前教育与托儿所、幼儿园相比，是一种非正规化的学前教育，受到世界学前教育发达国家的普遍关注。在日本，幼儿园园长大都是社区教育的积极分子，不仅关心幼儿园与社区教育之间的配合和协调，而且还给予社区工作人员具体的指导和帮助。在英国，学前儿童玩具馆较为普遍，这是由社区中心、收藏馆和学校组合而成的，许多玩具馆还设有工作室、音乐室、木偶表演、故事会，并提供假期玩耍计划。儿童可以把玩具馆的小衣服、智力玩具、车辆玩具、游戏材料、初级计算机等借回家去玩，限期归还；当孩子和小伙伴挑选玩具时，家长们互相交流切磋，或与经验丰富的玩具保管员讨论玩具的各种特性及变换方式。据统计，至1997年，玩具馆已开设了1000多家，为全国各地的11万个家庭提供服务，给全国25万名儿童带来了欢乐，增长了儿童的知识，培养了儿童的交往能力。在丹麦，婴幼儿也进图书馆。丹麦人爱读书，图书馆整日开放，上到80岁老翁，下到托幼机构的儿童，都可随时借阅激光唱片、图书、录像带、磁带等。儿童图书占有重要地位，绚丽多姿，阅读时还有玩具伴随，作为辅助手段，帮助儿童理解。在南斯拉夫，还建立了婴儿动物园。坐落在贝尔格莱德市的一所婴儿动物园，专为学前儿童开放，园内供观赏的全是幼小的动物，如小熊、小猴、小猩猩、小马、小鹿等，并允许幼儿接触动物，和幼畜一起玩；这些幼小的动物十分可爱，不会给儿童造成威胁和伤害，因为幼童和幼畜之间有着一种天然的亲近感，他们很快就会成为好朋友。开办这种动物园的目的就是让儿童从小亲近动物，热爱动物，了解动物是人类的朋友，是地球大家庭中不可缺少的一员，增强儿童珍惜自然环境的意识，萌发热爱大自然的情感。

学前教育的发展离不开社会环境和家庭环境，为了促进儿童身心的健康发展，20世纪80年代以后，社区学前教育在我国也得到了迅速的发展，在上海、福建、内蒙古、河北等省、市、自治区都相继建立了托幼园所教育、社会教育、家庭教育相结合的育人机制，并开展社区教育最优化的探索研究。比如，在上海，市妇联、幼教玩具公司、国际儿童广场等社会各方热心人士共同倡议发起及筹资兴建的首辆幼教玩具大篷车已于1998年开进实验试点社区普陀区长寿街道，以解决社区学前儿童教育玩具供不应求的实际困难；进入社区的还有学前家庭教育专家现场咨询、儿童身心健康测定、流动书亭、儿童小发明专利申请代办、儿童兴趣活动俱乐部等；研究者试图在总结经验的基础上，扩充、组建一支流动大篷车队伍，每逢双休日、固定节假日和寒暑假，深入社区，为千家万户送玩送教。另外，有些幼儿园还组织幼儿参加社区的各种有意义的活动，如到敬老院和老人一起联欢，在美术馆举办幼儿绘画、书法作品展览，在广场进行文艺演出等。

在世纪之交，特别是进入 21 世纪以来，我国政府出台了一系列有关社区建设的纲领性文件，对社区学前教育的改革与发展起到了保驾护航的作用。(1)2000 年 6 月 3 日，中共中央办公厅、国务院办公厅发布了《关于加强青少年学生活动场所建设和管理工作的通知》，要求各省、自治区、直辖市党委和人民政府、各大军区党委、中央和国家机关各部委、军委各总部、各军兵种党委、各人民团体，全面推进素质教育，为广大青少年学生创造良好的社会育人环境，从而为儿童社区活动场所建设指明了方向。(2)2000 年 11 月 19 日，中共中央办公厅、国务院办公厅转发了《民政部关于在全国推进城市社区建设的意见》，要求各省、自治区、直辖市党委和人民政府、各大军区党委、中央和国家机关各部委、军委各总部、各军兵种党委、各人民团体结合本地区、本部门实际情况，认真贯彻执行，高度重视城市社区建设，把社区建设工作摆上重要议事日程，共同推进城市社区建设向前发展，从而拓展了社区面向"儿童"的服务。(3)2008 年 1 月 23 日，中共中央宣传部、财政部、文化部、国家文物局发出了《关于全国博物馆、纪念馆免费开放的通知》，要求各省、自治区、直辖市党委宣传部、财政部(局)、文化厅(局)、文物局(文管会)，充分发挥博物馆、纪念馆宣传和传播先进文化的重要作用，加强公共文化服务体系建设和公民思想道德建设，把博物馆、纪念馆向社会免费开放，从而架起了社区通向儿童的桥梁。(4)2009 年 11 月 23 日，民政部发布了《民政部关于进一步推进和谐社区建设工作的意见》，要求各省、自治区、直辖市民政厅(局)、各计划单列市民政局、新疆生产建设兵团民政局积极推进和谐社区建设，充分发挥社区在构建社会主义和谐社会中的重要基础作用，加快形成城乡经济社会发展一体化新格局，从而增强了社区关注"城市流浪儿童"和"农村留守儿童"的特色。(5)2011 年 1 月 26 日，文化部、财政部联合下发了《关于推进全国美术馆、公共图书馆、文化馆(站)免费开放工作的意见》，要求各省、自治区、直辖市文化厅(局)、财政厅(局)、新疆生产建设兵团文化广播电视局、财政局，充分发挥美术馆、公共图书馆、文化馆(站)保障公民基本文化权益、提高公民鉴赏能力的重要作用，加强公共文化服务体系建设和公民思想道德建设，从而扩展了儿童社区活动的空间。

五、网上学前教育的发展

随着科学技术的发展，学前教育也出现了新的景象。有的国家已为学前教育机构设立了互联网，例如，在西班牙，托儿所已设立"婴儿网"，通过该网址，家长能密切注视孩子的一颦一笑、一举一动。坐落在巴塞罗那的一间托儿所里，咨询婴儿成长与教育事宜的电话络绎不绝，家长们能从办公室或任何接驳互联网的电脑，进入托儿所的"婴儿网"。身居外地的祖父母以及任何知道互联网密码的人，都能看到孩子的活动。为避免负面效应的产生，托儿所严密控制互联网，把上网时间限在每日 1 小时。有些科学家还提出解决教育危机的办法就是以电脑作为老师，来推动教育界的彻底变革，运用专门设计的电脑程序，真正做到根据学前儿童的差异，因材施教。一些软件制造商已经在销售为学前儿童制造的软件，如美国加利福尼亚州一家公司 1997 年开始在全世界出售为半岁至 2 岁儿童设计的存储器系列。心理学家们认为，电脑、软件和图书的内容、形式一样，也可以改头换面，以满足婴幼儿的需要，给他们带来快乐，并使他们受到教育。目前，澳大利亚幼儿园联合会正在 130 所幼儿园里，着手对电脑的使用和效益问题进行调查，以制定政策，提高儿童的学习效率。

我国幼儿园的电脑教育也开始发展。1998 年 11 月，全国幼儿园多媒体计算机教学研讨活动在上海市进行，来自全国 10 多个省市在幼儿园多媒体计算机教学方面有一定研究的专家、学者和教育工作者参加了研讨。他们观摩、交流了幼儿园在近几年内面向大、中、小班幼儿，运用多媒体手段，开展音乐、语言、美术、科学、社会、英文等方面的教育教学活动、经验。

互联网络的发展是网上学前教育发展的前提条件。中国互联网络信息中心发布的“中国互联网络发展状况统计报告”显示：2010 年 6 月底，中国网民数量达到 4.2 亿；2010 年 12 月底，中国网民数量达到 4.57 亿；2011 年 6 月底，中国网民数量达到 4.85 亿；2011 年 12 月底，中国网民数量达到 5.13 亿；2012 年 6 月底，中国网民数量达到 5.38 亿，互联网普及率达到 39.9%；2013 年 6 月底，中国网民数量达到 5.91 亿，互联网普及率达到 44.1%。[①] 今天随着互联网的逐渐普及，我国学前教育的网站也遍地开花，全国各地都开辟了自己的学前教育网站，比如，黑龙江学前教育网是 www.hljchild.com，北京学前教育网是 www.bjchild.com，山东学前教育网是 www.sdchild.com，江苏学前教育网是 jiangsu.edeng.cn，上海学前教育网是 www.age 06.com，浙江学前教育网是 www.06abc.com，福建学前教育网是 www.fjchild.com，海南学前教育网是 www.hnchild.com，网民可随时上网查找自己想要获取的各种信息。例如，如果想了解上海市某一幼儿园的等级类别、办园理念、办学特色、师资队伍、教育活动，只要打开“www.age 06.com”（上海学前教育网），在“机构搜索”栏目上点击所属的区域，再点击这所幼儿园的名称，各种保教信息就会立即出现在眼前了。

六、学前教育发展的未来

原国家教委在 1997 年发布的《全国幼儿教育事业“九五”发展目标实施意见》中指出，我国幼儿教育的发展，要以邓小平的“教育要面向现代化、面向世界、面向未来”为指导思想，形成具有中国特色的、面向 21 世纪的社会主义教育体系的基本框架；要继续贯彻《幼儿园管理条例》和《幼儿园工作规程》，全面提高保教质量，促进幼儿体、智、德、美全面和谐发展；要继续执行国家、集体和公民个人一起办园（班）的方针，多种形式地发展幼儿教育事业，为更多的儿童提供学前教育的机会。为此，幼儿教育应该达到的是：（1）1996 年已经基本“普九”及沿海经济发达的省（市）学前三年幼儿入园（班）率达到 75%以上，其中，大中城市应基本普及学前三年教育，农村积极发展学前两年或三年教育；具备《教师法》规定的合格学历和教师资格考试合格的幼儿教师达到 90%以上。（2）1998 年基本“普九”和经济发展中等的省（市）学前三年幼儿入园率达到 55%，其中，大中城市应基本满足适龄幼儿入园要求，普及学前一年教育；具备《教师法》规定的合格学历和教师资格考试合格的幼儿教师达到 75%。（3）2000 年基本“普九”和经济欠发达的省（区）学前三年幼儿入园率达到 35%左右，其中，大中城市积极发展学前三年教育，农村巩固和发展学前一年教育；具备《教师法》规定的合格学历和教师资格考试合格的幼儿教师达到 60%以上。（4）到 2000 年，全部在职园长（副园长）都应接受一次岗位培训，达到国家规定的任职资格要求，

---

① http://tech.163.com 2013 年 11 月 23 日

做到持证上岗。(5)到2000年,所有幼儿园(班)都要达到县以上教育行政部门规定的办园标准。

2012年6月14日,教育部印发了《国家教育事业发展第十二个五年规划》(以下简称"教育'十二五'规划"),要求各省、自治区、直辖市教育厅(教委)、各计划单列市教育局、新疆生产建设兵团教育局、部属各高等学校结合实际情况,认真组织执行,以便更好地贯彻落实《国家中长期教育改革和发展规划纲要(2010—2020年)》和《中华人民共和国国民经济和社会发展第十二个五年规划纲要》。《教育"十二五"规划》指出:学前教育事业发展的主要目标是:基本普及学前一年教育,农村学前一年毛入园率达到80%左右,城镇和经济发达地区农村基本普及学前三年教育,基本解决"入园难"问题。要使幼儿在园人数由2010年的2977万人提高到2015年的3700万人,学前一年毛入园率由2010年的81.7%提高到2015年的90.0%,学前2年毛入园率由2010年的70.9%提高到2015年的75.0%,学前三年毛入园率由2010年的56.6%提高到2015年的65.0%;要建立"广覆盖、保基本、多形式、有质量"的学前教育体系,重点发展农村学前教育。为了加快学前教育发展的步伐,必须做到如下几点:(1)落实各级政府发展学前教育责任。推进"学前教育法"起草工作。明确地方政府作为发展学前教育责任主体。省级政府制定本区域学前教育发展规划,完善发展学前教育政策,加强学前教育师资队伍建设,建立学前教育的经费保障制度。以县(区)为单位编制并实施学前教育三年行动计划,合理规划学前教育机构布局和建设,并纳入土地利用总体规划、城镇建设和新农村建设规划。中央财政重点支持中西部地区和东部困难地区发展农村学前教育。加强对学前教育机构、早期教育指导机构的监管和教育教学的指导。(2)多种形式扩大学前教育资源。大力发展公办幼儿园。通过改造中小学闲置校舍和新建幼儿园相结合,重点加强乡镇和人口较集中的村幼儿园建设,边远山区和人口分散地区积极发展半日制、计时制、周末班、季节班、巡回指导、送教上门等多种形式的学前教育。落实城镇小区配套建设幼儿园政策,完善建设、移交、管理机制。城镇新区、开发区和大规模旧城改造时,同步建设好配套幼儿园。积极扶持民办幼儿园,采取政府购买服务、减免租金、以奖代补、派驻公办教师等方式引导和支持民办幼儿园提供普惠性服务。中央财政安排扶持民办幼儿园发展奖补资金,支持普惠性、低收费民办幼儿园。探索营利性和非营利性民办幼儿园实行分类管理。扶持和资助企事业单位办园、街道办园和农村集体办园。(3)多种途径加强幼儿教师队伍建设。各地根据国家要求合理确定生师比,核定公办幼儿园教职工编制,逐步配齐幼儿园教职工。实施幼儿教师、园长资格标准和准入(任)制度。切实落实幼儿园教职工的工资待遇、职务(职称)评聘、社会保险、专业发展等方面的政策。将中西部地区农村幼儿教师培训纳入中小学教师国家级培训计划;三年内对1万名幼儿园园长和骨干教师进行国家培训。各地五年内对幼儿园园长和教师进行一轮全员专业培训。(4)提高学前教育保教质量。修订《幼儿园工作规程》和《幼儿园教育质量评估指南》,发布"3—6岁儿童学习与发展指南"。规范幼儿园保教工作,坚持以游戏为基本活动,坚决纠正和防止"小学化",促进儿童健康快乐成长。加强学前教育科学研究,推动学前教育和家庭教育相结合,依托幼儿园,利用多种渠道,积极开展公益性0—3岁婴幼儿早期教育指导服务。①

---

① http://www.moe.edu.cn 2012年8月14日

第三节　学前教育的目标

我国的教育目的是使受教育者在品德、智力、体质等方面全面发展，身心健康成长，把他们培养成为有理想、有道德、有文化、有纪律的社会主义事业建设者和接班人。学前教育是一种启蒙教育，是我国社会主义教育事业的重要组成部分，学前教育的目标必然是教育目的在学前阶段的具体体现，它制约着学前教育任务的确定和内容的选择。

一、我国学前教育的目标

我国学前社会教育机构主要有托儿所和幼儿园，这两类机构的保育和教育目标既相互联系，又彼此有别。

(一) 托儿所的保教目标

托儿所是对0—3岁儿童进行集体保育和教育的机构，在理解托儿所保教目标之前，应对这个年龄阶段儿童身心发展的特点有所认识。

这一时期的儿童生长发育的速度很快，不论是体格的增强，还是机能的完善都异常迅速，大脑的发展已与成人相差无几；在语言的发展上，从发出简单的音到会用字、词、句来表达自己的某些思想；在动作的发展上，从走到跑、跳，动作的稳定性、协调性日益提高；在认识能力的发展上，观察力、注意力、记忆力有所增强，想象力、思维力开始萌芽；在个性的发展上，自我意识渐显端倪，有了交往的意愿，初步懂得一些简单的社会规则。

早在1981年，卫生部妇幼所就颁发了《三岁前小儿教养大纲（草案）》，提出托儿所的保教总目标是："培养小儿在德、智、体、美各方面得到发展，为造就体魄健壮、智力发达、品德良好的社会主义新一代打下基础。"具体表现为：(1)发展小儿的基本动作，进行适当的体格锻炼，增强儿童的抵抗力，提高婴幼儿的健康水平，促进身心正常发展。(2)发展小儿模仿、理解和运用语言的能力，通过语言及认识周围环境事物，使小儿智力得到发展，并获得简单知识。(3)进行友爱、礼貌、诚实、勇敢等良好的品德教育。(4)培养小儿的饮食、睡眠、衣着、盥洗、与人交往等各个方面的文明卫生习惯及美学的观念。例如，教师教儿童学儿歌《甜嘴巴》（"小娃娃，甜嘴巴，喊爸爸，喊妈妈，喊得奶奶笑哈哈"）时，不仅为儿童提供了模仿语言的范例，而且还能使儿童获取懂礼貌的粗浅知识。

(二) 幼儿园的保教目标

幼儿园是对3—6周岁(或7周岁)儿童进行集体保育和教育的机构,要研究幼儿园保教目标,首先就要了解这一时期儿童身心发展的特点。

这一时期的儿童生长速度比以前缓慢;脑的功能虽不断趋向成熟,但仍易疲劳;各种心理过程带有具体形象和不随意的特点,抽象概括的和随意的思维刚刚萌发;三四岁时已能掌握全部基本语音,五六岁时连贯性口头语言的表达能力有较大的提高;情感容易激动、变化、外露而不稳定,道德感、美感、理智感开始形成,坚持性、自制力发展较快;个性倾向开始萌芽,逐渐表现出性格、兴趣、能力等方面的个人特点;逐步产生参加成人社会实践活动的愿望,游戏是最好的活动形式。

幼儿园是基础教育的有机组成部分,是学校教育制度的基础阶段。1996年原国家教育委员会在颁布的《幼儿园工作规程》中明确指出,幼儿园的保教目标是:实行保育与教育相结合的原则,对幼儿实施体、智、德、美诸方面全面发展的教育,促进其身心和谐发展。主要表现在:(1)促进幼儿身体正常发育和机能的协调发展,增强体质,培养良好的生活习惯、卫生习惯和参加体育活动的兴趣。(2)发展幼儿智力,培养正确运用感官和运用语言交往的基本能力,增进对环境的认识,培养有益的兴趣和求知欲望,培养初步的动手能力。(3)萌发幼儿爱家乡、爱集体、爱劳动、爱科学的情感,培养诚实、自信、好问、友爱、勇敢、爱护公物、克服困难、讲礼貌、守纪律等良好的品德行为和习惯,以及活泼、开朗的性格。(4)培养幼儿初步的感受美和表现美的情趣和能力。例如,教师教儿童认识"圆"时,应为其提供许多感官活动的机会,使儿童有时间去观看圆形的物体,感知圆形的图片,滚动圆球,用推、拖、捅、击或其他动作控制玩具车、鸡蛋箱或鹅卵石等物体,思考各类圆形物体的共同点。这样,儿童既能在感性经验的基础上较好地理解圆这个抽象概念,又能使智力得到进一步的发展。

(三) 学前教育目标的特点

托儿所和幼儿园在保育、教育目标上,既有相同点,也有不同点。它们都受制于其教育对象的年龄特点,都反映了儿童全面发展的基本观点;比较而言,托儿所在对儿童施以合理教养的同时,更注重于儿童的保育工作,而幼儿园在对儿童进行保育工作的同时,却更侧重于儿童的教育;托儿所把保障儿童的健康当作自己的首要任务,强调通过日常生活活动来培养儿童的语言、动作和认识能力,幼儿园的教育目标是建立在托儿所培养目标基础上的,对儿童体、智、德、美各方面的要求更多、更高,强调通过游戏活动来培养儿童的广泛兴趣,发展儿童的各种能力,塑造儿童的良好性格。

二、中外学前教育目标的比较

世界上学前教育较为发达的国家为学前教育制定了什么样的培养目标?我国学前教育的目标与之相比较,有什么特点?其优势是什么?存在哪些差异?理清这些问题的思路,有助于我国的学前教育与世界接轨,并走上世界的前列。

(一) 美国学前教育的目标

美国学前教育专家认为,学前教育目标是教育活动的方向,是确定教育方法的依据。学前教育的目标尽管五花八门、丰富多样，但是，它们必须包括一些最基本的目标。美国北得克萨斯大学教授G·S·莫里逊提出了下面这些目标：(1)社会交往的目标：帮助儿童学会怎样与其他幼儿、怎样与教师友好相处，怎样发展同教师的友好关系；指导儿童学会帮助别人，培养儿童关心别人的态度。(2)自我服务的目标：帮助儿童掌握满足自己需要的技能，如选择衣服的技能、穿脱衣服的技能、进餐的技能、卫生的技能和修饰的技能。(3)自尊的目标：通过提高儿童自我服务的技能，来发展儿童良好的自我意象、较高层次的自尊水平；帮助儿童了解自己、家庭及其文化；让儿童通过成功的体验和快感，来发展其自我价值观；使儿童知道自己身体的各个部分、机能及作用。(4)学习的目标：使儿童知道自己的姓名、家庭地址及电话号码；能分辨颜色、形状、大小、位置；加强数的学习，掌握初步的书写和阅读技能；发展小肌肉。(5)思考的目标：为儿童提供各种环境和活动，帮助他们建立认知结构，培养他们的分类、序列、计算、时空等方面的技能，为儿童逻辑数学思维的发展奠定基础。(6)学习准备的目标：发展有助于儿童在今后的学校生活中获得成功的那些技能，如使儿童学会听从指导，能独立工作，注意听讲，拓宽注意的广度，坚持完成任务，能坐在自己的座位上，控制自己的冲动。(7)语言和文学的目标：为儿童提供运用口头语言和成人、同伴相互作用的机会；丰富儿童的词汇；使儿童学会与同伴、成人交谈。(8)营养的目标：为儿童提供机会，使儿童能了解各种食物，知道其营养成分与作用；让儿童参与准备及制作一些食物；引导儿童去品尝新食物，通过制定食谱，来保证儿童摄取重要的营养物，并做到食物平衡。(9)独立性的目标：把儿童培养成独立的人，使他们乐于学习，向往小学，成为自主自立的人。(10)全面发展的目标：儿童身体、情感、社会性、认知的发展是相互联系、不可分割的，应为儿童提供促进他们完整发展的各种活动。

(二)法国学前教育的目标

法国是世界学前教育发展水平较高国家之一，儿童受教育率一直居世界领先地位，早在1989年，3岁儿童的入园率已达到97%，2岁儿童的入托率也达到33.7%。法国学前教育的目标是：(1)锻炼儿童的身体，发展儿童的动作，增强儿童的体力。(2)培养儿童的自我服务能力，发展儿童的独立性，提高儿童的交往能力，使其学会分享、协商和合作。(3)激发儿童的求知欲，培养儿童的学习兴趣、探索精神和口语表达能力，为读写算做好准备；发展儿童解决问题的能力和创造力，提高儿童的思维水平。(4)培养儿童的乐感、绘画能力和手工制作能力，发展儿童对美的欣赏能力和表达能力。

(三)澳大利亚学前教育的目标

澳大利亚是个年轻的国家，在摆脱殖民统治以后，学前教育有了较快的发展。由于它是个联邦国家，所以，每个州都有自己的教育目标，如昆士兰州的学前教育目标是：(1)培养儿童积极的自我意识，并能理解别人的情感，接受别人的观点；(2)培养儿童的自信心，使他们能够自己进行判断，做出选择与决定；(3)丰富儿童的知识经验，提高儿童的观察力和解决问题的能力；(4)培养儿童的社会交往能力和体育活动的技能技巧；(5)通过音乐、律动、美工等艺术活动，培养儿童表达自己的思想和情感的能力，提高儿童的想象力和创造性；(6)促进儿童身心的健康发展。

（四）日本学前教育的目标

日本是亚洲学前教育较为发达的国家之一，对我国学前教育一直有着广泛而深远的影响。日本学前教育的目标主要是围绕着儿童的健康、人际关系、环境、语言、表现等方面来制定的：(1)使儿童在轻松愉快的活动中，体验到生活的乐趣；积极主动地参加体育活动，充分地锻炼身体；形成健康、安全生活的行为习惯。(2)发展儿童主动与周围人相互交往的能力，培养儿童与他人的友爱之情和信赖感；形成儿童正确的社会生活态度和良好的行为习惯。(3)帮助儿童熟悉周围环境，激发儿童对大自然的兴趣，培养儿童关心身边事物及现象的习惯；能主动探究周围事物，爱护环境；在观察、思考和处理周围事物的过程中，丰富对物体、数量关系的认识。(4)培养儿童利用语言表达自己的思想的能力，体验与别人交流情感的快乐；认真听别人讲话，愿意讲述自己的事情；帮助儿童理解日常生活用语，喜欢看图书和听故事，发展想象力。(5)培养儿童对美的感受能力和评价能力；能用多种方法表达自己的感受和思想；拓宽儿童的生活经验，使儿童乐于参加各种各样的表现活动。

我国学前教育的目标与上述几个国家相比，呈现出诸多的异同点。首先，各国都很重视使儿童在体力、认知、情感、社会性、语言、审美等方面得到和谐发展，成为一个完整的儿童；可以说，追求发展的全面性、完整性是世界学前教育发展的一大趋势。其次，我国较为关注丰富儿童的知识，培养儿童的能力；国外则更关注培养儿童的各种兴趣和积极态度。再次，我国较为注重形成儿童的良好行为习惯；而国外却更注重发展儿童的主动性、独立性。最后，我国较为重视塑造儿童优良的性格；国外却更重视培养儿童读写算的初步技能，为儿童进入小学做好准备。

第四节　科学学前教育观的树立

学前教育观是如何看待、对待学前教育目标、学前教育任务、学前教育内容、学前教育途径、学前教育手段、学前教育方法等观点的总和，拥有正确的教育观，是深化学前教育改革的必要前提。为了树立科学的学前教育观，教师要热爱儿童、尊重儿童，通过多种形式对儿童进行全面发展的教育，寓教育于托儿所、幼儿园的一日活动之中，注意儿童化、因材施教，争取家庭的支持和配合。

一、热爱每个儿童

儿童身体的成长离不开物质营养，儿童心理的发展离不开精神营养，而爱则是儿童发展过程中最重要的精神食粮。西方心理学家的研究表明，侏儒实际上不是身体因素造成的，而是心理因素主要是缺少爱抚导致的。可见，热爱儿童是儿童正常发展的重要前提条件。为此，教师应做到如下几点：

首先，教师要热爱每一个儿童，既不论其性别、年龄、相貌、发展水平如何，也不论其父母的职业、文化程度、经济收入、住房条件怎样，均一视同仁。正如有的教师所言："漂亮的孩子人人喜欢，但爱难看的孩子才是真正的爱。"

其次，教师要关心儿童，爱护儿童。例如，在寒冷的冬天，当幼儿园中班的儿童都在午睡时，教师把全班儿童的鞋子拿到阳光下晒一晒，这样，儿童起床后就能穿上暖和的鞋子，很快投入下午的活动之中。

再次，教师对儿童的爱要讲理智，而不应溺爱。比如，当幼儿园小班的教师发现儿童不喜欢吃某种食物时，就有意识地在午餐前教儿童学说话："老师，我喜欢吃……"以诱发儿童产生吃某种食物的愿望，引导儿童乐意吃他们原来不喜欢吃的东西。

二、尊重每个儿童

儿童是一个独特的人，也有做人的尊严，教师只有尊重儿童，才能赢得儿童的敬重和爱戴，促进儿童自尊心和自信心的发展。那么，教师应如何尊重儿童呢？

第一，要信任儿童。苏联教育家苏霍姆林斯基总结自己多年的教育经验，要求教师一定要相信儿童，要看到每个儿童的长处，相信他们都是有能力的，经过教育能不断取得进步。

第二，要尊重儿童的隐私。例如，许多托幼机构都为儿童设立了专柜，存放个人物品，教师在打开儿童的个人用品抽屉之前，要先询问儿童的意见："我可以看看你抽屉里的宝物吗？"征得儿童的同意后，才能打开来观看。

第三，要鼓励儿童，帮助儿童建立自信心，使每个儿童都能抬起头来走路。例如，《布娃娃之歌》这首儿歌的歌词是这样的："布娃娃，大眼睛，小嘴巴，真漂亮，真可爱。"教师在备课时提出了疑问：为什么只有大眼睛、小嘴巴的布娃娃才漂亮可爱？难道小眼睛、大嘴巴的布娃娃就不漂亮可爱了吗？为了防止儿童幼小的心灵受到创伤，产生自卑感，使每个儿童都拥有一份自信，教师在教唱这首歌时，引导儿童一边照镜子观看自己的眼睛和嘴巴，一边对歌词进行修改，结果改编出近40个版本。

第四，要保护儿童的自尊心。儿童的自尊心比较脆弱，教师不要当着别人的面揭儿童的短处。比如，有的幼儿园通过开展"埋藏缺点"的活动，即要求幼儿把自己的缺点画在纸上，不让别人看见，然后把画纸揉成一团，在种植园地里挖个小洞，把纸团埋藏起来，不让它长出地面，以消灭自己的缺点。

第五，要杜绝体罚儿童。教师不能歧视儿童、虐待儿童、体罚或变相体罚儿童、侮辱儿童的人格，以免影响儿童身心的健康发展。据报道，在幼儿园"娃娃家"游戏中，一位扮演"爸爸"的男小朋友亲吻了扮演"妈妈"的女小朋友，教师发现后，认为小男孩在耍流氓，便用棍棒痛打他整整一节课。教育科研表明，经常受到体罚的儿童，不仅肉体受到摧残，而且智商也较为低下。美国新罕布什尔大学的研究员施特劳斯痛斥"孩子不打不成器"的说法，他经过研究指出，自幼常遭受打骂的儿童在智力测验中平均得分为98分，而不曾挨打的儿童平均得分却高达102分，这是因为经常被打骂的儿童心里布满了阴影,创造力和想象力受到损害,阻碍了智力的发展。我国幼儿教育法规明确规定教师不能体罚儿童,许多托幼机构还要求教师对儿童禁止使用像“傻瓜”、“白痴”等伤害性词语。

三、全面教育儿童

学前儿童体、智、德、美诸方面的教育是互相渗透、有机结合的,彼此相互联系、相互制约,应对儿童进行全面发展的教育,不能偏废其中任何一方。

体育是儿童生长发展之本,重视学前儿童的体育,有助于儿童身心的健康成长。科学家的研究表明,运动能产生“快乐素”:不仅能促进儿童全身的血液循环,增强儿童的免疫能力,而且还能促进儿童的心理健康;儿童经常锻炼,大脑中会分泌一种可以支配人的心理和行为的“内啡肽”即“快乐素”,使儿童产生愉悦之情,但这种内啡肽,一般只能维持 2—3 天,要想使大脑不断分泌内啡肽,就必须经常进行健身锻炼。

学前儿童的体育和德育有密切的关系,重视儿童的体育锻炼,有助于儿童良好性格的形成。美国哈佛大学的教育家认为,培养人才最重要的不是灌输知识,而是塑造性格,体育场上的竞技活动是锻炼儿童性格的最好途径,强健的体魄和坚韧不拔的性格对于儿童以后在社会上的成功是必不可少的。

学前儿童的智育也和体育有着紧密的关系,在发展儿童语言的同时,也有利于儿童良好的卫生习惯的形成。例如,教师教儿童学习儿歌《漱口》(“手拿花花杯,喝口清清水,抬起头,闭着嘴,咕噜咕噜吐着水”),既对儿童语言的发展起到积极的作用,又能帮助儿童形成爱清洁、讲卫生的习惯。

学前儿童的美育和智育也有着密切的联系,在对儿童进行艺术熏陶的同时,也有助于儿童智力的提高。国外研究表明,3 岁儿童如果接受过钢琴训练或合唱练习,那么,他们在拼七巧板时,就会比没经过这方面培训的儿童动作更加准确、快捷,画几何图形和解数学题的能力也比他们更强,这些艺术活动能促进儿童时空推理能力的发展。此外,学前儿童的美育还和体育、德育有着密切的关系。舞蹈是一门综合艺术,包含了音乐、美术、表演等多方面的内容,其功能远不止于单纯学点技能技巧。学前教育实践证明,学点舞蹈不仅对儿童成年后的基本形态、举止行为有着重要的影响,而且还对发展儿童的形象思维、创意能力以及毅力有很大的积极作用。

四、寓教于活动中

学前儿童全面发展的教育任务是渗透在儿童一日生活的各项活动中完成的。

第一,教师要为儿童提供操作活动的机会。现代心理学认为:儿童大脑当中的操作模式根本上是来自外部动作模式的内化,儿童内部思维的综合能力,只能源于外部,特别是在手指上所进行的“拆分”和“拼凑”活动。教育研究也表明,儿童通过自己的操作活动,能更好地理解事物及其相互之间的关系。

第二,教师要为儿童提供游戏活动的机会。游戏是学前儿童的基本活动,教师要为儿童创造条件,开展角色游戏、结构游戏、表演游戏、智力游戏、音乐游戏、体育游戏等各种游戏活动。例如,在“幼儿园”的角色游戏中,一个扮演“教师”的儿童一直在“卧室”里忙着给“宝宝”包扎,欲带着自己的“孩子”去卡拉 OK 厅演唱;可她怎么包也包不好“娃娃”的小包被,横着包不够宽,竖着包又不够长;但她不气馁,继续包,尝试多种办法以后,终于找到了解决问题的最佳办法,即用被子的对角线作为长度,把“宝宝”包了起来。

第三,教师要为儿童提供教学活动的机会。教学活动是托幼机构一日活动中的重要组成部分,随着儿童年龄的增长,教学活动的地位逐渐提高。在幼儿园教学过程中,教师要注意开展语言、科学、数学、社会、音乐、体育、美术等方面的教学活动,并注意挖掘潜在的教育因素。比如,在语言教学活动中,教师在组织中班儿童进行看图编故事时,启发儿童得出“小鸡遇到了困难,小鸭主动去帮助它;小鸭遇到了困难,小鸡也主动去帮助它;小鸡和小鸭团结友爱,互相帮助,它们俩是好朋友”的结论,然后又引导儿童说出“我们小朋友之间也是好朋友,大家也要像小鸡和小鸭一样,你帮我,我帮你,互相帮助,团结友爱”的话语。

第四,教师要为儿童提供劳动活动的机会。劳动是儿童认识世界的阶梯,儿童在劳动中成长。教师要帮助儿童学会自我服务,并给儿童创造为集体服务、参加种植园地劳动的机会。例如,为了让儿童迅速掌握穿衣服的技能,教师手把手地把穿衣服的要领(“抓领子,盖房子,小老鼠,出洞子,吱扭吱扭上房子。”)教给儿童,使儿童逐渐做到自己的事情自己做。

第五,教师要为儿童提供观察、散步、娱乐等方面活动的机会,使儿童在潜移默化中受到教育。例如,午睡起床后,教师带儿童离开园所外出散步,在附近的花坛里观赏五颜六色的花,闻一闻花的芳香,比一比花的枝叶,培养儿童对花草树木的爱心;或到马路上数一数高楼大厦的层数和个数,说一说各幢大楼之间的异同点,使儿童亲身感受到建筑的美和家乡的巨大变化。在庆祝“三八国际妇女节”的活动中,教师为儿童提供了剪刀、细绳、各种颜色的吸管,教儿童制作项链、手镯、戒指,送给自己的妈妈,向妈妈表达自己的感激之情,这样,既培养了儿童动手操作的能力,又激发了儿童爱妈妈的情感。

五、教育要儿童化

学前教育要符合儿童身心发展的规律,做到儿童化,不能“小学化”、“成人化”。目前,我国城乡一些幼儿园“小学化”的倾向仍较为严重。据报道,某地一个民办幼儿园在一周活动的安排表上,从周一到周五各种课程排得满满的,其中以语言课、计算课居多;幼儿每天上 7 节课,每节课在 30 分钟以上,严重违反了幼儿教育法规。国家教育部早在 1981 年制定的《幼儿园教育纲要(试行草案)》中就明确规定:“小班每周上课六至八节,每节 10—15 分钟;中班每周上课十至十一节,每节 20—25 分钟;大班每周上课十二节,每节 25—30 分钟,大班末期可适当延长 5 分钟。”

学前教育的儿童化首先体现在内容的选择上。教师在选择教育内容时,应从儿童的生活经验入手,把一些浅显的知识技能传递给儿童。例如,教师教儿童学习儿歌《我给小鸡起名字》(“一、二、三、四、五、六、七,妈妈买了七只鸡。我给小鸡起名字:小一,小二,小三,小四,小五,小六,小七。小鸡一下都走散,一只东来一只西。这下再也认不出:谁是小七,小六,小五,小四,小三,小二,小一。”),不仅能培养儿童的语言表达能力,而且还能对儿童进行数学启蒙,帮助儿童掌握 10 以内数的正数和倒数。

学前教育的儿童化还体现在方法的运用上。教师在运用教育方法时,要尽量注意直观、生动,以激发儿童的兴趣。比如,为了教儿童学习制作新疆帽,教师先放音乐,头戴自制的新疆帽,随音乐起舞，让儿童说一说“老师跳的是哪个民族的舞蹈?”再把帽子拆开来，让儿童仔细看看是怎么做的、花色有什么不同等，鼓励儿童设计出图案更美丽的新疆帽；继而又开展了“娃娃帽店”的角色游戏，使儿童好于学、乐于学。

六、教育要多样化

学前教育活动的成功有赖于全班集体活动、小组活动、个人活动的相互结合、互相补充。集体活动是学前教育的一种重要形式，它有利于培养儿童的集体观念和集体规范；小组活动、个人活动有利于培养儿童的主动性、独立性，三种形式的和谐统一，有助于教育任务的完成和儿童的全面发展。

在一日活动中，教师除了组织集体性的游戏、教学、盥洗、餐点、午睡等活动以外，还要不失时机地为儿童创造自选活动、自由活动、个人游戏的机会。例如，教师在班级开辟多种活动区，使儿童在自由活动的时间里，能够随意进出积木区、图书区、种植区，或音乐区、绘画区、玩水区等。

在某个教育活动中，教师往往也要采用几种教育形式，使之相互配合，以取得更好的教育效果。比如，在教儿童学习儿歌《我有两个好朋友》(“我有两个好朋友，每天劳动不开口；擦窗窗子亮晶晶，扫地地上光溜溜；种花花儿红艳艳，栽树树儿绿油油，你猜他们都是谁？嗬，请看我的一双手。”)的过程中，教师先把儿童分成四个小组，让他们依次参加擦窗、扫地、种花、栽树的劳动，然后再把全班儿童集中在一起进行讨论、交流(讲一讲自己是怎样进行劳动的？通过劳动带来了什么样的结果)，并组织儿童参观、分享劳动成果，体验劳动的光荣和自豪。这样，经过教师的引导，儿童很快就能掌握儿歌的内容。

七、因儿童而施教

学前儿童的发展存在着个别差异，每个儿童在行为、兴趣、爱好、才能等方面都具有各自的特点，教师不能统一要求，实行“一刀切”，而要根据每个儿童的具体情况，施以教育，扬长补短，发展儿童的兴趣爱好，促进儿童的个性更好地成长。

儿童学习积极性不同，教师的教育策略应不同。例如，有的儿童在教学活动中不喜欢举手发言，教师就鼓励他们举手，并有意识地让他们回答一些简单的问题，然后再给予表扬，以强化儿童举手的积极性。

儿童接受能力不同，教师的教育策略应不同。比如，在教授几何形体的知识以后，有的儿童还不能正确区分正方形和长方形，教师就为他们提供尺子，让他们自己量一量四边的长短，这样，儿童就会觉得非常简单有趣。

儿童动手能力不同，教师的教育策略应不同。例如，在做做玩玩的活动中，有的儿童不会拿剪刀剪东西，教师就手把手地教儿童右手拿剪刀，左手拿纸片，剪废旧报纸，进行初步的训练。

儿童兴趣爱好不同，教师的教育策略也应不同。比如，有的儿童对汽车很感兴趣，教师就为他们提供各种汽车画册、图片，让儿童观赏；带他们到马路上去画汽车，到加油站去看如何给汽车加油；让他们用游戏泥、泥巴、木头制作汽车，举办车展，拓宽、加深儿童对汽车的认识。

八、争取家庭配合

家庭是学前儿童成长的第一所学校，父母是学前儿童的首任教师，学前家庭教育对儿童的影响十分重大，托幼机构只有和家庭密切配合，充分调动家长在儿童成长发展中的积极性，才能保证学前教育作用的全面发挥。随着每周五天工作制的实行，家庭教育的作用也比过去显得更为重要。为了使托儿所、幼儿园的五天教育和家庭双休日的两天教育相统一，产生七天教育的价值，就必须使家庭教育同托幼机构保持一致。

首先，教师要向家长宣传学前教育法规的精神，使家长能正确地理解学前教育。有所幼儿园进行素质教育的改革试验，在绘画活动中，鼓励儿童大胆想象，用自己的眼睛看世界，结果儿童把马涂成了蓝色、绿色，把“苹果”画得五颜六色、形态各异，把自己和小伙伴画成长着翅膀的天空飞人，和外星人一起做游戏等，展示了儿童独特的想象和创造能力。但80%的家长看到孩子的作品后非常生气，认为画得一点也不像，太荒谬，教师是在误人子弟，纷纷要求退出绘画活动。教师如果能在开展此项活动前，向家长解释清楚：儿童绘画重要的是给他们一个想象和创作的空间，培养他们的创造想象能力，奉行“画得像，才是画得好”的评价标准，只能培养儿童的模仿能力，而创造能力比模仿能力对儿童未来的发展更为重要，这样幼儿园的教育活动就能变被动为主动，取得家长的支持，顺利达到完成改革的目的。

其次，教师要利用儿童入所入园的时间，及时与家长沟通。教师不仅要主动了解儿童在家中的情况，而且还要善于把儿童在园所一天的情况及时向家长反馈，在反映儿童缺点的时候，要注意“告状”的艺术。例如，刘蒙的妈妈来幼儿园接孩子时，教师告诉她：“你知道吗，你女儿刘蒙这学期进步可大了，上课很爱动脑筋，常常举手发言。”刘蒙妈妈听后很高兴，因为刘蒙上学期从不举手发言；接着教师话锋一转：“可她还有一个小小的缺点，要是改掉了，那就更好了。”刘蒙妈妈听后着急地问道：“什么缺点？”教师把刘蒙搂在怀里，神秘地说：“这个缺点呀，我只告诉刘蒙，暂时对你保密，等刘蒙改正以后，我再向你报喜，刘蒙你说好不好？”刘蒙愉快地点点头，刘蒙妈妈语气平和地对女儿说：“你要记住教师的话，尽快把缺点改掉。”

再次，教师要教给家长一些卫生保健知识，使家长能帮助孩子形成正确的卫生习惯。许多父母望子成龙心切，希望自己的孩子成为智力超群的人，因而不断地向孩子灌输各种知识技能，使孩子受到过大的心理压力，从而影响了睡眠。为了避免这种情况的发生，教师应向家长提出忠告：从婴儿开始就应让其在固定的时间独自入睡和醒来。在孩子入睡之前，应避免使他承受各种心理和精神的压力，尤其是临睡前的斥责或任务布置更应制止。另外，年幼的孩子总是希望有人陪伴其入睡，但父母如果无限制地满足孩子的要求，就会惯坏孩子，随着年龄的增长，孩子的这种行为就会越演越烈；即使孩子哭闹，父母也不能心软，仍要让他自己睡觉，但应经常过来看看他，使他感到爱他的人始终在身边，睡觉时不会被抛弃；父母还应减少对孩子的刺激，以免使他处于兴奋状态而影响睡眠；父母可在饭后让孩子睡觉，平躺或朝右为最佳姿势，也可以试着在傍晚的时候给孩子洗个澡，然后吃些东西，这样孩子会变得平静，而更容易入睡。

最后，教师要教给家长一些教育知识，使家长能掌握教育孩子的主动权。随着电视的普及、电脑走进家庭，观看电视节目、玩电子游戏已成为我国城乡家庭主要的娱乐活动，教师应要求家长注意为儿童选择电视节目、游戏内容，以免孩子受到不良影响，否则，将悔之晚矣。德国教育学家维尔纳·格罗高尔教授对18名青年性犯罪者进行过长达一年半的跟踪研究，发现他们当中有1/2的人在童年期都接触过色情媒介，因而得出一个人如果在童年时代通过各种媒体过多地接触色情暴力内容，成年后更容易走上性犯罪道路的结论。充斥了色情暴力内容的画报、电影及电子游戏对儿童的消极影响不是立竿见影的，而可能在若干年以后才会表现出来。因为儿童心理的发育还不成熟，有强烈的模仿欲，他们往往把自己当作是媒体中表现的人物形象，有一种将所看到的内容亲身实践一下的潜意识，而这种心理正是导致其日后走上犯罪道路的重要原因。所以，教师应教育家长重视家庭教育的内容与形式的选择，尽力避免孩子受到大众传播媒体的某些不良影响，防止孩子接触有色情暴力内容的光盘、录像、电影和刊物等，发挥自己在孩子成长中应有的积极作用。

另外，教师还要帮助家长解决面临的疑难杂症。尽管目前核心家庭已在我国占主体地位，但扩大家庭、隔代家庭仍占有一定的比例。在扩大家庭中，易患上全家人围着孩子转的“四二一”综合征；在隔代家庭中，易产生“隔代爱，爱不够”的弊病，最终导致儿童自私、任性、没礼貌等不良品性。教师应经常向家长传递育儿妙策，协助家长教育好孩子。比如，当有个家长反映孩子不尊敬爷爷、奶奶，经常恶作剧时，教师根据这个儿童喜欢儿歌的特点，就把《小帮手》（“爷爷走路要拄棍，奶奶缝衣要穿针，我是爷爷奶奶的小帮手，每天都来帮他们。”）这首儿歌抄录下来，送给家长，要他在家里教孩子朗读，以培养儿童关心老年人、帮助老年人的良好行为。

此外，教师要组织家长一起开展活动，使家长增强教育孩子的责任感和义务感。不论是在园所内安排活动，还是到园所外去开展活动，教师都应征询家长的意见，大家一起设计，协作组织，共同评价，以提高活动的整体效益。例如，在组织儿童参观动物园前，教师和家长代表先去参观，画张动物园的地图，设计参观游览的具体路线，标出各种主要动物所在的地理位置，说明注意事项，这样在正式参观时，就可有的放矢，加强指导性和针对性。

第五节　学前儿童的因材施教

对学前儿童因材施教，既是孔子、苏霍姆林斯基、加德纳等古今中外教育家的共同主张，也是《全球幼儿教育大纲》、《幼儿园教育指导纲要（试行）》等一系列幼教法规所强调的。国务院在《关于幼儿教育改革与发展的指导意见》中，明确指出要“尊重儿童身心发展的特点和规律，关注个体差异，使儿童身心健康成长，促进体智德美等全面和谐发展”。为了使“像财富一样埋藏在每个人灵魂深处的所有才能都发挥出来”,①学前教育工作者就必须掌握个别对待的艺术,为儿童搭建好因材施教的坚实平台。

一、实现角色转换

每个儿童在行为、兴趣、爱好、才能等方面都有自己的特点,学前教育工作要想取得良好的效果,就必须了解每个儿童的独特性,对儿童进行个别教育。而教育的这种“个别化往往迫使教师角色发生变化”,从“专家”的角色转换为“指导者和协助者”、“促进者”、“创造”者、“组织”者、“建议”者、“记录”者、“评价”者,②使纵向的指挥与服从的师生关系切换为横向的平等对话的师生关系。为此,教师要针对儿童的具体情况,扮演相应的角色,以促进儿童富有个性的发展。例如,面对喜欢旁观、闲荡的儿童,教师要耐心等待、认可接纳;面对喜欢自由活动的儿童,教师要细心观察、全面记录;面对喜欢自主创造的儿童,教师要给予支持和促进;面对经常处于两难境地的儿童,教师要巧妙引导、提出建议;面对常常遇到困难的儿童,教师要给予必要的指导和帮助;面对容易灰心丧气的儿童,教师要加以安慰和鼓励;面对易于出现过失和错误的儿童,教师要予以宽容和谅解;面对急于取得成功的儿童,教师要给予肯定和表扬。

二、深入研究儿童

苏联教育家赞科夫认为:“个别对待指的是要研究和估计到每一个学生的特点,以达到成功地教学的目的。”③可见,教师只有全面了解儿童的个性特征,深入研究儿童的优点和缺点,才能区别对待儿童,向儿童提出切合实际的要求,有的放矢地进行教育。

首先,教师要亲密接触每个儿童。儿童世界是一个特殊的世界,教师要想进入儿童的精神世界,就必须与儿童密切接触,做儿童的朋友,和儿童一起谈话、看图书、讲故事、做游戏,和儿童共同享受欢乐和喜悦,共同分担忧愁和恐惧,获得儿童的理解和信任,找到打开儿童心灵的钥匙。

其次,教师要仔细观察每个儿童。在和儿童相互作用的过程中,教师要细致观察儿童,而活动是教师观察儿童的重要窗口。教师既可通过园内的生活活动、游戏活动、教学活动来观察儿童,也可通过园外的亲子活动、参观活动、郊游活动来观察儿童。在观察儿童的过程中,教师要处理好有意观察与随机观察、重点观察与一般观察、系统观察与片段观察、逐项记录与灵活记录之间的关系。

再次,教师要准确标签每个儿童。在观察记录每个儿童的基础上,教师可从某一方面(如体力、认知、语言、社会性、情感、审美)对儿童的发展水平进行归类分层,也可从总体上对儿童的个性特征加以裁决判定。

最后,教师要全面分析每个儿童。儿童的发展水平受到多种因素的制约,教师要寻找、推断、分析其主要成因,究竟是儿童自身的因素(如残疾、疾病、特殊才能)造成的,还是儿童家庭的因素

---

① 联合国教科文组织中文科译:《财富——教育蕴藏其中》,教育科学出版社 1998 年版,第 10 页。

② 王晓辉、赵中建等译:《为了 21 世纪的教育——问题与展望》,教育科学出版社 2002 年版,第 267 页。

③ [苏]列·符·赞科夫著,杜殿坤译:《和教师的谈话》,教育科学出版社 1980 年版,第 32 页。

(如家庭结构、家庭环境、家庭生活方式、父母职业、亲子关系)导致的,或是儿童社会文化的因素(国籍、种族、民族、价值观、文化传统)致使的。

三、构建独特环境

环境在因材施教促进儿童个性发展中的作用不可忽视,因为“学习者生活的家庭、学习和工作环境与我们在其中所进行的教育活动同样重要。……所有的教育活动都是在一种潜移默化的氛围中进行的,这种氛围鼓励或压制思考、好奇心、学习热情及回顾思维与行为方式的愿望,并开发或压制个性特点的发展”。① 教师应创设环境,优化环境结构,为每个儿童提供最适宜的环境,以满足集体中所有个体的需要,促使每个儿童健康地成长。

1. 营造尊重每个儿童的文化和语言的环境

随着我国改革开放力度的增大,人口流动的加速,中国走向世界及世界走进中国的格局的形成,班级儿童不仅会来自不同的家庭、不同的社区、不同的省市、不同的民族、不同的方言,而且也可能来自不同的国家、不同的地区、不同的洲际、不同的语种,所以,教师要了解每个儿童独特的文化背景和语言文字,认识到“每个儿童都应有机会在一个尊重他们的环境里成长”,为儿童营造认可、宽容、接纳的氛围,使儿童能“富有个性,对自己的文化、语言、社会背景感到自豪,同时也尊重文化的多元性”。②

2. 创设发展每个儿童的兴趣和能力的环境

儿童的兴趣有不同之别,儿童的能力有强弱之分,教师应创造丰富多彩的环境,以适应不同发展水平、不同发展方向的儿童的需要。教师可布置图书区、艺术区、电脑区、科学区、沙水区、体育区等多种活动区,使有不同兴趣的儿童能从中选择,进入区域活动。教师还可为同一活动区投放不同类别、不同难度的材料,使能力不同的儿童能自由选择,按照自己的方式操作材料。

3. 构建促使每个儿童获得进步和成功的环境

教师要为儿童创造民主宽松的心理环境,使每个儿童都对自己充满信心,敢于冒险,不怕挫折,通过运用多种感官进行尝试而不断取得进步,走向成功。

四、开展小型活动

小班化教育、小组教育、个别教育都是因材施教的重要形式,有利于促进儿童个性的全面发展,提高学前教育的质量。

1. 小班化教育

班级规模是影响教师和儿童相互作用的一个重要因素,关系到学前教育质量的高低。国内外许多研究都证明,较小的班级规模与较大的班级规模相比,能产生更好的教育效果。Glass 等人通过研究进一步指出,“只有在班级规模降到每班 15 人时,在学习上才会有明显的获益”。③ 美

---

① 王晓辉、赵中建等译:《为了 21 世纪的教育——问题与展望》,教育科学出版社 2002 年版,第 241 页。

② 李毅译:《全球幼儿教育大纲》,《幼儿教育》2001 年第 3 期。

③ 王晓辉、赵中建等译:《为了 21 世纪的教育——问题与展望》,教育科学出版社 2002 年版,第 241 页。

国学前教育研究会(NAEYC)也指出,要获得高质量的学前教育,就必须对不同年龄儿童的班级规模严加控制,年龄越小的儿童的班级,其规模也应越小,使"3岁、4岁、5岁儿童的班级人数在20人以下,2.5—3岁儿童的班级人数在14人以下,1—2岁、2—2.5岁儿童的班级人数在12人以下,出生至1岁儿童的班级人数在8人以下"。①上海教科院的研究结果也表明,实施小班化教育,教师能更多地关注每个儿童的需求,更好地促进每个儿童的成长。

缩小班级规模,实施小班化教育已成为世界学前教育发展的主要趋势之一。我国幼儿园朝着这一方向发展,不仅是必要的,而且也是可能的。首先从办园对象上看,计划生育政策在全国城乡的普遍贯彻,城市青年夫妇对生育年龄的推迟,"丁克"家庭的增多,都使新生儿童、适龄入园儿童的数量在递减,从而为小班化教育提供了前提条件。其次从办园体制上看,随着经济体制改革的深化,幼儿园的开办走向市场的态势日益明显,个体经营者举办幼儿园的数目逐渐增多,家长自主择园择班的范围不断扩大,这就为小班化教育提供了竞争机制。再次从办园条件上看,现行幼儿园都很注意改善办园条件,增加幼儿活动室的数量,创建新颖独特的活动场所,拓展幼儿的活动空间,这就为小班化教育提供了物质基础。

2. 小组教育

美国教育家法伊夫·珀金斯指出:"有效的幼儿教师是积极的、鼓励性的、热情的、关心的、以幼儿为中心的,而且以个人和小组的形式和幼儿一起活动。"②D. John McIntyre也指出,教师"把班级分成小组能使更多的学生积极参与到学习过程中来,而且为教师观察学生之间的互动以及学生与教学内容之间的关系提供了机会"。③可见,教师要卓有成效地与儿童相互作用,促使儿童更快、更好地学习,就必须对儿童进行分组,实施小组教育。

教师在对儿童分组的时候,可以参照不同的标准。例如,以儿童的兴趣为指标来分组,鼓励儿童根据自己的兴趣爱好,选择小组活动;以儿童的能力为指标来分组,指导儿童从难易度不同的学习活动中加以选择;以儿童的观点为指标来分组,使看法相同或不同的儿童结成一组,展开辩论;以儿童的任务为指标进行分组,把承担相同、相似任务的儿童编为一组,进行合作;以儿童的文化为指标进行分组,把拥有相同文化或不同文化的儿童分为一组,培养儿童的宽容心和理解力。此外,还可以按照儿童的学号、姓氏、座位来分组,使儿童能广泛与同伴交流,提高社交能力。

教师在对儿童分组的时候,应对小组的规模加以限制。D. John McIntyre认为,"虽然小组的人数没有一个绝对的最少和最多的规定,但5—7个人一组往往是最佳的选择"。④可见,为了实现教育的最优化,教师要把小组规模控制在6人左右。当小组形成以后,教师还应指导儿童选举小组长,或鼓励儿童轮流担任小组长。

3. 个别教育

D. John McIntyre指出,"把学生组织起来,以满足他们个别需要的最好办法是个别化教

① George S. Morrison. *Early Childhood Education Today*. Merrill. 1998, p. 455.

② [美]Carol E. Catron等著,王丽译:《学前儿童课程》,中国轻工业出版社2002年版,第50页。

③ [美]D. John McIntyre等著,丁怡等译:《教师角色》,中国轻工业出版社2002年版,第48、55页。

④ 同上注。

学”。[①] 无独有偶，美国教育家 Thomas L. Good 通过自己的研究也指出，区别对待儿童的“最完整的措施是个别教学”。[②] 所以，教师要从儿童的独特性出发，因人施教，使教育能主动应对每个儿童的需求，而不是使儿童去被动适应教育的需要。

在对儿童进行个别教育时，教师要利用一对一的师生关系，帮助儿童确立学习目标，筛选学习内容，鼓励儿童自由安排学习进程，运用学习方法。

在儿童自主学习时，教师要对儿童进行监测、诊断和指导，以便为儿童制订出适宜的学习计划和教育方案，使每个儿童都能及时调整学习步伐，提高学习能力。例如，当某个儿童在语言区阅读图书时，教师通过与其交流，来考评这个儿童对图书的理解水平，判断这一图书是否与儿童的发展水平相匹配。

在实施个别化教育方案时，教师可围绕一定的主题，设计系列单元活动，使儿童的学习潜力能逐步得到挖掘，个人才干能不断得以增长。

五、考虑儿童的学习方式

法国教育家卢梭早就指出：“每一个人的心灵有它自己的形式，必须按它的形式去指导他；必须通过它这种形式而不能通过其他的形式去教育，才能使你对他花费的苦心取得成效。”[③]美国当代教育家加德纳也进一步指出：“每个个体都以不同的方式学习，表现不同的智能特点和智能组合。……既然这些差别确实存在，每个人的独特智能组合一定会在他生命中的发展轨迹和所获得的成就中表现出来，那么忽略这些差别就是有害的。”[④]据此，教师要重视儿童个体在学习方式上所表现出来的差异，从每个儿童最擅长、最喜欢的学习方式中找到切入点，设计出与儿童个体学习特点相适应的教育活动，使每个儿童能通过最合适的入口、最顺利的路径来学习，获得最大化、最优化的发展。例如，对于“语言学习者”来讲，教师要为其提供听词语、说词语、看词语的机会；对于“逻辑—数学学习者”来讲，教师要为其提供分类、归纳、抽象、概括的机会；对于“空间学习者”来讲，教师要为其提供通过视觉、想象、色彩进行活动的机会；对于“音乐学习者”而言，教师要为其提供和音乐、律动打交道的机会；对于“身体—运动学习者”而言，教师要为其提供触摸、运动、尝试、活动的机会；对于“社会学习者”而言，教师要为其提供分享、合作、交往的机会；对于“自我认知学习者”而论，教师要为其提供独自工作、自我指导、独处、个人活动的机会；对于“自然观察学习者”而论，教师要为其提供与大自然充分接触的机会。这样，每个儿童都能得到满足和成功，健康快乐地成长起来。

六、利用儿童的强项

每个儿童都与众不同，与其他儿童相比，都有长处优势和不足劣势，教师在对儿童因材施教

① [美]D. John McIntyre 等著，丁怡等译：《教师角色》，中国轻工业出版社 2002 年版，第 48、55 页。
② [美]Thomas L. Good 著，陶志琼等译：《透视课堂》，中国轻工业出版社 2002 年版，第 425 页。
③ 孙培青等编：《教育名言录》，上海教育出版社 1984 年版，第 52 页。
④ [美]霍华德·加德纳著，沈致隆译：《多元智能》，新华出版社 1999 年版，第 211 页。

时，要依靠儿童身上的优点，发展提升儿童的强项，弥补改进儿童的弱项。

1. 发现儿童的特色

每个儿童都有自己的特色，在体、智、德、美诸方面的发展上也不会同步，表现出自己的优势领域和弱势领域，教师要善于发现，并以此为基础，设计个性化的教育活动，以深挖儿童的潜力。“当每个人都有机会挖掘自身的潜能而高效地学习时，他们必将在认知、情绪、社会、甚至生理各方面展现出前所未有的积极变化。”①

2. 鼓励儿童的强项

不论儿童的强项是相对于同伴还是相对于自己，教师都要予以关注和强化。一方面，为每个儿童提供充分展现自己强项的机会，以提高儿童的自信心和表现力；另一方面，为每个儿童提供在自己的强项领域里担任“领头羊”的机会，以培养儿童的组织能力和合作能力。

3. 改善儿童的弱项

“如果教师确认了学生的长处，除了鼓励他们发展自己的优势，更重要的是还要利用这些优势改善自己的劣势。”②可在儿童的强项和弱项之间“铺路架桥”，使儿童的强项能成为其弱项的基石和推动力，也可指导儿童将优势领域的特点迁移到弱势领域，使儿童在弱势领域中能直接、间接地利用自己的优势而获得多方面的发展。

七、实行多元评价

“教育评价是幼儿园教育工作的重要组成部分，是了解教育的适宜性、有效性，调整和改进工作，促进每一个幼儿发展，提高教育质量的必要手段”。③ 教师要以促进儿童发展为宗旨，从多元的视角，利用各种资源，对每个儿童的发展水平做出评价。

1. 多维度横向评价

儿童之间的个体差异实际上是通过横向比较才发觉的，所以，横向比较在特定条件下仍然具有存在的价值。但是，教师在对儿童进行横向比较时，不能使用统一固定的指标、单一的园内活动、唯一的园方资源去评价儿童，而要运用灵活多样的指标、园内园外的多种活动、幼儿园和家庭及社区的各种资源去评估儿童。

2. 多视角纵向评价

为了使每个儿童都能在评价中得到鼓励、看到希望，教师要多角度、多方面、多层次地对同一个儿童进行纵向比较。在一日生活中，教师可评价儿童在后一环节的活动（如自由游戏）中是否比在前一环节的活动（如做做玩玩）中表现得更为积极、主动；在每天的活动结束时，教师可评价儿童的今天与昨天相比，从总体上或从某一方面（如社会性）讲，是否有所进步。

教师不论在使用横向评价还是纵向评价上，都要把重点放在儿童活动的过程上和儿童所付出的努力上，只有这样，才能逐步完善因人施教的方略，真正实现教育的个性化。

---

① [美]Linda Campbell 等著，王成全译：《多元智能教与学的策略》，中国轻工业出版社 2001 年版，第 5 页、第 455 页。
② 同上注。
③ http://www.moe.edu.cn 2012 年 8 月 14 日。

第六节 《关于当前发展学前教育的若干意见》简介

2010年11月21日，国务院向各省、自治区、直辖市人民政府、国务院各部委、各直属机构颁发了《关于当前发展学前教育的若干意见》，以贯彻落实党的十七届五中全会、全国教育工作会议精神和《国家中长期教育改革和发展规划纲要(2010—2020年)》，积极发展学前教育，着力解决当前存在的“入园难”问题，满足适龄儿童入园需求，促进学前教育事业科学发展。

一、把发展学前教育摆在更加重要的位置

要认识到学前教育的重要地位:(1)学前教育是终身学习的开端，是国民教育体系的重要组成部分，是重要的社会公益事业。(2)办好学前教育，关系到亿万儿童的健康成长、千家万户的切身利益、国家和民族的未来。

要坚持发展学前教育的五项原则:(1)必须坚持公益性和普惠性，努力构建覆盖城乡、布局合理的学前教育公共服务体系，保障适龄儿童接受基本的、有质量的学前教育;(2)必须坚持政府主导，社会参与，公办民办并举，落实各级政府责任，充分调动各方面积极性;(3)必须坚持改革创新，着力破除制约学前教育科学发展的体制机制障碍;(4)必须坚持因地制宜，从实际出发，为幼儿和家长提供方便就近、灵活多样、多种层次的学前教育服务;(5)必须坚持科学育儿，遵循幼儿身心发展规律，促进幼儿健康快乐成长。

二、多种形式扩大学前教育资源

(1)大力发展公办幼儿园，提供“广覆盖、保基本”的学前教育公共服务。加大政府投入，新建、改建、扩建一批安全、适用的幼儿园。(2)鼓励社会力量以多种形式举办幼儿园。通过保证合理用地、减免税费等方式，支持社会力量办园。(3)城镇小区没有配套幼儿园的，应根据居住区规划和居住人口规模，按照国家有关规定配套建设幼儿园。新建小区配套幼儿园要与小区同步规划、同步建设、同步交付使用。(4) 努力扩大农村学前教育资源。各地要把发展学前教育作为社会主义新农村建设的重要内容，将幼儿园作为新农村公共服务设施统一规划，优先建设，加快发展。

三、多种途径加强幼儿教师队伍建设

(1)要加快建设一支师德高尚、热爱儿童、业务精良、结构合理的幼儿教师队伍。各地要根据

国家要求，结合本地实际，合理确定师生比，核定公办幼儿园教职工编制，逐步配齐幼儿园教职工。(2)要依法落实幼儿教师地位和待遇。要切实维护幼儿教师权益，完善落实幼儿园教职工工资保障办法、专业技术职称(职务)评聘机制和社会保障政策。(3)要完善学前教育师资培养培训体系。办好中等幼儿师范学校；办好高等师范院校学前教育专业，加大面向农村的幼儿教师培养力度，扩大免费师范生学前教育专业招生规模；建设一批幼儿师范专科学校。

四、多种渠道加大学前教育投入

各级政府要将学前教育经费列入财政预算。新增教育经费要向学前教育倾斜。

五、加强幼儿园准入管理

(1)要完善法律法规，规范学前教育管理。要严格执行幼儿园准入制度。各地要根据国家基本标准和社会对幼儿保教的不同需求，制定各种类型幼儿园的办园标准，实行分类管理、分类指导。(2)要分类治理、妥善解决无证办园问题。各地要对目前存在的无证办园进行全面排查，加强指导，督促整改。整改期间，要保证幼儿正常接受学前教育。

六、强化幼儿园安全监管

各地要高度重视幼儿园安全保障工作，加强安全设施建设，配备保安人员，健全各项安全管理制度和安全责任制，落实各项措施，严防事故发生。

七、规范幼儿园收费管理

国家有关部门出台幼儿园收费管理办法。省级有关部门要根据城乡经济社会发展水平、办园成本和群众承受能力，按照非义务教育阶段家庭合理分担教育成本的原则，制定公办幼儿园收费标准。

八、坚持科学保教，促进幼儿身心健康发展

要加强对幼儿园保教工作的指导。(1)要遵循幼儿身心发展规律，面向全体幼儿，关注个体差异，坚持以游戏为基本活动，保教结合，寓教于乐，促进幼儿健康成长。(2)要加强对幼儿园玩教具、幼儿图书的配备与指导，为儿童创设丰富多彩的教育环境，防止和纠正幼儿园教育“小学化”倾向。(3)要研究制定幼儿园教师指导用书审定办法。(4)要建立幼儿园保教质量评估监管体系。(5)要健全学前教育教研指导网络。(6)要把幼儿园教育和家庭教育紧密结合，共同为幼儿的健康成长创造良好环境。

九、完善工作机制，加强组织领导

各级政府要加强对学前教育的统筹协调，健全教育部门主管、有关部门分工负责的工作机制，形成推动学前教育发展的合力。(1)教育部门要完善政策，制定标准，充实管理、教研力量，加强学前教育的监督管理和科学指导。(2)机构编制部门要结合实际合理确定公办幼儿园教职工

编制。(3)发展改革部门要把学前教育纳入当地经济社会发展规划,支持幼儿园建设发展。(4)财政部门要加大投入,制定支持学前教育的优惠政策。(5)城乡建设和国土资源部门要落实城镇小区和新农村配套幼儿园的规划、用地。(6)人力资源和社会保障部门要制定幼儿园教职工的人事(劳动)、工资待遇、社会保障和技术职称(职务)评聘政策。(7)价格、财政、教育部门要根据职责分工,加强幼儿园收费管理。(8)综治、公安部门要加强对幼儿园安全保卫工作的监督指导,整治、净化周边环境。(9)卫生部门要监督指导幼儿园卫生保健工作。(10)民政、工商、质检、安全生产监管、食品药品监管等部门要根据职能分工,加强对幼儿园的指导和管理。(11)妇联、残联等单位要积极开展对家庭教育、残疾儿童早期教育的宣传指导。充分发挥城市社区居委会和农村村民自治组织的作用,建立社区和家长参与幼儿园管理和监督的机制。

十、统筹规划,实施学前教育三年行动计划

各省(区、市)政府要深入调查,准确掌握当地学前教育基本状况和存在的突出问题,结合本区域经济社会发展状况和适龄人口分布、变化趋势,科学测算入园需求和供需缺口,确定发展目标,分解年度任务,落实经费,以县为单位编制学前教育三年行动计划,有效缓解"入园难"。

阅读参考书目

1. 中国学前教育研究会:《中华人民共和国幼儿教育重要文献汇编》,北京师范大学出版社1999年版。
2. 教育部基础教育司组织编写:《幼儿园教育指导纲要(试行)解读》,江苏教育出版社2002年版。
3. 庞丽娟主编:《中国教育改革30年:学前教育卷》,北京师范大学出版社2009年版。
4. 翁乃群主编:《村落视野下的农村教育》,社会科学文献出版社2009年版。
5. 谢妮、申健强、陈华聪著:《农村留守儿童教育现状研究》,经济科学出版社2010年版。
6. 吴德刚编著:《中国农村教育综合改革研究》,教育科学出版社2011年版。
7. 李生兰著:《儿童的乐园:走进21世纪的美国学前教育》,南京师范大学出版社2011年版。
8. 刘强著:《学前教育城乡均衡发展的理论与实践》,南京大学出版社2011年版。
9. 章红等著:《民间故事的学前教育价值与传承研究——以浙江为例》,浙江大学出版社2011年版。
10. 李生兰等著:《学前教育法规政策的理解与运用》,南京师范大学出版社2012年版。
11. 庞丽娟主编:《政府主导创新体制——我国地方学前教育改革探索与政策启示》,北京师范大学出版社2012年版。
12. [美]霍华德·加德纳著,沈致隆译:《多元智能》,新华出版社1999年版。
13. [英]西尔瓦等主编,余珍有、易进译:《学前教育的价值》,教育科学出版社2011年版。

复习思考题

1. 学前教育的作用是什么?

2. 学前教育的发展主要受到哪些因素的影响？科学技术的发展对学前教育有什么影响？东西方文化对学前教育的发展有什么影响？

3. 我国幼儿园的保教目标是什么？举例说明你在工作中是如何实现这些目标的。

4. 联系幼儿园教育实际，说明教师应如何树立科学的教育观。

5. 有的教师说："学前教育工作者应该'一切为了孩子，为了一切孩子，为了孩子一切'。"谈谈你对这句话的看法。

6. 你读了《关于当前发展学前教育的若干意见》以后，有什么感想？

第四章

学前教育的课程

内容提要：本章由六节组成，首先介绍了学前教育课程的不同含义、理论流派，其次论述了学前教育课程的方案、学前教育课程的设计，再次阐述了学前教育课程的评价，最后说明了后现代课程理论及启示。

学前教育课程是学前教育领域中的一个核心问题，认识学前教育课程的主要内涵，了解学前教育课程的重要理论流派和实践模式，有助于我们设计出更好的学前教育课程，并注意通过评价来不断提高学前教育课程的质量。

第一节　学前教育课程的界定

学前教育课程的基本内涵是什么？理顺这一问题是对有关学前教育课程诸多问题进行探索的前提条件；就学前教育课程的种类而言，学前教育课程主要可以分化出隐蔽课程和公开课程两大类。

一、学前教育课程的含义

什么是学前教育课程？中外学者对这一问题的回答至今仍是不同的。我国学前教育界长期以来一直沿用苏联的课程观，倾向从狭义的角度来看课程，例如，把幼儿园的课程主要看作是幼儿园的学科教学活动，即幼儿园设置的体育、语言、常识、计算、音乐、美术等科目。

近十几年来，随着欧美学前教育课程观的引进，我国学前教育工作者也开始从广义的角度来理解课程，认为学前教育课程是教育原则和教育计划相互作用的结晶，它包括教育目标、内容、方法、评价以及儿童的学习活动；学前教育课程应不断发展和完善，适合儿童发展的需要，并促进儿童的不断发展。

不论是从广义还是从狭义的角度来讲，学前教育课程都应该能促进不同年龄、不同个性儿童的发展。一方面，儿童的成长发展有一定的顺序和规律，在每一个年龄阶段中，儿童身体、认知、语言、情感、社会性和审美等方面的发展都有典型的、本质的特征，学前教育工作者要为儿童设计出发展性的课程，准备良好的学习环境，安排丰富的教育活动，提供各种经验，来促进儿童的发展。另一方面，每个儿童都是一个独特的个体，有着自己的个性特征、成长模式、学习方式和家庭背景，学前教育工作者还要为儿童设计出个体化的课程，符合儿童独特的知识经验，满足儿童不同的需要，使能力不同的儿童都有所提高。

二、学前教育课程的种类

学前教育课程种类繁多，依据不同的标准可以分出不同的类别。如果从隐蔽性和显露性这两个维度出发来对学前教育的课程加以划分，则可以分为隐蔽课程和公开课程两大类。

（一）公开的学前教育课程

公开的学前教育课程即显在的、正式的学前教育课程。它包括学前教育工作者为实现教育目标，而精心设计的一切教育活动。这种课程的主要特点是：涉及全体儿童，并有利于其全面发展；考虑到每个儿童的知识、经验、技能、能力及个性倾向；反映出学前教育机构、家庭、社区及社会的各种各样的特征；承认人类的知识宝库来源于各种文化资源，并从中发展起来。例如，有的学前教育机构设计的“自我概念”课程，其内容由儿童自身、家庭及成员、幼儿园及朋友、社区及帮手四个部分组成，每个部分都包含了身份、角色及其关系、周围环境、运动、安全、健康、食物、交往八个方面，对2—3岁、4—5岁儿童提出了不同的教育要求。

（二）隐蔽的学前教育课程

隐蔽的学前教育课程即潜在的、非正式的学前教育课程。它一般体现在托幼机构和班级的环境中，既包括建筑物、设备、器械、游戏材料、玩具等物质环境，也包括活动室的布置、各种活动区的设立、班级的规章制度等文化环境，此外，还包括保教人员之间的关系、教师和儿童之间的关系、儿童同伴之间的关系等人际环境。

隐蔽的学前教育课程是一种无计划、无意识的学习活动，是儿童获取信息所不可缺少的形式，具有潜在性和非预期性的特点。这种课程并不包括在学前教育的计划中，也没有通过正规的学前教育活动形式来进行，是以潜移默化的方式来促进学前教育目标的实现，无论是对儿童知识与技能的形成、能力的发展，还是对其情感的陶冶、意志与行为的塑造所产生的影响均如此。例如，教师用蹲下身来的方式，和颜悦色地和儿童说话，就容易缔造民主平等的师生关系，使儿童喜爱教师，乐于接受教师的教诲，提高教育的效果；教师总是站着、双手叉腰、神色严厉地同儿童讲话，就容易产生对立的师生关系，使儿童畏惧教师，“敬而远之”，从而降低教育的效果。

（三）两种课程之间的关系

学前教育的公开课程和隐蔽课程两者之间存在着很大的差异，对儿童的发展具有不同的作用，自20世纪90年代以来，我国学前教育工作者日益重视隐蔽课程的作用，例如，在幼儿园里，特别注意班内外环境的美化、绿化、洁化、儿童化。

学前教育的这两种课程在一定条件下也可以相互转化。学前教育的这两种课程虽然在许多方面有所不同，但它们的目标却是一致的，都是为了促进儿童的成长和发展，调动儿童学习的积极性，激发儿童的兴趣，不仅关注儿童现在的爱好，而且还注意培养儿童新的爱好，并把儿童的爱好当作课程延伸和发展的起点，进而使儿童获得更多的有价值的知识，发展多方面的能力。例如，当儿童对交通工具发生兴趣时，从公开课程的视野来看，教师就要为儿童设计有关"火车"、"飞机"、"轮船"的课程，给儿童讲故事，和儿童一起玩角色游戏，帮助儿童进行制作，引导儿童绘画等；从隐蔽课程的视野来看，教师就要通过创设一定的环境，陈列交通工具的物品、模型、玩具，张贴相关的图画、图片等形式，来对儿童进行"暗示"教育。在"轮船"主题活动中，当儿童对"水"和"海洋"产生了浓厚的兴趣时，教师再为他们组织相应的教育活动等，以满足儿童不断发展的需要。适时地把隐蔽课程转化为公开课程，能进一步发挥学前教育课程在儿童成长中的积极效应。

第二节　学前教育课程的理论

学前教育课程是以一定的理论为基础的，对世界各国学前教育课程产生深远影响的理论流派主要有成熟社会化理论、教育训练理论、认知发展理论，这些理论流派的观点给学前教育课程结构和组织形式的发展变化留下了深刻的印记。

一、学前教育课程的理论观点

（一）成熟社会化的理论

成熟社会化理论的哲学基础来自卢梭的思想，其心理学的基石则是由埃里克森和格赛尔等人奠定的。这种理论的特点是重视儿童社会情感的发展，认为学前教育应让儿童的内在潜力得到充分的挖掘与发展，使儿童这个"花蕾"在温暖的、良好的社会环境中生长、开花、结果，为此，教育者必须为儿童设计一个积极的、充满社会情感的环境，创设开展游戏活动的条件，尤其是要巧妙地布置角色游戏的情境，以促进儿童的情感和社会性的发展。儿童通过在许多活动中的自由探索，就能较好地了解社会规则，正确地表现自己的思想、情感和行为。这种理论要求学前教育课程要以儿童为中心，注意开放性。

（二）教育训练的理论

教育训练的理论也称行为主义的理论，是以哲学家洛克的思想、心理学家斯金纳和班杜纳等人的思想为基础的。该理论认为，学前教育是为儿童以后的教育和未来的生活做准备的，必须以最简单、最有效的方式方法，把准备学习的知识、技能、道德观念和社会规则教给儿童。教育者要为受教育者安排适宜的教育环境，提供有意义、有趣味的活动材料和正确行为的范例。这种理论要求学前教育课程要重视发挥教师的主导作用。

（三）认知发展的理论

认知发展的理论又称相互作用的理论，其主要创始人是教育心理学家皮亚杰和布鲁纳。这一理论强调儿童认知、情感和社会性的教育应该贯穿于儿童与环境的相互作用之中，这种相互作用往往是自发产生的，成人不仅要加以承认，而且还要给予鼓励。该理论认为，儿童的发展经历了一系列阶段，而且这些阶段的顺序是稳定不变的；在每一个阶段中，儿童认识环境的方法以及与环境相互作用的方式有着本质的区别；儿童发展的动力虽然来自儿童的内部，但是，儿童从一个阶段转化到另一个阶段，并不是自发进行的，而是依赖于儿童与环境之间的相互作用及其性质。教育者的职责就是根据儿童的发展水平，提供适当的环境，以保证儿童与环境进行有意义的相互作用。这种理论现在已成为许多国家学前教育机构课程改革的理论基础。

二、学前教育课程的框架结构

（一）学前教育课程的主要目的

上述几种课程理论虽然都涉及学前儿童某些方面的发展，并认为儿童的学前经验对他们以后的发展有着重要的影响，教师通过干预环境，可以控制儿童的成长发展，但它们之间还存在着许多差异。比如，对儿童发展的不同方面重视的程度差异明显，对儿童成长发展的过程以及影响这一过程的诸因素之间的关系的看法也各不相同，因而演绎出学前教育课程的不同目标。

成熟社会化的理论重视儿童社会情感和个性的发展，所以，以该理论为基础的课程把儿童社会情感的发展作为教育的主要目的，要求教师给儿童提供培养自信心、自主性和创造性的机会，主张儿童行为自我控制的学习。为实现这一目标，教育者应开展以儿童为中心、无教师干预的自由活动、游戏活动和创造性活动等。

认知发展理论仅仅涉及儿童社会情感发展的边缘部分，它很重视儿童智力发展的过程，比如分类、抽象、概括、综合等。该理论认为：儿童智力的发展是其社会情感、个性等方面发展的必要条件，儿童对自己、对他人和周围环境的理解能力是他们做出判断和决定的基础；儿童智力的发展水平，决定着他们怎样看待自己和对待自己、别人及生活环境，儿童心理动力的发展是至关重要的，因为它能进一步促进儿童探索环境，并与环境相互作用；儿童智力的发展有几个阶段，这些阶段的顺序是稳定不变的，儿童智力的早期开发，对其今后的发展影响极大。以此理论为基础的课程强调要把儿童认知的发展作为教育的主要目的，倡导教师激发儿童的学习动机，鼓励儿童自由探索，自己发现物质世界的运行法则、社会规则和道德知识。

以教育训练理论为基础设置的课程则把努力满足儿童社会需要的知识、技能的发展作为教育的主要目的，注重对儿童学习任务的分析和学习程序的设计。例如，为了使儿童学会书写自己的名字，教育者要编排一定的步骤，帮助儿童逐步做到能抓握铅笔，辨认字母，从左边往右边写字，写下自己的名字等。

（二）儿童的学习、发展与教学过程

不同的学前教育课程理论，对儿童的学习与发展持有的见解是不同的，这必然导致出不同的教学过程，如在设计教学活动、提供教学材料、开展师生之间的相互作用等方面所表现的差异。

成熟社会化理论认为，儿童情感生长发展的道路要经历许多不同的阶段，这些阶段之间既有着内在的联系，又存在着本质的区别，每一阶段都有关于情感冲突与发展的特殊任务和内容。对学前教育工作者来说，特别重要的是为儿童准备一个适当的、有益的社会环境，不仅使儿童获得知识与技能，而且还要使他们随着年龄的增长，心理能力如自我意识、自我控制、自主性和坚韧性等得到充分的发展，使儿童学会控制自己内部的、原始的、不恰当的冲动，以不断提高其心理活动的水平。

教育训练理论指出，儿童既是主动的探索者，同时也是被动的学习者，儿童对环境施加影响，环境也对儿童发生作用，但归根结底，还是环境影响儿童，并控制其行为的产生与发展；儿童的学习过程是个日积月累、循序渐进、潜移默化的过程；从本质上讲，儿童的学习与成人的学习没有什么区别。所以，许多在成人教育中运用的教学原则，如能恰如其分地加以选择运用，也同样适用于儿童。在教学过程中，教师应更多地关注儿童的学习过程、学习的内容，而不是学习的结果，因为儿童是一个不断需要接受教育、终身学习的人。

认知发展理论强调，儿童有内在的动机，儿童是主动的学习者，他们利用各种感官积极地探索环境，获得大量的、普遍的经验，以达到各个恒定不变的发展阶段；儿童的发展经历了几个重要的阶段，在儿童发展的不同阶段，教育的内容、重点和难点都是不同的；儿童发展阶段的顺序是不可改变的，只有完成了上一阶段的教育任务，才能进行下一阶段的教育内容。因此，教育者帮助儿童完成第一阶段的教育就显得尤为重要，它构成了课程的核心内容，儿童与环境相互作用的过程比其结果更重要。此外，处于早期发展阶段的儿童，其思维、学习和行动的过程与特点和成人是完全不同的。

由此可见，各种学前教育课程的理论都不是完美无瑕的，如果只以某种理论为依据来设计课程，就有可能限制课程的目标与内容，制约儿童的发展。学前教育工作者必须清醒地意识到各种课程理论的优势利弊，小心谨慎地加以应用；没有任何一种课程理论是教育所有儿童的最佳理论，有些理论适合于这些儿童，而另外一些理论则可能更适用于其他一些儿童；在课程理论和儿童之间，存在着一种最为理想的匹配关系的组合，探讨这种匹配关系的组合是学前教育课程构建的关键之所在。

三、学前教育课程的拟定

（一）制定课程大纲

以不同的理论为基础建立起来的课程，其大纲内容也大不相同。以认知发展理论为基础制定的课程大纲包括心理动力的发展、社会情感的发展、逻辑知识、物理知识、社会知识、表现知识等方面；以成熟社会化理论为基础的课程大纲包含儿童自我意识的培养和自我控制、社会的相互

作用、适应学校、成就动机和成功感、好奇心和探索性、创造力等内容；而基于教育训练理论的课程大纲，主要含有社会交往、自我服务、运动技能、解决问题的能力等内容。

（二）确立课程目标

1. 确立课程目标的依据

学前教育课程目标的确立，围绕着以下三个方面来进行：首先是学科知识，即关于学科的一些基本常识、基本原理，例如，有关字母、数字、物体各部分、颜色、季节和动植物等方面的知识。其次是教师的态度、行为及个性特征，这主要指的是能为各种发展水平的儿童所接受的教师的情感、行为和性格；组织各种能使儿童感兴趣的活动；正确使用礼貌用语；友好地同儿童进行交往。再次是儿童的行为，即儿童的行动、动作。比如，能和同伴友好合作，积极地表现自己，主动帮助同伴，正确地回答问题。在这三个指标中，儿童的行为最为重要。

2. 目标的特性水平

学前教育课程的每一个目标都有一系列不同的特性水平，例如，培养儿童积极的自我意识这一课程的基本目标，就含有三种不同的特性水平：第一种水平是儿童有时候能够主动地参与各种活动，正确地判断事物，控制自己的剩余精力，忘掉自己的失败，仍然有信心去实现自己的愿望。第二种水平是儿童在大多数情况下，能够迅速地、轻松地投入一项新的、不熟悉的活动。第三种水平是儿童总是能够毫不犹豫地、轻松自如地参加各种新的、陌生的活动。学前教育工作者要注意逐步提高课程目标的特性水平，促使儿童在原有的基础上不断向新的发展水平迈进。

3. 目标的层次序列

学前教育课程的目标具有序列性，从近期的初级目标到中期的中级目标，再到远期的高级目标。这三个层次的目标是相互联系、相互影响的。近期目标是中期目标的基础，而中期目标又制约着远期目标，每天的日常活动完成的虽然只是近期目标，但日积月累，中期目标就会逐步实现，从而为远期目标的实现创造有利的条件。

（三）编排课程的形式

不同的理论流派反映在课程的组织形式也是不同的，认知发展理论强调，教师在编排课程的组织形式时，要注意以下几点：(1)给儿童提供直接操作物体的机会，促使儿童建立自己的认知结构；(2)教室中陈列的活动材料，应该是真实的、具体的，因为这种材料会产生比其他任何一种材料更优越的效果；(3)设计的一切活动和计划必须和课程的内容紧密相联；(4)给儿童提供不同难度、不同挑战水平的活动，让他们从中加以选择，以进一步激发其创造的欲望。

教育训练理论认为，教师在安排课程的组织形式时，应注意如下几点：(1)提出所期望的理想行为，是儿童经过不断努力能够逐步达到的；(2)通过引起儿童的一个正确反应来激发儿童的学习行为；(3)及时、准确、适当地对儿童的学习行为进行强化，增强学习的效果。

成熟社会化理论指出，教师在设计课程的组织形式时，应牢记以下几点：(1)儿童学习的内容要有科学性、系统性、时代性，既要符合社会的要求，又要适合儿童的年龄特点；(2)不要把儿童置于他们还没有做好学习准备的环境中去，催促他们进行学习；(3)使教室充满轻松、愉快、自由、平等的气氛,让儿童尽情地去表现自己、提出问题以及与人交往。

四、学前教育课程观的测试

美国学前教育专家精心设计了一套较为严密的问卷,用来测试学前教育工作者的课程观。现略述如下,以作为了解我们自身的学前教育课程观的参考。

(一)试题及内容

学前教育工作者通过回答以下30个问题(见表4-2-1),来测查自己的课程观。每个问题后面有6种可供选择的答案栏:很同意、同意、勉强同意、有点不同意、不同意、很不同意,在自认为是最恰当的一个答案栏里打"√"。

表4-2-1 课程观自评表

题号	题目	很同意	同意	勉强同意	有点不同意	不同意	很不同意
1	教师通过连续不断的活动,而不是断断续续的活动,去发展儿童的语言。	( )	( )	( )	( )	( )	( )
2	在教育过程中,教师谨慎地使用语言,使之适合于儿童的阅读水平。	( )	( )	( )	( )	( )	( )
3	教师对一个儿童怎样工作和游戏感兴趣,而不是对其结果感兴趣。	( )	( )	( )	( )	( )	( )
4	教师用成人的标准去矫治儿童的言语或行为。	( )	( )	( )	( )	( )	( )
5	当儿童真正需要帮助或提供信息时,教师才给予。	( )	( )	( )	( )	( )	( )
6	教师热情支持儿童的探索活动,从不强迫他们达到更高的成就水平。	( )	( )	( )	( )	( )	( )
7	儿童对活动的兴趣和参与是对他们最好的奖赏;教师不提供其他奖赏,如表扬、给予某种特权等。	( )	( )	( )	( )	( )	( )
8	教师把角色游戏作为解决儿童情感问题的一种重要手段。	( )	( )	( )	( )	( )	( )
9	教师努力使自己的语言适合于儿童的理解水平,或使用儿童化的语言。	( )	( )	( )	( )	( )	( )
10	教师对儿童的活动或任务的完成感兴趣。	( )	( )	( )	( )	( )	( )
11	教师通过讲授或解释来给儿童提供信息。	( )	( )	( )	( )	( )	( )
12	教师每天都给儿童提供许多自由活动或游戏的时间。	( )	( )	( )	( )	( )	( )

续 表

题号	题　目	很同意	同意	勉强同意	有点不同意	不同意	很不同意
13	教师允许儿童采用自己喜欢的方式，而不是用别人教给的方式，去使用材料和器械。	（ ）	（ ）	（ ）	（ ）	（ ）	（ ）
14	儿童的回答或反应虽然不正确，但教师也予以接受。	（ ）	（ ）	（ ）	（ ）	（ ）	（ ）
15	教师组织一日活动是以儿童的自由选择为基础的。	（ ）	（ ）	（ ）	（ ）	（ ）	（ ）
16	教师预防那些容易引起儿童思维混乱、迷惑不解的情景的产生。	（ ）	（ ）	（ ）	（ ）	（ ）	（ ）
17	教师通过使用材料开展游戏和活动，来发展儿童的概念和语言。	（ ）	（ ）	（ ）	（ ）	（ ）	（ ）
18	教师把表扬、关注、承认、评价、给予特权、奖品等，作为对儿童的奖赏。	（ ）	（ ）	（ ）	（ ）	（ ）	（ ）
19	教师每天都给儿童提供合作的机会。	（ ）	（ ）	（ ）	（ ）	（ ）	（ ）
20	教师允许儿童使用他们想用的任何信息资源。	（ ）	（ ）	（ ）	（ ）	（ ）	（ ）
21	儿童自发从事某项任务或开展某种活动。	（ ）	（ ）	（ ）	（ ）	（ ）	（ ）
22	教师允许儿童在完成任务或活动之前离开。	（ ）	（ ）	（ ）	（ ）	（ ）	（ ）
23	教师要求儿童按成人教授的方式去操作材料。	（ ）	（ ）	（ ）	（ ）	（ ）	（ ）
24	教师运用成人化的语言同儿童相互作用，或要求儿童去使用教师的语言。	（ ）	（ ）	（ ）	（ ）	（ ）	（ ）
25	教师对儿童工作的最终产品的质量感兴趣，对儿童达到成人要求的能力感兴趣。	（ ）	（ ）	（ ）	（ ）	（ ）	（ ）
26	教师鼓励儿童参加由教师设计好的各项活动。	（ ）	（ ）	（ ）	（ ）	（ ）	（ ）
27	教师给儿童提供自由探索、实验和解决问题的机会。	（ ）	（ ）	（ ）	（ ）	（ ）	（ ）
28	教师发起适合于儿童水平的活动，并给予指导。	（ ）	（ ）	（ ）	（ ）	（ ）	（ ）
29	教师通过开展一些特殊的游戏活动或使用特别的器械，去矫正儿童的错误行为。	（ ）	（ ）	（ ）	（ ）	（ ）	（ ）
30	教师允许儿童使用适当的材料去发展他们自己的兴趣。	（ ）	（ ）	（ ）	（ ）	（ ）	（ ）

(二) 答案及评价

在每题后面的6个答案中，若选择了“很同意”则得6分，选择“同意”得5分，选择“勉强同意”得4分，选择“有点不同意”得3分，选择“不同意”得2分，选择“很不同意”得1分。

把题号为1、2、5、7、9、13、14、20、22、27的这10个问题分别所得的分数累加起来，其总分就表明了教育者对“认知发展”这一课程理论的信仰程度；把题号为4、10、11、16、17、18、23、24、25、29的这10个问题分别所得的分数累加起来，其总分则表明教育者对“教育训练”这个课程理论的信仰程度；把题号为2、6、8、12、15、19、21、26、28、30的这10个问题分别所得的分数累加起来，其总分表明的是教育者对“成熟社会化”这种课程理论的信仰程度。

比较这三种课程理论信仰之间的差异(用较高分减去较低分)，如果在某一种课程理论上的得分比另一种高出10分，那则表明该教育者比较信仰这一课程理论；如果在三种课程理论之间的分数差别不足10分，那则表明该教育者对这三种课程理论还没有明显的倾向；如果在这三种课程理论上的得分基本相同，则表明该教育者在课程观方面还没有作出自己的选择。

第三节 学前教育课程的方案

在学前教育理论的指导下，学前教育工作者经过长期、大量的实验研究，建立了许多学前教育课程方案，呈现出百家争鸣、百花齐放的新格局，比较典型的有发展儿童认知的课程方案、提高儿童能力的课程方案、陶冶儿童情感的课程方案、训练儿童行为的课程方案、协调家园关系的课程方案等。

一、发展儿童认知的课程方案

一些学前教育工作者认为，童年期是儿童认知发展的关键期，儿童认知的发展对其全面发展具有制约作用，因而致力于探索相应的课程体系，形成了独特的课程方案。

(一) 教育目标

发展儿童认知的课程方案的教育目标是：(1)发展儿童的分类、序列、数量、时空概念等方面的逻辑思维技能；(2)丰富儿童的自然常识和社会知识；(3)发展儿童描述事物的能力和表达情感的能力；(4)培养儿童设计、组织、评价小组活动和个人活动的能力；(5)提高儿童与别人交往的技能、合作的能力；培养儿童成功地完成任务的毅力；(6)训练儿童心理活动的技能。

(二) 教育内容

发展儿童认知的课程方案的教育内容主要有:(1)主动学习:给儿童提供运用各种感官进行探索性学习的机会,使儿童能独立地选择材料,自由地参加活动,并能凭借所习得的知识经验去发现事物之间的关系。(2)设计和评价:教师和儿童一起制订计划,安排实施步骤,评价活动结果。(3)语言表达:鼓励儿童和同伴、成人谈论有趣的经历,描述物体及其相互关系,正确使用词语表达自己的情感和要求,能安静地听故事,大胆地讲故事。(4)再现:允许儿童模仿一些动作,扮演多种角色,用图片、模型等代表真实物体,再现出自己感知过的事物。(5)分类:帮助儿童认识事物的属性,能说明物体的异同点,用不同的标准对物体进行分类。(6)序列:让儿童比较事物及其性质,描述物体的相互关系,按一定顺序对物体进行排列。(7)数概念:引导儿童了解数目和数量,理解一一对应的关系,能点数物体及计数。(8)时间关系:使儿童学会用词语描述过去、现在、将来已发生、正在发生和将要发生的事情,能正确使用日常时间概念,了解季节的变化。(9)空间关系:使儿童能在空间上,对物体进行分解和组合,从不同的位置观察物体,描述物体,并能用图和画表示出来。

(三) 教师的作用

由于发展儿童认知的课程方案强调儿童的自发学习是最有效的学习方式之一,所以,教师在该课程方案中的作用就是为儿童投入这种学习创造良好的条件。第一,教师要仔细观察儿童,根据儿童的认知发展水平,制订科学的一日活动时间表。第二,教师要合理安排大组活动、小组活动和个人活动,引导儿童与成人、同伴的相互作用。例如,为了使儿童有机会向同伴讲述自己有意义的生活经验,教师组织了"南瓜"小组活动,请对南瓜感兴趣的幼儿来切南瓜,教师既允许幼儿随意把南瓜切开,也同意幼儿先画线,然后再按照线来切;教师问幼儿可用什么办法把种子取出来,启发幼儿说出用勺子挖、用手抓,或把南瓜翻过来等;教师让幼儿用手去摸一摸南瓜里面的东西,鼓励幼儿说出自己的感觉,如黏乎乎的、湿漉漉的等;询问幼儿:南瓜、南瓜子可以怎么样吃,味道如何,引导幼儿说出南瓜可以煮着吃,南瓜子可以炒着吃等。第三,教师要鼓励儿童自由探索材料,使儿童的认知活动从简单、低级的形式向复杂、高级的方向发展,以不断提高儿童的抽象思维水平。

二、提高儿童能力的课程方案

一些学前教育工作者认为从儿童的知识、技能和能力等方面来讲,能力最为重要,因而尝试构建提高儿童各种能力的课程方案。

(一) 教育目标

提高儿童能力的课程方案的教育目标为:(1)发展儿童的语言能力;(2)培养儿童的测量能力和理解能力;(3)发展儿童的分类能力;(4)发展儿童的知觉能力、模仿能力和建构能力;(5)提高儿童的大小肌肉运动能力;(6)培养儿童解决问题的能力;(7)培养儿童维护自己的健康和安全的能力;(8)发展儿童的社交能力;(9)培养儿童的自控力、欣赏力和注意力。

(二) 课程的内容

提高儿童能力的课程方案的教育内容主要是围绕着语言、数学、音乐、科学、健康和安全等方面安排的，具体表现为：(1)语言能力：帮助儿童学会给物体命名，解释事物，描述现象；进行语言交流。(2)数量及关系能力：帮助儿童了解分类、序列、测量、时间及空间关系。(3)知觉和知觉运动能力：引导儿童学习模仿、建构、运动、活动。(4)解决问题能力：鼓励儿童发现问题，和教师一起设计活动，并评价结果。(5)社交能力：使儿童学会关心别人，尊重别人，与同伴合作、分享、轮流。(6)安全能力：使儿童能掌握健康和安全的行为方式，学会保护自己。

这些内容的编排是以一系列主题的形式进行的，每个大主题都有许多小主题，比如，关于“妈妈”的主题，由“妈妈的五官”、“妈妈的身体”、“妈妈的服装”、“妈妈的工作”等部分构成，采取综合的途径，集中在一周或一个月的整段时间里实施。例如，针对“家禽”这一主题，教师安排了阅读家禽图书、到集贸市场观看家禽、参观农场、搭建“农场”、绘画农场等多种活动，来发展儿童的语言能力、观察能力、计算能力、操作能力和交往能力等。

(三) 教师的作用

提高儿童能力的课程方案，强调以教师为中心，重视发挥教师的主导作用，要求教师注意培养儿童运用已有的知识的能力。为此，教师首先要为儿童创设一个充满刺激的物理环境，固定放置各种活动材料，便于儿童取舍。其次，教师要合理安排大、小组和个人活动，认真组织大组活动，巧妙指导小组活动，积极诱导个人活动。再次，教师要观察、记录、评价儿童的发展水平，适时增加或减少活动，使每个儿童都能在原有的基础上不断进步，发展各种能力。

三、陶冶儿童情感的课程方案

一些学前教育工作者认为，在儿童成长的过程中，智力因素固然重要，但情感等非智力因素则更胜一筹，因而探索出陶冶儿童情感的课程方案。

(一) 教育目标

陶冶儿童情感的课程方案以活动为基础，以儿童为中心，提出教育的主要目标为：(1)培养儿童积极的自我意识、自尊心、自信心及良好的心境；(2)增长儿童关于自然和社会的知识经验；(3)发展儿童与人相互作用的能力；(4)激发儿童的求知欲，培养儿童对学习的兴趣和热爱；(5)发展儿童的身体活动技能。

(二) 教育内容

陶冶儿童情感的课程方案，认为要从儿童的兴趣出发来组织教育内容，应包括：(1)个性：培养儿童的主动性和自信心，让其积极探索环境，自由选择材料，进行创造性活动；(2)社会性：使儿童对同伴热情、有礼貌，能友好地与别人交往与合作；(3)身体运动：鼓励儿童参加各种体育活动，发展儿童大、小肌肉活动的技能；(4)知觉：帮助儿童以形状、颜色等属性来辨认、区别物体；(5)语言：鼓励儿童大胆、清楚地讲话，帮助儿童丰富词汇；(6)认知：帮助儿童理解简单的因果关系，掌握常用的时空概念。

这些教育内容的实施主要是通过游戏来进行的。例如，在角色游戏中，儿童都必须遵守一定的规则，按照角色的身份去行动，控制自己的消极情感，站在同伴的角度考虑问题，尊重别人，而不能把自己的观点强加给别人，发号施令，只有这样，才能使游戏顺利地开展下去，大家玩得开心、尽兴。

（三）教师的作用

陶冶儿童情感的课程方案指出，教师的作用集中反映在与儿童相互作用的质量上。第一，教师是儿童学习的反应者、促进者，观察、评估儿童的发展状况，为儿童提供社会化经验和环境。第二，教师是儿童情感的支持者、引导者，帮助儿童认识环境，利用环境，满足自己的合理需要，抑制不良情绪的发展。第三，教师是儿童的伙伴、朋友，与儿童一起游戏，共同活动，对不同的儿童，采用不同的方式方法进行相互作用。

四、训练儿童行为的课程方案

尝试这种课程方案的学前教育工作者认为，童年期是儿童行为习惯的养成期，培养儿童各种良好的习惯，对其将来的学习和生活都具有举足轻重的作用。

（一）教育目标

训练儿童行为的课程方案的教育目标主要有：(1)发展儿童的前阅读技能；(2)发展儿童的前书写技能；(3)发展儿童的前计算技能；(4)发展儿童的前社交技能；(5)发展儿童的艺术创造技能；(6)发展儿童的健康和安全技能。

（二）教育内容

训练儿童行为的课程方案的教育内容包括：(1)前阅读技能：培养儿童视觉、听觉、触摸觉的技能，提高儿童对词汇的理解能力和文学作品的欣赏能力；(2)前书写技能：训练儿童肌肉的协调性，提高儿童的操作技能、从左到右有顺序地书写的技能，培养儿童的模仿能力；(3)前计算技能：帮助儿童理解分类、序列、空间关系、数目、数量关系；(4)前社交技能：提高儿童与同伴、成人相互作用的技能、技巧；(5)艺术创造技能：培养儿童在音乐、美术、工艺、艺术等活动中进行创造的技能；(6)健康和安全技能：提高儿童参加体育锻炼、卫生保健的技能。这些教育内容的组织编排是从易到难、循序渐进地进行的。

（三）教师的作用

教师在训练儿童行为的课程方案中的作用十分巨大，一方面表现在组织儿童进行活动的程序安排上：教师判断儿童在某方面的操作水平，为儿童提供相应的学习材料，评估儿童的操作水平（对未达到既定目标的儿童进行补偿教育，再次评估），使儿童达到特定的操作水平，逐步提高学习材料的难度，使儿童向更高操作水平的方向发展。

另一方面，还体现在正确运用社会性赞扬上，这有四种表现形式：(1)一般性表扬：教师经常使用轻拍儿童肩部、拥抱儿童、向儿童微笑等方式，来增加儿童的良好行为，减少儿童不良行为的发生。(2)描述性表扬：教师把儿童的名字与自己认为是值得表扬的行为联系在一起，如“王佳，你这幅画画得真好！”“李同，我很喜欢你整理玩具的方式！”以建立亲密的师幼关系。(3)表扬邻座儿童：教师不直接批评有错误行为的儿童，而是表扬这些儿童周围其他儿童身上出现的正确行为。(4)暂时离开集体：当儿童有了过失行为时，教师要求他们坐到旁边去，与其他儿童保持一段距离，几分钟以后再回到原处去。

此外，教师不应感情用事、讥笑或嘲讽儿童、用否定词评价儿童，以免影响儿童的成长。

五、协调家园关系的课程方案

创建协调家园关系的课程方案的学者笃信，学前教育仅仅依靠托幼园所是远远不够的，还必须争取幼儿家庭的支持和配合，共同承担教育儿童的责任，为儿童创设一个和谐的环境。

(一) 教育目标

协调家园关系的课程方案的具体目标是：(1)帮助父母树立自己是孩子的教育者的角色意识和信心；(2)利用一切可行的社区资源，为家庭提供健康、营养、社会和心理等方面的服务；(3)丰富父母关于儿童心理和教育方面的科学知识；(4)帮助父母评估家庭的环境、优势和劣势；(5)及时对儿童行为进行诊断治疗，保证所有的儿童在入学前都能得到正常的发展。

(二) 教育内容

协调家园关系的课程方案没有特定的教育内容，教师往往根据幼儿父母的需要、家庭的特点、儿童的发展来选择教育内容，在不同的时期，教育内容与要求是不同的。比如，在某一段时间里，主要着眼于陶冶儿童的情感，而在另一段时间里，则侧重于提高儿童的认知能力。

(三) 教师的作用

协调家园关系的课程方案认为教师具有多方面的作用，首先，表现在设计方面：教师每月家访 1 次，每次半小时；家访前，制订教育计划，以有目的、有步骤地对儿童进行个别指导，因材施教。其次，表现在教育方面：教师在儿童家庭中授教的地点是灵活的，既可以在厨房里、餐桌上，也可以在客厅里、地毯上；上课的材料是多样的，既可以是随身带来的，也可以是家庭拥有的；教师运用教育智慧，把握教育契机，选择恰当的教育场所和材料。再次，表现在交往方面：教师尊重儿童父母，积极与他们进行相互作用，为他们树立各种教育范例，表扬他们的参与，和他们保持友好的关系。此外，教师还请父母来园所参观、访问，借用园所玩具、图书，参加家长会议，共同讨论养育孩子的问题及对策，做教师的好帮手，和孩子一起游戏活动，发挥自己的聪明才智。

这些学前教育课程方案，无疑都对学前教育实践的丰富、学前教育理论的完善起到了促进作用。但由于每个学前教育课程方案都有自己的侧重点、长处和短处，如训练行为的课程强调教师的发起和幼儿的反应，而陶冶情感的教育方案则强调幼儿的发起和教师的反应，这使它们彼此区别，又相互联系，如发展认知的教育课程也有助于幼儿在体力、情感、社会性和语言等方面的发展。所以，在实施课程的过程中，只能博采众长，相互补充、相互协调，而不能以一种课程方案去取代其他几种，只有这样，才能更好地控制教育过程，达到预期的教育效果。

第四节 学前教育课程的设计

学前教育课程的设计，是构建学前教育课程的关键性环节。为使学前教育的改革卓有成效，我们应该遵循科学的原则，选择适当的内容，制定合理而有效的策略，精心构设、创建为适应未来社会发展需要、为儿童健康和谐发展服务的完善的学前教育课程。

一、设计学前教育课程的原则

在设计学前教育课程时，我们应遵循承认儿童的权利、反映民族特色、面向世界、尊重儿童的年龄特点和个别差异、挖掘儿童的发展潜力等原则。

（一）承认儿童权利

学前教育课程的设计，首先应该在承认儿童权利的基础上进行。学前教育的对象是儿童，儿童同样是活生生的人，他们能通过各种活动，满足自己的物质需要和精神需要，使自身具有的潜力与机能激发出来，发展自己的身心；儿童不是消极被动地接受成人塑造和训练的“白板”，也不是听任教师进行知识灌输的“容器”，而是有血有肉的人，他们有自己的思想情感、愿望和需要，能主动地参与到教育过程中去，与教师及同伴进行相互作用；儿童也不是“小大人”，而是发展中的人，具有与成人不同的身心特点和发展潜力，他们各方面的发展还不够成熟，特别需要得到成人的尊重、关怀和照顾。早在1959年，联合国大会就通过了《儿童权利宣言》，规定不同种族、肤色、性别、国籍、社会出身的儿童都享有同等权利。1990年召开的世界儿童首脑会议，又通过了《儿童生存、保护和发展世界宣言》和《执行九十年代儿童生存、保护和发展世界宣言行动计划》，包括我国在内的许多国家的政府都做出了庄严的承诺。今天，“儿童优先”的思想已为世界各国广泛接受。因此，我们要正确地看待儿童，承认并维护他们作为特殊的人的一切权利，这是科学地设计学前教育课程不可忽视的前提条件。

（二）反映民族特色

学前教育课程的设计，应当符合我国国情，具有中国特色，反映中华民族悠久的历史文化传统和美德。今天的儿童是21世纪的主人，他们的健康成长关系到国家的前途和命运。因此，我们在构建中国化的学前教育课程时，必须认识到如下几点：

首先，中国是一个具有几千年灿烂文明史的国度，有许多优良的教育传统，如爱国主义教育、集体主义教育、尊老爱幼教育、知识品德技能教育等，这些应当体现在学前教育课程中，并且有所创新和发展。

其次，中国又是一个农业大国，农村人口占总人口的大多数，学前教育课程的建设应该反映出农村生活的特点。例如，农村学前教育机构设计出来的课程与城市学前教育机构相比，应该有更浓的“农”味。

再次，中国还是一个发展中国家，各地经济发展不平衡，居民生活水平和方式多有不同，托儿所、幼儿园自身条件也参差不齐，所以，学前教育课程的设计还应注意因陋就简，因地制宜，以主动适应当地经济建设的需要和居民生活的实际。例如，学前教育机构所设计的课程，上海市与河北省应该有别；即便在上海市范围内，市区与郊区也应该有所区别。

此外，学前教育是基础教育的基础，学前教育课程的设计还要为儿童顺利地过渡到小学打好基础，为造就社会主义建设的一代新人打好基础。

（三）面向世界

学前教育课程的设计，应该反映教育“面向世界”这一时代要求。当前的世界是一个开放的世界，大众传播媒介的迅速发展，使世界逐渐变小。随着科技的进步，社会的发展，以及对外开放政策的进一步贯彻落实，我国与世界各国的交往日益频繁，人们受各种不同文化的影响与日俱增，因文化背景不同而形成的不同的教育观念、教育内容、教育方式、教育策略等也逐渐向学前教育领域渗透，面向世界对学前教育来说，已不是遥远的未来，而是现实的挑战。如果我们不从小对儿童进行多元文化教育，那么，他们就不可能认识到外国儿童的独特性，学会尊重他们的权利，与他们友好相处，共同发展；长大以后也就难以理解世界各国的文化传统、风俗习惯、生活方式、价值观念，以致产生文化的隔阂与冲突，而不能成为国际型人才。所以，从学前期开始，我们就要有目的、有计划地对儿童进行多元文化教育，在学前教育课程中融进外国优秀文化，通过节日（如圣诞节）、饮食（如西餐）、建筑（如澳大利亚的悉尼歌剧院）、服装（如日本的和服）、动物（如泰国的大象）等主题活动，把反映不同民族特色的文化传递给儿童，让他们在亲身体验中加以理解和接纳。

对儿童进行多元文化教育不仅是我国学前教育课程发展的需要，而且也是世界学前教育课程改革的必然趋势。多元文化教育的理论和实践均起源于美国，它一直是美国学前教育课程中一个很重要的组成部分。而今它已被广泛传播，对英国、丹麦、日本、澳大利亚等国的学前教育课程的改革都产生了积极的推动作用。在当今世界许多发达国家的学前教育机构中，都不同程度地体现出多元文化教育相互交融的气氛，如在澳大利亚昆士兰州的托幼机构里，几乎每个班级都陈列着地球仪，悬挂着许多国家的服饰，张贴着中西餐餐具的图片；教师十分注意利用环球旅行、时装表演、烹调大赛等生动有趣的活动形式，把世界各国的人文地理、风土人情、饮食起居、礼仪服饰等方面的文化因素引入学前教育课程之中，以培养儿童对异国文化的正确态度和积极情感。

教育要面向世界,学前教育也不应例外。我们要借鉴国外对学前儿童进行多元文化教育的经验,使学前教育课程的设计与建构能顺应世界学前教育发展的趋势。

(四) 尊重儿童特点

学前儿童的成长和发展有一定的顺序和规律,不同的年龄阶段有不同的典型特征,学前教育课程的设计与建构,应该注意学前儿童发展的特殊阶段,不仅应反映出这一时期学前儿童身心发展的要求,而且应体现出学前儿童在不同年龄阶段的主要特征。

在设计课程时,我们应该给儿童提供尽可能多的动脑、动手、动口的机会,让儿童多听、多看、多想、多说、多做,年龄越小的儿童越应如此,以丰富儿童的感性知识和经验,提高儿童的抽象逻辑思维能力,使儿童的智力、个性、才能生动活泼、主动地发展;应该把游戏放在特别重要的地位,使之成为学前儿童生活中的基本活动,成为儿童体、智、德、美全面发展教育的重要手段。

处于同一年龄阶段的不同儿童,其成长、发展的时间和速度是大不相同的。每个儿童都是一个独特的个体,有自己的家庭环境、知识经验、个性特征和学习方式。因此,学前教育课程的设计还应考虑同一年龄阶段的不同儿童的需要,注意他们之间的差异性,促进其个性的发展,并进一步激发儿童学习的兴趣,满足儿童探索和发现的愿望,培养儿童的责任感,提高儿童的自尊心、自信心,使每一个儿童都能在原有基础上有所提高、有所发展。

就学前教育的实际状况而言,由于托儿所、幼儿园的各种活动一般都是在同一年龄班进行的,班级规模较大,儿童人数较多,全班集体活动居统治地位,小组活动和个人活动开展得较少,过多强调统一的教育要求,对儿童的个别差异关注不够,其结果有可能是阻碍了儿童个性的发展。因此,学前教育课程的设计,还应当注意适当地满足幼儿个性差异方面的需求,为儿童设计出个体化的课程,符合儿童独特的知识经验,满足儿童不同的需要。

(五) 挖掘儿童潜力

学前教育课程的设计,对挖掘儿童潜在的发展能力也起着重要的作用。因此,在设计学前教育课程时,我们必须注意以下几点:

首先,要重视儿童的学习过程。教师要更新教育观念,不仅要注重自身的教和教育过程,更要注重儿童的学和学习过程;要给儿童提供充分的时间、宽敞的空间、丰富的材料,让他们尽兴操作,尽情享受,而不要只顾达到预期的教育目标,催逼他们迅速完成任务。

其次,要让儿童愉快地学习。好之学,不如乐于学。古今中外许多教育家都强调愉快教育的重要性,认为它能有效地提高儿童的学习效率。因此,教师要为儿童创设轻松愉快的环境,使儿童感到自由自在、无拘无束、没有压力;要善于激发儿童的学习兴趣,使儿童主动投身到学习活动中去;要尊重儿童的意愿,让儿童自由选择,大胆创造。

再次,要充分调动儿童的积极性。教师不要处处以指挥者的身分出现,而要时刻做儿童的良师益友,把自己主导作用的发挥,建立在对儿童积极性的调动上;多站在儿童的角度去看问题,思考问题;多让儿童做一做活动的小主人,并给予必要的支持与帮助。

此外,要发展儿童的创造性思维。创造性思维是儿童智能结构的核心。教师要经常提出开放式、启发式的问题，鼓励儿童展开想象的翅膀，大胆尝试，勇于创造。

二、设计学前教育课程的内容

在设计学前教育课程时，我们应使其内容具有全面性、启蒙性、社会性、发展性和灵活性等特点。

(一) 全面性

学前教育课程内容的选择应覆盖幼儿身心发展的诸方面。首先，这是实现托儿所、幼儿园教育任务的需要。我国学前教育的任务是对儿童实施体、智、德、美全面发展的教育，学前教育实践证明四育彼此联系，互相制约；各育具有不同的内容、特点、作用(例如，体育有助于幼儿生长发育，智育有利于幼儿认知发展，德育有助于幼儿社会化进程，美育有利于幼儿艺术创造力发展)，不可偏废，亦不宜孤立强调某一方面的重要性，片面地搞“智育第一”，或“美育第一”，否则，只能使儿童的发展陷入歧途。

其次，这是儿童整体发展的需要。儿童是一个有着生理的、安全的、情绪的、智力的、社会的等多种需求的个体，只有全面安排课程内容，才能培养出身心、人格完整的儿童。

再次，这也是世界学前教育课程内容发展的必然趋势。在美国，幼儿教育课程内容有身体、情感、社会、创造力和认知五个方面；在英国，幼儿教育课程内容是自我意识、社会能力、文化意识、交际能力、动作与感知能力、分析问题能力、美感与创造意识；在法国，幼儿教育课程内容有体育、表达和交往、艺术、科学和技术四个方面；在丹麦，幼儿教育课程内容是社会性、艺术、道德、智力和体力；在瑞典，幼儿教育课程内容有学习能力、社会性、情感、体力、语言和智力六个方面；在波兰，幼教课程内容侧重于健康、安全、语言和交际、认知、身心发展以及学习准备、审美意识和社会意识等方面；在澳大利亚，幼儿教育课程内容是体力、认知、情感、社会性、语言、审美几个方面；在日本，幼儿教育课程内容有健康、人际关系、环境、语言和表现五个领域。由此可见，尽管各国的幼儿教育课程内容的排序或突出点有所不同，但其大体的轮廓却是非常清晰的，并为我们提供了十分有益的借鉴，即在建构幼儿园课程内容方面，应以增强幼儿体质为基础，丰富幼儿知识为前提，提高幼儿智能为中心，培养幼儿个性为核心，陶冶幼儿情操为关键，塑造幼儿品德为指南。

最后，在安排各方面的内容时，也要注意均衡。例如，在发展儿童的身体方面，不仅要包括基本动作(如大肌肉动作、小肌肉动作和躯干动作)、卫生保健(如身体保健、心理保健)，而且还应包括自我保护(如生活中的自我保护、活动中的自我保护、防止意外事故中的自我保护)；在发展幼儿的认知方面，不仅要包含知识(如自然知识、社会知识和思维知识)、技能，而且还要包含智力(如观察力、注意力、记忆力、思维力、想象力)；在发展幼儿的社会性方面，既要包括品德行为(如文明礼貌、爱惜物品、遵守规则)、情感态度(如爱周围人、爱家乡与祖国、是非感)，又要包含社会交往(如等待、轮流、合作、分享、克制)、个性特征(如自我意识、性格)；在发展幼儿的美感方面，既要包括感知美、欣赏美，又要包含表现美和创造美。

此外，在设置具体课程时，也必须注意学科内容的全面性，比如，在对幼儿进行科学教育时，要含有人体与健康、动物与植物、生态环境、自然科学现象、科学技术等方面的内容，及对幼儿发展的全面影响。例如，在对幼儿进行语言教育时，既要传授语言文学知识技能，又要培养幼儿语言交往的积极态度、基本能力和良好习惯。

（二）启蒙性

学前教育课程的内容不仅应是广博的，而且还应是浅显的，具有启蒙性。首先，这是由学前教育的性质决定的。学前教育是人生教育的起点，是向儿童进行初步的全面发展教育，是对个体进行素质教育的起始阶段。对儿童进行教育的重点不在于他们掌握知识、技能的多少，而在于其启蒙作用，侧重于智力的早期开发，特别是兴趣、求知欲、独立性、自信心、成功感等非智力因素以及健康的生理和心理状态的培养，因为后者对儿童未来的成长发展有着更为重要的作用。

其次，这是由儿童身心发展的水平决定的。儿童知识经验比较贫乏，以具体形象思维为主，注意不够稳定，抑制能力较差，神经系统容易兴奋和疲劳，所以，课程内容必须是浅显的，并且能为儿童所理解与接受的，如果难度过高，超出了儿童的知识经验和思维发展水平，即超越心理成熟水平可能提供的发展阈限，只能使儿童陷入知识积累上的迷惘和思维发展上的困境，欲速则不达。

再次，这也是当前学前教育改革的需要。现行学前教育机构已开始重视素质教育，为全面提高国民素质打基础。素质教育的核心是面向全体儿童，促进儿童个性的发展：既承认儿童之间在基本素质上的相同、相似性，又承认儿童之间的不同性即个人间差，以及儿童个体的不同心理特性之间存在着的巨大差异即个人内差。个人内差与个人间差相比而言，尽管它不是一种量的差异，而是一种质的差异，但我们把握个人内差的目的不是旨在进行专业教育，单纯地发展专长，过早定向，片面发展，而是要借助幼儿在某些方面的优势去求得健全人格的和谐发展，奠定好基础教育的基石。为此，学前教育课程内容的构建，应有利于儿童良好的生理素质（如平衡性、协调性、柔韧性、感受性、忍耐性）、心理素质（如自制性、果断性、勇敢性、自主性、创造性）、品德素质（如自尊感、责任感、荣誉感、正义感）和审美素质（如情趣性、鉴赏性、表现性）的合理形成及有效发展，培养21世纪建设人才所必备的最起码的素质基础。目前，全国各地都有一些幼儿园不同程度地着眼于特色教育，开办专业培训班，搞特殊训练，让部分幼儿大量“吞咽”器乐、歌舞、美术、书法、英语、电脑等方面的“强化食品”，这种以牺牲全体幼儿的发展、幼儿的全面发展为代价，过分追求某一方面的“高、精、尖”的做法，无疑是同素质教育的目标背道而驰的，应加以纠正。

（三）社会性

“大自然、大社会都是活教材”。学前教育课程内容的社会性是我国近现代学前教育课程内容发展的一条宝贵经验。早在20世纪40年代，陈鹤琴先生就极力反对把幼儿关在“幼稚监狱”里，过呆板的生活，指出幼儿所接触的环境愈广，幼儿所获得的知识就愈丰富，能力的提高也就愈快，倡导让幼儿与自然环境和社会环境充分接触。

大自然和社会生活中的人、事、物都可经过教师的选择、加工而成为学前教育课程的重要内容。首先，自然界的花草树木、鸟兽鱼虫、山川河流、风云景物等都能成为增长儿童知识才干的良好素材，并对丰富儿童的直接经验、陶冶儿童的性情气质、唤起儿童对生活的热情起独特的作用。

例如，随着一年四季的交替，教师引导幼儿走出幼儿园，到乡村小河边、田野上去观看青蛙的生长过程：小蝌蚪（“大脑袋、长尾巴、浑身黑溜溜，像个小逗号”）——尾巴变短，开始生出四条弯曲的小腿，全身呈灰褐色——尾巴脱尽，穿上碧绿的外衣，镶上黑色的条纹，成为造型别致的青蛙。由此既可增长幼儿的自然常识，又能萌发幼儿保护益虫的爱心，培养幼儿尊重生命的态度，并不失时机地对幼儿进行环保教育。

随着社会经济与生产的发展，人类生存的地球环境越来越受到严重的破坏。环保教育也开始受到全球的普遍关注，环保教育始于儿童早年的呼声越来越高。日本学者提出要让年幼儿童了解大自然，体验自然界的美妙，启发儿童揭示大自然奥秘的探求愿望，并激发其情感。具体内容与要求为：在接触自然的生活中，了解自然的奥秘、宏伟、美妙；随季节的变化，了解大自然及人类社会生活也会发生变化；关心自然界及周围的事物，并从中开展游戏；爱护周围的动、植物，能关怀、喜爱它们；爱惜身边的事物；用身边的事物进行思考。这很值得我们学习借鉴。

其次，社会生活中丰富多彩的建筑等也是学前教育课程的独特内容。建筑艺术历来被称为“凝固的音乐”，我国是一个以建筑艺术驰名世界的国家，在辽阔的土地上，有着无法计数的古代遗址（如宫殿、寺院、牌坊）和现代建筑（如电视台、高楼大厦、桥梁），教师带领儿童观赏、浏览，可使儿童感受到其不同的功能、结构、布局、色彩、造型，领略建筑的艺术美。

再次，社会生活是以人的活动为中心组成的，社会生活中不同职业的人都是学前教育课程生动的内容，教师合理地加以选择、组织，就能加深儿童对生活的理解和热爱。比如，教师带领幼儿参观自来水厂，能使幼儿亲眼目睹工人劳动的艰辛，培养尊重劳动成果的情感，节约用水；参观解放军军营，让幼儿切身体会军营生活，观看操练表演，促其萌发保卫祖国的观念；观看农民播种、插秧、拔草、施肥、收割的过程，会使幼儿深深感受到“粒粒皆辛苦”、粮食来之不易的道理，助其形成爱惜粮食的道德行为。

（四）发展性

学前教育课程内容不仅要有规律性、稳定性，同时还应具有发展性、变化性。一方面，课程内容要不断更新，跟上时代发展的步伐。当代社会，随着科学技术的迅猛发展，许多新技术、新材料、新工艺的成果介绍也逐渐列入学前教育机构的课程之中，从而使有关学科的内容建设充满了时代气息。在新技术革命的历史背景下，发展与变化是学前教育课程内容的一个鲜明特征。例如，现代家用电器已成为幼儿园科学教育的一个重要组成部分，幼儿不仅了解电视机、电冰箱、洗衣机、吸尘器、净水器、换气扇的功能与特性，而且还知晓电饭煲、电热锅、电热水瓶、微波炉、脱排油烟机、食品搅拌器等结构和用途。21 世纪的社会将是信息传递技术与信息迅猛发展的社会，“信息能力”是一个“终身学习者”的基本素养，即主动地选择与运用信息及信息手段的基本能力与素质。因此，学前课程内容应注重培养儿童获取信息的主动性、积极性及运用能力。

现代社会国际交往日益频繁、增多。1989 年 11—12 月间，联合国教科文组织在北京召开的“面向 21 世纪教育国际研讨会”，它的主题是“学会关心”，提倡教育要使一代又一代新人学会关心社会和国家的经济、生态利益、全球的生活条件以及家庭、朋友和同行、他人和其他物种、自己和自己的健康、真理、知识和学习。所以，在学前教育课程内容的创设中，我们应加强全球教育、合作教育和双语教育，把反映不同文化的饮食、服饰、餐具、玩具、文学、艺术等引进托儿所、幼儿园，拓宽课程内容，使儿童从小了解不同文化的异同点，为自己的文化感到骄傲和自豪，同时学会尊重外国文化，以促进儿童早日社会化。

另一方面，学前教育课程内容还要不断扩展、拓宽，以适应儿童发展的需要。儿童是学习的主人，发展的主人。不同年龄班的儿童身心发展的水平不同，课程内容的选排也应有所区别，从小班到大班，知识点逐渐开阔。比如，培养儿童的自我保护能力，在幼儿园小班，要求幼儿不跟陌生人走，不远离亲人，不触摸危险物品，如电源插头、插座；到了中班，则要求幼儿不玩危险物品，如火柴、打火机、蜡烛，不去危险地方，不在火源附近玩耍，懂得交通安全规则；而到了大班，则要求幼儿会处理简单危险事故，见到燃烧的烟头能踩灭它，看到火源马上告诉大人，知道着火时用水浇，衣服着火时会停步、倒地、翻滚，知道“119”是火警呼号等。

同一年龄班不同时期的儿童，身心发展水平也不尽相同，今天的儿童与昨天、明天都不同，因此，教师每天都应给儿童提供不同层次、具有挑战性的内容，从简到繁，从易到难，由近及远，环环相扣，循序渐进，促进幼儿不断进步。

同一年龄班同一时期的不同儿童，身心发展水平也不完全相同，教师要为每个发展中的儿童安排适当的课程内容，使儿童有自由选择的时机，并根据教育效果不断调整课程内容，以促使每个儿童都能在原有水平上有所提高。

此外，儿童的发展也有着共同的方向与规律，发展变化的序列是不可逆的，因此，我们可预先根据儿童发展的方向和规律，选择与此相适应的课程内容，循着儿童发展的轨迹，有效地促进儿童从低一级水平向高一级水平迈进。

（五）灵活性

我国是个多民族国家，各地经济发展不平衡，不同社会阶层生活水平不同，学前教育课程内容也不应简单划一，而应具有区域性、经济性、民族性、机动灵活性。

首先，同一地区，不同类型、不同性质、不同物质条件、不同师资水平的托幼机构，课程内容也不应完全一致。自幼儿教育课程改革以来，许多幼儿园在课程内容方面都积累了丰富的资料与经验，只要认真地加以整理、总结、分析、评价，就可逐渐形成一个具有本园特色的幼儿“学习经验和内容库”，完善课程内容。

其次，学前教育的对象是儿童，同一托幼园所、同一年龄段，但不同班级的儿童也是有差别的，教师应根据本班幼儿实际情况，对课程内容适时进行调整、补充、修改、更换，创造性地构设富有弹性的课程内容。

再次，教师还可以根据托儿所、幼儿园一日生活的程序，随机应变，捕捉教育时机，挖掘和利用各种对儿童有教育功能的因素，促进儿童的发展。例如，餐桌上每日变化的、丰富的菜肴以及糕点、水果等，都是儿童了解、认识各种食品的好教材，儿童通过看、闻、拿、吃，并进行议论、评价，便可以拓展知识，增长智慧，实现寓教育于生活之中的目的。

最后，教师还应善于利用偶发事件作为随机教育的素材。比如，电视连续剧《三国演义》播放期间，幼儿想玩“火烧博望坡”的游戏，教师可据此对幼儿进行消防教育，使幼儿对火有一个全面的认识，懂得火在给人们生活带来便利的同时，也会带来难以预料的灾难。

此外，教师还应考虑儿童的兴趣爱好和学科内容的特点，灵活运用纵向螺旋式和横向单元式的知识组合，帮助儿童形成、建立牢固的认知结构。例如，教师可依据幼儿喜欢玩水的特点，开展各种活动，使幼儿全方位的认识水的特性："小水滴的旅行"活动的目的是，让幼儿知道水的形态与来源；在"有用的水"的活动中，让幼儿了解水的功能；在"多用途的玩水角"的活动中，增强幼儿玩水的能力；在"大家游泳去"的活动中，让幼儿知道玩水时应注意的安全事项；在"自来水从哪里来"的活动中，帮助幼儿建立保护水资源的概念；在"可怕的水灾"的活动中，让幼儿略知防范水患的措施。

三、设计学前教育课程的策略

学前教育课程的策略是什么？我们在设计时，不仅要考虑教师应该如何教，更要考虑儿童是怎样学的。

儿童的学习是其好奇心的表现，儿童的学习是个积极、主动、持续的过程，儿童学习的表现形式是多种多样的，主要有：(1)操作。这是幼儿学习的重要形式。儿童通过动手操作，摆弄物体，来理解概念，掌握技能，发展自信心和成功感。(2)游戏。这是儿童学习的主要形式。游戏不仅能治疗儿童的问题行为，而且还能有效地促进儿童认知、语言、情感、社会性和身体的发展。教师要从儿童的实际出发，诱发、指导儿童的游戏活动。(3)模仿。这是儿童学习的基本形式。儿童年龄小、知识经验贫乏，他们通过模仿教师、父母、同伴来进行学习。(4)交往。这是儿童学习的积极形式。儿童通过主动与教师、父母、同伴、环境的相互作用来进行学习。

我们要根据儿童学习的方式和需要，进行筛选与尝试，不断改变教育教学行为，以寻求适合儿童发展的最佳课程策略。为此需注意以下几点：

首先，要为不同的儿童创设不同的学习环境，当班级儿童改变时，儿童的兴趣、爱好、能力、需要也会随之而变化，课程的策略就要作相应的调整，这样才能激发儿童的兴趣，反映儿童的学习状况，与儿童个体发展的水平相适应，促进儿童个体的成长发展。

其次，要为儿童不断提供新的学习机会，鼓励儿童的自发活动、自由游戏，充分利用周围环境发展自我。例如，为了使2—3岁的儿童能够理解"我的家是个特别的地方"，教师在为儿童提供"我家的厨房"的活动之后，又为儿童设计了"我家的卫生间"、"我家的卧室"、"我家的客厅"等系列活动。

再次，要为儿童提供多种多样的活动和材料，发展儿童的自尊心、自信心和积极的自我意识，提高儿童的思维能力、创造能力、语言表达能力、艺术表现能力；培养儿童体育运动技能、自我保护技能和社会交往技能。

最后，要鼓励儿童参加大组活动；同时也尊重每个儿童，让他们自己决定是参与游戏、活动，还是放松、休息；允许儿童在众多的活动中自由选择，为儿童提供自选活动的材料和时间。

此外，还要兼顾特殊儿童的需要，施予不同的课程策略。这种不同性依赖于特殊儿童的具体情况，比如是低能儿、发展迟缓儿，还是情感危机儿等。让不同的特殊儿童享用不同的环境、设备和器械，及时诊断，适时矫正。

第五节 学前教育课程的评价

对学前教育的课程进行评价是十分重要的，它既是课程的终端环节，同时也是课程的起始环节，对课程的发展具有承前启后的作用。教师评价课程的形式主要有两种：

一、评价儿童的成长发展

这是学前教育课程评价的关键。构建学前教育课程的目的就在于促进儿童的发展，所以，儿童的发展状况和水平是衡量课程质量的主要指标。

首先，教师应采用多种形式来评价儿童。可以通过直接与儿童谈话、系统地观察和及时地记录儿童，以及经常和儿童家长保持联系，来了解儿童的现状，正确地评价儿童的发展水平。例如，当几个幼儿在做“娃娃家”的游戏时，教师仔细地观察他们的一举一动，记录他们的一言一行：汪萍站在水池旁，用肥皂洗手；毛京穿上了白大褂，在镜前戴帽子；朱放一边走到镜前催毛京“快一点，我要照镜子系领带”，一边对汪萍说“我是爸爸，你快点做饭，要不，我上班就迟到了”；毛京听到后说“不，我是爸爸”；朱放说“我才是爸爸呢，因为我有领带”；毛京脱下帽子说“我不玩了”，转身离去；朱放对汪萍说“我是爸爸，你快点把我的公文包准备好”……从中，教师能发现汪萍小朋友在整个游戏过程中，没有什么话语，沉默寡言，性格比较内向，给人一种逆来顺受之感；毛京小朋友不肯违背自己的意愿与人合作游戏，具有一定的反抗意识；朱放小朋友的行为具有统治性，他喜欢对同伴发号施令，强迫同伴接受他的意见，心理发展水平反映了自我中心阶段的明显特征。

其次，教师应对儿童多进行纵向评价。要用发展的眼光来看儿童，把儿童的今天与昨天进行比较，看看儿童是否进步了，还存在哪些问题。例如，儿童关于“我”的认识，在2—3岁时，他能认识到只有一个“我”：(1)我的名字是特别的；(2)我喜欢自己，我被爱，我能做许多事情；(3)我看上去是如此特别：我头发的颜色是黑的，我眼睛的颜色是黑的；(4)我正在成长，我是由“小宝宝”长大而来，我比“小宝宝”大；(5)我有一个生日。在4—5岁时，他能认识到“我”是独特的：(1)我的名字是特别的：我的名字叫李博，我的名字意为长大后我要好好学习，争取做个博学多才的人；(2)我喜欢自己，我被爱，我有能力，我有价值；(3)我看上去很特别，我头发的颜色是黑的，我的头发不长，我的头发有光泽，我眼睛的颜色是黑的，我有独特的特征；(4)我正在成长，我比婴儿大，我比小学生小；(5)每年我都有一个生日，过生日很愉快。据此，教师可判断出这个儿童对“我”的认识是在不断深化的。

再次，教师应对儿童少进行横向评价。教师不应反复把儿童与同伴进行横向比较，或简单地把他们与常模进行对照，再做出判断，予以批评。例如，在对儿童进行“自我服务与健康之间的关系”的测查时，教师发现有的幼儿能说出：(1)我知道要保持健康，必须按时洗头、洗澡、刷牙；(2)我做许多事情以防生病，刷牙以防蛀牙，洗手以防细菌；(3)我知道为保证健康在每个季节穿什么衣服，(4)我知道睡觉对健康很重要；(5)我吃有营养的食物；(6)我有时生病：疾病多种多样，治病需要吃药。而有的幼儿只能说出：(1)我洗头、刷牙、洗澡、饭前便后洗手；(2)我根据天气情况挑穿衣服；(3)我睡得多；(4)我吃好的食物；(4)我有时感到不舒服。对此，教师不应盲目指责后者，而应承认幼儿这种差异的客观必然性。

二、评价课程的所有环节

教师要认真评价学前教育课程为儿童所设计的目标、选择的内容、运用的手段和采用的方法以及儿童参与活动的形式和兴趣，以此来改革原有的不适宜儿童成长的课程，构建科学而又合理的新课程，促进每个儿童的积极发展。

首先，教师要评价课程目标的制定是否因教育对象的不同而变化，并随着儿童年龄的增长而不断提高要求；是否以本园、本班儿童的发展水平为基础，并反映出整个教育计划的基本思想和最终目标，既符合儿童的年龄特征，又适应他们的个体差异。例如，一位教师在健康教育课程中，为2—3岁的儿童设计的有关认识自己的身体的目标是：(1)我知道我的头由哪儿部分组成；(2)我知道我的身体由哪儿部分组成；(3)我知道我能看、闻、听、尝、触摸；(4)我知道在不同季节我要穿不同的衣服，衣服对健康很重要，衣服的种类是不同的。为4—5岁儿童设计的目标是：(1)我知道我的头由哪几个部分组成；(2)我知道我的身体由哪几个部分组成；(3)我能利用感官区别物体，我能看出不同的形状、大小、长短的物体，我能尝出不同的味道，我能听出不同的声音，我能闻出不同的气味，我能触摸出物体的不同；(4)我知道我身体各部分的作用；(5)我知道在不同的季节我要穿不同的衣服，衣服对健康很重要，我喜欢我的一些衣服，不喜欢另外一些衣服，衣服的作用是不同的。由此可以看出，课程目标的制定是由浅入深的。

其次，教师要评价课程内容的确定是否考虑到儿童应该学什么，教师应该教什么，课程的内容是否适合于儿童现有的发展水平，并能促进他们未来的发展。例如，当一位教师发现儿童对轮船感兴趣时，就在班级开辟了轮船活动区：陈列有关轮船的图书、画册、玩具、模型；给儿童讲轮船的故事；让儿童用颜料画轮船，用纸剪轮船，用木头造轮船，玩开轮船的游戏等。可见，这位教师能从儿童的兴趣出发，给儿童提供充满刺激的环境、探索的机会和材料，引导儿童的学习向更深更广的方向发展。

再次，教师要评价课程形式的安排是否科学合理，既有计划性、稳定性，又有偶发性、灵活性，根据具体情况做出相应的调整；是否做到室内活动与室外活动、静态活动与动态活动、个人活动与小组活动和全班集体活动、大肌肉活动与小肌肉活动、以儿童为中心的活动和以教师为中心的活动等方面的均衡；活动之间的过渡和转换是否能用来作为儿童学习的良机，自然、平稳地引导儿童从一项活动转换到另一项活动，既不匆忙，也不让儿童长时间地等待。

第六节 后现代课程理论及启示

美国课程论专家多尔(Doll)借鉴了皮亚杰(Piaget)的生命系统理论、普利高津(Prigogine)的混沌理论、布鲁纳(Bruner)和杜威(Dewey)的新认识论以及怀特海(Whitehead)的过程思想,创建了后现代课程理论(A Post-Modern Perspective on Curriculum),这一理论对于我国幼儿园课程的改革与优化具有十分重要的指导作用。

一、后现代课程的含义及启示

什么是后现代课程?多尔认为后现代课程不是跑道,而是跑的过程本身;这种过程"不是传递所(绝对)知道的而是探索所不知道的知识的过程","通过探索,师生共同'清扫疆界'从而既转变疆界也转变自己";在这个过程中,"学习和理解来自对话和反思",当我们与他人"对话"、对我们和他们所说的进行"反思"时,当我们和他们、与课本进行"协商交流"时,"学习和反思被创造出来(而不是被传递下来)了"。①

多尔的这些观点明示我们:应该从动态的而不是静态的视角去考察幼儿园的课程;应该使幼儿园的课程成为教师与幼儿协同探索知识的过程,而不是教师对幼儿单向传递知识的过程;应该使幼儿园的课程能通过教师和幼儿彼此之间的平等对话、反思交流,来加深教师和幼儿相互之间的了解和理解,以促进教师和幼儿的共同成长和发展。

二、后现代课程的构建及启示

应如何构建后现代课程?多尔指出,"开放的、互动的、共同的会话是构建后现代课程的关键"。② 他进一步指出,在创建后现代课程时,一方面,要认识到"开放"系统与"封闭"系统之间的主要区别,因为这是描述现代与后现代思想中课程差异的一个有效框架:封闭系统与环境只交换能量但不交换物质,而开放系统与环境则既交换能量又交换物质;封闭系统的本质是"机械性"的,只有交换而没有转变,而开放系统的本质则是"转变性"的,具有运动着的漩涡或螺旋式旋转;在封闭系统里,"稳定"性、"中心"性、"平衡"性是其关键成分,而在开放系统里,"非稳定"性、"非中心"性、"方向"性则是其重要成分;封闭系统克服"错误、分裂与干扰",而开放系统则需要"分

---

① [美]小威廉姆 E. 多尔著,王红宇译:《后现代课程观》,教育科学出版社 2000 年版,第 222—223 页。

② 同上书,第 11 页。

裂、错误和干扰"[①]。另一方面,还要意识到"自组织"的特征,因为这是辨别后现代范式与现代范式的一块重要"试金石":以"自组织"为基本假设架构出来的课程,与以"学生只是接受者"为基本假设建构出来的课程,在本质上是不同的,其原因就在于,前者把"挑战和干扰"看作是"组织和再组织存在的理由",而后者则把"挑战和干扰"视作为"无效"的、"破坏性"的,试图"尽快消除、克服甚至消灭";在自组织开放系统的框架里,强调"干扰",因为"教师需要学生的挑战以便在互动过程中发挥作用",而在非自组织封闭系统的框架里,则排斥"干扰",因为"学生的挑战威胁到系统的作用以及教师的功能"。[②]

多尔的这些论点启发我们:在思考幼儿园的课程时,要保持开放的心态,注意从幼儿身上汲取变动的"物质"和"能量",以提高活动的质量;在预设幼儿园的课程时,不要过分追求活动目标的精确性和全面性,而要注意随着活动的进程、对幼儿的认识的加深,来逐步增强活动目标的确定性;在组织幼儿园的课程时,要正确对待外界的"挑战"以及"干扰"和"分裂"、幼儿的"问题"和"错误"、班级的"变动"以及"失序"和"混乱",并使之成为诱发"自组织"的契机,以充分发挥教师和幼儿的创造潜能。

三、后现代课程的标准及启示

后现代课程的标准有哪些？多尔认为,既然后现代课程是"一种形成性的而不是预先界定的,不确定的但却有界限的课程",那么后现代课程的标准就应该由"丰富性、回归性、关联性和严密性"这四个维度构成。[③]

1. 丰富性

即"课程的深度、意义的层次、多种可能性或多重解释"。多尔认为,要促进儿童和教师的转变和被转变,就必须使课程具有"适量"的模糊性、不确定性、不平衡性、异常性、无效性、耗散性与生动的经验,但这种"适量"不是预先决定的,而是教师与儿童、与文本不断地加以协调的结果。由于学校里的每一门学科都有其自身的历史背景、基本概念和终极术语,所以,每门学科都应该以自己的方式去解释"丰富性"。[④]

2. 回归性

即"一个人通过与环境、与他人、与文化的反思性相互作用形成自我感知的方式"。多尔明确指出,"回归"与"重复"截然不同:重复旨在促进"预定"的表现,它的结构是"封闭"的,而回归则旨在发展"能力"——组织、组合、探究、启发性地运用某物的能力,它的结构是"开放"的;在重复中,反思起着"消极"的作用,它切断重复的过程,而在回归中,反思则发挥着"积极"的作用,它从对原始经验的反省中得到次级经验;"对话"则是回归的绝对必要条件,如果没有由对话引起的反思,那么回归就会变得肤浅而没有转变性,那将不是反思的回归,而只是重复。多尔进一步指出,在

---

① [美]小威廉姆 E. 多尔著,王红宇译:《后现代课程观》,教育科学出版社 2000 年版,第 20—21 页。
② 同上书,第 227 页。
③ 同上书,第 250 页。
④ 同上书,第 250—251 页。

"回归性"的课程中,没有固定的起点与终点,每一个终点都是一个新的起点,每一个起点都来自先前的一个终点,这种"回归性反思"乃是转变性课程的核心。①

3. 关联性

这包括教育关联和文化关联。教育关联指的是"课程中的联系",而文化关联指的却是"课程之外的文化或宇宙观联系"。在多尔看来,教育关联的焦点在于课程结构的内在联系,因此,课程必须由"课堂社区"来创造,而不是由"课本作者"去决定;"文本"是需要加以修改的,而不是必须遵从的。在多尔看来,文化关联的核心在于强调"描述和对话是解释的主要工具":"描述"提出了历史、语言和场所的概念,而"对话"则将这三者有机地结合起来,为我们提供了一种源于地方但联系全球的文化感,因此,我们所有的"解释"不仅与地方文化有关,而且还与其他文化相联。②

4. 严密性

这是最重要的一个标准。严密性即"自觉地寻找我们或他人所持的这些假设,以及这些假设之间的协调通道,促使对话成为有意义的和转变性的对话"。多尔认为严密性具有"不确定性"和"解释性"这双重属性,是这两者有机结合的产物;在思考不确定性的时候,要认识到它并不意味着"任意性",它"承认现实化的范围";在处理不确定性的时候,要不断探索,寻求新的组合和解释。③

多尔的这些观点告诫我们:(1)幼儿园的课程不应该是教师预先"闭门"造出来的"车子",而应该是教师在与幼儿、与班级内外环境相互作用的过程中萌发出来的"种子";幼儿园课程活动种类的安排、活动形式的选用都应该从活动的内容出发,考虑到某门学科或某个领域的特点。(2)在幼儿园课程实施中,要着重培养教师和幼儿的组织能力及探究能力,为他们搭建彼此对话和相互交流的坚实平台,鼓励他们对自己的各种表现加以反思,以提炼出课程实施的成功经验,促使课程实施能在原有的基础上不断提高。(3)应该关注幼儿园课程实施中的各个要素及其相互之间的关系,不迷信教材,不照本宣科;以儿童为本,考虑儿童的年龄特征和个体差异,和其他教师密切合作,一起选择、改编和使用教材;注意利用家庭的独特文化资源,对幼儿进行多元文化的启蒙教育。(4)要把"确定性"和"不确定性"有机地统一在幼儿园课程的实施之中,不仅要在活动的种类上和材料上加大幼儿的选择力度,而且还要在活动的时间上和空间上保证幼儿的选择权利。

四、后现代课程中的评价及启示

什么是后现代课程的评价?为什么要对后现代课程进行评价?谁是后现代课程的评价者?应该如何对后现代课程进行评价?多尔对此一一做出了回答。他指出,评价是一种"反馈",是"做——批评——做——批评这一循环过程"的重要组成部分;在现代主义框架中,评价基本上被用于"区别胜利者和失败者",而在后现代框架中,评价虽然仍可服务于这种"区分的功能",但从

① [美]小威廉姆 E. 多尔著,王红宇译:《后现代课程观》,教育科学出版社 2000 年版,第 253—254 页。
② 同上书,第 255—256 页。
③ 同上书,第 258—260 页。

本质上来讲，评价则是“共同背景之中以转变为目的的协调过程”；教师虽然在此过程中发挥着“核心的作用”，但教师不应该是“排外的评价者”，而应该通过与“各方面人员的共同判断来开展评价”工作，使评价呈现出“共同进行的、相互作用的”景观。①

多尔的这些论点指导我们：要重视幼儿园课程的评价工作，要把评价看作是课程不可缺少的重要一环；要意识到评价幼儿园课程的目的不是为了评比出“好教师”与“坏教师”、“好活动”与“坏活动”、“好班级”与“坏班级”、“好幼儿园”与“坏幼儿园”，而是为了提升幼儿园的教育质量；不仅要发挥园长、教师在课程中的评价作用，而且还要引导家长、幼儿参与到课程的评价中来。

五、后现代课程中的教师及启示

教师在后现代课程中扮演着什么样的角色？多尔认为，在转变性后现代课程中，教师扮演着“平等者中的首席”(first among equals)这一特殊的角色：作为平等者中的首席，“教师的作用没有被抛弃；而是得以重新构建，从外在于学生情境转化为与这一情境共存”。多尔还指出，要从“情境性框架”中而不是从“机器式框架”中去认识教师的这一独特作用，因为在“机器式框架”中，“教师是他人价值的强加者，最多是解释者”，而在“情境性框架”中，“教师是内在于情境的领导者，而不是外在的专制者”，这样，就能建立起“没有人拥有真理而每个人都有权利要求被理解的迷人的想象王国”。② 此外，多尔还指出，如果要使课程能真正成为“协作活动和转变的过程”，那么教师就不仅应该扮演课程的“实施者”的角色，而且更应该扮演课程的“创造者”和“开发者”的角色。③

多尔的这些观点提示我们：要正确看待教师在幼儿园课程建设中的作用，摒弃各种权威性的角色意识；要充分发挥教师在幼儿园课程实施中的作用，鼓励各种民主化的角色行为。

阅读参考书目

1. 唐淑主编：《幼儿园课程研究论文集萃(三)》，南京师范大学出版社 1999 年版。
2. 刘淑兰主编：《幼儿园课程实施指导手册》，北京师范大学出版社 1999 年版。
3. 袁爱玲著：《学前创造教育课程》，北京师范大学出版社 2001 年版。
4. 许卓娅主编：《幼儿园课程理论与实践》，南京师范大学出版社 2002 年版。
5. 虞永平著：《学前课程价值论》，江苏教育出版社 2002 年版。
6. 朱慕菊主编：《走进新课程》，北京师范大学出版社 2002 年版。
7. 钟启泉编著：《现代课程论》，上海教育出版社 2003 年版。
8. 李生兰主编：《幼儿园英语教育》，海南出版社 2003 年版。
9. 李生兰著：《幼儿园家长开放日活动的研究》，华东师范大学出版社 2008 年版。
10. 蔡萍、丁卫丽主编：《幼儿园节日课程》，江苏教育出版社 2010 年版。

① [美]小威廉姆 E. 多尔著，王红宇译：《后现代课程观》，教育科学出版社 2000 年版，第 246—247 页。
② 同上书，第 238 页。
③ 同上书，第 23 页。

11. 刘艳珍、唐文秀主编:《学前教育课程论》,科学出版社 2011 年版。

12. 宁征著:《幼儿园开放课程》,南京师范大学出版社 2011 年版。

13. 李生兰著:《儿童的乐园:走进 21 世纪的美国学前教育》,南京师范大学出版社 2011 年版。

14. 虞永平著:《学前课程与幸福童年》,教育科学出版社 2012 年版。

复习思考题

1. 什么是学前教育课程? 发展的、适当的学前教育课程的基本特点有哪些?
2. 什么是隐蔽课程? 什么是公开课程? 两者之间的关系如何?
3. 学前教育课程理论主要有哪几个流派? 各个流派的基本观点是什么?
4. 学前教育课程的方案有哪几种? 你较倾向于哪一种方案?
5. 设计学前教育课程应遵循哪些原则?
6. 如何选择学前教育课程的内容?
7. 实施学前教育课程应注意哪些问题?
8. 联系实际说明教师应如何评价学前教育课程。
9. 后现代课程理论给了你什么启示?

第五章

幼儿园的社会教育

内容提要:本章由七节组成,首先说明了幼儿园社会教育的价值、内容,其次指出了幼儿社会化的理论、实践,再次阐述了幼儿园社会教育的主要路径,最后论述了幼儿园社会教育活动的设计原则、组织与实施、观察与评价,此外还介绍了幼儿园社会教育活动的几个案例。

社会教育是幼儿园教育的一个重要组成部分,重视发挥幼儿园社会教育的作用,不断提高社会教育活动设计、实施、观察和评价的质量,有助于幼儿的社会化进程,为幼儿成为未来社会的合格公民打好基础。

第一节　幼儿园社会教育的价值和内容

幼儿园对儿童进行社会教育有十分重要的作用,幼儿园社会教育的任务和内容是多方面的,在不同的年龄班有不同的教育要求,明确这些问题是进行幼儿社会教育的前提条件,对优化幼儿社会教育的过程有积极作用。

一、幼儿园社会教育的含义

幼儿园的社会教育主要是指对幼儿进行社会认知、社会情感、社会行为等方面的教育。具体来讲,它是指帮助幼儿正确地认识自己、他人和社会(如社会环境、社会活动、社会规范、社会文化),形成积极的自然情感和社会情感(如依恋心、自信心、自尊心、信任感、同情心、内疚感、公正感、爱憎感),掌握与同伴、成人相互交往(如轮流、分享、合作、谦让、助人)以及与周围环境相互作用的方式,以便使幼儿能有效地在社会中生存和发展的教育。

二、幼儿园社会教育的价值

近年来西方媒体不断发出“智商失宠，情商走俏”、“崇尚智商的时代已经过去，情商受到越来越多的人的关注”的呼声，越来越多的人相信：人的成就的20％取决于智力因素，80％则取决于情感等非智力因素，如情绪的自我认知、自我控制能力以及对他人情绪的识别、移情和适度反应能力等。幼儿期对儿童进行社会教育有着十分重要的作用，主要表现在以下几个方面：

（一）有助于幼儿正确价值观的形成

幼儿社会教育的过程事实上是向幼儿传递正确的价值观的过程。在此过程中，幼儿既能从教师的言传身教中学习有关社会的基本价值观念，比如，责任感、纪律性，又能从教师提供的各种游戏活动中习得一些必要的价值观念，例如，自由、平等、分享、合作等。例如，体育活动时，教师为幼儿准备了2个“羊角球”，可是班上有5个小朋友都想骑“羊角球”跳着跑，怎么办呢？教师启发幼儿自己想办法解决这一问题：4个小朋友分成2组比赛，1个小朋友做裁判；5个小朋友排成一队，大家依次骑……在此过程中，幼儿就学会了等待、轮流、分享和合作。

（二）有助于幼儿良好情感的陶冶

对幼儿进行社会教育，能够丰富幼儿情感的内容，帮助幼儿从同情感、责任感转化到道德感、理智感、审美感；还能增加幼儿情感的深刻性和稳定性，使幼儿逐渐学会控制自己的情感，并能运用适当的方式予以表达。例如，桌面游戏时，一个小女孩把积塑插花戴在自己的头上，老师看到后表扬了她：很漂亮，真能干，老师喜欢你；老师离开后，一个小男孩用嘴巴在这个小女孩的脸上亲了一下；小女孩便向老师报告；老师问小男孩：你为什么要亲这个小女孩？男孩回答说：我也喜欢她；老师问：如果不用这种方法，你想想看还可以用哪些方法来表示你喜欢她？老师引导男孩：用嘴巴说，做个手势，用手去摸一摸插花、拉一拉女孩的手等。这就使幼儿学会了采用别人能够接受的方式来正确表达自己的情感。

（三）有助于幼儿社会性的发展

在社会教育的过程中，幼儿不仅能学会与别人进行社会交往的知识、技能，建立良好的师生关系、同伴关系，而且还能逐步形成符合社会要求的愿望和态度，做出适当的行为，使社会性得到发展。比如，当教师教唱《全世界儿童是一家》的歌曲时，幼儿就容易形成关于多元文化的正确态度：小朋友虽然头发、眼睛、皮肤的颜色不同，但都有自己的权利，别人应给予承认和尊重；小朋友在一起唱歌、跳舞、做游戏多么开心；小朋友在一起要像一家人一样，相亲相爱，互相关心，互相帮助，共同进步。

（四）有助于加快幼儿的社会化进程

社会化是个体从自然的人转化为社会的人的过程，这一过程的完成是通过个体与周围环境的接触、与周围人的交往来进行的。而幼儿园对幼儿实施社会教育，就是要把社会知识、社会技能、社会规范传授给幼儿，使幼儿将之内化为自己的行为准则。例如，在美术活动中，教师通过教幼儿画“果皮箱”，使幼儿意识到瓜果皮核要放到垃圾箱里，并养成在日常生活中不乱扔废物的良好习惯。

（五）有助于幼儿未来的成长发展

国外教育家的跟踪研究证明，童年期儿童情感商数的发展，直接影响其今后的成长。研究者把幼儿带进一间房子，告诉他们：这里有棉花糖，如果你们马上吃，可以吃一粒，但若等我办完事回来再吃，你们就可以吃两粒。研究者走后，有些幼儿急不可待，立即拿起糖就吃，有些幼儿等了几分钟，就不再等了，也把棉花糖给吃了，另外一些幼儿通过唱歌、做游戏、睡觉等方式来克制自己，抵御棉花糖的诱惑，直到研究者回来才吃。研究者对这些儿童进行长期的研究后发现：那些急于满足眼前欲望、无法克制自己的幼儿，情感商数都较低，长大后各方面的成就水平也较低；那些有耐心、善于自控的幼儿，长大后更能适应环境，较讨人喜爱，敢于冒险，较为自信，成就水平较高。幼儿园对儿童进行社会教育，能有效地提高幼儿的情感商数，促进幼儿更好地发展。

三、幼儿园社会教育的任务

幼儿园对儿童进行社会教育的任务比较复杂，且不同的任务有不同的教育要求，这体现在如下几个方面：

（一）传授粗浅的社会知识

教师向幼儿传授的社会知识一般包括：(1)关于社会风俗习惯、礼仪信仰方面的知识；(2)关于社会规范、行为准则方面的知识；(3)关于社会分工、职业角色、买与卖、生产与消费方面的知识；(3)关于学习、工作、生活、娱乐设施方面的知识；(4)关于家乡、祖国(过去、现在、未来)、世界(中国在世界上的地位、中国与外国的关系；不同的种族、不同的文化)方面的知识等等。

教师在向幼儿传授这些知识的时候，需要注意以下几个问题：

1. 尊重幼儿的年龄特征

在幼儿进入幼儿园时，他们已经习得了一些生活经验，这为幼儿进一步学习社会知识提供了有利的条件。在此基础上，教师可以选择家庭、幼儿园、同伴等最重要的概念教给幼儿，并在各种活动中进行强化，以不断巩固；教师在讲解社会知识时，要做到浅显易懂、深入浅出；教师要给幼儿创设操作的时机，以帮助幼儿理解社会知识。例如，为了帮助幼儿了解中西方饮食文化的不同，教师设计了“制作水果色拉”的活动，指导幼儿清洗水果，去除皮核，切割加工，混合搅拌，最后大家一起品尝。

2. 考虑幼儿的个别差异

幼儿来自不同的家庭和周围环境，对社会的认识能力和理解水平也是不同的，教师在传递社会常识时，要因人而异，因材施教。比如，针对幼儿来自不同职业的家庭这一特点，教师组织幼儿开展了“夸夸我的好爸爸好妈妈”活动，使幼儿认识到教师、医生、营业员、司机、军人、工人、农民等都是我们的社会生活中所不可缺少的一种职业，并为自己父母所从事的职业而感到骄傲；在角色游戏中,鼓励来自医生家庭的幼儿去邀请同伴玩“医院游戏”,鼓励来自营业员家庭的幼儿去邀请同伴玩“超市游戏”等。

3. 焕发幼儿的学习兴趣

教师在向幼儿介绍社会现象时,要注意激发幼儿的求知欲和学习的兴趣,力争使幼儿好学、乐学,成为知识的积极探索者,以提高社会教育的效率。例如,在教幼儿学儿歌“让座”时,教师既可以先和幼儿一起用积木搭个“公共汽车”,玩“乘车”的游戏,也可以先进行情景设置,让孩子选择角色,表演“乘车”过程,把儿歌的内容通过游戏的情节展现出来,使幼儿的学习变得生动活泼,易于接受。

(二) 提高基本的社会能力

教师要重视提高幼儿的社会能力,这主要包括:(1)自理的能力(如自己做事的能力、自管物品的能力、照顾自己的能力);(2)学习的能力(如看地图的能力、收集材料的能力);(3)思考的能力(如比较能力、判断能力、推理能力);(4)交往的能力(如了解别人的能力、设计能力、控制能力、合作能力、解决问题的能力);(5)表达的能力(如语言表达能力、动作表达能力);(6)遵守规则的能力(如遵守生活规则的能力、遵守教学规则的能力、遵守游戏规则的能力);(7)完成任务的能力(如完成生活任务的能力、完成学习任务的能力、完成劳动任务的能力)等。

教师在提高幼儿社会能力的时候,应注意如下几点:

1. 广泛开展游戏活动

游戏是幼儿最喜欢的活动,教师要创造条件,广泛开展角色游戏、积木游戏、自由游戏、智力游戏、体育游戏、音乐游戏、表演游戏、木偶戏等多种形式的游戏活动,培养幼儿的社会能力,以充分发挥游戏活动在幼儿社会教育过程中的作用。比如,为了培养幼儿遵守规则、完成任务的能力,教师创编了“小青蛙捉害虫”的体育游戏:戴着“小青蛙”头饰的幼儿,要想完成“捉害虫”的任务,就必须“立定跳远”。

2. 充分发挥语言作用

语言对幼儿的行为具有启动、调节、强化、导向等多种功能,为了提高幼儿的社会能力,教师要重视发挥语言的作用。例如,为了培养幼儿的学习能力,教师计划带领幼儿去“秋游”:出发前,教师指导幼儿如何看地图,启发幼儿讨论、寻找出最佳路线;接着,教师总结幼儿的发言,和幼儿一起绘制秋游简图;然后,教师鼓励幼儿想象在途中会看到哪些东西?可以用什么标记加以记录等。

(三) 培养科学的社会态度

教师要培养幼儿对社会的科学态度,这主要是:(1)对自己的态度(如正确认识自己、知道自己如何做才有益于社会);(2)对群体的态度(如小组、班级、幼儿园、家庭、社区、社会);(3)对知识的态度(如旺盛的求知欲、浓厚的学习兴趣)等。

教师在培养幼儿对社会的科学态度的时候,需要注意以下几点:

1. 树立模仿范例

幼儿喜欢模仿，但辨别能力较差，因此，教师要为幼儿提供正面榜样，使幼儿建立对社会的正确态度。例如，为了培养快要升入小学的大班幼儿对知识的态度，教师安排了"整理书包"的活动：首先，教师向幼儿示范如何把书本摞整齐、放进书包里去；接着，要求幼儿仿照老师的做法，把铅笔、橡皮先放进文具盒中，再放入书包内。

2. 重视情感感染

幼儿的情感易受感染，所以，教师要用自己对社会的真情实感去打动幼儿、影响幼儿。比如，为了培养幼儿对群体的态度，教师和幼儿一起开展了"找朋友"的音乐游戏活动：教师通过简单的言语、直观的动作、欢快的表情（如敬个礼、笑嘻嘻、握握手），向幼儿展示出自己"找到了好朋友心里真高兴"的愉快心情，以激发幼儿产生情感共鸣。

四、幼儿园社会教育的内容

幼儿园社会教育的基本内容是：(1)使幼儿建立良好的自我意识：学会自我认识、自我调控、自我体验。(2)使幼儿萌发热爱集体的情感：能适应集体的生活，乐于与别人交往。(3)使幼儿增强社会交往能力：学会表达自己的愿望，关心同伴，与同伴共同活动，一起解决问题，能妥善处理同伴之间的关系。(4)使幼儿掌握正确的行为规则：培养幼儿团结友爱、诚实、勇敢、爱护公物、克服困难、讲礼貌、守纪律等良好的品德行为和习惯。(5)使幼儿提高道德判断水平：发展独立评价、自我评价、对行为的动机进行评价的能力。(6)使幼儿了解社会工作的意义：认识到一个人要想在社会中生存、发展，还必须依赖于其他人——不同职业的人从事不同的社会工作；社会分工不同，各种工作都很光荣；唤发热爱周围人的情感。(7)使幼儿具有积极的文化意识：认识到自己国家的文化，为之感到骄傲、自豪，热爱家乡和祖国；了解、尊重其他国家的文化，热爱世界和平。不同的年龄班，社会教育的具体内容不同，随着幼儿年龄的增长，内容越来越丰富，要求也越来越多。

（一）小班幼儿社会教育的内容

在小班，教师可对幼儿进行以下几方面的社会教育：

(1) 帮助幼儿认识自己，了解自己身体的部位、特征及作用，懂得保护自己的一些最基本常识。

(2) 帮助幼儿意识到自己是哪个班的小朋友，熟悉生活环境，了解同伴、教师、保育员，初步适应集体生活。

(3) 教给幼儿基本的卫生常识，帮助幼儿形成良好的卫生习惯。

(4) 帮助幼儿掌握礼貌用语，能运用"你好"、"对不起"、"没关系"、"谢谢"等语言，有礼貌地与别人交往。

(5) 引导幼儿用语言表达自己的想法，喜欢和同伴一起活动，能与同伴协商、轮流、友好玩耍，不抢占、独霸玩具。

(6) 培养幼儿初步的独立性和自控力，保持愉快的情绪，遵守集体的规则，爱护玩具、图书。

(7) 能按照教师的标准学习评价人和事，能对同伴作出公正的评价，能正确地评价行为的结果。

(8) 教给幼儿粗浅的交通安全知识，使幼儿学会遵守交通安全规则。

(9) 了解自己父母及同伴父母的工作性质与特点。

(10) 知道中国的重大传统节日，初步了解祖国的文化，并为之感到自豪。

(二) 中班幼儿社会教育的内容

在中班，教师可对幼儿进行以下诸方面的社会教育：

(1) 帮助幼儿了解自己和同伴，并能说出一些异同点。

(2) 帮助幼儿用语言来表达自己的情绪、情感；并能通过语言、动作、表情来了解别人的情感；对别人有好感。

(3) 帮助幼儿学会控制自己的情感，不任性、不随意发脾气。

(4) 引导幼儿学会同情别人、关心别人。

(5) 帮助幼儿掌握礼貌用语，并能在不同的场合恰当地加以运用。

(6) 培养幼儿与同伴轮流、分享、合作、谦让的能力。

(7) 增强幼儿的独立性，鼓励幼儿遵守游戏规则，帮助幼儿克服学习中遇到的困难。

(8) 帮助幼儿进行自我评价；学习对行为的动机进行评价；认识自己的能力和优点，克服自己的缺点和不足。

(9) 引导幼儿认识社区的公共设施，了解周围人们工作的性质、特点和作用，萌发热爱人民、热爱家乡的情感。

(10) 帮助幼儿理解中国的传统节日和民间工艺品，加深幼儿对中国文化的认识和感情。

(11) 帮助幼儿了解一些外国的文化传统和风俗习惯。

(三) 大班幼儿社会教育的内容

在大班，教师可对幼儿进行以下各方面的社会教育：

(1) 引导幼儿认识到自己是不断发展变化的，自己的进步是父母和教师教育、帮助的结果。

(2) 提高幼儿的语言表达能力及与同伴交往的能力，使幼儿学会关心别人，并能与同伴友好相处。

(3) 增加幼儿对集体的了解，培养幼儿的集体荣誉感。

(4) 培养幼儿自控能力，要求幼儿自觉遵守各种规则。

(5) 帮助幼儿克服各种困难，培养幼儿的责任感。

(6) 发展幼儿的独立性，指导幼儿按照社会准则进行自我评价，并能对自己的行为动机进行评价。

(7) 形成幼儿热爱劳动、爱护公物、珍惜劳动成果的习惯，培养幼儿的内疚感、公正感、爱憎感。

(8) 引导幼儿认识社区生活设施和环境，帮助幼儿理解人们的职业分工、工作性质与特点、意义，并学会尊重不同职业的人们，萌生环保意识。

(9) 使幼儿认识到我国是个多民族国家，幅员辽阔、资源丰富，培养幼儿的爱国心。

(10) 帮助幼儿了解一些世界名胜古迹、工艺美术品、风土人情，使幼儿学会尊重外国的文化传统和风俗习惯。

五、幼儿社会教育的过程

幼儿社会教育过程是教师根据幼儿社会教育任务和内容、幼儿身心发展特点和幼儿社会性发展的实际情况，有目的、有计划地对幼儿施加教育影响，把当代社会的道德规范和行为准则转化为幼儿道德品质的过程。通过对 A、G、J、S 等省市 16 所幼儿园 96 个班级的幼儿社会教育状况进行调查，我们发现，进入 20 世纪 90 年代以来，我国幼儿园的社会教育工作已取得了不少新的成就，但也还存在着一些问题，只有采取相应的措施，克服这些弊病，才能进一步优化幼儿社会教育的过程。

(一) 创设隐蔽性环境

现行幼儿园在环境的创设上，都十分注意净化、绿化、美化、艺术化，但却在一定程度上忽略了德育化、儿童化：在以上调查所涉及的幼儿园中，有 78%的园拥有专门的科学宫或电脑房、舞蹈房、溜冰场等，但单设德育室的幼儿园却寥寥无几；66%的班级室内装饰主要反映的是自然生活的美，而选择社会生活中美好事物感染幼儿的则不多；75%的装饰物都是教师的作品，陈列、张贴、悬挂等环境布置工作基本上是由教师承担的，物品高度往往在幼儿的视线之上。幼儿园特设科学宫或电脑房等对幼儿进行现代科技启蒙教育，是时代发展的需要，但我们不能因之而使德育成为遗忘的角落；环境设置固然需要美观舒适，但我们不该单纯追求形式的美，而忽视其真正的教育价值；环境布置当然需要教师的指导，但教师不应包办代替，漠视幼儿的主体地位。

为了创设与社会教育要求相适应的环境，我们应该根据环境弥散性、隐蔽性的特点，让幼儿参与营造具有浓郁的社会教育氛围的各项活动，如设置活动基地，用反映中华民族传统美德的物品装扮幼儿园，点缀班级，加深环境陶冶程度，对幼儿进行积极的感化和熏陶，潜移默化地培养幼儿的品德情感。同时注意为幼儿提供活动与表现能力的机会与条件，让幼儿成为环境的小主人，去设计环境，建设环境。

(二) 落实重复性任务

长期以来，幼教界存在的以智代德、以课论质的偏向已有所扭转，但调查结果显示仍有一些残痕存在：48%的教师在制订教育计划(年、月、周、日、课时计划)时，对幼儿智育方面提出的要求多而具体，而对幼儿社会教育方面提出的要求却少而笼统；51%的教师在组织一日活动时，能挖掘教学活动中各科教材蕴藏的社会教育因素，但却遗漏生活活动、游戏活动中各个环节蕴含的社会教育因素；33%的教师在开展专门的社会教育主题活动时，只重视活动期间、主题方面的社会教育工作，而疏忽活动期限外，其他方面的社会教育工作等等。

幼儿教育实践证明，幼儿社会教育过程是一个螺旋式上升、反复教育、不断培养的过程；幼儿社会教育任务不是通过某项活动、一次就能完成的，它是随着幼儿心理品质的发展而逐步提高要求，且经过长期的、反复的实践活动才能完成的。所以，我们应该根据社会教育自身的独特性和广泛的渗透性的特点，在制订幼儿教育、教学计划时，注意提出明确具体的社会教育要求；不仅要在特定的时间对幼儿进行某方面的社会教育，而且要不定期地在其他时间里全面渗透幼儿社会教育的内容；既要发挥课堂教学的“教育性”功能，又要挖掘游戏、体育、活动、观察、劳动、娱乐和日常生活等各种活动的社会教育的价值。例如，在游戏活动时，教师要尽可能多地为幼儿创造开展角色游戏的条件，并给予必要的指导，通过系列角色游戏，提高幼儿的道德认识，陶冶幼儿的道德情感，培养幼儿的道德行为。在日常生活活动中，教师要通过常规教育，丰富幼儿的社会交往知识经验，发展幼儿的社交技能，促进幼儿的社会化。

（三）运用实践性方法

谈话表明，89%的幼儿知道“团结友爱”、“文明礼貌”等概念的基本内涵，但对他们的观察却发现，其中31%的幼儿对同伴有争抢玩具、非礼打骂等行为。可见，一些幼儿虽然已有某方面的道德认识，但却无相应的道德行为，这种言行不一的现象反映了当前幼儿社会教育工作中的薄弱环节。问卷表明，教师对幼儿进行社会教育时，运用最多的方法是解释说服(44%)，运用最少的方法是练习训练(23%)。可见，许多教师还未把幼儿良好行为习惯的培养放在社会教育的主要位置上，重口头说教，轻行为训练，使幼儿讲起来头头是道，行动起来却是另外一套，结果阻碍了幼儿社会性的形成与发展。

幼儿心理发展水平还处于初级阶段，抽象思维能力、自我意识、控制能力、意志发展都较差，他们的行动常常受到周围具体情境的影响，缺乏目的性、坚持性；幼儿的道德品质面貌既是通过活动与交往表现出来的，又是在活动与交往中形成发展的，所以，教师要根据社会教育的实践性的特点，不仅给幼儿讲清道德概念，更要注重开展实践活动，组织幼儿进行行为练习，才能使幼儿对道德行为的认识转化为自觉的道德行为，并形成习惯。

教师训练幼儿良好行为的方式是多种多样的，主要有：

(1) 观察学习：教师可以引导幼儿观察周围生活中楷模(如教师、幼儿同伴)的典型行为；也可以根据具体情况编排一些文艺节目，制作一些电影电视录像，供幼儿学习，使幼儿从中理解人际关系，接受社会道德规范和行为模式。

(2) 品行模仿：教师给幼儿提供大量的范例，让幼儿仿照范例，自觉或不自觉地做出类似的动作和行为。在此过程中，教师帮助幼儿尽快地从无意识模仿转化到有意识模仿，从模仿榜样的外部特征发展到模仿其内心品质。

(3) 行为练习：教师指导幼儿有计划、有步骤地进行实践活动，训练良好的行为。比如，为了培养幼儿热爱劳动的行为，教师可要求幼儿自己进餐、如厕、盥洗、穿脱衣服，以训练幼儿自我服务的行为；鼓励幼儿收拾餐桌、整理游戏场地，以训练幼儿为集体服务的行为；指导幼儿给自然角、种植园地的花草、蔬菜松土、浇水、施肥，以训练幼儿社会劳动的行为等。

（四）利用社会性资源

许多幼儿园较重视幼儿的在园表现，轻视幼儿的在家表现(42%的教师不了解本班幼儿家庭教育的基本状况)；未能很好地帮助家庭矫治轻视社会教育的流弊(家庭对孩子进行体育、智育、德育、美育的比例依次是48％、68％、41％和56％)；把幼儿关在幼儿园里接受社会教育，忽视自然和社会的德育功能(幼儿园组织幼儿外出活动的次数平均每月只有1次)。幼儿社会教育的过程实质上是道德的社会传递过程；幼儿道德品质的形成和发展，离不开社会的现实生活，离不开他们所直接接触的社会环境，其中既有积极的因素，也有消极的因素，幼儿园应该根据社会教育的特点，主动争取家庭和社区的支持，充分利用有利资源，控制不良影响，形成教育合力，共同提高社会教育的质量。

家庭是孩子生活的重要场所，幼儿园应充分发挥家长委员会的作用，做好家园之间的沟通协作，利用家长会、家长园地向家长介绍社会教育工作的计划、内容与要求，欢迎家长来园参加社会教育活动，习得社会教育的策略和方法，以配合幼儿园培养孩子的良好品行。

社会是个大课堂，幼儿可以学到在幼儿园、家庭里无法学到的东西，幼儿园应经常组织幼儿外出，参观工厂、农村、名胜古迹、现代化建筑，游逛公园、商店、书店、玩具店，观赏展览会、博物馆，瞻仰烈士陵园、纪念塔等，使社会教育更加具体化、形象化；由封闭走向开放，形成综合的、立体的教育网状系统。

第二节　幼儿社会化的理论及其实践

幼儿园是儿童走上社会、适应未来生活的重要场所，幼儿社会化是幼儿园社会教育的核心问题，认识幼儿社会化的内涵，理解幼儿社会化的若干理论问题，理解幼儿社会化的特点与性质，有利于了解影响幼儿社会化的因素，变消极因素为积极因素，以加快幼儿从自然的人成为社会的人的进程。

一、幼儿社会化的含义

(一) 幼儿社会化的界定

什么是幼儿社会化？这一问题，在我国幼教界至今尚存在着多种不同的看法。一些学者认为，幼儿社会化主要是指幼儿的道德发展，即道德认识、道德情感、道德意志和道德行为的发展。另外一些学者认为，幼儿社会化主要是指幼儿社会性的发展，即幼儿在参与社会生活的过程中，逐渐掌握社会交往的技能，形成符合社会要求的愿望、情感和态度，能够按照社会规范行动。笔者较倾向于下列观点：幼儿社会化主要是指在一定社会条件下，幼儿逐渐了解社会关系(比如，亲子关系、师幼关系、同伴关系、长幼关系)、获得社会经验、掌握社会规范而成为社会成员的过程，即从自然的人转化为社会的人的过程。

(二) 幼儿社会化的意义

社会化按个体发展可以分为儿童社会化、少年社会化、成人社会化、老人社会化等不同的阶段。可见,幼儿社会化是个体社会化的第一环节,对未来的继续社会化有着重大的影响。同时,幼儿社会化也有助于社会文化的延续和发展,使每个人发展成为该社会所需要的人。

二、幼儿社会化的理论

幼儿社会化的理论流派多种多样,具有代表性的是以下几种:

(一) 统一论

这种理论认为,在幼儿社会化的进程中,个体与社会是统一的,通过教育传授道德观念、集体意识,使年幼儿童社会化并个性化,以便维持社会的统一性和多样性;班级是幼儿社会化的重要场地,传递社会文化,并使之内化于幼儿。此理论要求幼教工作者采用“民主集中制”的方式,充分发挥班集体的作用。例如,针对“午睡究竟是睡还是不睡”这一问题,教师让幼儿先征求父母意见,后自由选择,再全班集体讨论,约法三章:选择不睡的幼儿,不能大声讲话、尖叫、发出响声,以免影响睡觉的同伴。

(二) 冲突论

这一理论认为,在幼儿社会化的过程中,个体和社会并非和谐统一,而是充满矛盾与冲突;班级内的师幼关系是一种制度化了的支配与从属关系,幼儿并不能个性化。这一理论要求教师广泛采用集体活动形式,充分发挥教师的主导作用。例如,在班级活动中,教师重视集体教育,轻视小组教育和个别教育。

(三) 互动论

此种理论认为,在幼儿社会化的历程中,交往活动尤其重要,交往的模式主要有三种:(1)后喻文化:幼儿向教师、父母等年长者学习,这是交往的主要形式。(2)并喻文化:幼儿和成人各自向同辈人学习,这是交往的重要形式。(3)前喻文化,也称反向文化:教师、父母等年长者向幼儿学习,这是不可忽视的一种交往形式。笃信这一理论的教师特别注重在幼教实践中与幼儿进行广泛、深入的相互作用。例如,在活动区活动中,教师注意观察儿童,并根据儿童的具体情况,适时变换活动区,增减活动材料。

(四) 主体论

该理论指出在幼儿社会化的行程中,幼儿主体地位、主体意识特别重要,教师要站在幼儿的立场上看问题,多从幼儿的兴趣需要出发,布置环境,投放材料,安排教育活动。比如,当教师发现幼儿对“结婚”感兴趣时,就以此为主题,开展参观婚纱店、讲解中西方婚俗、制作婚礼服、演唱婚礼进行曲、扮演新郎新娘、拍摄结婚照等系列活动。

三、幼儿社会化的成因

幼儿的社会化是个长期而又复杂的过程，受制于多种因素，教师和同伴是影响幼儿社会化进程和质量的两个最为活跃的教育因素。

（一）教师及其教育行为

在教师的教育行为中，积极的社会强化、模仿和辨认、期望和要求、特性分类等因素对幼儿社会化的影响又显得极为重要。

1. 积极的社会强化

这有助于教师与幼儿建立一种良好的社会关系，促进幼儿获取各种新的社会交往的技能，巩固已形成的正确的行为习惯。在幼儿教育中，教师往往喜欢运用微笑、爱抚、拥抱、赞扬等形式，对幼儿进行积极的社会强化，以利于教师与幼儿彼此沟通，友好往来，促使幼儿形成有礼貌、关心人、喜欢参与、能与别人合作等社会行为。美国幼教专家的调查表明，教师对问题儿童良好行为的奖赏，比对一般儿童良好行为的奖赏要少得多。产生这一偏差现象的原因可能有：(1)问题儿童的行为经常受到教师的提醒，所以，当他们做出正确的行为时，教师就把它归因于自己的努力和耐心，而不是幼儿的服从。(2)教师认为他们对问题儿童的错误行为的关注、矫正够多了，他们不想再为此付出更大的代价，他们无暇顾及这些儿童良好行为的产生。(3)问题儿童的可接受性行为比一般儿童的可接受性行为较少发生，这使教师难以注意到前者。可见，教师对问题儿童应给予更多的关注、表扬和鼓励，杜绝在奖赏幼儿良好行为习惯上的这些偏见，以克服这种错误的强化模式对问题儿童所产生的消极影响。

为了充分发挥积极的社会强化在幼儿社会化过程中的作用，教师必须注意以下几个问题：

(1) 不应轻易使用奖赏。如果幼儿完成了极其简单的、不需意志努力的任务，也能得到教师的表扬或奖品，那就会减弱奖赏对促进儿童进一步努力的效用，不利于提高儿童的水平。

(2) 不宜多用外部强化。幼儿如果对某种社交活动、某项任务有很高的积极性、强烈的内在需要，那么，教师就不必在他们完成活动或任务以后，进行物质强化或表扬。否则，只会削弱幼儿进一步学习、探索的动力和对任务的持久兴趣。

(3) 应广泛使用认知的和非认知的强化。教师对待问题儿童，也要像对待正常儿童那样，施加认知的和非认知的强化，时刻注意把自己的愉快体验传递给各类幼儿，以促使他们成为班级的主人。比如，在晨间接待时，教师就不能只对那些热情大方、善于交际与合作的幼儿报以微笑，说几句关爱的话，而忽视对那些有各种问题或困难、时常需要教师监督和管理的幼儿施以同样的反应。事实上，这些幼儿更渴望得到教师的鼓励与赞扬，需要教师帮助他们摆脱困境，成功地生活在幼儿园里。

2. 模仿和辨认

幼儿喜欢模仿、辨认教师的行为，以适应幼儿园的生活。教师在教学活动中（如怎样绘画、怎样拍球）的榜样作用，既简单又明显，但是，当他们在教给幼儿有关社会知识、技能和态度的时候，除了给幼儿提供模仿的对象以外，还给幼儿创设了一个辨认的机会；不仅使幼儿能模仿教师的行为，而且还使他们能仿效教师的态度、价值观和情感反应。

在培养幼儿行为习惯的时候，引进一个榜样，能大大推动幼儿对一定行为方式的掌握。这个榜样只有当它具备了以下三个特征时，才能刺激幼儿的模仿，起到范例的作用。

(1) 能力。这是指教师控制自己的需要、情感冲动和对幼儿施加影响的一种力量。教师能力的强弱与幼儿的发展息息相关，幼儿更倾向于去模仿有能力的教师。

(2) 教育。教师真诚地关心、帮助、指导幼儿，对幼儿的社会性、情感的发展也起着重要的作用，幼儿喜欢模仿热情、亲切的教师，而不是冷淡、严厉的教师。

(3) 知觉的类似性。男孩子喜欢模仿男教师或其他男伴，女孩子喜欢模仿女教师或其他女伴；体力强壮的幼儿喜欢模仿运动员式的教师，安静、内向的幼儿喜欢模仿缄默、深思的教师等。

所以，教师要不断提高自己的能力，与幼儿建立并保持良好的平等的关系；时刻检点自己的言行，以充分发挥自己在幼儿成长中的榜样作用。

辨认是一个渐进的过程，在此过程中，幼儿把教师的态度、信仰、特征、价值观作为他们自己的参照系。幼儿的辨认主要有三种，每一种辨认都包含了极其不同的内容，因而对幼儿社会性的发展所起的作用也不同。

(1) 禁令学习。幼儿服从教师或其他榜样所制定的规则或发出的命令。幼儿的这种学习是由于害怕受到教师的惩罚或失去教师的爱抚而导致的，并受到教师不断地强化。

(2) 辨认侵犯者。幼儿运用一个有威信、有力量的榜样的行为，去削减对侵犯者的恐惧感。幼儿如果把自己看作是一个具有抵御威胁能力的人，那么，他对有侵略行为的同伴的恐惧程度，就会大大降低。

(3) 分享体验。榜样的积极或消极情感致使幼儿也出现相应的情感体验，通过分享体验，幼儿能对自己所爱戴的、尊敬的教师的忧伤作出悲伤的反应，或对一个朋友的成功作出喜悦的反应，仿佛这是他们自己的忧伤或成功。教师应正确地树立自己的威信，把满腔的爱撒给每一位幼儿，多与幼儿分享一些愉快的情绪体验。

3. *期望和要求*

教师本应以友好、信任的态度对待每一位幼儿，对他们抱有诚挚的期望。但调查却表明，在幼儿园教育中存有一些错误的倾向，严重地阻碍了幼儿的社会化：

(1) 教师对待“好孩子”和“差孩子”的看法和做法不同。同一种活动，“好孩子”比“差孩子”享有更多的参与机会、更长的表现时间；同为正确的反应，“好孩子”也比“差孩子”得到更多的表扬；同为错误的行为，“好孩子”被认为是缺少努力，而“差孩子”则被认为是缺乏能力。这就挫伤了“差孩子”的自尊心、自信心和上进心，减少了幼儿竭尽全力做好工作的机会，使“差孩子”永远处于失败和困境之中，而无翻身的机会。

(2) 教师对待男孩子和女孩子的态度与要求也不同。不仅把男孩子“差”的表现归因为缺少努力，把女孩子“差”的表现归因为缺少能力，而且还经常鼓励、期待男女儿童去实践不同的活动，比如，要求男孩子玩枪，说“这是给男孩子玩的”，而不是去玩娃娃，说“那是给女孩子玩的”；要求女孩子去给花草树木浇水，而不是去倒废纸篓等。这些性别歧视现象必须加以纠正，教师要给幼儿提供较多的选择机会和比较自由的环境；为幼儿创设参加各种活动的条件，让他们去操作各种材料和玩具,拥有涉及传统的两性活动的机会。

4. 特性分类

特性分类有积极与消极之别。积极的特性分类主要是指,在教师与幼儿相互作用时,教师能从正面看待幼儿,对幼儿作出肯定的评价。比如,教师告诉幼儿,你们已经长大了,懂事了,能宽容别人,帮助别人,彼此都是好朋友等。消极的特性分类则是指,当教师与幼儿相互作用时,教师从反面看待幼儿,对幼儿作出否定的评价。例如,教师把幼儿说成是顽皮的孩子、笨蛋、无责任心的人等。

教师对幼儿特性的分类,对幼儿的社会行为有着更为重要的影响,它之所以不同于教师的奖赏或期望所产生的效应,因为它能迅速地改变幼儿的自我意象。例如,当教师告诉幼儿"你是一个很好的合作者"、"你是一个细心的'工人'"、"你会体谅别人"、"不怕挫折"、"你做事认真"时,那么,他就能诱导幼儿把自己看作是这样的一个人,并做出相应的行动来。这已被美国的幼教研究所证明:把幼儿随机分成两组,一组为"合作组",另一组为"竞争组";让他们玩积木建筑游戏,在游戏开始时,教师对"合作组"的幼儿说:"你们是很好的合作者",而对"竞争组"的幼儿却说:"你们是出色的竞争者";结果发现,在游戏的过程中,"合作组"的幼儿,表现了很强的合作意识、能力和行为,而"竞争组"的幼儿却表现出了很强的竞争心和行动。

教师要正确使用特性分类,不论是积极的特性分类,还是消极的特性分类均如此。积极的特性分类固然能对幼儿的行为产生正面的影响,但如不恰当地加以运用,比如,幼儿不真正具有某种特征和能力,而教师却说他具有,那就会使幼儿误解自己的个性特点与能力,陷于苦恼的境地,甚至会认为教师在嘲讽他、挖苦他,进而形成敌对的师生关系。同样,消极特性分类如果使用不当,幼儿不但不会改变自己的不良行为,反而会变本加厉。

(二) 同伴及其相互交往

在幼儿的相互作用中,朋友、互助、冲突、社会地位等因素对幼儿社会化的影响又显得格外重要。

1. 朋友

幼儿具有一定的社会知识、技能与态度,他们具有与同伴相处、进行积极的社会交往的愿望。幼儿一般都能在不妨碍开展游戏的前提下,通过提出自己想参加游戏活动的要求,来参与到游戏小组中去。观察发现:幼儿积极的社交活动(如友好谈话、合作、分享、轮流),大大超过其消极的社交活动(如争吵、抢夺、打骂),前者与后者的比率从3∶1到7∶1或8∶1。在幼儿期,朋友圈开始出现。幼儿喜欢寻求支持、保护自己,并把与自己一起活动的同伴作为朋友。女孩子的朋友圈虽然比男孩子小,但却更加紧密。当幼儿由同伴关系转化为朋友时,他们之间的社会交往就变得更加频繁、亲密、复杂、多样。他们比一般的同伴有更多的说笑、更深的友情,能更好地进行合作。在与同伴的共同活动中,幼儿必须判断、理解别人(特别是不同于自己)的观点、情感、态度和需要,遵守幼儿园的道德要求和行为规范。例如,不能拿别人的东西,幼儿园的玩具材料为大家所共有,不能为了逃避责任就说谎,或把责任推给别人等。

2. 互助

幼儿具有同情心,能在同伴遇到困难,或身体处于危险时,给予帮助,拥有自我牺牲的精神和利他主义行为;能够认识和思考别人的需要,彼此尊敬,相互给予支持和帮助。为了促进幼儿从期待与同伴相互帮助,转化到实现与同伴的相互帮助;从完全依赖成人的帮助,发展到互相帮助,教师要组织形式多样的班级活动和小组活动,努力唤醒幼儿考虑他人需要的意识,培养幼儿帮助别人的行为习惯,如鼓励幼儿给病中的小伙伴寄一张慰问卡,为新来的小伙伴画一幅欢迎图,形成互帮互助的良好班风。

3. 冲突

儿童在冲突中成长。年龄较大的幼儿有较强的自信心和较丰富的经验,能够处理同伴之间的冲突和侵犯行为,他们通过表现自己不愉快的感情,抵御同伴的不合理要求,期望同伴公正地对待自己等方式,以成功地阻拦同伴的侵略行为。幼儿,尤其是女孩子,随着年龄的增长,争论已逐渐取代了身体侵略;年龄较大幼儿之间的争论,比年龄较小幼儿之间的冲突,更经常地出现在引证规则、提出要求、说服同伴、与同伴谈判上,直至意见一致而结束。幼儿在争论的过程中,就不能只考虑自己的需要,他还必须顾及别人的需要,争论迫使幼儿迅速地从以自我为中心,转化到以别人、以社会为中心。所以,当幼儿彼此之间发生冲突时,教师不应急于处理问题,而要给幼儿足够的时间与机会,让他们自己去解决问题,这对幼儿的社会化是大有裨益的。

4. 社会地位

幼儿在同伴中的地位对其社会化也有影响。研究表明:与在小组中"不受欢迎"的幼儿相比,"受欢迎"的幼儿往往是一些善于与人合作、热心于各种活动、服从教师、自觉遵守班级规则的幼儿。虽然一般性的侵略行为不妨碍幼儿是否受到同伴的欢迎,但是,过分的侵略行为或破坏行为则是不受欢迎的;既然"受欢迎"的幼儿比"不受欢迎"的幼儿得到更多的同伴的认可,在同伴中拥有更大的社会影响、更高的社会地位,那么,他们就为其他同伴提供了良好的模仿对象,是其他同伴学习社会礼仪、行为方式的一个重要的信息源。因此,教师要帮助"受欢迎"的幼儿,使他们继续公正地对待同伴,考虑同伴的情感和态度,不把班级规则强加给同伴,迫使同伴听从自己的摆布。

另外,教师不能忽视"中间"幼儿。这部分幼儿不像"受欢迎"的幼儿那样,对同伴有积极的影响,也不像"不受欢迎"的幼儿那样,对同伴有消极的影响,因而,可能既得不到教师肯定的认同,也得不到教师否定的批评。教师对这部分幼儿应给予高度的重视,关心他们社会参与的需要,并教给他们正确的参与方式和方法。

四、幼儿社会化的内容

幼儿社会化的任务,概括起来讲就是使幼儿掌握社会生活中所必需的一些基本知识、基本技能和行为规范,以获得参加社会生活的资格,这是幼儿社会化内容确立的基础。幼儿社会化的内容主要包括以下几个方面:

(一)道德社会化

道德社会化即幼儿内化社会的道德规范,既有继承性,又有相对独立性,不同的社会有不同的道德范畴。我国现阶段幼儿道德社会化的具体内容有:培育幼儿良好的生活习惯、自理能力和独立性，培养幼儿团结友爱、互助合作的意识和行为，教授幼儿道德规则、风土人情、待人接物礼节等方面的知识。例如，教师教幼儿学唱新疆民歌《欢迎你到新疆来》（“冬不拉弹起来，刀郎舞跳起来，小花帽戴起来，羊肉串烤起来，小朋友，欢迎你到新疆来。”），就是为了使幼儿能对新疆有所了解，并培养幼儿热情好客的好品质。

(二) 认知社会化

认知社会化即幼儿在与社会环境的相互作用中，逐步获得认知方式，提高认知能力。其内容包括：幼儿怎样认识自我、他人、自我和他人的关系、自我和社会的关系，以及怎样解决所面临的问题等。近年来，申城出现的“幼儿攀比谁的妈妈最漂亮”就是其真实写照：有的幼儿要求妈妈送他去幼儿园时，要像班上的××小朋友的妈妈一样，在寒冷的冬天里，穿皮靴、皮短裙；接他回家时，要像班上的××小朋友的妈妈一样，化妆，喷香水，否则，就不要妈妈接送。

(三) 性别角色社会化

性别角色社会化即幼儿将社会所期望的性别角色标准内化，形成一定的行为方式。其标准主要不是幼儿的生理特征，而是特定的社会交往。家庭、幼儿园、同伴群体、大众传播媒介、少年宫等社会组织都起着独特的作用。比如，教师教幼儿学习唱豫剧《谁说女子不如男》，就能使幼儿明白这样的道理：女孩子和男孩子一样，都要坚强、勇敢；要以花木兰为榜样，长大为祖国作贡献。

(四) 政治社会化

政治社会化即幼儿获得被一定社会制度所认可或倡导的政治观点、信念、价值观、责任感和行为。社会主义、爱国主义、集体主义等都是我国幼儿政治社会化的重要内容。例如，教师带领幼儿坐地铁、观高架路、登东方明珠电视塔、逛城隍庙、游外滩等，使幼儿从中感受到上海的巨大变化，萌发爱家乡、爱祖国的情感。

(五) 职业社会化

职业社会化即幼儿获得与职业有关的知识、技能、规范、价值观。主要内容有：(1)认知学习，包括知识、技能、技巧、能力的培养；(2)职业规范的内化：了解社会对所从事的工作的期望、限制和要求，并体现在工作实践中。例如，教师带领幼儿参观图书馆、百货大楼、照相馆、宾馆等，有利于幼儿形成关于图书管理员、售货员、摄影师、服务员等职业印象，并在游戏活动中表现出来。

五、幼儿社会化的特点

幼儿社会化往往具有能动性、强制性、连续性等特点。

(一) 能动性

社会化是幼儿和社会互动的过程，在此过程中，幼儿具有主观能动性：幼儿不仅要适应社会，而且还能影响他人社会化。这主要表现在以下两个方面：(1)幼儿之间的交往：幼儿在与同伴交往的过程中，由于知识经验相似，心理发展水平相近，所以，容易产生情感共鸣和相互影响。(2)师幼之间的交往：幼儿在与教师交往的过程中，教师为了达到预定的教育目标，就要考虑幼儿身心发展的特点，采取适当的保教措施。比如，为了帮助幼儿克服饭粒撒在桌上的毛病，教师就给幼儿讲"漏嘴巴的大公鸡"的故事，做到生动形象。

(二) 强制性

幼儿在与社会相互作用的过程中，必然要受到社会上各种各样的影响，同时，还要按照社会要求采取相应的行动，以成为合格的社会成员。如爱劳动是我们中华民族的传统美德，所以，幼儿必须学会自我服务、为集体服务的技能，参加力所能及的公益劳动和家务劳动。

(三) 连续性

幼儿社会化是个不断发展完善的过程，当社会环境、个体发生变化时，社会对个体的要求也会相应产生变化；个体只有不断学习，才能跟上时代前进的步伐。例如，幼儿园大班比小班幼儿在生理、心理上都更加成熟一些，所以，教师在教学活动中，延长上课时间，减少游戏成分，以便为幼儿未来的小学学习做好准备。

六、幼儿社会化的策略

幼儿园、家庭、社会在幼儿社会化的过程中，都有着不可替代的作用，彼此相互补充，相互促进，共同把幼儿塑造成为未来社会的合格公民。

(一) 合理安排幼儿园活动

幼儿园是幼儿社会化的重要场所，教师在此中起着关键性作用，因此，应合理安排幼儿的一日活动。

1. *生活活动*

在幼儿日常生活中，入园、餐点、盥洗、睡眠、离园等都可成为幼儿社会化的手段。例如，在晨间接待时：教师主动和幼儿打招呼，有助于激发幼儿热情、好客的情感；教师制作一些表情脸谱，让幼儿根据自己的心境加以选择，教师再以此为基础，进行个别教育，有利于培养幼儿活泼、愉快的性格。离园前：教师鼓励幼儿说一说、谢一谢今天使自己感到很快乐的人，同时学会原谅使自己感到不快活的人，有益于幼儿建立友好的同伴关系。

2. *交往活动*

社会化起源于交往。教师应指导幼儿通过不同的形式(如大组交往、小组交往、个别交往、班内交往、班外交往、同性交往、异性交往)，采用不同的方式(如言语性交往和非言语性交往)，广泛进行交往活动，以增加社交面，扩大朋友圈，提高社交能力。

3. *游戏活动*

游戏是幼儿成长发展的一剂良药。教师应通过各种游戏，来促进幼儿的社会化。比如，在体育游戏中，教师让幼儿自由结伴成对，一人投球，另一人接球；一名幼儿的眼睛被蒙住，另一名幼儿引导他一起投球入篮，以培养幼儿的合作行为。

4. 教学活动

教学具有教育性，幼儿园各科教学都能加速幼儿社会化的进程。例如，在语言课上，教师可把散文《吸尘器和大扫帚》（“吸尘器，进我家，嗡嗡嗡嗡叫得欢。哇，开来开去，它开到哪儿，哪儿就变干净了。奶奶笑，妈妈笑。只有那把大扫帚，站在门角落里，独自在生气哩。爷爷说，扫帚还有用，他笑呵呵地拿起大扫帚，走到屋外，‘呼啦、呼啦’把地扫！”）吟诵给幼儿欣赏，以培养幼儿热爱劳动、珍惜劳动成果的美德。

（二）充分发挥家长的作用

家庭是幼儿社会化的第一场所，父母是幼儿社会化的首任教师，尤其是“双休日”的实行，幼儿有更多的时间在家中度过，所以，家长的作用不可忽视。幼儿园应采用多种形式，帮助家长创设良好的育人环境，提高家长教育素养，促进幼儿早日社会化。另外，许多家长都有自己的职业专长，幼儿园应加以开发利用，促进幼儿社会性发展。

（三）注意挖掘社区潜力

社区是幼儿社会化的第三课堂。社区中有丰富的人力资源（如从事各种行业和职业的人以及他们所拥有的各种专门技艺）和环境资源，如人文资源与物产资源，教师都要善于挖掘，充分利用，促进和加快幼儿的社会化进程。

第三节　幼儿园社会教育的路径探寻

社会教育是幼儿园教育的重要组成部分，在对儿童进行社会教育时，教师可以通过主题教育、方案教育、区域教育、旅行教育等不同的路径来进行。为了充分发挥每条路径的独特优势，确保每条路径的正常运行，教师就需要了解每条路径的基本含义、重要地位和操作程序。

一、主题教育路径

主题教育路径是教师围绕一个主题，来对儿童进行社会领域的教育。教师在选用这条路径时，往往以主题为轴心，把社会领域的教育与健康、语言、科学、艺术等不同领域的教育结合起来，所以，这条路径又称为综合教育路径。

主题教育路径是幼儿园社会领域教育的一条重要路径，其原因就在于它的整合性。这首先是因为儿童的学习和发展具有综合性，儿童在建构社会知识的时候，是全身心投入的；儿童在发展社会能力的时候，是全方位参与的。这其次是因为社会领域教育的资源和内容具有综合性，它涉及历史学、地理学、经济学、人类学、政治学、社会学、心理学、法学等学科知识，追求多门学科之间的彼此渗透和相互补充。主题教育路径的主题丰富多彩，可以划分为以下几种：

(1) 儿童中心的主题：以儿童为中心，从横向看，有“儿童及其同伴、家庭及其成员、学校及其朋友、社区及其帮手”这四个主题；从纵向看，有“身份、角色及其关系、周围环境、运动、安全、健康、食物、交往”这八个主题。①

(2) 季节性的主题：围绕季节来开展的主题，如“秋天：我们的新学校”的主题有：我就是我、我是特别的，我的感官：尝、闻、触、看、听，动物园里的动物，恐龙，森林里的动物，白天和夜晚，农场生活，我们假装，工具和小机器，我生活中的食物，家庭聚会，家庭，爱和冬季，爱和家庭；如“春天：我们的新朋友”的主题有：我在成长，宠物，社区帮手——医生、邮递员，我的感官：尝、闻、触、看、听，陆地交通工具，社区帮手——警察，社区帮手—消防员，鸟，生态和植物，爬行动物和两栖动物，美术、音乐、戏剧，小动物：昆虫、蜘蛛，圈地和农场。②

(3) 节日性的主题：围绕节日、假日和特殊的日子所开展的主题，笔者近几年和上海市宝山区小鸽子幼稚园、闵行区博爱双语幼儿园、金山区东风幼儿园以及浙江省杭州市大关苑实验幼儿园共同组织的庆祝节日的主题有三类：一是中国节日，如元旦、春节、元宵节、清明节、教师节、中秋节、国庆节、重阳节等；二是西方节日，如情人节、母亲节、父亲节、万圣节、感恩节、圣诞节等；三是世界节日，如世界水日、世界地球日、国际博物馆日、国际儿童节、国际牛奶日、国际奥林匹克日、国际建筑日、世界旅游日、世界动物日、世界粮食节、世界残疾人日等。

(4) 内容性的主题：社会领域教育的内容可以分成2类，每类由若干个主题所组成。第一类是“理解自己和家庭”，主题有：理解自己，每个个体有价值和尊严，个人历史，可接受的情感表现方式，死亡是生活的一部分，离婚和儿童，战胜危机。第二类是“理解人和社会”，主题有：家庭是基本的社会单位，人们有权利，人们有责任，人们有需要和愿望，当人们生活在群体中时需要有规则，生活在社区中的人，人们生产、消费物资和服务，人们做不同种类的工作，人们以不同的方式旅行、发送信息，人们代表许多文化，过去和现在的重要人物，理解文化的多样性，价值观、风俗习惯和传统。③

(5) 全国性的主题：美国社会领域研究会(National Council for the Social Studies，1994)提出，对幼儿园至小学四年级的儿童进行社会领域的教育，应围绕“文化，时间、持续性和变化，人物、场所和环境，个人发展和身份，个体、群体和机构，权力、权威和管理，生产、分配和消费，科学、技

---

① Eva L. Essa and Penelope Royce Rogers. *An Early Childhood Curriculum: From Developmental Model To Application*. Delmar Publishers Inc. 1992. p. 5.

② Eve-Marie Arce. *Curriculum for Young Children: An Introduction*. Delmar. 2000. p. 66.

③ Sue C. Wortham. *Early Childhood Curriculum: Developmental Bases for Learning and Teaching*. Pearson Education. 2002. p. 277.

术和社会，全球联系，公民的理想和实践”这十大主题，综合地实施。

(6) 儿童喜欢的主题：实践证明深受儿童欢迎的主题有：优秀的我，我和我的家庭，我的社区，家庭，友谊，关心和分享，季节，天气，我的五官，世界的颜色和形状，质地，成长的事物，环境，植物和种植，动物，宠物，轿车、货车和公共汽车，飞机、火车和货车。①

主题教育路径的开通，依赖于如下几个步骤：

(1) 恰当地选择主题。教师在选择主题时，首先应考虑它的可行性，即这个主题是否有可能达到预定的教育目标，儿童是否具有相应的知识、经验、技能和能力。其次应考虑它的重要性，即这个主题是否有必要进行，是否有助于儿童理解周围世界、发展社会性。再次应考虑它的关联性，即这个主题是否与儿童的现实生活有关，是否有助于儿童把园内的学习迁移到园外去。最后应考虑它的兴趣性，即这个主题是否是儿童感兴趣的，是否能满足所有儿童的需要。例如，教师在选择“文化”的主题时，应考虑到全班儿童的家庭文化背景，使每个儿童都能有机会向同伴展示反映自己的文化的玩具、服装和歌舞等。

(2) 编织全面的主题网络。教师在构建主题网络蓝图时，可以和同事、儿童一起，采用“头脑风暴法”等方法，展开想象的翅膀，从不同的角度进行思考，记录每个人的各种想法，并不断加以修改完善，以整合各种各样的活动，拓展主题的范围，丰富主题的内容。在幼儿园一日生活中，教师可以主题网络图为依据，安排具体的活动，促使儿童在活动中积极提问、探索创造。比如，关于“家庭”的主题网络图如图 5-3-1。

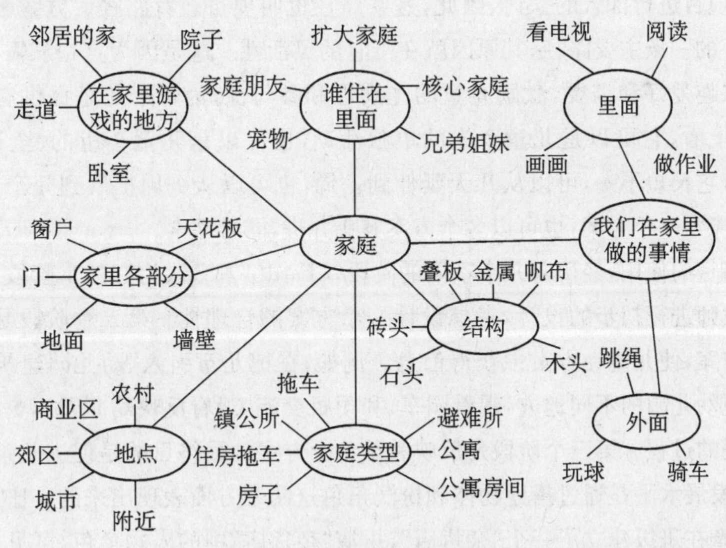

图 5-3-1 家庭网络图

资料来源：转引自 Sue C. Wortham. Early Childhood Curriculum: Developmental Bases for Learning and Teaching. Pearson Education. 2002. p. 283.

(3) 适时地导入主题。教师应把握好引入主题的时机，使主题教育能在班级顺利地开展起

① Hilda L. Jackman. *Early Education Curriculum2 A Child's Connection to the World*. Delmar. 2001. p. 42-43.

来。例如，儿童晨间来园以后相互交流时，儿童A把母亲小时候的照片拿出来给小朋友们看，并告诉他们：这是我妈妈的照片；儿童B说：这怎么可能是你的妈妈呢？这是一张小孩子的照片；儿童C说：这根本不是你的妈妈，我看到过你妈妈的；儿童D说：你妈妈那么高、那么大（边说边用手比划）；儿童A一听急哭了，坚持说：这真的就是我妈妈。当教师听到儿童的交谈以后，就可以把“时间、持续性和变化”的主题及时地引入进来，使儿童能了解到自己的发展变化、父母的发展变化、家庭的发展变化、一年四季的发展变化、周围环境的发展变化、社区城市的发展变化等，学会理解变化，并能应对变化。

（4）不断地维护主题。教师应善于开发、不断利用各种优质资源对主题教育进行修复和维护，以保证主题教育的路径永远处于畅通的、流动的状态。儿童父母及其他家庭成员、社区人士都是极其宝贵的人力资源，教师可以通过多种多样的方式，鼓励他们参与到主题教育活动中来，和儿童一起探索、共同成长。

（5）发展性地评价主题。教师要注意观察儿童在主题教育活动中的各种表现，跟踪记录儿童的言语、行为、表情、姿态，定期做出纵向的、发展性的评价，并以此为基础，评价主题对儿童发展的适宜性，使儿童能通过主题教育活动更好地成长。

二、方案教育路径

方案教育路径是一个或更多的儿童主动参与，对社会领域教育中的某个小主题进行深入的研究，或对某个项目进行深入的探讨，因此，这条路径也叫项目教育路径。方案教育路径是幼儿园社会领域教育的一条主要路径，其原因就在于它的灵活性。这是因为：(1)从需要上看，它能反映儿童的不同兴趣爱好和需要，激励儿童的主动性和参与性，为每个儿童提供有意义的学习机会。(2)从规模上看，它可以是儿童个人的单独活动，也可以是儿童小组的、全班的集体活动。(3)从时间上看，它长短不一，可以从几天延伸到一周，也可以从一周扩展到几个月。(4)从种类上看，它可以只探索一个方案，也可以多个方案齐头并进，同时探索。

方案教育路径的使用，经历着几个不同的阶段，Chard(1998)认为有三个阶段：第一个阶段是设计和开始。教师进行初步的设计，考虑设计一个方案的合理性。第二个阶段是实施方案。教师把儿童引进方案，使儿童在方案中获得信息。例如，在把儿童引入“幼儿园建筑的方案”时，教师可带儿童参观幼儿园的不同地方，观看园车，和司机交流，观看反映幼儿园历史的图书和照片，了解幼儿园发展的过程。第三个阶段是反映和结论。方案的最终目的是促进儿童个体和群体的发展，而儿童的发展水平是通过搭建物体和扮演角色这两个方面表现出来的。比如，当“杂货店”方案结束时，儿童在班级建立了一个“杂货店”，扮演“杂货店”中的人物角色，可见，儿童的知识经验变得丰富了，分享、合作、倾听和创造能力得到了加强。Jackman (2001)也认为有三个阶段：第一个阶段是选择一个主题。儿童可以自己选择主题，教师也可以根据儿童的经验选择主题，所选的主题要尽可能地整合多门学科知识。第二个阶段是研究这个主题。① 教师根据儿童的问题和要求，引导儿童对某个小主题进行全面而深入的调查研究，比如，和儿童一起运用网络资源收集

---

① Hilda L. Jackman. *Early Education Curriculum: A Child's Connection to the World*. Delmar. 2001. p.43.

资料，观察物体并加以记录，制作模型等。第三阶段是结束这个方案。当儿童的兴趣达到顶点时，教师通过组织全班回忆活动来结束这个方案。在回忆活动中，教师启发儿童回想自己知道了什么、学会了什么，让儿童分享同伴的进步，体验成功的喜悦。

在走向方案教育的路径时，教师应处理好儿童的兴趣性和教师的价值观之间的关系。一方面，教师要认识到方案教育路径是起始于儿童的兴趣的。当儿童表现出某方面的兴趣时，他们就会自发地对某个方案进行探索。例如，儿童对某种动物发生了兴趣，他们就可能一整天或好几天、好几周都在谈论这种动物，与同伴分享这种动物的知识，画这种动物，为这种动物建立家园，讨论这种动物的出生和死亡等问题。另一方面，教师还要意识到应把自己的价值观和儿童的兴趣加以链接，来决定方案的命运。在发现儿童的兴趣以后，教师就要判断由此引发的方案活动是否对儿童的发展有益，如果有益，就要予以支持，鼓励儿童进一步探索，指导儿童寻找更适合方案的材料及资源，如果不利，就要加以限制，阻断儿童的方案活动。由此可见，教师及时地做出恰当的判断，对方案教育路径的建立和发展来讲是多么的重要。Dearden(1989)指出，教师在进行决断时，应考虑以下四个因素：(1)儿童可能会直接探索的主题是什么？(2)怎样才能使这个主题有助于班级建立一个平衡的课程框架？(3)怎样才能使这个主题有助于儿童建立终身学习的知识体系？(4)在班级深入探索这个主题有什么重要性？Katz 和 Chard(1989)也指出，教师在进行决策时，应思考以下六个问题：(1)这个主题和儿童熟悉的活动和经验有关吗？(2)这个主题与当地社区有关吗？(3)这个主题与目前发生的事件有关吗？(4)这个主题与远近的地点有关吗？(5)这个主题与自然现象有关吗？(6)这个主题与儿童提出的问题有关吗？

三、区域教育路径

区域教育路径是教师以活动区的方式布置班级环境，寓社会领域的教育于活动和材料之中；儿童在活动区里自我导向、自由选择、自动探索、自主行动。

区域教育路径是幼儿园社会领域教育的一条有效路径，其原因就在于它的独创性。(1)这是由它的活动性决定的。在每个活动区中，教师都精心准备了活动和材料，这就刺激儿童主动地探索材料，通过做来学习，从而促进了儿童动手动脑能力的发展。(2)这是由它的独立性决定的。儿童能在教师专门设计的多种活动区中加以选择，自己决定去探索什么，去发现什么，从而促进了独立自主能力的发展。(3)这是由它的灵活性决定的。儿童在活动区里的兴趣很容易发生变化，当儿童的兴趣改变时，活动区也很容易进行相应的调整，增减一部分材料和物品，以不断满足儿童的成长需要。同时，也利于教师平衡班级的区域活动，保持班级活动的鲜活性。(4)这是由它的协调性决定的。活动区教育能有效地促进儿童的个性和社会性的协调发展。一方面，区域活动能为儿童提供个人活动和小组活动的机会，儿童能自由地表现自己的思想，不受同伴竞争的威胁，自己的需要能得到尊重和满足，因而就促进了儿童自我价值感的发展。另一方面，区域活动也为儿童提供了与小伙伴、小组儿童共同参与和相互作用的机会，儿童能学会合作、自控、分享材料、轮流、倾听别人、一起工作完成任务、尊重别人的想法，从而就促进了儿童社会技能的发展。(5)这是由它的创造性决定的。为了使活动区的安排对儿童富有吸引力，起到促进儿童社会知识增长的效应，教师就要不断反思变革，优化活动区的布局，因而也提升了教师的创造性水平。

区域教育路径的类型应多种多样，因为每个活动区都只侧重反映了儿童生活的某个方面，所以教师要创设不同的活动区，帮助儿童全面地再现生活。Melendez 和 Beck 及 Fletcher(2000)建议教师在班级设立以下八个活动区，并在每个区域中投放大量的材料，来推动儿童社会性的发展。(1)参考中心，材料有：信息图书、地图集、地图，有插图的小册子和杂志等，电脑方案、连接互联网的电脑。(2)旅行中心，材料有：不同地方的图片和广告画，用过的飞机票、火车票和汽车票，不同季节的服装，箱子，日记，不同地方的明信片，其他国家的纪念品。(3)新闻中心，材料有：报纸，最近的地方事件、国家事件和世界事件的剪报，杂志，消息中的人物照片，光盘，现在事件图书。(4)社区场所中心，材料有：银行、餐馆或杂货店。(5)从前与现在中心，材料有：锅等人工制品，旧车船的复制品，父母和亲戚幼年时的照片，交通工具、学校及房屋的旧照片，旧的服装和装饰品。(6)地理中心，材料有：地图，地球仪，参考书，广告画，场所照片，测量工具，画纸图纸，名胜复制品，照相机。(7)世界中心，材料有：世界地图，地球仪，不同语言的符号，其他国家的图书，不同种族的娃娃，其他地方的音乐磁带，世界不同地方的邮票，其他儿童的信件和文字材料。(8)季节中心：按照季节的变化、事物的变化和儿童的兴趣，来变更材料。[①] Jackman(2001)指出，社会教育的内容十分宽广，既包括自我概念、家庭、文化传统，也包括宠物、社区、两代人之间的活动，所以，教师不应单独创设一个社会教育的区域或中心，而应把社会教育有机地整合到幼儿园教育的所有领域、所有活动区里去，这些活动区包括：(1)语言艺术区、生日庆祝区；(2)图书区；(3)戏剧游戏区、家庭生活区；(4)艺术区；(5)感觉区；(6)音乐中心；(7)数学区；(8)科学发现中心等。[②]

区域教育路径的构架和保障，需要教师注意以下 3 个问题：(1)了解儿童，这是教师建构区域教育路径的基础。在构想区域教育的路径时，教师不仅要了解儿童群体的普遍发展水平，而且还要了解儿童个体的独特发展之处，如儿童所在家庭的文化特点、社区特色，只有这样，才能使区域教育的路径对儿童有吸引力。(2)预设目标，这是教师建立区域教育路径的关键。在设计区域教育的路径时，教师不仅要意识到自己期望达到什么样的目标，而且还要以此为据投放适当的材料。(3)观察反映，这是教师建设区域教育路径的保障。在运用区域教育的路径时，教师要仔细观察儿童选择材料、使用材料的情况，了解儿童现在的兴趣水平，诊断儿童的进步速率。

四、旅行教育路径

旅行教育路径是教师把儿童带出园外，让儿童直面现实生活，接触真实世界，了解社会中的人、事、物，增强方向感、距离感和位置感，拓宽社会知识和感性经验。

旅行教育路径是幼儿园社会领域教育的一条必要路径，其原因就在于它的真实性。这首先是因为旅行教育跃过了幼儿园的围墙，使社会领域教育的空间发生了巨大的变化，由封闭转为开放，从园内走向了园外，把大自然大社会都变成了儿童的真实课堂。其次是因为当儿童所处环境发生变化时，儿童的思想、观念和行为也会发生变化，旅行给儿童提供了面对真实世界、探索社会资源的机会，使儿童能发现自己所在的幼儿园以外的地方环境，把自己所看到的世界与自己在园

① Wilma Robles de Melendez, Vesna Beck, Melba Fletcher. *Teaching Social Studies in Early Education*. Delmar. 2000. p. 97.
② Hilda L. Jackman. *Early Education Curriculum: A Child's Connection to the World*. Delmar. 2001. p. 309.

内所学到的知识进行比较，从而实现了从认知体验到情感体验的飞跃。

旅行教育路径的形式各不相同，用不同的标准可划分出不同的类别。(1)从目的性上讲，可分为散步旅行和参观旅行。散步旅行的目的性不强，随意性较大，教师可和儿童边在园外散步边进行交流，看到什么就说什么，遇物则诲，相机而教；儿童也可以自由提问，自己发现问题的答案。参观旅行的目的性较强，计划性较浓，教师在组织儿童外出参观前，一般都仔细地考虑，慎重地选择参观场所(如动物园、植物园、博物馆、科学馆、大学、大剧院)，制订周密的参观计划，并努力完成参观计划，如笔者和小鸽子幼稚园一起开展了参观华东师范大学的旅行活动。(2)从规模上讲，可分为小型旅行和大型旅行。小型旅行是教师每次只带几个儿童或一组儿童外出活动，这有利于儿童学会轮流和分享。大型旅行是教师组织全班儿童外出活动，这往往需要家长等成人的参与，以保证儿童的安全，如上海市宝山区共康五村幼儿园邀请家长和幼儿一起到农场去旅行。(3)从距离上来讲，可分为近地旅行和远处旅行。近地旅行是在幼儿园附近的地方开展旅行活动，由于距离较近，是步行能走到的地方，加上没有时间的限制，所以儿童不会产生疲劳感。远处旅行是到离幼儿园较远的地方去旅行，由于空间距离较远，需要选用交通工具，所以有利于增强儿童对交通工具的认识，培养儿童的距离感，如上海市闵行区博爱双语艺术幼儿园利用园车、公交车接送儿童到西郊动物园去旅行。

旅行教育路径运作的成功，在于教师对以下几个环节的有效把握：(1)考虑旅行经验：教师要思考通过旅行，准备给儿童提供哪些感知活动和操作活动，希望儿童接触到哪些职业人物和工作场景，期待儿童获得哪些具体经验和真实体验。(2)选择旅行地点：教师为儿童选择的旅行地点，既应能丰富儿童的真情实感，也应是安全的、卫生的、不拥挤的、不杂乱的。(3)提前参观场所：教师在带领儿童参观某处以前，自己要事先对此地进行考察，不仅要向工作人员说明参观的目的，了解其规章制度，以取得他们的配合，而且还要知道餐饮处和盥洗室，选择适当的时间和地点，让儿童进行休息调整，以满足儿童独特的生理需要。(4)设计旅行计划：教师可和儿童、家长一起制订旅行计划，设计幼儿园的旅行标志，帮助儿童和家长结成伙伴，向儿童说明旅行注意事项，准备好旅行用具。(5)开展旅行活动：在旅行过程中，教师可引导儿童沿途欣赏美景，向儿童提出开放性的问题，并经常清点儿童人数。(6)后续旅行活动：旅行结束以后，教师可组织儿童展开讨论，绘制旅行线路图，画出旅行中感兴趣的事物，表演旅行中看到的事物和场景。(7)评价旅行活动：教师要对旅行活动加以反思，制定评价表，既要评估旅行活动所蕴藏的教育目标的完成程度，又要评估儿童在旅行活动中多通道认识世界的参与程度，为设计新的旅行计划做好准备。

第四节　幼儿园社会教育活动的设计原则

幼儿园社会教育活动设计的原则与体育活动、智育活动、美育活动等设计的原则相比而言，既有相似性，更有不同性。即使是相类似的原则，但由于教育活动的任务、内容、过程的不同，所以在具体运用上也就有诸多不同。教师在设计幼儿社会教育活动时，应遵循以下几条原则。

一、考虑幼儿现有水平及其未来发展方向的原则

幼儿是社会教育活动的主要参与者，教师在设计社会教育活动时，必须把重心放在幼儿身上，重视幼儿的年龄特征。幼儿社会生活经验比较贫乏，对许多社会现象不够了解，思维水平还比较低，因此，教师在设计社会教育活动时，必须考虑到幼儿的这些特点，选择一些最基本的社会教育内容，采取深入浅出的方式，传授给幼儿。比如，教师为幼儿设计“大家一起玩拼图”的活动，小班幼儿玩的拼图应比中班、大班幼儿简单得多，是幼儿通过彼此合作、共同努力能够拼好的图形。

另外，教师还要注意通过社会教育活动促进幼儿的发展，并为下一阶段的教育作好准备。例如，教师给大班幼儿讲“爱插嘴的小八哥”的故事，使幼儿明白上课要认真听讲，不能随便打断老师和小朋友的讲话；要发言先举手；没得到老师的同意，不能随便说话等道理，以此来培养幼儿的规则意识和执行规则的能力，为其顺利进入小学的学习生活打好基础。

二、兼顾幼儿现实生活和世界未来发展趋势的原则

今日幼儿，明日栋梁。今天对幼儿进行社会教育，是为幼儿明天能在社会中更好地生存与发展服务的。未来的社会不仅需要智力发达、智商超群的人，而且更需要具有良好的个性品质、优异的情商等非智力因素的人。因此，教师在设计社会教育活动时，要侧重于培养幼儿的自尊心、自信心、活泼愉快的情绪以及坚持性、自制力、合作性、勇敢、顽强等品质。比如，教师要尽可能少向、不向幼儿灌输“竞争”的知识和技能，因为它会在幼儿之间筑起一道道屏障，导致幼儿对失败的恐惧、对同伴的敌意、自我评价水平的下降。教师一定要尽可能多地向幼儿传递“合作”的知识和技能，因为它会在幼儿之间架起一座座桥梁，帮助幼儿彼此沟通，学会与别人同甘苦共患难。

三、有组织的社会教育活动与随机教育相互补充的原则

幼儿园的社会教育活动与其他领域的教育活动截然不同，它实施的周期更长，过程更复杂，任务更艰巨，需要来自不同性质、不同类型、不同时间、不同场所的教育刺激物所给予的强化，以实现社会教育的任务。因此，教师对幼儿进行社会教育，一方面要精心设计、安排一些活动，例如，在一个新组建的班级中，为了帮助幼儿更快地相互熟悉，教师安排了“滚球游戏活动”：让全班幼儿围成一个大圆圈；一人滚球，一人接球；全班幼儿轮流进行，人人都有机会滚球和接球；在滚球和接球的时候，要说出自己的姓名，这就使幼儿能在轻松愉快的活动中认识新同伴，学会与别人互助合作。另一方面，教师也要通过一些非专门化的活动，进行随机教育，来强化幼儿社会教育的效果。比如，星期一晨间活动时，教师发现班上有几位幼儿的穿着打扮发生了很大的变化，于是教师就启发幼儿相互观察，看看对方有些什么变化，可运用哪些词语来表达自己惊喜的心

情，使幼儿学会关注同伴、赞美同伴，增进彼此间的友谊。

四、班内、园内教育与班外、园外教育相互结合的原则

小组、班级、幼儿园、家庭、社区都是一个小社会，教师在对幼儿进行社会教育时，必须充分利用这些不同的教育资源，以提高教育的效益。例如，在分组活动中，教师既可让幼儿自己结伴，以发展幼儿的兴趣爱好，也可帮助幼儿找伴，以扩大幼儿的社交面，增强幼儿的社交能力。

同一幼儿园的不同班级也是教师对幼儿进行社会教育的重要场所，应加以利用。比如，教师定期安排大班幼儿到中班、小班去，和弟弟妹妹一起看图书、讲故事、做游戏等，有益于培养大班幼儿的领导意识和乐于助人的品质。

园内外的教育只有保持一致，才能促进幼儿的健康发展。家庭是园外教育的重要组成部分，所以，教师要调动幼儿家长参与幼儿社会教育的积极性，以形成教育的合力，共同促进幼儿的成长发展。例如，幼儿园要顺利开展“献爱心”的活动，就需要发动家长广泛收集废旧材料，和幼儿一起制作物品，然后拿到幼儿园里来拍卖，幼儿园再将拍卖的经费全部募捐给希望工程或贫困地区，以此来培养幼儿从小关心别人、同情别人的良好情感。

五、幼儿社会认知与社会情感、社会行为协调发展的原则

社会认知、社会情感、社会行为是幼儿社会教育的不同层面，它们彼此独立，又相互联系、相互制约。社会认知是幼儿社会性发展的前提条件，社会情感是幼儿社会性发展的动力机制，而社会行为则是幼儿社会性发展的效果体现。所以，重视对幼儿实施社会性某一方面的教育，无疑会促进幼儿社会性其他方面的发展，同样，忽视对幼儿进行社会性某一方面的教育，也会阻碍幼儿社会性其他方面的发展。据此，教师在设计社会教育活动时，应从幼儿社会性发展的全局出发，既要注意发展幼儿的社会认知和社会情感，又要重视培养幼儿的社会行为。比如，当教师教幼儿学习诗歌《玩具的家》时，不仅要使幼儿明白玩具玩好以后要放回原处的道理，而且还要使幼儿在认知的基础上，为乱丢玩具的行为而感到羞愧。此外，还要注意在游戏活动中培养幼儿整理玩具的好习惯。

六、面向全体幼儿与注重幼儿个别差异的原则

每个幼儿都有接受社会教育的权利，所以，教师在设计社会教育活动时，应面向全体幼儿，做到一切为了幼儿，为了一切幼儿，为了幼儿的一切。

同一年龄、同一班级的幼儿，由于他们来自不同的家庭，拥有的遗传素质和环境影响也就不同，在众多方面表现出个体的差异性。因此，教师在安排社会教育活动时，要考虑幼儿的个别差异，因材施教，使每个幼儿都能抬起头来走路，在原有的水平上获得进一步的发展。比如，有个幼儿好争抢同伴玩具，大家都不愿意和他一起玩，可他有一个明显的优点，就是图画画得好。据此，教师可鼓励他为班上的小伙伴画肖像，以此改变别人对他的不良印象，改善同伴之间的关系。再如，有的幼儿不爱惜图书，但却喜欢做老师的小帮手，教师就可因势利导，请这些幼儿和老师一起修补图书，以培养他们爱护公物的精神。

第五节　幼儿园社会教育活动的组织与实施

幼儿园社会教育内容的组织与实施可通过正规的社会教育活动和非正规的社会教育活动来进行。

一、正规的社会教育活动的组织与实施

正规的社会教育活动即公开的、显在的社会教育活动。它包括教师为实现教育任务、完成教育内容而精心设计的一切社会教育活动。这种活动具有以下几个特点：(1)根据幼儿园社会教育的要求；(2)反映幼儿的知识、经验、技能、能力；(3)说明幼儿园、社区、城市、国家、世界的特征；(4)让幼儿认识到人类的知识宝库来源于各种文化资源，并从中得到发展。

(一) 主题教育活动

教师以社会教育某一方面的内容为主题，安排一系列的活动，采用多种手段对幼儿进行综合教育。例如，为了使幼儿能更好地认识社会、热爱社会，将来长大了能为社会做出更多的贡献，教师以“我们的社区”为主题，从各种不同的角度来为大班幼儿设计教育活动：

1. 社区的地位

教师和幼儿一起看地图，寻找所居住的社区的名称和位置，知道社区是整个城市的一部分。

2. 社区的人们

教师把社区的一些工作人员请进幼儿园，让他们介绍自己的职业和工作，使幼儿明白社区中的人们互相联系，相互帮助，共同分享劳动成果，愉快地生活。

3. 社区的环境

教师带领幼儿参观，增加幼儿对社区的感性认识，使幼儿知晓社区是由不同的家庭、街道、建筑物等组成，社区的环境是独一无二的。

4. 社区的活动

教师组织幼儿外出游览，使幼儿从中体会到社区中有多种服务机构(如汽车站、火车站、地铁站、飞机场、码头、加油站、维修站)，能为人们提供不同的旅行方式(如乘出租车、公交车、汽车、火车、轮船、飞机)，帮助人们顺利地到达目的地。

5. 社区的安全

教师给幼儿播放录像带，使幼儿意识到派出所、公安局维持社会治安，消防站保证人们的安全。

6. 社区的健康

通过看图讲述、情景回忆，教师帮助幼儿认识到医院、药店、超市药柜是人们检查疾病、打针买药的地方，医生、护士、店员能给人们的健康带来福音。

7. 社区的食物

通过参观、看录像等方式，教师帮助幼儿了解食物来自不同的地方；农民种植农作物、蔬菜、水果，饲养家禽家畜；农作物、动植物经过加工处理后才能食用；人们能在许多地方购买食品。

8. 社区的交往

通过参观、看图片，教师帮助幼儿认识到邮电局、广播站、电视台、图书馆、报社、出版社、气象预测站等都能为人们的交往提供广泛、独特的信息。

（二）节日娱乐活动

寓教于乐是幼儿园社会教育的重要形式。教师可通过“贺圣诞”、“迎新年”的活动，帮助幼儿认识中西文化的异同点；通过庆祝“三八国际妇女节”、“五一国际劳动节”、“八一建军节”、“九十教师节”、“十一国庆节”等节日，培养幼儿对母亲、工人、解放军、教师、祖国的热爱之情。

（三）参观游览活动

多姿多彩的社会生活为幼儿的社会教育提供了广阔的天地。教师应有目的、有计划地组织幼儿参观一些重要的社会设施、历史建筑、文化名胜，以萌发幼儿对社会美的认识；教师还可结合“春游”、“秋游”、“郊游”、“远足”等活动，带领幼儿到大自然中去，以激发幼儿对自然美的认识，使幼儿能够珍惜生命，保护环境，热爱生活。

（四）情景表演

为了对幼儿进行某一方面的社会教育，教师可创设一定的情景，通过特定的情节再现某种社会现象，以此来对幼儿进行教育。例如，为了培养幼儿的“勇敢”精神，教师邀请一名幼儿合作表演这样一个情景：天空下起了鹅毛大雪，路上的积雪又厚又滑；妈妈要背着孩子去上幼儿园；孩子不同意，坚持要自己撑伞行走；妈妈夸孩子真能干，真勇敢。

（五）实践活动

幼儿社会性的发展，不仅有赖于其社会认知水平的提高、社会情感能力的增强，而且更依赖于幼儿社会行为的形成，因此，通过实践活动来训练、强化幼儿的社会行为就显得尤为重要。比如，为了培养幼儿热爱劳动的行为，教师除了为幼儿安排专门的“擦窗”、“拖地”等活动以外，还为幼儿创设了“植树”、“种菜”、“锄草”等特别活动，帮助幼儿养成劳动的习惯。

二、非正规的社会教育活动的组织与实施

非正规的社会教育活动即隐蔽的、潜在的社会教育活动，它是正规的社会教育活动的补充和延伸，是幼儿获取关于社会的知识、态度和能力所不可缺少的重要形式，具有潜在性和非预期性的特点。因此，教师要重视发挥其在幼儿社会教育过程中的作用，把社会教育的内容和要求融进幼儿的一日活动之中。

（一）日常生活活动

日常生活活动包括晨间接待、餐点、盥洗、整理、散步、午睡、起床等。在这些活动中，教师可把社会教育的要求渗透进去，不仅能培养幼儿的自我服务能力、独立生活能力、为集体服务的精神，而且还能对幼儿进行交通规则教育和爱国主义教育等。例如，午餐过后，教师可带领幼儿到附近的马路上去散步，让幼儿观看交警如何指挥交通，使幼儿懂得“红灯停，绿灯行”、行人要走人行道的交通规则。再如，在晨间接待时，幼儿园可安排让幼儿听国歌、升国旗的活动，以此对幼儿进行热爱祖国的教育。

（二）各领域教育活动

幼儿园健康、语言、科学、艺术等领域的教育教学活动都蕴藏着丰富的社会教育资源，教师都要注意挖掘和利用。例如，在语言课上，当教师教幼儿学习儿歌《给姥姥》（“糖豆多，糖球少；球球大，豆豆小；我吃糖豆豆，糖球给姥姥。”）的时候，就应很好地挖掘其社会教育的因素，对幼儿进行热爱长辈、孝敬老人的教育。再如，在音乐课上，当教师教幼儿学跳蒙族舞蹈时，可适时向幼儿介绍蒙古族人的服装、生活环境、饮食习惯，并与汉族、维吾尔族、藏族、朝鲜族进行比较，使幼儿感受到我们生活在一个幅员辽阔的多民族国家。

（三）角色游戏活动

角色游戏是幼儿最喜欢的一种游戏活动，教师可以角色的身份、游戏的口吻，适时介入，从中干预，来达到对幼儿进行社会教育的目的。例如，在“银行”游戏活动中，教师为幼儿设立了“存款处”和“取款处”，当教师发现幼儿全都拥挤在“取款处”，争着要“取款”时，教师便扮演了“保安人员”的角色，要求大家排好队，站在“一米线”以外，依次等候“取款”，以便学会在社会生活中所必须遵守的一些基本规则。

（四）交往活动

同伴之间的交往活动对幼儿的社会化有着重要的影响，教师应注意观察，善于把握时机，来激发幼儿交往、合作的需要。例如，在自由活动中，教师鼓励幼儿自由结伴，开展配对小组活动：一个幼儿讲故事，另一个幼儿听故事；一个幼儿躺在地上，另一个幼儿帮助他画下身体的轮廓；一个幼儿说谜语，另一个幼儿猜谜底。使幼儿感受到与同伴一起活动的乐趣，学会珍惜彼此之间的友谊。

（五）随机教育

教师要善于抓住偶发事件，捕捉时机，把握契机，随时随地地对幼儿进行社会教育。教师可利用提问、谈话、赞叹、表情、动作等方式，来启发、暗示幼儿应该如何去做，或引导幼儿对事件进行讨论，发表个人见解，以达到强化良好行为、削弱不良行为的目的。比如，当老师发现周洁和李刚两位小朋友正在抬体育活动要用的垫子时，她就对身旁的其他幼儿说：你们看，周洁和李刚两位小朋友多聪明啊，他们想出了一个互相帮助的好办法，共同完成了老师交给的任务。我想你们也会这样去做的。

（六）环境影响

环境对幼儿的社会教育具有潜移默化的影响。一方面幼儿园的物质条件如房屋、设备、器械、材料等制约着幼儿的发展，为此，教师应该为幼儿提供丰富多彩的活动器材，让幼儿自由选择材料，发展自己的兴趣爱好，塑造良好的个性。例如，在“挖土机真能干”的活动中，幼儿可以用纸笔去画、用泥巴去捏挖土机，也可以用积木去搭、用木料去做挖土机。

另一方面，幼儿园的文化条件如活动室的布置、师幼关系、同伴关系等也制约着幼儿的发展，据此，教师首先应注意安排好活动室的立体空间和平面空间，可根据季节、主题教育活动的需要，做出相应的布置和调整，增加幼儿对集体的归属感。比如，教师和幼儿一起收集易拉罐，粘贴出“东方明珠电视塔”的墙饰，塔尖是教师粘的，但塔基则是由幼儿自己动手贴的。其次，教师要注意创设民主、平等的师幼关系，在幼儿的一日生活中，时时处处尊重幼儿、关心幼儿，使幼儿感受到老师理解他们、热爱他们，进而学会迁移积极的情感。最后，教师要帮助幼儿建立良好的同伴关系，使幼儿在一起能愉快合作，共同分享，互相关心，互相帮助，不断进步。

第六节 幼儿园社会教育活动的观察与评价

幼儿园在实施社会教育活动时，还要及时地进行观察和记录，并以此为依据做出恰如其分的评价，以设计出更加科学、合理的幼儿社会教育活动。

一、幼儿园社会教育活动的观察

（一）观察的意义

了解幼儿是教师进行幼儿园社会教育活动的前提条件，而观察则是教师了解幼儿最基本、最有效的途径。通过观察，教师能直接了解到幼儿关于社会的知识、技能、能力和态度，以便更有效地为幼儿设计社会教育活动。比如，在玩水区里，当教师看到王平和钱丁两个小朋友争抢水臼(王平叫道："是我先拿到的。"钱丁喊道："这是我的。")的情景时，就可推断出这两个幼儿还未能掌握友好相处的技能，因而决定为他俩设计轮流、分享、合作、谦让方面的社会教育活动。

(二) 观察的内容与形式

在幼儿的一日活动中，教师都要做观察幼儿的有心人，挤出时间去观察幼儿，以了解幼儿的基本情况和特殊情况。

1. 全面观察与某方面观察相结合

教师每天都要对幼儿进行全面观察，如观察幼儿的面部表情；语言的主动性、积极性、语气、语调；动作、体姿；和同伴之间的关系；游戏活动；在某一活动中停留的时间；操作材料的方式方法等。

教师还要对幼儿进行某方面的专门观察，如要获得幼儿选择材料的信息，就须观察幼儿喜欢什么样的玩具、器械；是否对各种游戏材料进行探索；是选择同伴使用的材料，还是根据自己的爱好，独立选择；哪种材料使幼儿的兴趣保持的时间最长；幼儿选择的材料是否具有传统的性别角色倾向，如男孩只玩枪，女孩只玩娃娃等。

2. 普遍观察与重点观察相结合

教师不仅要对全班幼儿进行普遍观察，而且还要对个别幼儿进行重点观察。比如，教师要获取某个幼儿使用材料的信息，就应注意观察这个幼儿是否每次都用相同的材料制作相同的东西，是否进行过新的尝试；是否很容易悲观失望或厌烦；是否习得了新的技能；是邀请同伴加入游戏，还是应邀参加同伴的活动；是喜欢和教师一起游戏，还是喜欢和同伴一起游戏，或是独自一人游戏；是否有特别的朋友等。

3. 有目的、有计划的观察与随机观察相结合

幼儿在游戏中最容易体现自己的特点，所以，教师应通过游戏来有目的、有计划地观察幼儿。在幼儿的游戏过程中，教师要注意观察幼儿是否通过游戏材料来表现自己的情感，如亲吻娃娃、打娃娃；是否能比较出材料的异同点；是否能讲出他们正在用材料制作什么；是否能描述玩具的大小、形状、颜色和功能；是否能设计出新的游戏主题，发起新的活动；是否能发现信息，去解决所面临的问题；是否能在进行某种新尝试之前，对其结果进行预测。此外，教师还要在其他活动中对幼儿进行随机观察，以更好地了解幼儿。

(三) 观察的记录

教师对观察结果的记录要准确，这是设计幼儿社会教育活动方案的重要依据；在幼儿的一日生活中或在幼儿离园以后，教师要花费一定的时间来做观察记录，并注意以下几个问题：

1. 记录观察的地点、时间、日期

教师记录了观察的时间、地点，就能清楚地了解到幼儿言行产生的环境、情景、具体的时间和地点。教师记录了观察的日期，就能反复比较观察记录，看出幼儿是否随着年龄的增长而有所进步、进步的幅度有多大等。

2. 客观地记录

教师要用客观性语言对幼儿的言语、动作、表情进行描述，而不能用模棱两可的语言进行记述，以保证记录能真实地再现当时的情景及与人物的关系。如应写下：当李为跌倒时，他哭了；而不应写成：当李为跌倒时，他很不安。因为前者更有利于教师对幼儿社会情感的发展做出科学的分析。就是对幼儿同类情感表现的记录也要细致、精确。比如，当观看喜剧小品表演时，潘加哈哈大笑，笑弯了腰；金林用手捂着嘴，暗暗发笑。这就有助于教师得出两个幼儿有着不同的情感特征的结论。

3. 及时记录

为了完整、准确地保存所获得的信息，教师要及时做观察笔记，如记下：哪些幼儿参加了哪些活动；谁在谁的前面、后面、左面、右面；谁说了什么，怎么说的；哪位幼儿做出的决定等。

4. 多种形式记录

教师记录幼儿的形式多种多样：日记、传记；图表、检查表；磁带、录像带、录音带、照片；手工作品、书法作品、绘画作品等。各种不同的形式相互补充，能帮助教师获得更广泛更全面的信息。比如，为了记录幼儿在游戏中的社会行为，教师可利用表 5-6-1；为了记录幼儿的告状行为，教师可利用表 5-6-2；为了记录幼儿独立性的发展水平，教师可利用表 5-6-3。

表 5-6-1 幼儿游戏中的社会行为观察记录表

（在符合幼儿情况的项目上打“√”）

时间： 年 月 日 星期 午 时 分 地点： 记录者：

幼 儿			游戏行为的社会性			
学号	姓名	性别	观看同伴玩	自己玩自己的	应邀参与同伴游戏	邀请同伴一起玩
1						
2						
3						
……						
35						

表 5-6-2 幼儿告状行为观察记录表

（在符合幼儿情况的项目上打“√”）

时间： 年 月 日 星期 午 时 地点： 记录者：

幼 儿			告状行为					
学号	姓名	性别	时段	场所	事件	性质	影响	结果
1								
2								
3								
……								
35								

表 5-6-3 幼儿独立性发展水平观察记录表

(在符合幼儿情况的项目上打"√")

幼儿姓名：　　性别：　　班级：　　记录时间：　　年　　月　　日　　午　时　分　　记录教师：

活动类型	独立水平				
	总是能	经常能	有时能	经常不能	总是不能
自己进餐					
自己盥洗					
自己如厕					
自己睡觉					
自己穿戴					
自选活动					
自选游戏					
……					

5. 科学分析记录

教师在对观察的结果加以记录以后，还要进行分析。教师要注意检查这些信息是否全面；是否反映了幼儿在室内外各种活动中的表现；是否反映了幼儿在社会性发展上的现状；是否呈现了幼儿在一日生活中的完整画面；是否反映了幼儿在家庭、社区中的情况；是否反映了幼儿的个性特点等。

二、幼儿园社会教育活动的评价

(一) 评价的意义

教师对幼儿社会教育活动进行评价，其意义在于：

1. 有利于促进幼儿的最佳发展

通过评价，教师能了解幼儿社会认知能力、解决问题能力、社会适应能力、交往能力、同伴关系等。比如，通过社会测量法，教师可了解幼儿在同伴中的社会地位和关系、社会适应能力的发展水平，以便于在今后的社会教育活动中，进行因材施教，调动"受欢迎"幼儿的积极性，增强"受排斥"幼儿的自律性，鼓励"孤独"幼儿的自信心，促进全体幼儿的发展。

2. 有利于提高教育的效益

通过评价，教师能了解反馈信息，及时进行调整，以提高幼儿社会教育的效益。例如，教师可凭借评价，知晓既定的幼儿社会教育的任务是否已经完成，任务的难易度是否适中，是过高还是过低；选择的社会教育内容是否合理，内容的范围是否适中，是过宽还是过窄；设计的社会教育活动是否妥当，活动的种类是否适中，是过多还是过少等。如果幼儿社会教育的任务还未实现，其症结在哪里，如何改进；如果幼儿社会教育的任务已经实现，那就要预定下一阶段的教育任务、内容及实施步骤。

(二) 评价的内容与形式

幼儿园社会教育活动评价的形式极为多样，可从不同的角度来加以划分。

从时间上讲，可分为：(1)每日评价：教师以记日记的形式，把当天发生的事情记录下来，分析社会教育活动的组织与安排，评价幼儿的社会认知、社会情感、社会行为等方面的情况。(2)每周、每月、每学期、每学年评价：教师在每天对幼儿评价的基础上，对幼儿进行每周评价；再在每周、每月、每学期评价的基础上，对幼儿进行学年评价。

从主体上讲，可分为：(1)教师评价：教师对社会教育活动的任务、内容、途径以及幼儿社会性的发展水平进行评价；(2)家长评价：家长对幼儿社会化的进程、教师安排的社会教育活动进行评价；(3)幼儿评价：幼儿对社会教育活动、教师及家长的社会态度、自己的社会性发展进行评价。

从客体上讲，可分为：(1)个别评价：教师、家长对某个幼儿、对幼儿某方面的发展、对社会教育活动的某个环节进行评价；(2)全面评价：教师对全班幼儿、对幼儿全方位的发展、对整个社会教育活动进行评价。

(三) 评价的方法

幼儿园社会教育活动评价的方法多种多样，教师应灵活加以运用。

1. 教育实验法

教育实验法是用来探讨幼儿社会教育过程中各种教育途径、教育方法的有效性的一种方法。例如，为了了解情景表演、木偶戏、录像带、图书图片对幼儿社会认知发展的影响程度，教师可把幼儿随机分成四组，分别利用这四种媒体对幼儿进行教育，一段时间以后，再对幼儿进行测查，如果哪组幼儿认知发展水平提高得最快，则表明运用于这组幼儿的教育媒体最有效。

2. 社会测量法

社会测量法是通过设置一个情境，让班级中幼儿按照自己的意愿，选择或拒绝游戏活动伙伴，教师以此为依据来分析幼儿之间相互吸引或排斥的心理关系的一种方法。这可通过三种不同的方式来进行：

(1) 同伴提名：教师按照某种标准(正面或反面)，让幼儿从众多的同伴中进行提名。比如，教师把全班幼儿的集体照呈现给幼儿，要其指出自己最喜欢(或最不喜欢)的那个幼儿，以此来评价每个幼儿在同伴心目中的地位。

(2) 同伴比较：教师按照某种标准(正面或反面)，让幼儿对每对同伴进行比较提名。例如，教师把全班幼儿的照片两两随机配对，要幼儿从中进行比较，选择最喜欢(或最不喜欢)和谁一起做游戏或工作，以了解每个幼儿被同伴接受(或拒绝)的程度。

(3) 同伴评定：教师让全班幼儿对每个同伴的受欢迎或被排斥的程度都做出评价。比如，教师为幼儿提供全班幼儿的个人照，要幼儿把自己喜欢的同伴放在左边，把自己不喜欢的同伴放在右边。据此，教师可知每个幼儿对同伴的态度以及与同伴之间的关系。

教师在使用社会测量法评价幼儿的社会性时，要注意尽可能利用正面标准；随着幼儿年龄的增长，到了中班、特别是大班可多用此法。

3. 其他方法

幼儿社会教育的内容极其广泛,教师在评价幼儿某一方面的发展状况时,可针对不同的情况选用不同的方法。

当教师要评价幼儿的社会认知发展水平时,可采用如下方法:

(1) 游戏规则法。即教师利用游戏的规则向幼儿提出问题,要求幼儿进行回答的一种方法。例如,当幼儿玩“丢手绢”的游戏时,教师询问幼儿:“这个游戏的规则是什么?”“这个游戏的规则是不是总是这样的?”“它能不能改变?”如果幼儿认为游戏规则具有人为性和可变性,则表明这个幼儿的发展水平较高;反之亦然。

(2) 故事难题法。即教师在向幼儿讲述故事时,向幼儿提出有关道德的难题,要求幼儿作答的一种方法。比如,教师利用图片,对幼儿编讲这样一对故事:A. 妈妈(爸爸)洗碗时,小明帮助妈妈(爸爸)把碗送到碗橱里,一不小心,打碎了 3 只碗。B. 妈妈(爸爸)做饭时,小方吵着要吃巧克力,妈妈(爸爸)不同意,说马上就要吃晚饭了;小方生气了,故意把桌上的 1 个饭碗摔碎在地上。当这两个故事讲完以后,教师可问幼儿:“老师刚才讲的这两个故事,你听懂了吗?”“第一个故事里的小明做了什么?”“第二个故事里的小方做了什么?”“如果你是妈妈(爸爸),你觉得更应该批评谁?”从幼儿的回答中,教师可以判断出这个幼儿的道德评价水平是处于客观性阶段,还是处于主观性阶段;是属于他律水平,还是属于自律水平。

当教师要评价幼儿的社会情感发展水平时,可选用以下方法:

(1) 投射测验法。又称故事续讲法,是指教师在给幼儿讲故事时,当讲述主人公的行为以后,接着要幼儿讲故事的结局的一种方法。例如,为了评价幼儿的内疚感和责任心,教师可为幼儿编讲一个故事:星期五是李强小朋友做值日生,他本该给自然角金鱼缸里的小金鱼喂好食物以后才回家的,可是,他忘了喂食就回家了;两天后的星期一早晨,小朋友来到班级时,发现小金鱼全都被饿死了……接着教师让每个幼儿分别续讲李强会怎样做,以此来推断幼儿的内疚感和责任心的发展状况。

(2) 移情测验法。是指教师设计可引起幼儿移情的情景,来测量幼儿对别人情感的各种体验的一种方法。比如,为了测验幼儿的同情心,教师可以先给幼儿放一段“聪聪的生日晚会”的录像片,然后再分别向幼儿提问(比如,“你心里觉得怎么样”),最后,教师根据幼儿的答案来进行评价。如果幼儿回答的情感体验与录像片中主人公的情感体验比较相似、较为一致(比如,“心里觉得很高兴”),就表明该幼儿具有同情心;反之亦然。

当教师要评价幼儿的社会行为发展水平时,可运用以下方法:

(1) 自然测验法。是教师在自然环境中,测量幼儿自然发生的社会行为的一种方法。比如,为了评价第一组幼儿社会行为发展的水平,教师在自由游戏活动中,对这组幼儿进行现场观察、记录,评价他们在这段时间内所做出的各种表现,例如,是否能帮助同伴、谦让同伴,是否能把游戏材料、游戏空间让给同伴等。

(2) 情景测验法。是教师在一个设计好的情景中,对所要研究的幼儿的某种行为加以诱导,并进行观察、记录与分析的一种方法。例如,为了评价幼儿是否能与同伴分享,教师创设这样一个情景:先在活动室里给中(1)班的每个幼儿发放 5 个五角星,告诉他们可用这些五角星到储藏室的玩具柜上，换取自己所喜欢的几个玩具(有的玩具只要用1个五角星换，有的玩具则要用2个或3—5个五角星换)；接着对幼儿说：中(2)班的小朋友因为没有五角星，所以，他们得不到任何玩具，要是你愿意的话，你就往储藏室里的小碟子上放进五角星(碟中已有数个五角星，这样幼儿会以为教师不知道自己放未放)；然后教师分别让每个幼儿去换玩具。当幼儿从储藏室回来以后，教师进去数一数碟子上的五角星数量，就可知道某个幼儿放了没有、放了几个。

(3) 等级评定法。是由教师、家长、幼儿同伴对幼儿的社会行为进行概括性的等级评定的一种方法。比如，教师把幼儿的助人行为分为五个等级：很乐于助人、较乐于助人、一般化、较不乐于助人、很不乐于助人；然后把全班幼儿分别归入其中的某一级(如表5-6-4所示)，就可知道全班每个幼儿助人为乐行为的发展状况(如王伟、张江做得较好，崔芳、丁兵做得较差)。

表5-6-4 幼儿助人行为评价表

(在符合幼儿情况的项目上打"√")

评价时间： 年 月 日 星期 午 时 评价者：

幼儿		评价等级				
姓名	性别	很乐于助人	较乐于助人	一般化	较不乐于助人	很不乐于助人
王伟	男	√				
李红	女			√		
丁兵	男				√	
张江	男		√			
崔芳	女					√
……	……					

第七节 幼儿园社会教育活动的案例

幼儿园社会教育活动可以幼儿为中心，围绕某个主题或某些节日来展开。现以"我是美食家：品尝月饼"、"我是糕点师：制作粽子"、"我是按摩师：孝敬长辈"、"我是宣讲员：赞美祖国"、"我是旅行家：环游世界"为例，加以说明。

一、我是美食家：品尝月饼

(一) 活动目标

1. 通过庆祝中秋佳节，帮助幼儿了解我国的传统文化，体验到团圆欢乐的节日气氛。

2. 通过品尝各种月饼，发展幼儿的嗅觉和味觉，提高幼儿的分享能力和表达能力。

（二）活动准备

1. 儿童歌曲《爷爷为我打月饼》及播放设备。

2. 儿歌《香甜的月饼》及其图画。

3. 不同口味的月饼，不同馅心的月饼，不同产地的月饼，不同饼皮的月饼。

4. 大盘子、小刀、小盘子、小叉子、小杯子、小毛巾、饮用水。

5. 在班级的“气象角”里，注意摆放好月亮的形状和位置，以引起幼儿的兴趣。

6. 在班级的“家长园地”里，介绍“嫦娥奔月”的美丽传说，祝贺大家“中秋节快乐”，以引起家长的关注。

（三）活动过程

1. 欣赏歌曲

（1）教师播放儿童歌曲《爷爷为我打月饼》，并和幼儿一起欣赏、吟唱：“八月十五月儿明呀，爷爷为我打月饼呀，月饼圆圆甜又香呀，一块月饼一片情呀；爷爷是个老红军呀，爷爷对我亲又亲呀，我为爷爷唱歌谣呀，献给爷爷一片心呀。”

（2）教师和幼儿一起讨论总结：八月十五，月光明媚；月饼的形状是圆的，月饼的味道是甜香的。

2. 说唱儿歌

（1）教师呈现图画“香甜的月饼”，并和幼儿一起说唱儿歌：“八月十五月正圆，中秋月饼香又甜；八月十五月儿高，月亮婆婆生日到；甜月饼、红柿子，苹果、香蕉、紫葡萄；送给婆婆过生日，婆婆对着我们笑。”

（2）教师和幼儿一起讨论总结：八月十五是中秋节，明月高照，月饼香甜。

3. 品尝月饼

（1）教师分别呈现不同口味的月饼，和幼儿一起品尝，使幼儿体会到甜味是月饼的主要味道，此外还有咸味、咸甜味、麻辣味。

（2）教师分别呈现不同馅心的月饼，和幼儿一起品尝，使幼儿体验到月饼馅心有五仁的，也有豆沙的，此外还有冰糖的、芝麻的、百果的、水果的、蔬菜的、蛋黄的、莲蓉的、火腿的。

（3）教师分别呈现不同产地的月饼，和幼儿一起品尝，使幼儿认识到月饼有苏式的，也有广式的，此外还有京式的、宁式的、潮式的、滇式的。

（4）教师分别呈现不同饼皮的月饼，和幼儿一起品尝，使幼儿意识到月饼的饼皮有浆皮的，也有混糖皮的，此外还有酥皮的。

4. 畅谈美味

（1）教师和幼儿一起交流分享：吃了哪几种口味的月饼？最喜欢哪一种口味的月饼？

(2) 教师和幼儿一起交流分享:吃了哪几种馅心的月饼?最喜欢哪一种馅心的月饼?

(3) 教师和幼儿一起交流分享:吃了哪几个产地的月饼?最喜欢哪一个产地的月饼?

(4) 教师和幼儿一起交流分享:吃了哪几种饼皮的月饼?最喜欢哪一种饼皮的月饼?

(四) 活动延伸

(1) 教师带领幼儿参观幼儿园附近的食品店、超市的食品区,了解月饼的味道、种类和摆放。

(2) 教师在班级的区角中开设"食品店",欢迎"顾客"来品尝各种月饼。

(3) 教师指导家长在家庭中,和孩子一起品尝月饼、欣赏月光。

(4) 教师启发幼儿在班级的晨间活动时,和同伴交流家中吃月饼、赏月亮的趣事。

二、我是糕点师:制作粽子

(一) 活动目标

(1) 通过庆祝端午节,帮助幼儿了解中国的传统文化,体验大家一起吃粽子的快乐。

(2) 通过制作粽子,帮助幼儿了解粽叶、粽馅的特点,发展幼儿的手眼协调能力、小肌肉活动能力、分享合作能力。

(二) 活动准备

(1) 唐代文秀《端午》诗歌及图画。

(2) 朱宣咸中国画《端阳佳节》。

(3) 糕点师的帽子、围裙。

(4) 粽叶、棉线、糯米、红豆或火腿肉、板栗、红枣、绿豆。

(5) 在"家长园地"上简介这一活动。

(6) 邀请会包粽子的家长志愿者来班级,教幼儿包粽子。

(三) 活动过程

1. 听讲古诗

(1) 教师呈现图画,并给幼儿朗读唐代文秀的诗歌《端午》:"节分端午自谁言,万古传闻为屈原。堪笑楚江空渺渺,不能洗得直臣冤。"

(2) 教师告诉幼儿这首诗的大意:端午节大概是从什么时候开始的呢?为什么而设立的呢?这只是民间传说,是为了纪念爱国诗人屈原。我站在楚江上追思,发现眼前一片烟波浩渺,空空荡荡,我便轻蔑地笑了,为什么如此宽阔的大江,就不能包容一颗爱国的心呢?就不能为敢于说真话的人洗刷冤屈呢?

(3) 教师和幼儿一起讨论总结:端午节是为了纪念战国时代楚国诗人屈原,他在五月初五这天投汨罗江自尽殉国。

2. 欣赏名画

教师呈现朱宣咸中国画《端阳佳节》,指导幼儿加以欣赏,注意观看粽子的造型和颜色。

3. 看包粽子

教师邀请家长一边向幼儿演示粽子的制作过程，一边进行讲解：(1)选2—3片粽叶，把这些粽叶错开折叠，即上面的粽叶压住下面粽叶一半即可。(2)把粽叶折叠成漏斗形状。(3)在这个漏斗中先放一小半糯米，再放几粒红枣或其他馅料，然后再放点糯米把红枣盖住。糯米和漏斗口持平即可，太少了粽子会很瘪，太多了又会包不住。(4)折叠粽叶，使粽叶把糯米全部包住。(5)用棉线缠绕粽子4—5圈，系上活扣，这样吃粽子时就容易解开了。

4. 学包粽子

教师和幼儿一起戴上帽子，系好围裙，跟着家长学包粽子；教师鼓励幼儿根据自己的喜好挑选馅料，包成粽子。

5. 烹饪粽子

教师和幼儿一起把包好的粽子送到幼儿园的厨房里去煮熟，然后大家一起品尝。

(四) 活动延伸

(1) 教师在班级的区角里设立"加工厂"，鼓励幼儿利用不同的"馅料"制作粽子。

(2) 教师提醒家长在家里和孩子一起包粽子，充分体验亲子共同制作的无穷乐趣。

三、我是按摩师：孝敬长辈

(一) 活动目标

(1) 通过三八妇女节、母亲节、父亲节、重阳节，帮助幼儿了解"百善孝为先"是中华民族的优良传统。

(2) 通过日常活动，帮助幼儿形成尊敬长辈、关爱长辈的意识和行为。

(3) 通过家园合作共育，帮助幼儿形成孝敬长辈的良好行为习惯。

(二) 活动准备

(1)"黄香温席"的典故及图画。

(2)《常回家看看》的歌曲及播放设备。

(3) 在"家长园地"上贴出活动简介，请家长给孩子讲讲自己是如何关爱父母的，抽出时间买点礼物，带着孩子去探望老人，帮助老人做点家务事。

(4) 邀请家长来班级，参与孩子的活动。

(三) 活动过程

1. 听讲故事

(1) 教师边呈现图画，边给幼儿讲解"黄香温席"的故事：黄香小的时候，家中生活十分艰苦；他9岁时，母亲就不幸去世了，他非常悲伤；他本来就非常孝敬父母，在母亲生病期间，他一直不离左右，守护在母亲的病床前；母亲去世后，他对父亲更加关心，尽量让父亲少操心；在炎热的夏天，为了让父亲休息好，他晚饭后，总是拿着扇子把蚊蝇扇跑，还要扇凉父亲睡觉的床和枕头，使劳累了一天的父亲能早些入睡；在寒冷的冬天，为了能让父亲少挨冷受冻，他读完书后，便悄悄地走进父亲的房间，给他铺好被子，然后脱了衣服，钻进父亲的被窝里，用自己的身体温暖了冰冷的被窝之后，才招呼父亲睡下。

(2) 教师指导幼儿进行总结：黄香是个孝子，在酷夏时，能为父亲扇凉枕席；在寒冬时，能用身体为父亲温暖被褥；他的孝心值得我们好好学习。

(3) 教师启发幼儿进行讨论：我们应该如何向黄香学习呢？在夏天，我们能为父母做点什么事呢？在冬天，我们能为父母做点什么事呢？在春天，我们又能为父母做点什么事呢？在秋天，我们还能为父母做点什么事呢？

2. 吟唱歌曲

(1) 教师播放《常回家看看》的歌曲，和幼儿一起聆听、吟唱："找点儿空闲，找点儿时间，领着孩子，常回家看看；带上笑容，带上祝愿，陪同爱人，常回家看看；妈妈准备了一些唠叨，爸爸张罗了一桌好菜；生活的烦恼跟妈妈说说，工作的事情向爸爸谈谈；常回家看看，回家看看，哪怕帮妈妈刷刷筷子洗洗碗；老人不图儿女为家作多大贡献，一辈子不容易就图个团团圆圆；常回家看看，回家看看，哪怕给爸爸捶捶后背揉揉肩，老人不图儿女为家作多大贡献，一辈子总操心就盼个平平安安。"

(2) 教师和幼儿一起讨论：我们从这首歌曲中明白了什么道理？我们应该如何去做？我们应该如何尊敬长辈、关爱长辈、帮助长辈？

3. 按摩活动

(1) 教师指导幼儿开展"我是按摩师"的活动，并请家长给予配合，接受"按摩"。

(2) 教师指导幼儿询问家长："你觉得哪里不舒服呢？""我给你按摩一下吧？""你现在是否觉得舒服一点了呢？"以此来培养孩子关爱长辈的言语。

(3) 教师指导幼儿用自己的双手给家长"按摩"：从头部按到肩部、腰部、手臂，再到腿部，以此来培养孩子关爱长辈的行为。

(四) 活动延伸

(1) 教师指导幼儿在班级的区角里，创设"按摩院"，给幼儿提供更多的关爱别人的时机，以强化幼儿的良好行为习惯。

(2) 教师提醒家长在家庭日常生活中，给孩子提供更多的帮助长辈的机会，以巩固孩子言行一致的良好行为习惯。

四、我是宣讲员：赞美祖国

(一) 活动目标

(1) 帮助幼儿了解祖国各地的地域方言、美食文化、著名建筑等。

(2) 培养幼儿热爱家庭、热爱家乡、热爱祖国的美好情感。

(二) 活动准备

(1) 教师在班级的墙壁上,悬挂一张“中国地图”、有关省(市)的地图。

(2) 教师在班级的展台上,摆放全国各地的一些特产。

(3) 教师在班级的桌椅上,陈列《舌尖上的中国》的纪录片及播放设备。

(4) 教师在班级的桌椅上,摆放全国各地的一些旅游景点图片、照相机。

(5) 教师在班级的桌椅上,陈列《我的中国心》的歌曲及播放设备。

(6) 教师在班级的“家长园地”上,公布活动的信息,请家长给予相应的帮助。

(7) 教师提醒幼儿回到家里,询问家长有关自己和家人出生地的各种信息。

(三) 活动过程

1. 谈话活动

(1) 教师分别向幼儿提出以下各个问题:你是哪个地方的人?你的爸爸、妈妈是哪个地方的人?你的爷爷、奶奶是哪个地方的人?你的外公、外婆是哪个地方的人?

(2) 教师和幼儿一起在“中国地图”上把这些省(市)一一找出来,并用标识把它表示出来。

(3) 教师鼓励幼儿说几句地域方言,例如,幼儿如果是上海人,教师就鼓励其讲几句上海话;幼儿如果是湖南人,教师就鼓励其讲几句湖南话;幼儿如果是江西人,教师就鼓励其讲几句江西话;幼儿如果是广东人,教师就鼓励其讲几句广东话。

2. 餐饮活动

(1) 教师启发幼儿思考家乡的饮食特点,例如,是吃米饭为主还是吃面食为主,吃的食物是偏甜的还是偏咸的或是偏辣的。

(2) 教师鼓励幼儿说一说自己喜欢吃哪些食物,例如,是否喜欢吃北京的茯苓夹饼、天津的“狗不理”包子、云南的过桥米线、新疆维吾尔自治区的哈密瓜、山东的苹果、上海的五香豆等。

(3) 教师提示幼儿在班级的展台上,挑选一种自己最喜欢吃的食物,并和同伴分享体验。

(4) 教师播放《舌尖上的中国》的纪录片,和幼儿一起观赏祖国各地的美食生态,帮助幼儿了解中华饮食文化的精致和源远流长。

3. 摄影活动

(1) 教师出示某地的一个著名旅游景点图片,启发幼儿说出这是什么景点,当地还有其他什么好看的景点。例如,北京除了有“长城”以外,还有“故宫”、“天坛”、“天安门”等好看的景点;上海除了有“外滩”以外,还有“豫园”、“上海世博园”、“上海科技馆”等好看的景点。

(2) 教师提示幼儿以自己喜欢的某个景点为背景,摆个独特新颖的造型,拍张照片。例如,幼儿可以选择云南省的“路南石林”为背景,摆个“千姿百态”的造型,拍照留念;也可以选择四川省的“九寨沟”为背景,摆个“山水相连”的造型,拍照留念;此外还可以选择江苏省的“中山陵”为背景,摆个“博爱无边”的造型,拍照留念;或选择浙江省的“西湖”为背景,摆个“美丽动人”的造型,拍照留念。

4. 联欢活动

(1) 教师播放《我的中国心》的歌曲:“河山只在我梦萦,祖国已多年未亲近,可是不管怎样也改变不了我的中国心；洋装虽然穿在身，我心依然是中国心，我的祖先早已把我的一切烙上中国印；长江、长城、黄山、黄河，在我心中重千斤，无论何时，无论何地，心中一样亲；流在心里的血，澎湃着中华的声音，就算身在他乡也改变不了我的中国心。”

(2) 教师和幼儿一起载歌载舞，大家共同赞美祖国，为自己是个中国人而感到骄傲和自豪。

5. 搭建活动

教师鼓励幼儿在班级的“建筑区”里，搭建自己所喜欢的某个省（市）的著名建筑物，并表现出其特色。例如，搭建北京的“长城”时，要突出其“绵延漫长”的造型特点；搭建上海的“东方明珠电视塔”时，要突出其“高耸入云”的造型特点；搭建武汉的“黄鹤楼”时，要突出其“四面八方”的设计特点；搭建拉萨的“布达拉宫”时，要突出其“迂回曲折”的设计特点。

（四）活动延伸

1. 教师指导幼儿在班级的“表演区”里，扮演“小导游”，带领“旅游团”到全国各大风景点去游玩。

2. 教师提醒家长要更好地利用节假日的时间，多带孩子外出游玩，让孩子亲身感受到祖国山河的美丽壮观。

五、我是旅行家：环游世界

（一）活动目标

(1) 帮助幼儿了解世界上一些主要国家及其特色，丰富幼儿的社会知识。

(2) 培养幼儿的多元文化意识，发展幼儿的社会交往能力。

（二）活动准备

(1) 教师和幼儿一起上网，查看“护照”的样本，和幼儿一起制作“护照”，每人一本，在上面写下姓名、性别、年龄、国籍、护照编号等等信息。

(2) 教师和幼儿一起上网，查找各国的标志性建筑物、动物、植物、食物、服饰，以此作为该国的标志，制作印章。

(3) 教师在班级的墙壁上，悬挂一张“世界地图”；在班级的桌子上，摆放一个“地球仪”。

(4) 教师在班级的展台上，摆放“向世界出发”的电视节目录像带及播放设备。

(5) 教师在班级布置五个区角，代表五大洲，并用图片来装扮各个洲中的主要国家，此外还鼓励幼儿把家中亲朋好友出国游玩的照片陈列在此。

(6) 教师和幼儿一起制作“导游”要举的小旗子、“游客”要戴的小帽子。

（三）活动过程

1. 观赏录像

教师选择“向世界出发”的电视节目录像的片段加以播放，和幼儿一起观赏、交流世界各地的美景、风俗。

2. 畅游简介

教师举着小旗子，扮演“导游”；幼儿戴上小帽子，扮演“游客”。

“导游”指着“世界地图”、“地球仪”，告诉游客：今天我要带大家去环游世界了，我们先去五大洲中最大的亚洲，后去第二大的美洲，再去第三大的非洲、第四大的欧洲，最后去最小的大洋洲。

3. 逛游亚洲

“导游”带领“游客”来到区角中的“亚洲”后，(1)指导“游客”：仔细观看四周的环境，看看这几个国家各有什么特点。(2)提问“游客”：日本这个国家有什么好看的、好玩的、好吃的？新加坡这个国家有什么好看的、好玩的、好吃的？韩国这个国家有什么好看的、好玩的、好吃的？印度这个国家有什么好看的、好玩的、好吃的？(3)鼓励游客：说出日本有好看的和服、樱花，好吃的章鱼烧；新加坡有好看又好玩的圣淘沙海滩、鱼尾狮公园；韩国有好看又好吃的菊花糕、小鱼饼；印度有好看的舞蹈、荷花。(4)提示“游客”：用你喜欢的印章在“护照”上盖一下，表明你到此游过了。

4. 游览美洲

“导游”带领“游客”来到区角中的“美洲”后，(1)指导“游客”：仔细观看四周的环境，看看这几个国家各有什么特点。(2)询问“游客”：美国这个国家有什么好看的、好玩的、好吃的？加拿大这个国家有什么好看的、好玩的、好吃的？墨西哥这个国家有什么好看的、好玩的、好吃的？巴西这个国家有什么好看的、好玩的、好吃的？(3)鼓励游客：说出美国有好看的白宫、金门大桥，好玩的首都儿童博物馆，好吃的肯德基、麦当劳；加拿大有好看的枫树、枫叶，好吃的枫糖浆；墨西哥有好看的仙人掌，好吃的玉米饼；巴西有好看的足球、桑巴舞，好吃的烤肉。(4)提示“游客”：用你喜欢的印章在“护照”上盖一下，表明你到此游过了。

5. 游玩非洲

“导游”带领“游客”来到区角中的“非洲”后，(1)指导“游客”：仔细观看四周的环境，看看这几个国家各有什么特点。(2)询问“游客”：埃及这个国家有什么好看的、好玩的、好吃的？南非这个国家有什么好看的、好玩的、好吃的？(3)鼓励游客：说出埃及有好看的金字塔、狮身人面像，好吃的大饼、蚕豆；南非有好看的帝王花，好吃的巧克力。(4)提示“游客”：用你喜欢的印章在“护照”上盖一下，表示你到此游过了。

6. 逛游欧洲

“导游”带领“游客”来到区角中的“欧洲”后，(1)指导“游客”：仔细观看四周的环境，看看这几个国家各有什么特点。(2)询问“游客”：俄罗斯这个国家有什么好看的、好玩的、好吃的？英国这个国家有什么好看的、好玩的、好吃的？德国这个国家有什么好看的、好玩的、好吃的？法国这个国家有什么好看的、好玩的、好吃的？西班牙这个国家有什么好看的、好玩的、好吃的？(3)鼓励游客：说出俄罗斯有好看的向日葵、克里姆林宫，好玩的夏宫、冬宫，好吃的黑面包；英国有好看的大本钟、白金汉宫、伦敦塔桥，好玩的大英博物馆，好吃的炸鱼、炸薯条；德国有好看的勃兰登堡门、无忧宫、科隆大教堂，好吃的香肠；法国有好看的巴黎凯旋门、埃菲尔铁塔、卢浮宫、巴黎圣母院，好吃的蜗牛；西班牙有好看的斗牛舞，好吃的炸鱿鱼。(4)提示“游客”：用你喜欢的印章在“护照”上盖一下，表示你到此游过了。

7. 游览大洋洲

“导游”带领“游客”来到区角中的“大洋洲”后，(1)指导“游客”：仔细观看四周的环境，看看这几个国家各有什么特点。(2)询问“游客”：澳大利亚这个国家有什么好看的、好玩的、好吃的？新西兰这个国家有什么好看的、好玩的、好吃的？(3)鼓励游客：说出澳大利亚有好看的悉尼歌剧院、黄金海岸，好玩的袋鼠、树袋熊，好吃的大龙虾；新西兰有好看的毛利人舞蹈、天空塔、海港大桥，好吃的羊肉、猕猴桃。(4)提示“游客”：用你喜欢的印章在“护照”上盖一下，表明你到此游过了。

（四）活动延伸

(1) 教师在班级组织“旅游交流会”，鼓励幼儿分享旅游的收获和快乐。

(2) 教师鼓励幼儿在家里扮演“小导游”，带领家长“大游客”去周游世界。

阅读参考书目

1. 张文新著：《儿童社会性发展》，北京师范大学出版社 1999 年版。

2. 赵中建选编：《全球教育发展的研究热点——90 年代来自联合国教科文组织的报告》，教育科学出版社 1999 年版。

3. 杨丽珠等主编：《幼儿社会性发展与教育》，辽宁师范大学出版社 2000 年版。

4. 方建移、胡芸、程昉著：《社会教育与儿童社会性发展》，浙江教育出版社 2005 年版。

5. 李叶兰主编：《幼儿社会教育活动设计与指导》，中国劳动社会保障出版社 2006 年版。

6. 唐淑、孔起英主编：《幼儿园艺术、健康和社会教育》，南京师范大学出版社 2010 年版。

7. 李生兰等著：《学前教育法规政策的理解与运用》，南京师范大学出版社 2012 年版。

8. [美]Linda Campbell 等著，王成全译：《多元智能教与学的策略》，中国轻工业出版社 2001 年版。

9. [美]大卫·W·约翰逊等著，刘春红等编译：《合作性学习的原理与技巧——在教与学中组建有效的团队》，机械工业出版社 2002 年版。

10. Wilma Robles de Melendez, Vesna Beck, Melba Fletcher. *Teaching Social Studies in Early Education*. Thomson Learning. 2000.

复习思考题

1. 什么是幼儿的社会教育？幼儿园为什么要对幼儿进行社会教育？
2. 幼儿园社会教育的任务及要求是什么？
3. 你是如何理解幼儿园社会教育的内容的？
4. 幼儿社会化的内容是什么？幼儿社会化的主要特点有哪些？
5. 教师在设计幼儿园社会教育活动时，应遵循哪些原则？

6. 你认为幼儿园应如何实施社会教育才能取得更好的教育效果？
7. 教师观察幼儿社会性发展的形式主要有哪些？
8. 教师在记录幼儿社会性发展时的注意事项是什么？
9. 教师评价幼儿社会性发展的形式一般有哪几种？
10. 教师评价幼儿社会性发展的常用方法有哪些？
11. 设计一个幼儿园社会教育活动的方案。

第六章

幼儿园的游戏活动

内容提要：本章共由七节组成，首先介绍了幼儿园游戏活动的种类、幼儿园游戏活动的价值，其次阐述了幼儿园游戏活动的准备，再次论述了幼儿园游戏活动的观察、幼儿园游戏活动的指导，最后说明了幼儿园游戏活动的评价，此外还列举了幼儿园游戏活动的几个案例。

游戏是幼儿的主要活动，幼儿通过游戏学习和成长。为了充分发挥游戏活动在幼儿身心和谐发展中的作用，教师不仅要认识游戏活动的特点、种类，为幼儿的游戏活动作好各种准备工作，而且还要对幼儿的游戏活动进行观察记录、指导和评价。

第一节　幼儿园游戏活动的种类

对幼儿游戏的认识五花八门，至今尚无一个世界公认的定义；幼儿游戏的种类丰富多彩，以不同的指标为依据，就会把游戏分化出各种不同的类型。

一、幼儿游戏活动的界定

什么是游戏？古今中外不同的学者对这一问题做出了不同的回答，答案可谓五花八门：(1)游戏是儿童内心活动的自由表现，是儿童最纯洁、最神圣的心灵活动的产物；(2)游戏是释放过多精力的一种活动；(3)游戏是帮助儿童松弛、恢复精力的一种手段；(4)游戏是儿童最大的心理需求；(5)游戏是儿童学习的自然方法；(6)游戏是儿童最严肃的工作；(7)游戏是儿童学习知识的最有效的手段；(8)游戏是儿童为了寻求欢乐而自愿参加的一种活动；(9)游戏是儿童个体的一种艺术形式；(10)游戏是为儿童以后的成人生活提供早期训练；(11)游戏是假扮行为，是对周围生活的反映；(12)游戏是儿童的一种同化活动，包括外显行为和白日梦；(13)游戏是儿童各种本能升华的表现；(14)游戏是一种以自我为中心的个体转变成社会化的、以他人为中心的个体的工具;(15)游戏是儿童固有的、快乐的活动;(16)游戏是儿童了解社会规则和成人职业的重要方式;(17)游戏是儿童有趣而又严肃的事情;(18)游戏是一种没有直接的目的的活动;(19)游戏是儿童的工作;(20)游戏是儿童的自动活动和学习等等。

提出"游戏是一种没有直接的目的的活动"的学者认为,当教师把"游戏"同"目的"、"目标"相联系时,就会削减游戏自发的、不需要限制的特性。这一观点也受到一些学者的反对,他们认为游戏的无目的性是不符合事实的,所有的游戏都有一定的目的和目标,尽管儿童游戏是为了"好玩"。

提出"游戏是儿童的工作"的学者认为,儿童在游戏中获得的愉快体验有助于其成年后的工作,使成人感到生活的意义和工作的成就感。游戏虽然是儿童的工作,但不是成人意义上的工作,儿童喜欢这种工作,在工作中,他们运用时间、能量和过去的经验去发展自己的聪明才智。这一看法也受到另一些学者的反对,他们指出如果把游戏看作是儿童的工作,那就会使教师混淆"游戏"和"工作"这两个概念之间的主要区别,当教师把儿童的"游戏"看作是儿童的"工作"时,就会去控制儿童的游戏,使游戏含有许多工作的成分,且这些工作的难度较大、要求较高。

提出"游戏是儿童的自动活动和学习"的学者认为,儿童通过游戏而学习,游戏是一种自动活动,学习发生于其中。儿童自己会去游戏,而不需要别人叫其去游戏,除非儿童得不到玩具和游戏材料,被限制去进行自发游戏。

可见,给游戏下一个精确而又能得到公认的定义是很困难的。近几十年来,随着幼教界对游戏理论和实践研究的深入,中外许多学者认为,无论人们怎样界定游戏,重要的是应意识到游戏的一些最基本的因素和主要的特征,如游戏是儿童个体发起的活动;游戏是令儿童愉快的、有趣的活动;游戏没有外在目的,其动机来自儿童内部;游戏是儿童自发自愿的活动,没有强制性;游戏产生于儿童熟悉的事物;儿童能够修改游戏规则;游戏需要游戏者主动的参与。

二、幼儿游戏活动的种类

幼儿游戏活动多种多样,以不同的尺度为标准,可以分出不同的种类。

(一) 从教育的作用上分

我国《幼儿园教育纲要(试行草案)》把幼儿园的游戏分为创造性游戏(角色游戏、结构游戏、表演游戏)、体育游戏、智力游戏、音乐游戏和娱乐游戏等。

1. 角色游戏

这是儿童以模仿和想象,通过扮演角色,创造性地反映周围生活的一种游戏。例如,健身热已成为申城的一道独特的风景线,有的家长周末带孩子去健身房锻炼,星期一孩子来园时,就向老师提出要玩"健身房"的游戏:自己当"经理",招聘 1 个"礼仪小姐"、2 个"教练";要求"礼仪小姐"站在门口,对过往的行人宣传"第一天开张,免费开放";要求"教练"教"客人"如何使用健身器材。

2. 结构游戏

这是儿童利用各种不同的结构材料(如积木、积塑、竹制材料、金属材料、泥巴、沙、水、雪等),

通过手的创作活动，来反映现实生活的游戏。比如，教师带领幼儿到虹桥国际机场参观回来以后，几个幼儿一起在活动室的地板上，用大型积木搭建了一座更为雄伟壮观的现代化“机场”。

3. 表演游戏

这是儿童按照故事、童话的内容，分配角色，安排情节，通过动作、表情、语言来进行的游戏。例如，幼儿根据“老鼠娶亲”的民间故事，设定了“新郎”、“新娘”、“媒婆”、“轿夫”四个角色，进行表演的情节是：“媒婆”带着“新郎”、“轿夫”去接“新娘”；“新娘”坐着花轿来到了“新郎”家；“媒婆”要求“新郎”、“新娘”拜天地、拜父母和对拜。

4. 体育游戏

这是以发展儿童基本动作，增强儿童体质，促进儿童身体健康为主的游戏。比如，教师让每个幼儿把草编花环戴在头上，隐蔽自己，学习“解放军”，匍匐前进，扔“手榴弹”去炸敌人的“碉堡”。

5. 智力游戏

这是通过生动有趣的游戏形式，使儿童在愉快的情绪中，丰富知识，培养技能，发展智力的游戏。例如，教师和幼儿一起猜谜语，教师说出谜语（猜谜语：“小小姑娘真美丽，身穿一件花裙衣，不会唱歌会跳舞，天天飞在花丛里。”打一昆虫），让幼儿猜出谜底（蝴蝶）。

6. 音乐游戏

这是儿童在音乐伴奏和歌曲伴唱下所进行的游戏。比如，教师让幼儿边唱歌曲《划船》（“小船尖尖，飘在水面；我划小船，小船向前；推开波浪，划进蓝天；啦啦啦啦，划进蓝天”），边分成几个小组进行“划船”比赛（每组由 4 位幼儿组成，1 名幼儿在前方“举旗”，1 名幼儿在后面“掌舵”，中间两位幼儿，1 人在左，1 人在右，他们要用一只手拉着同伴，另一只手“划船”），歌曲唱完后，划得最远的小组为冠军。

（二）从教师的指导上分

近 20 年来，我国幼教界对游戏进行了广泛而深入的研究，认为幼儿园游戏的质量和教师对游戏的运用和指导有一定的关系，提出把游戏分为两类：(1)幼儿自发游戏。这种游戏是由儿童自己思考出来、组织发起的，游戏的目的在于游戏本身，充分反映了儿童的自主性，所以又称自主游戏。例如，在自由活动的时候，幼儿自己决定和谁一起玩、玩什么、在哪里玩、如何玩等。(2)规则游戏。教师根据教育、教学目的，按照一定的目标，设计游戏，旨在促进教育教学任务的完成，因而又称教学游戏。比如，为了培养幼儿眼手、手脚的协调能力，教师设计了一个“打保龄球”的体育游戏，要求幼儿手拿小皮球，站在离“保龄球瓶”（在 10 个空饮料瓶子里装上少许沙子或水，排成一排）2—3 米的地方，身体略向前倾，对准“保龄球瓶”，用力把皮球滚出去，击倒“保龄球瓶”最多者为冠军。

（三）从儿童社会性的发展上分

在其他儿童出现的时候、小组中的儿童一起游戏时，社会性游戏也就产生了；它为儿童发展彼此之间的良好关系和友谊打下了基础。美国教育家帕顿发展了儿童社会性游戏的思想，把儿童的社会游戏分为六种:(1)非游戏行为。儿童在0—2岁时,没有同任何事物或任何人进行游戏,在房间里闲荡,跟随成人。(2)旁观游戏。儿童2岁以后开始观看其他儿童的游戏,他的兴趣集中在别人的游戏上,而没有参与到游戏中去。(3)独立游戏。2岁半以后能自己玩玩具,进行游戏,不参与别人的游戏,似乎没有意识到其他儿童的存在。(4)平行游戏。2岁半至3岁半以后的儿童,在其他儿童的旁边游戏,也许选择一个和旁边儿童一样的玩具、材料和活动,虽然把主要精力放在自己的游戏上,但其游戏的方式却类似于其他儿童。(5)联合游戏。3岁半至4岁半以上的儿童,在小组里与同伴交换材料,一起游戏,但事先没有确定游戏的目的。(6)合作游戏。4岁半以上的儿童,在小组中大家共同游戏,有预期的目的和目标,如要搭建一个城堡或比赛谁跑得更快。

(四) 从儿童认知的发展上分

儿童的游戏与其知识经验、身心发展水平是直接相联的。瑞士教育家皮亚杰认为儿童游戏是以认知的发展为基础的,他从儿童认知发展的角度出发,把游戏分为四类:(1)机能游戏。也称实践游戏、练习游戏。0—2岁的儿童在游戏中,以肌肉活动为主,主要特征是重复、操作和自我模仿。儿童喜欢得到感官刺激,儿童重复自己行为的目的是获得乐趣,表现自己的能力。(2)象征游戏。2—7岁的儿童处于皮亚杰所说的"让我们假装"游戏的阶段。儿童能以许多方式,自由地展示自己的创造力、体力、社交能力。例如,儿童把自己假装成另外一个人(如娃娃家的爸爸),把一个物体假想成另外一个物体(如把一块积木当作一辆卡车)。(3)规则游戏。7—11岁的儿童能够按照规则去行动,用规则来限制、调整自己的行为。

此外,还有其他的一些分类方法,如芬兰学者苏塔玛提倡按照游戏的内容来进行分类,把游戏分成五种:(1)功能游戏;(2)建构游戏;(3)角色游戏;(4)规则游戏;(5)教学游戏。日本教育家山下俊郎提出依据儿童的心理活动来进行划分,把游戏分为五类:(1)感觉游戏;(2)运动游戏;(3)想象游戏;(4)接受游戏;(5)结构游戏。

第二节 幼儿园游戏活动的价值

游戏是幼儿最喜爱的活动,幼儿在游戏中学习和成长,游戏对幼儿身体、智力、创造力、情感、社会性、美感的发展都具有重要的积极作用。

一、促进幼儿体力的发展

幼儿的许多游戏都含有生理活动,这能够锻炼幼儿的身体,促进幼儿正常的生长发育,增强幼儿的体质。

首先,游戏有利于幼儿大肌肉的发展。当

幼儿在进行行走、奔跑、跳跃、平衡、投掷、钻爬、攀登、挖掘等方面的游戏时，他们身体的许多部位就得到了锻炼，动作就得到了发展。例如，幼儿在玩“切西瓜”游戏时(幼儿手拉手，围成一圈；一个小朋友站在圈外，准备切西瓜。大家一边念“切，切，切西瓜；农民伯伯种西瓜，大大的西瓜香又甜；我把西瓜一切二，一——切——二；切开了”一边切。被“切开了”的两个小朋友相向进行奔跑，先跑到原位的小朋友获胜)，腿部肌肉得到了训练。再如，幼儿在玩“钻桶”、“爬桶”游戏时，从桶里爬进爬出，从桶外爬上爬下，四肢肌肉的协调性和灵活性就会有所提高。

其次，游戏有利于幼儿小肌肉的发展。当幼儿玩玩具、扭扭转转、剪剪贴贴、拼拼画画、做做玩玩时，他的手部肌肉就得到了训练，手指活动变得越来越精确。比如，幼儿在给每个小瓶子找到合适的盖子并拧紧的过程中，手指动作得到了很好的培养。

再次，游戏有利于幼儿躯干肌肉的发展。游戏不仅能使幼儿的手脚经受锻炼，而且还能使幼儿的躯干得到运动。例如，在玩“乘电梯”游戏的时候，幼儿把自己想象成是一个电梯，一会儿上升(直起腰)，一会儿下降(弯腰)。

最后，游戏有助于幼儿感觉运动技能的提高。通过游戏，幼儿的各种技能都得到了锻炼，并日益完善起来。例如，让幼儿在不同的地面上(如水泥地、土地、沙地、塑料板地、木板地、草地)进行行走，能培养幼儿的脚部肌肉的触觉能力。

此外，游戏有助于幼儿对身体机能的认识。在游戏中，幼儿能逐渐意识到自己的身体能做什么事情，自己喜欢做什么事情等。比如，幼儿通过玩“洗衣机”的游戏(当听到“洗衣机开了”的指令时，幼儿先向左转一圈，后向右转一圈，依次循环；当听到“洗衣机关了”的指令时，幼儿原地不动；当听到“用衣架晒衣服了”的指令时，幼儿往上跳、下蹲、站直、伸胳膊、踢踢腿)，就能知道自己的身体能够做出各种不同的姿势和动作。

二、促进幼儿智力的发展

游戏是幼儿智力发展的动力，对幼儿智力的发展有重要的影响，通过游戏，幼儿开始认识世界，了解事物之间的关系，知识、技能、能力都得到了相应的发展。

首先，游戏丰富了幼儿的知识经验。游戏是幼儿学习知识最有效的途径，幼儿在游戏中通过使用材料和器械，从中习得了许多关于周围世界的基本知识和主要经验。例如，经过玩积木，幼儿就学会了“相等”的概念，知道两块小的积木放在一起等于一块大的积木；经过开汽车，在公路上开，在桥下开，在隧道中开，幼儿就了解了“上”、“下”、“穿过”等概念。

其次，游戏提高了幼儿的感知能力。幼儿通过游戏，能更好地认识物体的颜色、形状、大小等特性。比如，经过玩水，幼儿就了解了水的无色无味、透明、流动、有重量等特性。

再次，游戏激发了幼儿的想象能力。幼儿在游戏中要进行想象，把一个物体想象成另外一个物体，把一个人想象成另外一个人，在此过程中，幼儿的想象力就得到了发展。例如，在“医院”游戏中，幼儿用冰激凌棍来代替注射器，给“病人”打针；在“幼儿园”游戏中，幼儿扮演“教师”，给“小朋友”讲故事，这种以物代物、以人代人的活动，是幼儿想象力发展的重要标志。

最后，游戏发展了幼儿的思维能力。在游戏中，幼儿要对自己的行为做出决定：玩什么，怎么玩，和谁一起玩，用什么样游戏的材料和玩具来玩，使幼儿有机会去进行分析、判断、推理、概括和总结，发展抽象逻辑思维能力。例如，在“银行”游戏中，“行长”要思考设几个“营业”窗口，安排几个“职员”上班，用什么材料作“刷卡机”、“取款卡”、“钱币”、“一米线”等。在游戏中，幼儿还会遇到各种各样的问题，需要他们动脑筋去解决，提高了幼儿解决问题的能力。比如，在“娃娃家”游戏中，“妈妈”(可由1个女孩子扮演)要给“宝宝”(如1个玩具娃娃)包好小包被，带“宝宝”出去看国庆灯展；“妈妈”怎么包也包不好这个小包被，因为横着包，长度不够，而竖着包，宽度又不够；“妈妈”多次尝试，终于想出了一个好办法——用对角线，斜着包。

此外，游戏培养了幼儿的语言能力。幼儿在游戏中，产生了交往的需要，语言就发展起来了。通过游戏，幼儿扩大了词汇量，加深了对词义的理解，语言表达能力也随之得到了发展。例如，在“找相反，说相反”、“拿相反，说相反”、“画相反，说相反”、“做相反，说相反”的游戏中，幼儿学会了“大与小”、“长与短”、“黑与白”、“胖与瘦”等多个相反的词。

三、促进幼儿创造力的发展

幼儿对游戏充满了兴趣，在游戏中，幼儿能够无拘无束地玩耍，产生许多新颖的想法和独特的行为，激发了创造性的萌生和发展。

首先，游戏为幼儿提供了宽松的心理氛围。喜欢游戏的幼儿大都具有创造性，因为游戏与创造既有相似的过程，又有相同的心理氛围。幼儿的创造性只有在自由、轻松、愉快的气氛中才能产生，而游戏则为幼儿提供了这种心理氛围。在游戏中，幼儿的神思遐想、奇异行为，不但不会受到批评、指责，反而还能得到接纳、赞赏，而这又会成为一种信息反馈，强化幼儿的创造思想和行为。国外研究者把幼儿分成两组：一组为游戏组，幼儿可以自由使用所提供的游戏材料，另一组为对照组，幼儿要按照规定的方法来使用与游戏组相同的材料；后来两组幼儿都参加了创造力测验，结果显示，游戏组幼儿的得分明显高于对照组的幼儿。可见，游戏为幼儿创造的这种自由气氛是有助于其创造性的发展的。

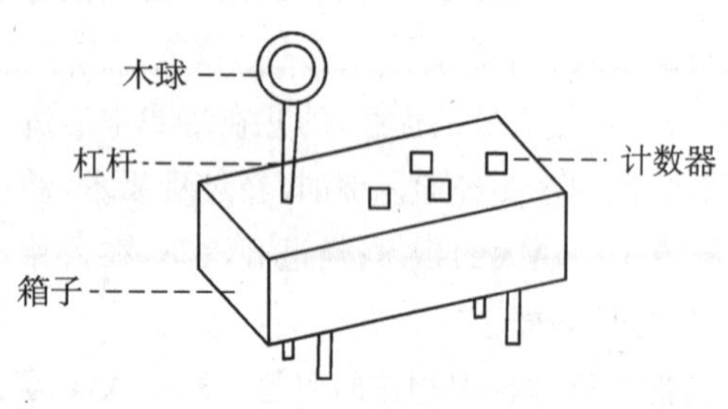

图6-2-1 金属红箱子

其次，游戏催发了幼儿的探究行为。好奇心和探究欲是幼儿创造性的“火花”，游戏则能“点燃”它，并使之“熊熊燃烧”起来。英国学者亨特曾用自己为幼儿设计的一个新玩具(金属红箱子，在箱子的上方有4个计数器和1根杠杆，杠杆的顶部有一个蓝木球；杠杆的运动方向由计数器控制；当杠杆呈水平状态时，会发出铃声，呈垂直状态时，蜂音器就会发出声音(如图6-2-1)，来考察幼儿的探索精神和创造行为。

结果发现幼儿对玩具的反应有三种类型：(1)不探索玩具。幼儿只看玩具，而不动手去探索玩具。(2)探索玩具。幼儿(主要是女孩)只对玩具进行探索(如尝试如何使铃声再次响起来)，但不玩玩具。(3)探索使用玩具。幼儿(主要是男孩)不但探索玩具，而且还能利用多种办法去玩玩具，进行游戏。4年以后，又对这些幼儿进行创造力测验，发现，第三类幼儿得分最高，第二类幼儿其次，第一类幼儿最低。由此可知，幼儿的探索行为有利于其创造力的发展。

再次，游戏激发了幼儿的发散性思维。发散性思维是幼儿创造性的重要表现，在游戏中，幼儿能变换各种方式来对待物体，通过对同一游戏材料做出不同的设想和行为，或对不同的物体做出同一种思考和动作，就能扩大幼儿与游戏材料相互作用的范围，增加相互作用的频率，使求异思维得到充分的训练。例如，在积木游戏中，幼儿用长方形积木来当"娃娃家"的"床"、"加油站"的"加油筒"、"医院"的"袋装药"、"快餐店"的"托盘"等；在玩沙游戏中，当面临"没有卡车运沙"这一问题时，幼儿能用"豆腐盒"、"花篮"、"石块"、"饮料瓶"等多种物体来代替。

最后，游戏提高了幼儿的创造性水平。象征游戏是幼儿期儿童的典型游戏，也是幼儿最喜爱的一种游戏，幼儿进行这种游戏，对其创造力水平的提高有直接的影响，这已被一些研究（如邓斯克等人的研究）所证明。第一阶段，研究者对 4 岁幼儿在自由游戏中的表现进行了观察和记录，如果一个幼儿用了约 25%的时间进行象征游戏，那么这个幼儿就被认为是喜欢游戏的；如果一个幼儿只用了 5%的时间进行象征游戏，那么这个幼儿就被认为是不喜欢游戏的。第二阶段，研究者把幼儿随机分成三组，每组都有爱游戏者和不爱游戏者：一是自由游戏组，幼儿自由使用游戏材料；二是模仿组，幼儿模仿实验者的方式来使用材料；三是解决问题组，幼儿用游戏材料拼图。第三阶段，对三组幼儿进行创造性测验，发现：自由游戏组中喜欢游戏的幼儿得分最高，不仅高于同组的不爱游戏的幼儿，而且还高于其他两组中的喜欢游戏的幼儿。可见，游戏能有效地提高幼儿在创造性测验中的成绩。

四、促进幼儿情感的发展

游戏在幼儿的情感发展中有重要作用，它不仅能满足幼儿表达自己情感的需要，而且还能使幼儿的良好情感得到发扬光大，不良情感得到控制和矫正。

首先，游戏使幼儿有机会表现自己的情感。幼儿喜、怒、哀、乐等各种情感，都能在游戏中得到安全、妥当的表现。例如，在表演游戏中，幼儿戴上一个"咧嘴大笑"的面具，来表现文学作品中人物的喜悦心情；戴上一个"横眉冷对"的面具，来表现文学作品中人物的愤怒心情。

其次，游戏能使幼儿充分体验到快乐之情。幼儿喜欢游戏，游戏是由快乐原则所支配的，游戏能给幼儿带来极大的欢愉。据笔者对 180 名幼儿园小、中、大班幼儿的调查，发现在回答"使你感到最高兴的事情是什么"的问题时，有 1/4 以上的幼儿（46 位幼儿，占 25.6%）都答是"做游戏"，其中小班有 11 名，占 18.3%；中班有 22 名，占 36.7%；大班有 13 名，占 21.7%。

再次，游戏能帮助幼儿克服恐惧情绪。令幼儿感到恐惧的事情很多，根据我们对 180 名幼儿的调查发现：有 52.8%的幼儿怕"野生动物"、13.3%的幼儿怕"睡觉"、10.6%的幼儿怕"惩罚"、10%的幼儿怕"黑暗"、3.9%的幼儿怕"妖魔鬼怪"。游戏能起到缓解幼儿的紧张心理、降低幼儿的惧怕情绪的作用，从而减少了幼儿的心理压力，使幼儿的心理处于健康状态。比如，在玩"动物园"的游戏中，幼儿通过给"大灰狼"、"老虎"、"金钱豹"等野兽搭建"小房子"，对这些野兽进行"喂养"和"训练"，不但能削弱幼儿对野生动物的恐惧之情，而且还会萌发幼儿对它们的爱护之心。

最后，游戏能使幼儿进行情感宣泄。"游戏治疗"的理论和实践已经表明，游戏是幼儿发泄自己不良情感的一种重要形式，通过游戏，使幼儿的情绪变得平静、缓和，有利于抑制、降低消极情绪的负面作用。例如，在体育游戏中，幼儿凭借拳打脚踢"沙袋"、用力拉"响力器"、使劲投掷"豆包”等，来释放愤怒之情。

五、促进幼儿社会性的发展

游戏是幼儿进行社会交往的起点，并为幼儿提供了大量交往的机会，使幼儿逐步学会了认识自己和同伴，并能正确地处理自己和同伴之间的关系，社会交往能力得到提高，加快了幼儿的社会化进程。

首先，游戏有助于克服幼儿的自我中心。自我中心是幼儿的一种非社会行为，有效地控制这种行为是幼儿与同伴进行交往的基础，游戏对于幼儿学习克制这种行为有明显的效果。例如，在插塑游戏中，王维小朋友想把“电视机”的“天线”再加长一些，可是他的积塑已经用完了，于是他就从身边李红小朋友“斜拉桥”的“钢索”上拔下一个积塑；李红见状，也从王维“电视机”的“架子”上拔下一个积塑……在此过程中，幼儿学会了认识自己，了解自己的行动会带来什么样的后果，同伴会对自己的行为做出什么样的反应，从而迫使幼儿站在同伴的角度去思考问题，从自我中心中解放出来，否则，游戏就无法进行下去。

其次，游戏培养了幼儿的合群行为。有些幼儿比较孤僻，不喜欢参加集体活动，不爱与别人交往，喜欢独自一个人进行活动，显得不合群，游戏能为幼儿提供与别人相互作用的机会，使幼儿感受到“大家一起玩”真开心，用集体的欢乐来温暖孤独的心，使之变得合群起来，为将来成功地走向学习和生活创造良好的条件。例如，开学已近两个月了，丁兵小朋友还是不愿意和同伴坐在一起，也不想参与班级活动；但在教师组织幼儿玩“开火车”的游戏前，进行“火车头”、“火车身”、“火车尾”、“火车轮”的角色分配时，他却向教师提出“我想当‘火车尾’”的请求。教师和小朋友们都热烈鼓掌欢迎他加入游戏，来当“火车尾”；丁兵第一次参加游戏，玩得很开心；游戏结束时，他依依不舍地对教师说：“下次我还想当‘火车尾’，好吗?”教师说：“好的，可是‘火车尾’要和‘火车头’、‘火车身’、‘火车轮’连在一起才能开的，如果你还想当‘火车尾’，就把小椅子搬过来和小朋友们坐在一起，好吗?”他很高兴地把自己的小椅子和小朋友的小椅子摆在了一起，愉快地坐下来了。自此以后，这个幼儿逐渐变得合群了。可见，游戏是幼儿从不合群走向合群的桥梁。

再次，游戏提高了幼儿的交往技能。游戏扩大了幼儿的社交范围，增加了幼儿的社交频率，使幼儿掌握了与人交往的技能和艺术，社交能力得到不断的提高。例如，在体育游戏中，张恒小朋友在兴高采烈地荡秋千，张加小朋友也想荡。张加等了很长一段时间，显得很着急，可是张恒还未从秋千上下来。于是张加就对张恒说：“你要是再不下来，我以后就不和你一起玩‘警察捉小偷’的游戏了。”张恒听后，仍坐在秋千上不肯下来，说道：“你不想和我玩，我也不想和你玩。”过了一会儿，张加又说：“张恒，我们俩不是好朋友吗，好朋友应该互相谦让的，对不对? 我正等着荡秋千呢，你看，我都等这么长时间了，我等得急死了，我实在等不下去了，请你让我荡一会儿，就一会儿，好吗?”这几句话打动了张恒的心，他愉快地从秋千上跳下来，让张加去荡。可见，游戏能为幼儿在满足自己的需要和同伴的需要之间、在学会分享和轮流、给予和索取之间找到平衡。

最后，游戏发展了幼儿遵守规则的能力。在游戏中，幼儿作为集体的一员，要受到集体规则的制约，按照集体的意志去行动，否则，他就会被这个游戏集体所淘汰。例如，在幼儿开展角色游戏之前，需要对角色进行分配，有的角色很有吸引力，人人都想扮演，而有的角色却没什么吸引力，没人想去扮演，那么，究竟应该如何来分配这些角色呢？当大家都同意用一个公正的办法——“石头、剪刀、布”——来决定胜负，胜者先挑选角色，败者后挑选角色以后，如果哪个幼儿失败了，剩下的角色一点也不喜欢，他也得去扮演，如果不想扮演，同伴就不会让他参加游戏。为了能与别人一起游戏，幼儿不得不遵守集体的规则，委曲求全，克制自己。

此外，游戏锻炼了幼儿顽强的意志。在游戏中，幼儿能够克服困难，坚持把事情做到底，毅力、耐心、坚持性得到了发展。许多游戏研究都证明了这一点。例如，美国教育家布鲁纳等人把3—5岁幼儿分成三组：第一组是游戏组，研究者告诉幼儿夹钳可夹在棒上后，幼儿自由玩夹钳和棒子。第二组是观察原理组，研究者告诉幼儿夹钳可夹在棒上后，再夹给幼儿看如何把两根棒子连接起来。第三组是控制组，研究者只讲夹钳可夹在棒上，不演示，也不让幼儿玩耍。然后要求幼儿完成以下任务：坐在一把椅子上，从放在远处的一只塑料盒里，取出一支粉笔；盒子的“门”是用一个“J”形钩子钩住的；可利用的工具就是3根长短不一的蓝棒子和2只“C”形夹钳（如图6-2-2）。

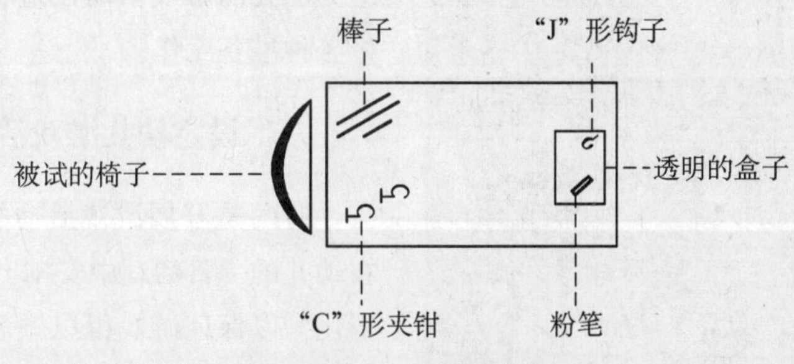

图6-2-2 实验研究图

幼儿要拿到粉笔，就必须用一只夹子把两根较长的棒子连接起来组成一个长棒，拨开门钩，把粉笔拨到面前来。结果发现，第一组幼儿任务完成得最好，第二组次之，第三组最差：第一组的幼儿最具有耐心，面对困难，毫不灰心丧气，不断尝试各种办法，最终使问题得到较好的解决；第二组的幼儿急于求成，一旦失误，就会变得焦急起来，自卑泄气，不愿再尝试。可见，游戏能降低幼儿对成功的过高期望和对失败的过多担忧，使幼儿能不怕挫折，迎接挑战。

六、促进幼儿美感的发展

游戏是幼儿产生美感的重要源泉，在游戏中，幼儿能自由自在地感受美、表现美和创造美。

首先，游戏的设施有利于幼儿领略美。漂亮的玩具和游戏材料及游戏器械、装饰一新的游戏环境，都能给幼儿一种美的享受，使幼儿爱不释手、流连忘返。

其次，游戏的内容有益于幼儿欣赏美。比如，在角色游戏中，幼儿扮作“妈妈”，带领玩具“宝宝”到种植园地去看花草，欣赏自然的美；到“美术馆”去看“画展”，欣赏艺术的美。

再次，游戏的成果有助于幼儿再现美。例如，在积塑游戏中，幼儿喜欢把自己制作的“花环”、“项链”、“手镯”、“戒指”戴在自己的头上、脖子上、手腕上、手指上，以此来打扮自己，使自己变得更美丽。

最后，游戏的过程有利于幼儿大胆创造美。比如，在游戏活动开始的时候，夏平小朋友来到了美工区，他先在纸上画了这样一幅画：一艘大帆船，船上的渔民正在捕鱼，渔网中已有各种各样的大海鱼；蓝天上有红彤彤的太阳、展翅飞翔的小鸟；然后，他又对画面进行了一番改造，使之与先前大不相同，上面布满了纵横交错的线条，因为“暴风雨来了，海盗又乘机打劫，渔民奋力与海盗搏斗，最终取得了胜利”。由此可知，幼儿绘画的过程实际上也是个游戏的过程，他用自己的大脑和双手把美的世界活生生地展现在我们面前。

第三节　幼儿园游戏活动的准备

时间、空间和材料是幼儿进行游戏的前提条件，为了提高游戏在幼儿发展中的作用，教师应为幼儿的游戏活动创造良好的物质条件，做好各种准备工作。

一、设定幼儿游戏活动的时间

时间是开展游戏活动的重要保证，教师要在幼儿的一日活动中安排出游戏的时间，“专项专用”，以保证游戏得以顺利进行，而不至于被其他活动所侵占。在调查中我们发现，有的幼儿园在一个星期中没有开展过角色游戏，有的幼儿园在一个月中没有开展过体育游戏，另外还有的幼儿园在一学期中从未进行过玩沙玩水的结构游戏；幼儿游戏的时间被“兴趣活动”、“特色教育”所取代。中华人民共和国教育部在《幼儿园教育纲要（试行草案）》中明确规定：“要保证幼儿有充足的户外活动和游戏时间。整日制幼儿园每日不得少于2小时，寄宿制幼儿园每日不得少于3小时，其中包括每日1小时的户外体育活动。”为此，教师应注意如下几点：

首先，巧妙利用各种时间进行游戏。在幼儿一日活动中，可用于游戏的时间很多，教师要善于捕捉。例如，早晨幼儿陆续来园时，可以安排一些小型多样、便于收拾与整理的桌面游戏、结构游戏；教育活动前后的时间，可以进行智力游戏、音乐游戏；午睡起床以后的整段时间，可让幼儿从事角色游戏、体育游戏。

其次，力争每次有较长的时间进行游戏。幼儿每次游戏的时间不能太短，应保持在30—50分钟左右，这样，幼儿就有时间去寻找玩伴，准备环境，安排过程，使游戏既有好的开端，又能发展下去，进入高潮，还能进行集体评议和收拾整理玩具。如果游戏时间过短，幼儿就不能按照自己的意愿进行游戏，获得充分的体验，匆匆开始，草草收场。幼儿就会逐渐失去进行创造性游戏的兴趣。

再次，使室内游戏时间与室外游戏时间基本均等。室内游戏与室外游戏对幼儿的发展有不同的影响，室内游戏有利于幼儿社会情感的陶冶，而室外游戏则有助于幼儿运动技能的培养。为了保证幼儿身心的全面成长，教师既要为幼儿规定室内游戏的时间，也要为幼儿安排室外游戏的时间，并注意使这两种游戏的时间处于平衡状态，而不偏向任何一方。

最后，合理安排集体游戏、小组游戏和个人游戏的时间。集体游戏是由教师组织的，全班幼儿按照统一的教育要求与规则而开展的游戏，如体育游戏；小组游戏和个人游戏是幼儿根据自己的兴趣爱好，自由选择进行的游戏。幼儿是生活在一个集体之中的，同时，幼儿又存在着个别差异，所以，作为班集体的一员，幼儿既有义务参加集体游戏，也有权利自由结伴形成小组游戏，或独自进行游戏。实践证明，集体游戏和小组游戏、个人游戏，对幼儿的发展各有所长，教师只有科学地划分时间，使这三种游戏相互结合、相互补充、相互促进，才能使幼儿生动活泼地成长。

二、布置幼儿游戏活动的空间

空间是开展游戏所必需的基本条件，空间的密度及空间的安排都制约着幼儿游戏的水平和质量。美国学者史密斯和科罗利早在 1980 年就对 15 平方英尺、25 平方英尺、50 平方英尺、75 平方英尺这几种不同的空间密度进行了比较研究，发现：当空间密度依次变小时，幼儿大肌肉游戏逐渐减少；当空间密度降到 25 平方英尺时，[①]幼儿游戏中的社会行为及合作行为减少，侵略行为增多；当空间密度降到 15 平方英尺时，[②]这种情况更加严重。他们的研究还证明：当把一个大的开阔的游戏空间分割成几个小的空间时，幼儿意外事故减少，合作行为增多，认知能力增强等。原国家教育委员会、建设部也于 1988 年在《城市幼儿园建筑面积定额(试行)》中明文规定：室内人均占地面积为 2.5—3.4 平方米。今天，随着经济发展、教育改革步伐的加快，幼儿园办园条件有所改善，但参差不齐，两极分化较为严重，有的幼儿园人均占地面积很大，而有的幼儿园仍然很小；在对游戏空间的安排上也喜忧参半，有的幼儿园布局较为科学合理，而有的幼儿园则不然。在安排游戏空间时需要注意以下几个问题：

第一，维持适当的空间密度。空间密度是指幼儿在游戏场地中人均所占的面积，空间密度越大，表明越宽敞；反之，空间密度越小，则表明越拥挤。空间密度可用下面的公式加以换算：

$$\text{空间密度} = \frac{\text{房间面积} - \text{不可用的空间面积}}{\text{幼儿人数}}$$

教师应创造条件，使空间密度保持在一个适中的位置上，让幼儿有机会参加各种游戏活动。例如，当空间密度过小时，教师可重新安排设备器械的陈设；同时开展室内外游戏活动，使幼儿得到分流；在会议室、家长接待室、娱乐厅、展览厅、绘画室等公用场所中设置玩具，对全园幼儿开放；严格控制班级规模，限定班级人数。

第二，开辟各种游戏区域。教师要根据幼儿的人数和特点来划分游戏区。一般而言，教师在室内，要设立 4—6 个游戏区，可运用暂时性游戏区和永久性游戏区相结合的方式(如把智力游戏列入暂时性游戏区中，把角色游戏放在永久性游戏区里)，来防止游戏区过多、游戏空间过窄的现象发生；在各个游戏区之间，教师可用玩具柜、书架等作为隔离物，将其分开，并留下通道，以避免相互干扰，促进幼儿的交往与合作；教师还要把安静的游戏区与喧闹的游戏区严格分开，使静态游戏与静态游戏、动态游戏与动态游戏彼此相邻，使各种游戏既相互独立，又相互联系，构成一个

---

① 1 平方英尺 = 0.09290304 平方米，25 平方英尺约为 2.32 平方米。——作者注

② 1 平方英尺 = 0.09290304 平方米，15 平方英尺约为 1.39 平方米。——作者注

整体；教师还要为各个游戏区找出最佳位置，如把角色游戏中的“城隍庙小吃部”放在靠近水源的地方，便于幼儿洗涤；教师还要定期更换游戏区，并鼓励幼儿参与设计、布置游戏区，以提高幼儿游戏的主动性和积极性。

第三，游戏场地要有吸引力。游戏的场地应能激发幼儿的兴趣，教师为幼儿提供的游戏场地应多种多样，既有开阔的空场地，也有设立了设备的场地；既有不太陡的坡地，也有较为平坦的土地、草地或塑胶板地、木板地。此外，教师每天在布置场地的时候，还要做到新颖独特，避免单调重复，使游戏能够对幼儿保持持久的吸引力。

第四，保证游戏场地的安全。游戏场地应没有任何危及幼儿人身安全的隐患，以保证幼儿能安然无恙地进行游戏。教师要保证游戏场地的清洁卫生，器械置放牢固、井然有序，如使地面上无铁钉、碎玻璃、破砖瓦，以免幼儿的身体受到损伤。

三、提供幼儿游戏活动的材料

材料与设备是游戏的物质支柱。教师应为幼儿准备丰富多彩的游戏材料和设备，允许幼儿自由使用玩具，使玩具成为幼儿生活的伴侣，认识世界的阶梯。

首先，广泛收集废旧物品。自然物和无毒无害的废旧物品是一种未定型的游戏材料，能够一物多用，它与定型的玩具相比，不仅经济实惠、“价廉物美”，而且还更有利于培养幼儿的创造性思维。教师要因地制宜，就地取材，发动家长和幼儿一起收集纸箱、牛奶盒、豆腐盒、快餐碗、配菜盘、饮料罐、磁卡、邮票、树叶、果实、贝壳、鹅卵石等，并分类置放，便于幼儿选用。

其次，变换游戏材料的陈列。为了吸引幼儿参加游戏，教师要为各个游戏区提供具有新异刺激的材料，一方面，可以通过改变游戏区的原有陈设来进行，例如，把室内的小椅子排成三排，使幼儿有可能去玩“乘公交车”的游戏；另一方面，可以通过增减游戏区的材料来进行，比如，给角色游戏区增加几顶消防帽、几节水管、几部对讲机；此外还可以通过把一个游戏区的材料转移到另一个游戏区来进行，如把结构游戏区的积木移进体育游戏区等，以打破游戏区材料一成不变的呆板气氛。

再次，形成超级组合游戏材料单元。国外研究表明，超级组合游戏材料（即3种以上游戏材料合为一体，有多种使用方法）对幼儿发展的积极影响是简单组合游戏材料（即只有一种游戏材料、一种使用方法）的8倍；复杂组合游戏材料（即2种游戏材料合在一起使用，有2种以上操作方法）对幼儿发展的积极影响是简单组合游戏材料的4倍。可见，教师要多为幼儿建立超级组合游戏材料单元，使各种游戏材料能相互联系，相互依存，共同促进幼儿的发展。例如，把钻桶与平衡木、攀登架、滑梯等器材融为一体，这样，几个幼儿能同时进行游戏，互相学习，相互竞赛，既培养了社会交往能力，与人合作能力，又促进了创造力的发展。

最后，鼓励幼儿自由使用游戏材料。游戏材料对幼儿的发展具有隐蔽的作用，并不自然显示，只有当幼儿使用材料时，才能发挥出其价值。游戏材料是各种符号的综合，也是一种信息，它能被发送，也能被接受。幼儿接受材料不是被动的，他们往往根据自己的发展水平，通过游戏来理解材料所提供的信息。教师不仅要建立玩具储藏室，开设玩具架，鼓励幼儿去使用，而且还要给幼儿配备一些常用的游戏材料加工工具，引导幼儿根据游戏的需要，自己动手制作玩具，使幼儿通过活动来学习。

四、丰富幼儿游戏活动的经验

幼儿的知识经验是开展游戏的源泉。幼儿的游戏是建立在实际经验的基础上的,这个基础是没有任何其他东西可以替代的。幼儿所积累的经验越坚实宽厚,幼儿的游戏就会越多姿多彩,幼儿掌握的知识经验往往与其游戏的水平成正比。因此,教师要竭尽全力丰富幼儿的知识经验。

首先,要发挥园内教育资源的作用。教师可通过讲故事、看图片、看电视、观木偶戏、开展科学小实验、进行教学活动等形式,来拓宽幼儿的生活面。例如,在体育活动中,教师教幼儿习武;在自由活动时,几个幼儿就自发开展了"武术馆"的角色游戏,由武艺高强的幼儿充当"教练",带领"徒弟"操练。

其次,要利用园外教育资源的优势。教师可定期组织幼儿外出参观、郊游、野餐,邀请社区有关人士来园介绍不同职业的工作特点,加深幼儿对附近环境的认识和对周围生活的印象。比如,当教师带领幼儿参观野生动物园以后,幼儿回到班级里就会萌生要用积木搭建"野生动物园",开展游戏的念头。

再次,调动家长参与教育的积极性。教师可鼓励家长,利用空余时间,经常带领孩子外出活动,走一走、看一看,使孩子有更多的机会了解生活,认识人与人之间的关系。在对幼儿游戏活动进行观察研究的过程中,我们曾发现××幼儿园大班的一位男幼左某特别爱玩"理发店"的游戏,每次他当"理发师"的时候,都"顾客"盈门,生意红火。当"顾客"进门时,他总是对"顾客"说:"你好,欢迎光临。请坐下!"一边给"顾客"围上白围裙,一边开始询问:"你想干洗,还是湿洗?""你想用哪一种洗发膏?是飘柔,还是首乌?""你对今天的发型满意吗?"边问边拿出一面小镜子让"顾客"对着镜子照一照……当"顾客"付了"5 元钱"以后,他又对"顾客"说:"欢迎你下次再来!"这位男孩之所以能在"理发店"游戏中把"理发师"扮演得活灵活现,是与其母亲的教育分不开的。据本班教师反映,这个小朋友的妈妈每次去理发店理发时,都把儿子带上,孩子从中受到了潜移默化的影响,并创造性地把"理发师"这一角色的社会工作反映出来,令人赞不绝口。

第四节　幼儿园游戏活动的观察

游戏是教师了解幼儿的最重要的窗口之一,教师在幼儿的游戏中应全方位地观察幼儿,并以适当的方式及时加以记录,为指导游戏、评价游戏提供良好的前提条件。

一、观察幼儿游戏活动的价值

教师对幼儿游戏活动是否进行观察,直接关系到游戏的水平和质量。观察不仅是游戏准备工作的基础,而且也是教师介入幼儿游戏的前提，它把教师的游戏准备工作和介入游戏联结起来，起着纽带的作用。通过观察，教师不仅能知道是否需要延长游戏时间、改变游戏空间、丰富知识经验，是增加游戏材料还是减少游戏材料；而且还能把握幼儿游戏的最新动态，了解幼儿游戏的兴趣，意识到自己是否要介入，如何介入等。

幼儿的个性特点和能力差异通常在游戏中能得以充分的表露，教师只要善于观察，就能深入地了解到每个幼儿的特点，并以此为依据对幼儿的游戏活动进行指导、评价，促进每个幼儿的发展。例如，当教师进入“银行”游戏之前，她蹲在“取款员”侧面，观看他如何让“顾客”进行“刷卡”“取钱”。他的钱箱里有“1 元”、“2 元”、“5 元”这三种面值的硬币，“顾客”取款时也只是要“1 元”或“2 元”、“5 元”，这样，取款速度就很快。当“顾客”都走完时，教师也扮成“储户”，前来取款，一下要取“9 元”，这可忙坏了“取款员”，他伸出 10 个手指头，左想右想，左算右算，终于计算出来，给“大户”一枚“5 元”、两枚“2 元”的硬币。“储户”又说“能不能给我一点‘1 元’的钱，我好买东西”，“取款员”又伸出了 10 个手指头，左比划右比划，终于想出来了，给了“储户”两枚“1 元”的硬币，收回了一枚“2 元”的硬币。

反之，教师对游戏不进行细致的观察，匆忙介入，就会破坏幼儿的游戏，导致游戏解体。例如，在玩水游戏区，一个幼儿正在玩纸盒，他把 3 个纸盒当作 3 艘“游艇”，自己既当“桨手”，又任“裁判长”，让它们进行比赛，看看哪艘“游艇”最先划到对岸。这时，教师走过来了，她想和幼儿谈论关于水的浮力的问题，于是对他说：“你已经发现水有浮力了吗？当纸盒里面没有水的时候，它会飘在水面上；当纸盒里有水的时候，它就会下沉的。你给纸盒里加上水，试试看。”幼儿如果按照教师的话去做，那他的 3 艘“游艇”就无法进行比赛，自己也就不能当“桨手”和“裁判长”了，主动的游戏就会变成被动的接受，而显得索然无味。可见，教师的话语，不但不能引起幼儿谈话的兴趣，而且还会终止幼儿正在进行的游戏。

二、观察幼儿游戏活动的策略

教师在观察幼儿游戏的时候，应讲究科学性和艺术性，为此，需要注意以下几点：

首先，要在自然状态下进行观察。教师在观察幼儿游戏时，要保证不妨碍游戏，使游戏能按照幼儿预先的设计、预定的目标进行。教师在观察时，选择好位置，和幼儿保持适中的距离，既不太近，也不太远。太近，教师会对幼儿的游戏起干扰作用；太远，教师则听不清幼儿的话语，看不清幼儿的表情和动作。

其次，要在幼儿彼此熟悉以后进行观察。幼儿处在陌生的游戏环境和熟悉的游戏环境中，所表现出来的行为是大不相同的。为了真实地反映幼儿的游戏水平，教师应在幼儿相互认识、彼此了解了以后，再来对幼儿进行观察，这就能为日后的评价，提供科学的依据。如果幼儿相互还不熟悉，教师对其游戏的观察结果，就不能真实地反映幼儿的游戏水平。

再次，要对全班幼儿进行观察。教师要对全班幼儿在游戏中的表现进行普遍观察，以了解本班幼儿游戏的总体发展水平。例如，是否每个幼儿都参加了游戏？玩得很开心？大多数幼儿是喜欢室内游戏，还是更喜欢室外游戏？幼儿使用了哪些材料，是成品的，还是半成品的，或是自己制作的？幼儿一般有哪些动作？他们是否进行过交谈？

最后，要对个别幼儿进行观察。教师在对幼儿进行普遍观察的基础上，还要经常有选择地对某个幼儿进行观察。比如，在体育游戏中，教师集中精力观察王伟小朋友的发展水平，看看他是否喜欢体育游戏；他最喜欢的体育游戏是拔河、跳绳，还是拍皮球、踢毽子；他最喜欢和谁一起拍球；他喜欢先拍球，还是后拍球；他说了哪些话，语气如何；他能拍到多少下；他是怎样拍的；拍球游戏结束以后，他的情绪如何，是否感到很满足，或很累；在积木游戏中，教师又将观察的焦点集中在李华小朋友身上，看看她是处在拿着积木闲荡、没有用于建构，或开始建筑时只能做平铺、堆高积木的低级阶段，还是处于能架空搭出一座桥，围合出一个空间的中级阶段，或是能建构多种建筑，并会装饰建筑及命名建筑，处于游戏中的高级阶段。

此外，要对幼儿反复进行观察。教师仅凭对幼儿游戏的一次观察，是难以推断出幼儿的游戏特征的。教师只有对幼儿的游戏多观察，持之以恒，才能减少偶然因素对游戏的影响，确保观察的结果能正确反映幼儿典型的游戏行为。例如，教师连续几次的观察都发现张江、钱兵、谢飞三位男小朋友一直沉溺于玩沙游戏区之中：第一次是张江用铲子把沙子装到小推车上，钱兵把沙运到“工地”上，谢飞指挥“小动物”们用沙建造“动物园”；第二次是钱兵装沙，谢飞运沙，张江堆沙；第三次是谢飞装沙，张江运沙，钱兵堆沙；每次当他们发现沙太干，粘不起来时，都能想办法把水池里的水引过来，撒在沙上，以便于建造；在离开沙池之前，他们都能相互用软毛刷把身上的细沙刷掉。据此，教师就可以判断出这三位小朋友都很喜欢玩沙，善于交往、合作，有着较强的想象力和解决问题的能力。

三、观察幼儿游戏活动的记录

教师在对幼儿游戏活动进行观察的同时，还要注意利用多种手段加以记录，以作为珍贵的资料加以保存，为指导游戏服务。

教师可以以幼儿为主线，设计记录表，来加以记录。在对某个幼儿的观察结束之后，教师要立即在相应的记录表格中记下观察结果。然后再观察、记录第二个幼儿，依次下去，直至对所要观察的幼儿全部观察、记录完为止。例如，为了观察记录幼儿在游戏中的社会性发展水平，教师自制了记录表6-4-1。

表6-4-1 幼儿社会性水平观察记录表

（在符合幼儿情况的栏目下打“√”）

时间：______ 地点：______ 观察记录者：______

幼儿			社会性水平						
学号	姓名	性别	非游戏行为	无所事事	旁观	独自游戏	平行游戏	集体游戏	备注
1									
2									
3									
4									
5									
6									

续 表

幼儿			社会性水平						
学号	姓名	性别	非游戏行为	无所事事	旁观	独自游戏	平行游戏	集体游戏	备注
7									
8									
9									
10									
……									
35									

在观察中，当教师发现1号、2号、3号这几个幼儿在图书角看书，没有参加任何游戏活动时，就在他们名字后面的"非游戏行为"栏上分别打上一个"√"；当教师发现4号幼儿在班级里转来转去，没有参加任何游戏活动时，就在他的名字后面的"无所事事"栏上打上"√"；当教师发现5号幼儿在看同伴玩"麦当劳快餐店"游戏时，就在他名字后面的"旁观"栏上打上"√"；当教师发现6号幼儿独自一人在地板上用积木搭"东方明珠电视塔"，而旁边又无其他同伴时，就在他的名字后面的"独自游戏"栏上打上"√"；当教师发现7号、8号两个幼儿都在玩挖"隧道"的游戏，彼此没有进行交往，教师就在他们两人名字后面的"平行游戏"栏上分别打上"√"；当教师发现9号、10号、35号这三个幼儿在玩"理发店"的游戏，一个当"洗发工"，一个当"理发师"，另一个当"顾客"时，教师就在他们名字后面的"集体游戏"栏上分别打上"√"。这样，就可得出记录表6-4-2。

表6-4-2 幼儿在游戏中社会性水平观察记录表

（在符合幼儿情况的栏目下打"√"）

时间：11月2日 星期一下午　　地点：中(1)活动室　　观察记录者：李春

幼儿			社会性水平						
学号	姓名	性别	非游戏行为	无所事事	旁观	独自游戏	平行游戏	集体游戏	备注
1			√						
2			√						
3			√						
4				√					
5					√				
6						√			
7							√		
8							√		
9								√	

续 表

幼儿			社会性水平						
学号	姓名	性别	非游戏行为	无所事事	旁观	独自游戏	平行游戏	集体游戏	备注
10								√	
……									
35								√	

教师也可以以游戏区为线索，列好记录表，来进行记录。以一个游戏区为中心，着手观察记录，然后再以另一个游戏区为中心，进行观察记录，直到所有的游戏区都被观察记录完毕为止。例如，为了了解游戏区对幼儿的吸引力，教师设计了表6－4－3来进行观察和记录。

表6－4－3　游戏区对幼儿的吸引力观察记录表

时间：________　观察记录者：________

游戏区	位置	面积	提供材料	参与人数	使用材料	持续时间	备注
角色游戏区							
结构游戏区							
智力游戏区							
音乐游戏区							
体育游戏区							

有些游戏区的游戏是由若干个子游戏组成的，所以，教师也可制作出更详细的观察表，来给予记录。下面是角色游戏区、结构游戏区的观察记录表（见表6－4－4、表6－4－5）。

表6－4－4　角色游戏区观察记录表

时间：________　观察记录者：________

主题名称	来源与发起	角色及分配	材料与使用	情节及过程	整理与评估	备注
1						
2						
3						
4						
5						
……						

表 6－4－5　结构游戏区观察记录表

时间:__________　　观察记录者:__________

位置	提供材料	参与人数	使用材料	持续时间	成果	整理	备注
玩积木							
玩胶粒							
玩沙							
玩水							
玩游戏泥							
玩泥土							
玩雪							
玩米							
玩木块							

此外,有条件的幼儿园,还要充分利用摄像机、照相机、录音机等现代化教育设备,来进行观察记录,以保证记录的全面性、立体性、长久性和有效性。

第五节　幼儿园游戏活动的指导

在幼儿游戏的过程中,教师不仅是观察者、记录者,而且还应是幼儿游戏活动的尊重者、支持者、参与者、引导者和干预者。

一、尊重幼儿的游戏活动

教师要尊重幼儿对游戏活动的倾向。幼儿有自己的兴趣和需要,教师应尊重幼儿选择游戏的意愿,让幼儿自由地、愉快地参加游戏,促进他们个性的发展。例如,在自选游戏时,教师为结构游戏区准备了许多材料,但有的幼儿对这些材料都不感兴趣,他向教师提出"想用木头做架飞机",教师应尊重他的意见,允许他到储藏室去寻找木块,到工具箱去拿铁锤、铁钉,"造飞机","开飞机"。

教师要尊重幼儿对游戏活动的选择。幼儿是游戏的主体,他们有权自己决定游戏的主题、角色分配、内容、情节,而不需要教师的包办代替、统治支配,否则只会熄灭幼儿游戏主动性、积极性的火花,阻碍幼儿创造性的发展。比如,在分配游戏的角色时,教师尊重幼儿的想法,允许他们运用多种方式来完成：自己选出一位负责人，由他来安排角色；按小组顺序、学号顺序来决定先挑角色的幼儿；每次由一位幼儿先选角色，大家轮流；有发明创造的幼儿先选；幼儿入园以后自插游戏牌，插满为止；幼儿选好朋友、新朋友一起玩。

教师要尊重幼儿对游戏活动的创造。在游戏中，教师应尊重幼儿的尝试和探索，允许他们自己去发现、去创造，而不把自己的意志强加给幼儿，以免妨碍幼儿的游戏。例如，在教师的意识中，通常是用拱形积木搭建半圆形的房门，把长方形积木当作床来使用的，但当她在“娃娃家”游戏里，看到一位“妈妈”把半圆形积木当作“宝宝的摇篮”时，也不该指责幼儿，要她用长方形的积木来替代之。

二、支持幼儿的游戏活动

教师应以幼儿的眼光来看待游戏活动，尽量满足幼儿游戏的各种需要，从物质上和精神上对幼儿的游戏给予支持。一方面，教师要满足幼儿对游戏材料的需求，使游戏能继续下去。例如，在“医院”游戏里，教师发现“爸爸”抱着一位不小心摔断腿的“宝宝”来就诊，几个“大夫”正在为“接肢”犯愁呢，因为他们一时找不到可用的工具和材料。这时，教师就迅速地走进储藏室，为幼儿取来小木板、塑料绳、透明胶、胶水、纱布、线绳等物品，以支撑幼儿游戏的延伸。

另一方面，教师还要满足幼儿充分游戏的心理需要。比如，进餐的时间就要到了，可幼儿玩兴正浓，教师就应灵活地推迟一下进餐的时间，使幼儿的游戏能达到一个理想的境界，充分地表现，尽情地体验，心满意足地离开游戏区。

此外，教师还要关心幼儿游戏活动的意愿。教师应善于察言观色，从幼儿的语言、表情、动作上来揣摩幼儿的游戏心态。例如，当幼儿表现出对“商店”游戏的兴趣时，教师就为他们讲购物的故事，带他们到附近商店去参观，为他们提供游戏货币、收款机，帮助他们收集商店材料等，为幼儿顺利地开展游戏铺平道路。

另外，教师还要关心幼儿游戏活动的进程。教师应随着幼儿游戏的发展，而不断地给予支持，站在儿童的立场上去思考游戏的进程，清醒地意识到幼儿什么时候可能会需要教师什么样的帮助，及时给幼儿提出合理化的建议，以刺激游戏活动的进一步展开。比如，当教师发现一个胆小的幼儿正独自一人在“理发店”里玩“电吹风”时，就走上前去，对她说：“你的电吹风真有用，你已经为几个顾客吹过头发了？”幼儿答道：“还没有来过顾客。”教师说：“那你可以站在店门口请人家来吹发，你需要我去帮你叫一些顾客来吗？”在幼儿的允诺下，教师走到其他游戏区，建议那里的幼儿到这个“理发店”里来“理发”、“吹发”。

三、参与幼儿的游戏活动

教师应是幼儿游戏活动的参与者。要想充分发挥游戏在幼儿发展中的作用，教师就必须具有一颗童心，和幼儿一样喜欢玩具，爱好游戏。当幼儿在玩游戏时，教师也来到他们的身边，和他们玩同样的玩具。这不仅会使幼儿感到游戏是一种很重要的活动，而且还能延长幼儿游戏的时间，此外还能帮助幼儿学习、掌握许多操作游戏材料的新方法。

教师应是幼儿游戏活动的伙伴。当幼儿游戏时，教师加入进去，成为幼儿众多游戏伙伴中的普通一员，与幼儿处于平等的地位，享有同样的权利和义务。教师虽然有时也向幼儿提出一些有利于游戏持续、发展的设想与建议，但是由于幼儿是游戏的主宰者，他们既可以采纳教师的主张，也可以否决教师的意见。教师与幼儿的游戏伙伴关系表现在以下两个方面：一是，教师应邀参加幼儿的游戏。教师与幼儿处于平等的玩伴地位，他们有邀请同伴和被同伴邀请的权利与义务，教师在和幼儿一起游戏时，既要遵循幼儿制定的游戏规则，又不能完全被动地受制于幼儿，而要根据游戏情节的发展，适当地引进一些新因素，比如，提出问题，提供范例，给予评价，来影响幼儿游戏的内容、情节的变化，从而促进幼儿游戏的发展。二是，教师应主动地参加幼儿的游戏。有时，幼儿并不主动地邀请教师参加游戏，那么，教师也要注意选择时机，以角色的身份主动投入，成为幼儿游戏的伙伴。例如，在“地铁站”游戏中，几个“乘客”排队站在“售票处”，准备向“售票员”购票。教师见状，也扮演成一个“乘客”，站在队尾，打算购票。教师通过与幼儿共同游戏，不仅可以使幼儿意识到游戏的价值，培养幼儿对游戏的兴趣，而且还能增加教师与幼儿之间的交往，密切双方的关系，促进幼儿的社会化进程，提高幼儿游戏的水平。

教师对幼儿游戏活动的参与要适当。不论教师采用哪种形式参与幼儿的游戏活动，都要注意参与的时间、地点、情景和方法，只有适时、适宜、适当的参与，并及时退出，才不会干扰、破坏幼儿游戏的延续和发展。幼教实践证明，教师什么时候参与、怎样参与、参与多少，是由幼儿游戏的情景所决定的，教师过多的参与，会歪曲游戏，使游戏终止；而教师的不参与、参与过少，又会使游戏难以发挥其应有的教育作用。例如，幼儿刚入园时，游戏的能力还比较差，所以教师就需要多参与，为他们树立榜样，帮助他们形成游戏的基本技能。教师只要不断探索，就能使这两者处于一个适当的平衡状态。

四、引导幼儿的游戏活动

教师要诱发幼儿的游戏活动。教师可用不同的方法来引发幼儿游戏的需要：一方面，在游戏场地置放一些新材料、新设备，引起幼儿开展某方面的游戏。例如，在结构游戏区，张贴“天安门”、“长城”、“故宫”、“颐和园”等图片，以引发幼儿搭建这些建筑物的兴趣；在角色游戏区，放置服饰鞋帽等新材料，以引发幼儿玩“时装模特”游戏。另一方面，教师带领幼儿外出参观、让幼儿观看电影、阅读图书画册等，也能引发幼儿的某种游戏，并使幼儿知道应如何使用材料、如何开展游戏。比如，通过参观农场，幼儿不仅认识到各种家禽、家畜的外形特征、习性、功用及其异同，了解到农场主、饲养员、挤奶员之间的角色分配及其关系，体验到劳动的艰辛，而且还萌发了扮演“饲养员”的愿望，在“农场”里，带“小绵羊”、“枣红马”去吃草，给“母牛”挤奶，把“老母鸡”下的蛋装箱集运等。

教师要适时向幼儿提出开放性的问题。在幼儿游戏活动的过程中，教师要善于把握时机，提出启发性的问题，以促进游戏的发展。例如，在“火锅城”游戏中，当幼儿用面泥做出了许多“羊肉片”、“牛肉片”、“猪肉片”、“鱼肉片”、“青菜”、“菠菜”时，教师问道：“除了这些以外，我们还能用面泥做些什么？”这一启发式提问，使幼儿展开想象的翅膀，拓宽思路，想出还能做“豆腐”、“粉丝”、“生姜”、“葱”、“火锅调料”、“碗”、“盘”、“筷子”等。

教师要及时向幼儿提出合理化的建议。当幼儿的游戏未能向前发展的时候，教师应适当地给予提示、建议，以帮助幼儿更好地开展游戏。比如，当教师发现一个小女孩独自坐在“娃娃家”

里，抱着“宝宝”，而她附近的几个幼儿却在玩“服装店”的游戏，这时，教师就走到这个小女孩身边，对她说：“宝宝妈妈，天气越来越冷，你的小宝宝穿的衣服太少了，会冻生病的，你最好带他到‘服装店’去买件衣服。”可见，教师的话语对幼儿来讲是一种提示，它能启发幼儿更好地去扮演“妈妈”这一角色，关心、照顾好自己的“宝宝”，并能主动地去与小伙伴们交往，使游戏内容和情节变得更加丰富多彩。

教师要巧妙地扮演游戏活动中的角色。教师通过扮演一定的角色，自然而然地加入到游戏中来，针对具体情况，进行引导。首先，可视幼儿的特点，给予引导。如果幼儿不善交往、寡言少语，那么教师在游戏中，就可创造条件，让其有较多的交往、谈话的机会。例如，当教师发现黄江娟小朋友扮演“娃娃家”的“妈妈”，一直在“厨房”里炒菜，不出来招待“小客人”时，教师就扮演成一位“街道干部”来巡访，她问“妈妈”：“今天你休息？”“妈妈”“嗯”了一声。“你家小宝呢？”“他上幼儿园去了。”“我好长时间没看到他了，他现在又长高了吧？”“是的。”“我能看看他最近的照片吗？”“好的，给你看他的影集。”“这张照片是在哪里照的？”“南京玄武湖。”“旁边的那个人是谁？”“他的小姑妈，姑妈很喜欢他的。”可见，教师的出现，使这个幼儿的话匣子打开了。其次，可据游戏的情节，予以引导。幼儿在游戏中，会出现各种各样的问题，需要教师明察秋毫，调停解决。比如，扮作“菜贩子”的几个幼儿对“农贸市场”的游戏已不感兴趣，他们便收拾“摊位”，关门下班；“娃娃家”的“爸爸”、“妈妈”听到后很生气，他们不让“菜贩子”下班，因为今天是他们“宝宝”的生日，要请客的，“菜贩子”一下班，就没地方去买菜了，怎么请客呢？教师见状，扮演成“市管会干部”，前来调解，既同意“菜贩子”下班，又给“爸爸”、“妈妈”出主意：可以到“超市”里面去买菜，也可以带“客人”到“饭店”里去吃饭。

五、干预幼儿的游戏活动

游戏活动固然是幼儿对现实生活的创造性反应，但由于幼儿知识经验较为贫乏，辨别是非能力较差，在幼儿的游戏中必然会出现与现实生活主流相悖的现象，所以，教师要注意矫正幼儿不正确的想法和做法，使幼儿的思维、想象逐渐科学化、合理化，符合现实生活逻辑，以保证幼儿的健康成长。例如，在“豆浆店”游戏中，“顾客”吃完豆浆油条以后，要“服务员”给她一张餐巾纸擦嘴，“服务员”说：“没有，别擦算了，要擦就这样擦一下好了。”他做了个用衣服袖子擦嘴的动作。教师发现以后，应向“服务员”指出：要热心为“顾客”服务，要讲究卫生。

一些无益有害的自发游戏活动，教师要及早进行干涉，使之消灭在萌芽状态之中。例如，几个幼儿在室外树阴下，商量如何玩“火烧博望坡”的游戏，教师听到后，马上扮演成“消防队员”，开来了“消防车”，对幼儿说：“刚才有人拨打了119电话，说是这里有人想玩火，担心会发生火灾，火灾的害处很大，你们知道吗？请你们别玩火。”教师通过“消防队员”的角色身份，及时对幼儿进行消防教育，使幼儿对火有一个全面的认识，而不再产生玩火的念头。

幼儿游戏的过程是个动态的过程，幼儿的兴趣、爱好、需要在游戏中都会发生变化，教师应对游戏的过程加以监督，以随时消灭隐患。例如，几个幼儿在玩“铡陈世美”的游戏，“王朝”、“马汉”、“张龙”、“赵虎”押着“陈世美”，去向“秦香莲”赔礼道歉，要他“跪下”，而“陈世美”不愿意“跪下”，四员大将硬是把他的身子按倒在地上，警告他：“你如果敢起来，我们就用棍子打死你。”边说边找来了一根棍子,“陈世美”的哭声引起了教师的注意,她赶紧跑过来,厉声说道:“我是包公,谁敢在这光天化日之下,为非作歹,欺压百姓?”教师的言行,及时扑灭了四员大将的“火气”,避免了一场皮肉之战。

第六节 幼儿园游戏活动的评价

教师对幼儿的游戏活动进行评价,是提高游戏活动质量的重要一环。它既是幼儿游戏活动的终端,同时也是幼儿游戏活动的始端,对幼儿的游戏活动具有反馈、强化和调节作用。教师在评价幼儿游戏活动时,可从游戏活动的环境、游戏活动的全程、游戏活动的水平这三个方面来进行,评价的指标要尽可能详细、具体,以便于操作。

一、幼儿游戏活动环境的评价

幼儿游戏活动的环境是否具有安全性、刺激性、协调性和教育性,适合于幼儿的发展?是否能引发有益于幼儿成长的各种行为与活动,促进幼儿的发展?教师可利用表6-6-1来进行评价。

表6-6-1 幼儿游戏活动环境评价表

项目号	名称	指标内容	等第	备注
1	柔和性和冷硬性	环境各因素所引起人的生理或心理的感应性。	A. 柔和性为主 B. 柔和性和冷硬性平衡 C. 冷硬性为主	如地毯、草坪 如铁制器械
2	开放性和封闭性	游戏材料的存放和教师行为对幼儿所作的限制程度。	A. 开放性较强 B. 开放性和封闭性平衡 C. 封闭性较强	如幼儿自由选择 如不开放玩具架
3	复杂性和简单性	游戏材料在使用方式方法上的变化程度。	A. 超级材料组合 B. 复杂材料组合 C. 简单材料组合	如三种材料结合 如两种材料结合 如一种材料
4	干预性和隐蔽性	环境因素所暗示的人与人、人与物的互动量。	A. 过多介入 B. 适当介入 C. 较少介入	如新异刺激太多 如新异刺激很少
5	高活动性和低活动性	环境中所能提供或暗示的大小肌肉活动的程度。	A. 大肌肉活动为主 B. 大小肌肉活动均衡 C. 小肌肉活动为主	如走平衡木 如绘画、绣花

教师在评价游戏环境时，如果在五项指标上，除第三项选“A”以外，其余各项均选“B”，那则说明现有的游戏环境较好，适合于幼儿的发展。

二、幼儿游戏活动全程的评价

教师要对幼儿游戏活动的各个方面、每一环节进行评价。教师要评价游戏活动的目的、目标是否已经达到，发展幼儿体力的游戏是否与发展幼儿认知、情感、社会性、美感的游戏相平衡，为幼儿提供的室外游戏和室内游戏是否均衡，是否有利于幼儿的发展，表6－6－2，可用来评价幼儿室外游戏活动的适宜性。

表6－6－2　幼儿户外游戏活动适宜性评价表

（在每项相应的括号中打“√”）

幼儿人数：________　年龄：________　评价时间：________　评价者：________

序号	评估指标	评估等第		
		符合	较符合	不符合
1	设备适合于所有的幼儿。	（ ）	（ ）	（ ）
2	有开展各种体育游戏的设备，如平衡木、秋千、绳子等。	（ ）	（ ）	（ ）
3	有进行合作游戏的设备和材料，如积木等。	（ ）	（ ）	（ ）
4	为幼儿提供创造性材料，如黏土、颜料等。	（ ）	（ ）	（ ）
5	幼儿能够以不同的方式使用一些设备，如厚木板等。	（ ）	（ ）	（ ）
6	有各种攀爬的设备。	（ ）	（ ）	（ ）
7	有地方种植。	（ ）	（ ）	（ ）
8	幼儿有机会选择，不需要竞争和等待。	（ ）	（ ）	（ ）
9	设备安置牢固。	（ ）	（ ）	（ ）
10	在攀爬、摇荡等器械下面有毯子或橡胶粒、木屑等。	（ ）	（ ）	（ ）
11	摇荡设备的材料柔韧。	（ ）	（ ）	（ ）
12	摇荡设备和奔跑、骑车等设备分开。	（ ）	（ ）	（ ）
13	较高的设备有保护性栏杆，以防儿童从高处掉下来。	（ ）	（ ）	（ ）
14	设备维修较好，没有钉子和破损处。	（ ）	（ ）	（ ）
15	定期检查、维修场地，如除草、清理下水道。	（ ）	（ ）	（ ）
16	有保证健康的设备，如沙箱有东西可盖上，有洗手水龙头。	（ ）	（ ）	（ ）
17	游戏区被安排好。	（ ）	（ ）	（ ）
18	游戏区之间有过道，不会阻碍幼儿的活动。	（ ）	（ ）	（ ）
19	教师能监督到幼儿的活动。	（ ）	（ ）	（ ）
20	相互干扰的游戏区被分开。	（ ）	（ ）	（ ）
21	有开放的空间，幼儿可自由游戏。	（ ）	（ ）	（ ）

续 表

序号	评估指标	评估等第		
		符合	较符合	不符合
22	有安静的游戏区。	( )	( )	( )
23	有积木等建筑材料。	( )	( )	( )
24	有艺术活动材料。	( )	( )	( )
25	容易回到教室里去。	( )	( )	( )
26	容易回到休息室里去。	( )	( )	( )
27	有地方饮水。	( )	( )	( )
28	有丰富的储藏物。	( )	( )	( )
29	在下雨天有地方游戏。	( )	( )	( )
30	在冬天有阳光充足的地方游戏。	( )	( )	( )
31	在夏天有阴凉的地方游戏。	( )	( )	( )
32	有坚硬的场地骑车、跳舞。	( )	( )	( )
33	能进行玩土、玩沙和玩水的游戏。	( )	( )	( )
34	有一块草地或毯子。	( )	( )	( )
35	排水道、阴沟流畅。	( )	( )	( )
36	有围栏,保护幼儿不受外界干扰。	( )	( )	( )
37	游戏场地令幼儿愉快。	( )	( )	( )
38	游戏场地安静,几乎没有铁路、公路、工厂的噪音。	( )	( )	( )
39	有足够的成人来监督幼儿的游戏。	( )	( )	( )
40	每个教师都负有自己的责任。	( )	( )	( )
41	教师注意与幼儿的相互作用,不在一起闲谈或坐着。	( )	( )	( )
42	引导幼儿正确使用设备,如在梯子上爬,而不是在桌子上爬。	( )	( )	( )
43	幼儿上午和下午都有室内外游戏的时间。	( )	( )	( )
44	分配好使用场地的幼儿,避免过分拥挤、争抢玩具。	( )	( )	( )
45	每天室外游戏区都有特别的活动。	( )	( )	( )
46	教师定期重新安排设备。	( )	( )	( )
47	鼓励、帮助幼儿重新安排小设备。	( )	( )	( )
48	大多数幼儿在游戏场地中积极参与活动。	( )	( )	( )
49	幼儿能清理场地。	( )	( )	( )
50	把游戏材料放回原处。	( )	( )	( )

教师还要评价幼儿的集体游戏和小组游戏、个人游戏是否平衡;幼儿玩了什么游戏、他们是怎样进行游戏的;幼儿游戏活动的时间是否太短;游戏活动的空间是否宽阔;游戏活动的经验是否丰富;游戏活动的材料是否需要改变,是增加还是减少;例如,当教师发现最近几天进入玩水游戏区的幼儿呈现出递增的趋势时,就做出了下面的判断:如果不及时增加相应的设备和材料,幼儿可能要为此发生争吵、争抢,也可能会离开玩水区。为此,提出了改进措施:增加塑料围裙,使每个玩水的幼儿都能戴上围裙,而不会把衣服搞湿;增加一些游戏材料,如漏斗、各种尺寸和形状的容器、勺子、搅拌器、漂浮及沉淀的物体、塑料瓶、量杯、盘子、水桶、塑料管、海绵、抹布等,使每个幼儿都能玩上自己喜爱的东西。

教师还要对游戏活动的开端、过程和结束进行评价。比如,教师在评价幼儿玩沙游戏的过程时,应注意这样几个问题:幼儿在用铲子把沙装进桶里时,是否已获得满与空、多与少的概念;幼儿把沙子倒出时,是否已知道它和液体一样能倒出;幼儿在摇动沙子时,是否已发现大沙子被筛到上面了,而小沙子却被筛到下面了;幼儿在用放大镜看沙子时,是否已发现每一粒沙子的形状、大小都是不同的;幼儿在用力吹沙子时,是否已知晓空气能使沙子移动;幼儿在用相同的容器称量沙子时,是否已知晓干沙比湿沙重等。此外,在游戏结束时,教师还可组织全班幼儿巡回参观,观赏同伴的创作硕果,并给予表扬鼓励。例如,当教师和幼儿一起来到了积木游戏区时,教师发出了感慨:“这个博物馆搭建得又高又大,雄伟壮观!”当来到木工游戏区时,教师又发出了赞叹:“这架飞机造得很精致,也很奇特,能朝前飞,也能往后飞!”当来到绘画游戏区时,教师也称赞道:“这幅画画得很美,上面有蓝蓝的天——白云的家;中间有绿绿的草地——小兔的家;下面有清清的河水——小鱼的家!”使每一个幼儿都体会到创作的乐趣,别人对自己劳动成果的尊重,焕发出再创造的欲望。

三、幼儿游戏活动水平的评价

对幼儿游戏活动水平的评价,可由教师和幼儿双方来进行。

1. 教师评价幼儿的游戏发展水平

幼儿虽然非常喜欢游戏,但他们的注意力容易转移,兴趣变化多端,因此,教师首先要在幼儿游戏活动的过程中,及时给予强化,以保证幼儿游戏能更好地进行下去。例如,教师以个别交往的手法,公正地对幼儿的表现进行评价:“今天,我发现你这个‘调料师’干得很出色,你把蓝色颜料和黄色颜料混合在一起,最后形成了绿色,你真能干!”这就使幼儿知道了自己所做的事情是很有价值的,激起幼儿再尝试的愿望。

其次,教师要在幼儿游戏活动结束的时候,给予必要的集体评价,以保证幼儿的游戏能持久地进行下去。比如,在角色游戏结束时,教师在全班幼儿面前进行了讲评,表扬“健身房”的“经理”很爱动脑筋,会招徕生意,说是“今天新开张,免费”,两位“教练”教“顾客”使用“健身器材”时,很认真、很耐心;同时,指出“建筑工地”存在的不足,有的“工人”在造“大楼”时,材料和工具置放零乱,既不安全,又影响周围环境,以帮助幼儿扬长补短,提高游戏水平。

再次,教师要对全班幼儿的游戏水平进行详细的书面评价。口头评价和书面评价有不同的教育作用,教师不仅要对幼儿的游戏水平进行集体的口头评价,而且还要对幼儿的游戏水平做出个体的书面评价。例如,教师评价每个幼儿在户外游戏活动中的发展水平时,可参照表6-6-3。

表 6-6-3 幼儿户外游戏活动发展水平评价表

幼儿姓名:_______ 性别:_______ 年龄:_______ 评价时间:_______ 评价者:_______

(在符合幼儿情况的指标等第的括号内打"√")

游戏名称	评价指标	幼儿等第
跳跃	A. 自己能想出多种跳跃的方法进行游戏,如单脚跳、双脚跳。	( )
	B. 自己能想出 2 种或以上跳跃方法进行游戏。	( )
	C. 只能想出 1 种跳跃方法进行游戏。	( )
荡秋千	A. 身体能随着秋千的摆动而协调地摆动。	( )
	B. 自己能慢慢地荡起秋千。	( )
	C. 在别人的帮忙下,能荡起秋千。	( )
滑滑梯	A. 姿势正确,下滑又快又好。	( )
	B. 能控制速度,慢慢地下滑。	( )
	C. 虽能下滑,但动作不够协调。	( )
玩沙	A. 能根据沙有难以黏合的性质,创造出各种造型。	( )
	B. 不注意沙的难黏合的性质,不会造型。	( )
	C. 无目的的活动较多,没有造出什么造型。	( )

2. 幼儿评价自己的游戏发展水平

游戏的主体是幼儿,幼儿是最有权威的评价者。一方面,教师要让幼儿用口头语言来对自己的游戏进行评价,使教师能更全面地了解幼儿开展游戏的情况,为幼儿今后的游戏作好更充分的准备。例如,游戏结束时,教师让幼儿说一说今天在游戏区里玩什么了;是一个人玩的,还是和小朋友们一起玩的;是怎么玩的;玩得开心吗;明天还想玩什么;还想和哪些小朋友一起玩;教师先请"肯德基快餐店"的"经理"发言,"经理"说:"今天,小朋友让我做经理,我很开心的;王蕾'礼仪小姐'做得很好,她总是站在门口对客人说'欢迎光临',很有礼貌的;客人来了以后,我们就给他们看菜单,让他们自己挑选喜欢吃的东西;中午的时候店里客人很多,我们就加快速度,做了很多汉堡包,客人对我们很满意。"接着请到过"肯德基快餐店"的"顾客"讲一讲自己受到的服务如何,然后再请参加"美容院"、"玩具店"、"图书馆"等游戏的幼儿进行评价。

在幼儿评价自己的时候,教师也可见缝插针,随机对幼儿进行教育,以促进幼儿的发展。例如,当"卡拉 OK 厅"的"歌手"反映自己"今天唱得累死了"时,教师知道这位幼儿今天一直独占话筒,成了"麦霸",便说道:"你们几个小朋友如果下一次再玩'卡拉 OK 厅'游戏的话,我给你们提个建议:大家轮流当'歌手'唱歌,这样可能就不会觉得很累,你们可以试一试,看看老师的办法灵不灵。"

另一方面,教师还要创造条件,使幼儿有机会通过书面语言,来对自己的游戏做出评价,以利于教师编写幼儿游戏成长档案,进一步提高幼儿的游戏水平。教师可用图文并茂的形式,让幼儿对自己在游戏区的语言、行为、情绪、兴趣、能力等方面进行评价。例如,通过让幼儿记述自己玩过的游戏区,使幼儿知道自己的兴趣所在,喜欢的游戏是多还是少;通过让幼儿记述自己在游戏区所做的事情，使幼儿认识到自己很能干，一双手能做许多事情；通过让幼儿用脸谱记述自己在游戏区的心情，可使幼儿知道自己的情绪发展状况。下面几张表(表6-6-4、表6-6-5、表6-6-6)可作参考。

表6-6-4　我的情绪评价表

(今天我在游戏区的心情)

幼儿学号：______　姓名：______　性别：______　班级：______　评价日期：______

情绪 游戏区名称	很开心	还可以	不开心	备注
角色区				
积木区				
美工区				
沙水区				
体育区				

表6-6-5　我的兴趣评价表

(今天我玩过的游戏区)

幼儿学号：______　姓名：______　性别：______　班级：______　评价日期：______

星期 游戏区名称	星期一	星期二	星期三	星期四	星期五	备注
角色区						
积木区						
美工区						
沙水区						
体育区						

表6-6-6　我的能力评价表

(今天我在游戏区做的事情)

幼儿学号：______　姓名：______　性别：______　班级：______　评价日期：______

星期 事件名称	星期一	星期二	星期三	星期四	星期五	备注
炒菜						
拼图						

续 表

事件名称 \ 星期	星期一	星期二	星期三	星期四	星期五	备注
穿珠						
搭积木						
下棋						
画画						
吹泡泡						
挖隧道						

第七节　幼儿园游戏活动的案例

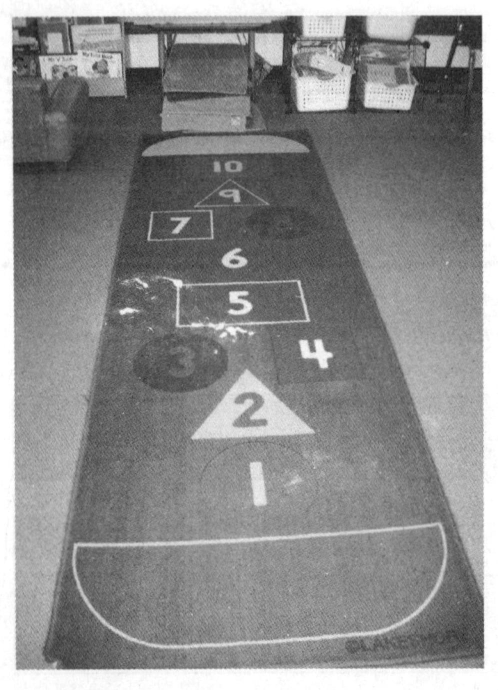

游戏是幼儿最喜欢的活动，民间游戏作为幼儿游戏活动的一个重要组成部分，不仅具有特殊的传承性，而且具有材料简单、内容有趣、玩法易学等特点，因此，教师要成为幼儿游戏的伙伴，和幼儿一起体验游戏的乐趣。

一、幼儿“跳房子”的游戏活动

（一）游戏活动的准备

（1）教师和幼儿一起制作沙包（用一块小布包扎或裹好沙子或米粒、豆子等）。

（2）教师和幼儿共同在地上画出房子的图形（可由长方形、正方形、半圆形、三角形组成），并在上面依次（由近由远）写出各个数字（从 1 至 10），以表明房间的号码。

（二）游戏活动的规则

(1) 幼儿在单脚跳跃的过程中，另一只脚始终不能落地，否则就算输了。

(2) 房间的号码越大，表明所赢到的房间数量越多。

（三）游戏活动的过程

(1) 幼儿站在房子外围，用手把沙包丢向某间房子，尽量丢远一些，这样就可能赢得更多的房子。

(2) 幼儿任意抬起一脚（左脚或右脚），按照房间的号码进行跳跃，从小号跳到大号，直至跳到沙包所在的位置。

(3) 幼儿弯腰捡起地上的沙包，拿在手里，或用着地的那只脚使劲地把沙包踢出房子外围。

(4) 幼儿依次跳到最后一间房子里。

(5) 幼儿往回跳，从大数字跳到小数字。

（四）游戏活动的功效

(1) 发展幼儿单脚跳跃的能力，增强幼儿肢体的协调能力。

(2) 培养幼儿合作游戏的能力，提高幼儿的判断推理能力。

二、幼儿“跳皮筋”的游戏活动

（一）游戏活动的准备

(1) 教师帮助幼儿用针线把一根很长的橡皮筋（或松紧带）的两头连接起来。

(2) 教师指导 2 位幼儿面对面地站立，把橡皮筋放在他们的踝部。

（二）游戏活动的规则

(1) 幼儿跳时，橡皮筋要先放在身体的低处，然后再往身体的高处（如小腿、膝盖、大腿、臀部、腹部、腰部、胸部）延伸。

(2) 几位幼儿轮流跳，如果谁能用脚勾到最高处的橡皮筋，并跳起来，谁就赢了。

（三）游戏活动的过程

(1) 幼儿一只脚着地站立，保持身体平衡。

(2) 幼儿用另一只脚去勾橡皮筋，勾到后，这只脚也着地，并用小腿把橡皮筋尽量往低处下压，以便于顺利跳动。

(3) 幼儿的两只脚可自由自在地在橡皮筋的两侧跳来跳去。

（四）游戏活动的功效

(1) 增强幼儿的平衡能力和协调能力。

(2) 提高幼儿腿部和腰部的运动能力。

(3) 培养幼儿的合作能力和分享精神。

三、幼儿“滚铁环”的游戏活动

(一) 游戏活动的准备

(1) 教师帮助幼儿把一根长铁丝折成圆形,再把两头牢固地连接在一起,做成铁环。

(2) 教师帮助幼儿把一根短铁丝的一头折成半圆形,做成铁环的钩子。

(二) 游戏活动的规则

(1) 幼儿用钩子勾住铁环,走动或慢跑。

(2) 大家同时滚动铁环,铁环最后倒地的幼儿为赢家。

(三) 游戏活动的过程

(1) 幼儿双脚站立,身体略向前弯曲,一只手握住铁环,另一只手握住钩子。

(2) 幼儿边用钩子勾着铁环,边开始奔跑。

(3) 幼儿尽可能地使身体保持平衡,并使铁环在平地上滚动,这样持续的时间会长一点。

(四) 游戏活动的功效

(1) 发展幼儿手眼协调的能力。

(2) 增强幼儿奔跑运动的能力。

四、幼儿“抽陀螺”的游戏活动

(一) 游戏活动的准备

(1) 教师帮助幼儿把一小节木头削成螺旋形状。

(2) 教师指导幼儿在一根短棍的一头扎上绳子。

(二) 游戏活动的规则

(1) 幼儿用短棍抽打陀螺。

(2) 陀螺旋转时间最长的幼儿为胜。

(三) 游戏活动的过程

(1) 幼儿弯下腰,用短棍一头的绳子拴住陀螺。

(2) 幼儿一手扶着陀螺,一手快速拉动短棍,使陀螺在地上旋转。

(3) 幼儿直起腰,拉住短棍,用力抽打旋转着的陀螺,使其能马不停蹄地旋转。

(四) 游戏活动的功效

(1) 增强幼儿手眼协调的能力。

(2) 发展幼儿手臂活动的能力。

(3) 丰富幼儿的物理学知识。

五、幼儿"砸果核"的游戏活动

(一) 游戏活动的准备

(1) 教师和幼儿共同洗净、晾干一些杏子核(或桃子核、李子核、橄榄核)、一块砖瓦(或木块)。

(2) 教师指导幼儿把果核平放或堆放在砖瓦(或木块)上。

(二) 游戏活动的规则

(1) 幼儿砸果核时,只能睁一只眼,闭另一只眼,否则为偷看;身体要挺直,不能弯曲,否则为违规。

(2) 砸到果核最多的幼儿为赢家。

(三) 游戏活动的过程

(1) 幼儿用一只手的两个手指拿着一粒果核。

(2) 幼儿用一只眼睛瞄准砖瓦上的那些果核,预测一下砸到哪里会最好,可能会带动更多的果核下落。

(3) 幼儿松开手上的果核,使其下落时,能砸到砖瓦上的果核,并带动其他果核一起滚落到地面,越多越好。

(四) 游戏活动的功效

(1) 培养幼儿的目测能力。

(2) 增强幼儿的判断能力。

六、幼儿"拾骰子"的游戏活动

(一) 游戏活动的准备

(1) 教师和幼儿共同制作沙包、寻找骰子(四面的形状不同)。

(2) 教师和幼儿把几个骰子放在台面上。

(二) 游戏活动的规则

(1) 幼儿把沙包抛向空中,等沙包下落时,边接沙包边拾骰子,未接住沙包者为输。

(2) 当几个骰子朝上的那一面都相同时,幼儿可同时把它们拾起来,也可只拾其中的1—2个骰子。

(3) 拾到骰子最多的幼儿为胜。

(三) 游戏活动的过程

(1) 幼儿用手抓起骰子,撒在桌面上,用力要均匀,使骰子朝上的那一面尽可能都相同。

(2) 幼儿用力把沙包抛向空中,尽可能抛高一点,这样就会有更多的时间查看骰子,寻找下手的机会,看看拾哪几个或哪一个骰子最合算。

(四) 游戏活动的功效

(1) 提高幼儿手眼协调的能力。

(2) 增强幼儿用手抓握的能力。

阅读参考书目

1. 刘焱著:《幼儿园游戏教学论》,中国社会出版社 2000 年版。

2. 丁海东编著:《学前游戏论》,山东人民出版社 2001 年版。

3. 黄进著:《游戏精神与幼儿教育》,江苏教育出版社 2006 年版。

4. 董旭花主编:《幼儿园游戏》,科学出版社 2009 年版。

5. 林菁主编:《幼儿园创造性游戏指导与实施》,福建人民出版社 2011 年版。

6. 刘艳主编:《幼儿园角色游戏指导手册》,江苏教育出版社 2012 年版。

7. [美]Carol E. Catron 等著,王丽译,《学前儿童课程——一种创造性游戏模式》,中国轻工业出版社 2002 年版。

8. Joe L. Frost , Sue C. Wortham, Stuart C. Reifel. *Play and Child Development* (*4th Edition*). Prentice Hall. 2011.

复习思考题

1. 什么是幼儿的游戏活动? 幼儿的游戏活动具有哪几个基本特点?

2. 幼儿游戏活动的种类主要有哪些? 你认为我国幼儿园的游戏活动应分为哪几种类型?

3. 游戏活动对幼儿发展的价值主要体现在哪几个方面? 试举例说明。

4. 教师应从哪几个方面来为幼儿的游戏活动作好准备? 你是怎样为幼儿的游戏活动做准备的?

5. 教师在观察、记录幼儿的游戏活动时,应注意哪些问题?

6. 教师应如何指导幼儿的游戏活动? 请联系幼儿教育实际加以说明。

7. 你认为应该如何评价幼儿的游戏活动?

8. 你所在班级的幼儿经常开展角色游戏活动吗? 主题有哪些? 角色有哪些? 情节如何? 试举例加以说明。

9. 设计一份幼儿游戏活动的观察记录表。

10. 设计一份幼儿游戏活动的评价表。

11. 你喜欢哪一种民间游戏活动? 请你也为幼儿设计一个民间游戏活动简案。

第七章

幼儿园的家庭教育指导

内容提要：本章由六节组成，首先说明了幼儿园家庭教育指导的价值、幼儿园家庭教育指导的内容，其次论述了幼儿园家庭教育指导的原则，再次阐述了幼儿园家庭教育指导的形式、幼儿园家庭教育指导的方案，最后简介了《全国家庭教育指导大纲》的主要内容。

幼儿园家庭教育的指导有着独特的价值，幼儿园要对家庭教育的方方面面给予切实的指导，遵循家庭教育指导的各项原则，综合运用家庭教育指导的多种形式，设计科学的家庭教育指导方案，以提高幼儿家庭教育的质量。

第一节　幼儿园家庭教育指导的价值

幼儿园对家庭教育进行指导，不仅是贯彻幼教法规、与世界幼教接轨、发挥幼儿教育整体功能的需要，而且也是提高幼儿家长的教育素质、促进幼儿更好发展的需要。

一、有利于贯彻幼儿教育法规政策

1992年国务院颁布了《九十年代中国儿童发展规划纲要》，明确指出家庭教育指导的目标是“使百分之九十儿童（十四岁以下）的家长不同程度地掌握保育、教育儿童的知识。”1996年原国家教育委员会在《幼儿园工作规程》中，也对家庭教育的指导做出了严格的规定，要“主动与幼儿家庭配合，帮助家长创设良好的家庭教育环境，向家长宣传科学保育、教育幼儿的知识，共同担负教育幼儿的任务。”可见，幼儿园对家庭教育进行指导，把它提到重要的议事日程上来，是贯彻执行党和国家政府颁发的一系列幼儿教育法规的需要。

二、有利于与世界幼儿教育接轨

世界幼教发达国家越来越重视幼儿园与家庭之间的协作共育。1991年日本政府在第三个幼稚园振兴计划(1991—2000年)中明确提出:现时期家庭教育具有特别重要的意义,幼稚园要进一步发展与家庭的联系与合作。1997年美国幼教协会在《0—8岁儿童适宜性发展教育方案》中尤其强调:处理好教师与家长之间的关系是"儿童适宜性发展教育"的一个重要原则;教师要和家长互相尊重、相互合作,共同担负起教育幼儿的责任;要欢迎家长参与幼儿园工作,和家长共商幼儿保教问题的对策;让家长参与幼儿园的评估工作,并据此作出更好的教育计划,促进幼儿的成长。国际组织伯纳德·范·利尔基金会(Bernard Van Leer Foundation)总结了20多年来资助不发达国家发展幼儿教育事业的经验,于1997年指出:家长是否参与幼儿教育、参与的程度如何,是制约幼儿教育发展的一个决定性因素,因而强调要采取积极措施,加强幼儿园和家庭之间的联系和配合,推进幼儿园和家庭之间的合作共育。我国幼教也应顺应世界幼教发展的这一潮流,重视家庭教育的指导,以推进幼儿教育的改革。

三、有利于发挥幼儿教育整体功能

从系统论观点来看,世界上的任何事物都是一个独立的系统,一个系统就是一个整体,整体功能大于部分之和,构成整体的各个因素是相互联系、相互作用的。在当代信息社会,世界更显得是一个整体。幼儿教育是世界上极为复杂的一项系统工程,许多自然和社会因子都渗透其中。在幼儿教育这个整体中,除了包括幼儿园教育之外,还包括家庭教育。幼儿园如果对家长进行家庭教育的指导,就能增强家长配合幼儿园教育的自觉性,实现家园同步同态,形成教育合力,充分发挥幼儿教育的整体作用,使幼儿教育的价值大于幼儿园教育与家庭教育二者价值的总和。正如我国教育家陈鹤琴先生曾指出的那样,"儿童教育是一件很复杂的事情,不是家庭一方面可以单独胜任的;也不是幼稚园一方面可以单独胜任的;必定要两方面共同合作方能得到充分的功效"。

四、有利于提高家长的教育素质

幼儿园加强家庭教育的指导,能够提高家长的教育素质。在家庭教育指导的过程中,幼儿园通过向家长讲解幼儿教育的目标,可以帮助家长树立正确的培养目标;通过向家长说明家庭教育的作用,能增强家长教养孩子的责任感;通过向家长介绍幼儿身心发展的知识和培养举措,能端正家长的教养态度,提高家长的教育能力。这已为幼儿家庭教育指导的实践和科研所证实。李洪曾先生主持的"八五"全国教育科学规划重点课题"中国幼儿家庭教育的研究",在上海、成都、南昌、银川、沈阳等5个城市建立了27个实验点,进行了大量的探索性实验,研究结果表明:家庭教育指导有助于家长转变教育观念(如以家长辨析会为主要指导形式的上海虹口区艺术幼儿园的实验),树立正确的教养态度(如以亲子同乐活动为主要指导形式的上海南汇县新场镇幼儿园的实验),掌握科学的育儿方法(如以随机教育为主要指导形式的上海机床厂幼儿园)等。

五、有利于促进幼儿的幸福成长

教育生态学认为幼儿的成长发展受到周围环境的影响，这个环境包括幼儿园、家庭、社区、幼儿园与家庭及社区之间的关系等因素，幼儿的发展水平是其与周围环境相互作用的结果。幼儿园和家庭是幼儿成长的两个最为重要的场所，幼儿园开展家庭教育指导，就能对这些因素进行调节、整合，提高环境的质量，促进幼儿与环境的相互作用，加快幼儿成长的步伐；反之，就会阻碍幼儿与环境的相互作用，延缓幼儿成长的历程。例如，有的幼儿园在家庭教育指导的过程中，采用了友好小组活动的形式，让住所较近的几个家庭的幼儿自由结对，每周活动几次，每个家庭轮流作为活动场所，这不仅改变了幼儿从家庭和幼儿园之间的直线运行、扩展了幼儿生活的空间、丰富了幼儿的生活内容，而且还使幼儿从任性、自私、孤僻走向自制、谦让、合群，加深了同伴之间的友谊，养成了良好的行为习惯。

第二节 幼儿园家庭教育指导的内容

幼儿园家庭教育指导的内容是幼儿园家庭教育指导的目标和任务的具体化，它既包括向家长介绍幼儿园教育诸方面的情况，又包括向家长传递教育孩子的知识和技能，提高家长的教育素养，配合幼儿园教育好孩子，使幼儿园、幼儿、家庭三方受益。

一、幼儿园家庭教育指导的目的

幼儿园家庭教育指导的根本目的是为了规范家长的教育行为。家长的教育行为主要是指父母在一定的教育观念的支配下，处理孩子的教育问题时，所表现出来的言语和行动。父母是孩子的第一任教师，父母的教育行为对幼儿的成长具有举足轻重的作用，因而对父母的教育行为进行规范就显得特别重要。原国家教委、全国妇联于 1997 年联合颁发了《家长教育行为规范(试行)》，要求家长做到以下 10 条：(1)树立为国教子思想，自觉履行教育子女的职责。(2)重在教子做人，提高子女思想道德水平，培养子女遵守社会公德习惯，增强子女法律意识和社会责任感。(3)关心子女的智力开发和科学文化学习，培养良好的学习习惯，要求要适当，方法要正确。(4)培养和训练子女的良好生活习惯，鼓励子女参加文娱体育和社会交往活动，促进子女身心的健康发展。(5)引导子女参加力所能及的家务劳动，支持子女参加社会公益劳动，培养子女的自理能力及劳动习惯。(6)爱护、关心、严格要求子女。不溺爱、不打骂、不歧视，保障子女的合法权益。(7)要举止文明、情趣健康、言行一致、敬业进取，各方面为子女做榜样。(8)保持家庭和睦，创建民主、平等、和谐的关系，形成良好的家庭教育环境。(9)学习和掌握教育子女的科学知识及方法，针对子女的年龄特征、个性特点实施教育。(10)要和学校、社会密切联系，互相配合，保持教育的一致性。

幼儿园家庭教育指导的具体目标是提高家长的教育素质和家庭教育水平，促进幼儿全面和谐地发展：(1)促使家长认识到幼儿园教育的性质、任务、目标、内容、途径、方法和手段，能与幼儿园配合，协调一致地教育孩子，提高幼儿园的教育质量；(2)帮助家长获得教育孩子的基本知识和经验，掌握教育孩子的科学和艺术，增强教育孩子的能力，提高家庭教育的质量；(3)争取家长在经费、物质设施、人力上的支持和援助，鼓励家长参与幼儿园的教育，献计献策，提高办园的整体水平。

二、幼儿园家庭教育指导的任务

幼儿园家庭教育指导的任务主要有以下几个方面：

(一) 引导家长树立正确的教育目标

幼儿园要大力宣讲家庭教育的重要性，使家长明确家庭是孩子的第一个教育场所，父母是孩子的首任教师，应担负起教育孩子的重任；摒弃为子教子、为家教子的狭隘意识，树立为国教子的远大目标。例如，可用“欧母画荻”的故事，来使家长认识到历史上许多有名望、有影响的人物，在其幼年期都受到过良好的家庭教育；用“岳母刺字”精忠报国的故事，来使家长认识到为国教子的伟大与光荣。此外，一些国家做出“少儿犯罪坐牢，父母要陪同”的规定，目的就在于向家长敲响必须承担教育子女任务的警钟。

(二) 帮助家长养成良好的教养态度

幼儿园要促使家长树立正确的儿童观和教养态度，认识到孩子是一个独立的个体，有自己的特点和需要，对他们既不能放任自流，也不能娇惯溺爱、独裁专制，而应讲究民主、平等，建立良好的亲子关系、新型家规。比如，可把一些教育调查的结果(如溺爱型的家长容易导致孩子情绪不稳、意志不强、交往困难，形成任性、固执或依赖、自卑的性格；专制型的家长容易导致孩子情感冷漠、孤僻自卑，形成粗暴、敌视或逃避、固执的性格；放任型的家长容易导致孩子自控力差、自尊感弱，形成冷酷、攻击的性格；民主型的家长容易培养孩子的自信心、合群性，形成活泼、开朗的性格)告诉家长，使家长认识到错误的教养态度对孩子的危害以及正确的教育态度对孩子的益处。

(三) 指导家长掌握科学的育儿方法

幼儿园要向家长传授保教孩子的基本知识，帮助家长掌握幼儿保健营养、心理教育的技能，学会运用正确的方法教养孩子。例如，可通过宣传橱窗，向家长介绍膳食指南：食物要多样，粗细要搭配，三餐要合理，饥饱要适当，甜食不宜多，油脂要适量。使家长在家庭生活中，注意多给孩子提供蔬菜、水果，使孩子均衡摄取鱼、肉、蛋、奶等各类食物，获得全面的营养。

(四) 支持家长交流家庭教育的经验

幼儿园要创造条件,让家长彼此之间交流教子心得,并注意推广家长成功的教育经验,提高家长抚养和教育孩子的能力。这可通过班级家长会,请在某一方面有较好经验的家长进行介绍,大家畅所欲言,相互切磋,共同提高教子艺术。

(五) 增强家长与幼儿园教育配合的意识

幼儿园要向家长讲明幼儿教育是由幼儿园教育、家庭教育和社会教育三部分组成的,三者只有协调一致,才能促进孩子健康活泼地成长的道理,使家长能主动配合幼儿园的教育。这可通过利用本班幼儿具有不同的发展水平这一事实,来向家长说明其中的奥妙。例如,班上有几个小朋友喜欢举手发言,发言的质量较高,其主要原因在于这些家长重视对孩子智力的开发,经常鼓励孩子提问,不论孩子提出什么样的问题,都给予鼓励,从而养成了孩子勤于思考的习惯。

(六) 鼓励家长全方位为幼儿园的发展服务

幼儿园要激发家长投身家教、参与园教的热情,并使之付诸行动。这可通过全园家长会,向家长通报幼儿园的办园情况,陈述所面临的问题和困难,提出希望在设施、设备及活动场所等方面得到家长的支持和帮助,以提高办园条件;启发家长利用自己的特长为幼儿园服务,如请擅长电脑的家长来园教幼儿学电脑;鼓励家长利用自己的业余时间为幼儿园义务劳动,如维修体育设施、疏通下水管道;要求家长为幼儿园的开拓创新出谋划策。此外,还可向家长介绍国外幼儿家长的一些做法。例如,澳大利亚许多家长慷慨解囊,为幼儿园捐款捐物;利用休息日,来园给教师当助手。日本家长成立"家长后援会",帮助幼儿园开展各种大型的活动,从活动的设计、准备到活动的组织、实施的整个过程中,都承担着重要的任务。

三、幼儿园家庭教育指导的内容

幼儿园家庭教育指导的主要内容有:

(一) 宣讲现代儿童观和教育观

家庭是社会的细胞,孩子是父母的希望,更是祖国的未来。中国是一个古老的国家,在抚养孩子的看法和做法上,深受传统教育思想的影响,许多家长至今仍把孩子看作是父母的私有财产,用以传宗接代、光耀门庭,把对孩子的教育看作是一家一户的私事。这种观念已远远不能适应当代社会发展的要求。党和国家历来重视家庭教育,认为家庭教育是国民教育中不可缺少的组成部分,对提高全民族素质具有重要作用。为此,幼儿园要向家长宣传现代化教育观念,使他们充分认识到教育子女是一桩国家大事,关系到民族的生死存亡。

(二) 说明家庭教育的独特价值

幼儿园要向家长讲解家庭教育的特殊作用,家庭教育不仅是幼儿园教育所无法取代的,而且在某些方面甚至比幼儿园教育发挥着更大的作用。例如,"七五"期间史慧中教授主持的"适应我国国情，提高幼儿素质”的研究，对全国 10 个地区（北京、上海、江苏、湖南、重庆、辽宁、安徽、山西、宁夏、贵州）26000 名 4—6 岁儿童的调查表明，家庭对幼儿认知发展的作用居于第一位，幼儿园居于第二位；家庭对幼儿个性的发展也起着决定性的作用。幼儿园还要帮助家长发挥家庭教育的优势，充分利用家庭教育的针对性、连续性、灵活性、权威性、亲情性等特点，把孩子培养成人。

（三）讲解幼儿身心发展的知识

幼儿期是人生发展的关键期，儿童各方面的发展水平对其今后的成长有着重大的影响。幼儿园要向家长讲解幼儿身心发展的一般规律和幼儿之间的个别差异，使家长具备必需的生理学、心理学等方面的知识，为教育孩子做好准备。例如，通过实例，向家长讲授幼儿心理发展的基本特点：感知觉逐渐完善，对生动、形象的事物和现象容易认识，对较复杂的空间、时间认识较差；观察的随意性水平较低，易受外界刺激的影响而转移观察的目标；注意很不稳定，对感兴趣的事物注意力较易集中，但时间不长；记忆带有很大的不随意和直观形象的特点；想象以再造想象为主，创造性想象正在发展；以具体形象思维为主，依赖生动的、鲜明的形象去认识和理解事物；语言迅速发展，语句以简单句为主，复合句为辅；情感容易激动、变化、外露、不稳定；在性格、兴趣、能力等方面也开始表现出个人特点。

（四）讲授家庭教育的具体内容

幼儿家庭教育的内容要能保证幼儿的全面发展，幼儿园要向家长介绍有利于幼儿身心各方面发展的内容，不顾此失彼，偏向任何一方，忽视其他方面，避免出现重养轻教、重智轻德的错误倾向。

1. 增进健康

幼儿园应要求家长注意培养孩子良好的生活卫生习惯、自我保护意识和参加室外活动的兴趣，以促进孩子的生长发育，提高孩子的健康水平。这主要包括以下几个方面：(1)培养孩子良好的生活习惯，使孩子能按时睡觉，逐渐学会整理自己的床铺，饮食定时定量，细嚼慢咽，不把饭菜掉在桌上，不挑食。(2)培养孩子良好的卫生习惯，使孩子养成饭前便后洗手，保持服装、环境的整洁，坐下、站立、行走、阅读、绘画的姿势正确。(3)培养孩子的生活自理能力，让孩子明白自己的事情要自己做。(4)帮助孩子了解必要的安全知识，能认识常用的安全标志，知道如何进行自我保护，不触摸电源，不玩火。(5)教育孩子不害怕体检、预防接种、打针、吃药。(6)培养孩子对体育活动的兴趣，引导孩子参加各种户外活动，发展动作，锻炼身体，增强体质。

2. 开发智力

幼儿园要提请家长重视激发孩子的学习兴趣，培养孩子动脑、动口、动手的习惯，促进孩子智力的发展。这可从以下几个方面来进行：(1)培养孩子的求知欲与探究精神，鼓励孩子自己发现问题、提出问题，寻求问题的答案，发展孩子的思维力。(2)启发孩子观察周围事物，掌握从上往下、从左往右、从里往外等观察的方法，提高观察的能力。(3)经常和孩子一起看图书，给孩子讲故事，鼓励孩子大胆想象，自由讲述，培养孩子良好的学习习惯，促进孩子想象力的发展。(4)教育孩子学会专心听别人讲话，不随便打断别人的讲话，乐于讲述自己身边的事情，能用语言表达自己的思想和需要。(5)为孩子提供丰富的游戏材料和玩具，做孩子游戏的伙伴，使孩子的智力在游戏中得到开发。

3. 培养品德

幼儿园应要求家长注重培养孩子的爱心、良好的品德行为、活泼开朗的性格。这由以下几个部分组成：(1)教育孩子学会关心周围的人，培养孩子对父母、老师的爱心，萌发孩子爱集体、爱家乡、爱祖国的情感。(2)引导孩子讲文明，学会使用礼貌用语，形成诚实、勇敢、勤劳、俭朴的美德。(3)教给孩子与小伙伴交往的方法，使孩子学会与小伙伴彼此合作、友好相处，促进社会性发展。(4)培养孩子的责任感，使孩子能有始有终地做完每一件事，并做得越来越好。(5)要求孩子爱惜幼儿园的桌椅、玩具，爱护公物。(6)培养孩子的自尊心、自信心，使孩子拥有大方、乐观、豁达的性格。

4. 提高美感

幼儿园还应提请家长关心孩子感受美、表现美的情趣的发展，重视孩子创造美的能力的培养，使孩子成为外表美和内心美的和谐统一体。这包括如下几个方面：(1)经常带领孩子外出参观美术馆、博物馆，游览名胜古迹，开阔孩子的眼界，增长孩子的见识。(2)多陪孩子到大自然中去，欣赏美、感受美，使孩子萌生对自然的热爱之情。(3)多和孩子一起听音乐、画画、折纸、弹琴、唱歌、跳舞，适当举办家庭艺术节，培养孩子对艺术活动的兴趣。(4)鼓励孩子用各种方式表达自己对美的感受和喜爱，提高孩子的审美能力。

(五) 讲析家庭教育的重要原则

幼儿家庭教育的原则是父母对孩子进行教育必须遵循的基本要求。幼儿园应帮助家长掌握家庭教育的主要原则，以提高家庭教育的质量。

1. 热爱孩子的原则

使家长明白热爱孩子是教育孩子的前提条件，没有爱就没有教。要求父母能够做到：了解理解孩子，关心爱护孩子，尊重信任孩子，绝不溺爱孩子。例如，父母带孩子到商店买玩具时，可让孩子自己挑选所喜欢的玩具，而不应把成人的意愿强加给孩子。

2. 要求孩子的原则

使家长认识到父母严格要求孩子是对孩子真正的爱，父母对孩子提出的要求，要简明、合理、及时、有序，不苛求孩子。例如，孩子走路不小心摔倒了，父母要求孩子自己爬起来，拍掉身上的尘土，继续往前走。

3. 教育一致的原则

使家长理解只有协调家庭中各种教育力量，组成统一战线，前后一致地对孩子进行教育，才能有利于孩子身心的健康成长的道理。务必请家长做到：在对孩子教育的问题上，不论是在父母之间，还是在祖父母之间，或是在父母和祖父母之间都应保持高度一致。例如，有个小朋友，双休日时，轮流在爷爷奶奶家和外公外婆家过，两个亲家为了表明自己更爱孙辈，每次交接孩子时，都对孩子的身高、体重进行测量，看看谁喂养孩子更有方，为此双方开展了“精美食物”竞赛。结果，孩子越来越挑食，体重不但没什么增加，反而变得越来越任性、蛮横无理。在事实面前，两家祖辈不得不达成共识，一起制订食谱，矫正孩子的不良行为。

4. 全面发展的原则

使家长意识到只有对孩子进行各方面的教育，才能有利于孩子的全面发展，成为社会所需要的人。既要重视孩子体力、智力的发展，又要重视孩子语言、情感、社会性的发展，此外还要重视孩子审美能力的提高。例如，带孩子外出做客前，让孩子自己挑选衣服，打扮自己。

5. 因材施教的原则

使家长认识到每个孩子都有自己的特点，对孩子进行教育时，要从孩子的实际情况出发，根据孩子的年龄特点、性别特征、个性差异和当前情况，因材施教，促进孩子的最佳发展。例如，孩子对玩玩拼拼很感兴趣，家长可给孩子提供回形针，鼓励孩子拼摆出多种物体图形。

（六）阐明家庭教育的基本途径

家庭教育是和家庭生活融合在一起的，家长安排家庭生活的过程也就是教育孩子的过程。幼儿园要使家长认识到家庭的内、外部生活都是教育孩子的重要途径，要予以重视。

1. 家庭生活结构

家庭结构主要有核心家庭、扩大家庭、单亲家庭、再婚家庭等形式，不同的家庭结构对孩子的发展有不同的影响，各有利弊。幼儿园要帮助家长利用现存家庭生活结构的优势，克服不足之处。例如，有个小朋友和爸爸妈妈、爷爷奶奶一起生活，孩子的爷爷奶奶都已退休，爱管“闲事”，经常清扫公用楼梯，帮助邻居拿报纸、送牛奶；小孙子在幼儿园也喜欢帮助老师和小伙伴，深受大家的喜爱。这就是扩大家庭对孩子的一种良好影响的结果。

2. 家庭生活条件

家庭生活条件是孩子接受教育的物质基础，具有“双刃剑”的作用，不论是富裕的生活条件，还是贫困的生活条件，对孩子的成长既会有正面的效应，也会有负面的效应。幼儿园要帮助家长扬长避短，合理安排家庭生活。

3. 家庭人际关系

家庭成员之间的关系是平等互助，还是独断专行；是亲密无间，还是冷漠无情，都会对孩子产生潜移默化的影响，孩子的脸是父母之间关系的“晴雨表”。幼儿园要使家长认识到不同的人际关系对孩子的不同作用，注意为孩子创造一个安宁、温馨、和睦、愉快的家庭生活环境。

此外，邻里关系、社区环境、社会环境对孩子的成长也有重要的影响，家长也应加以调节和控制。

（七）阐述家庭教育的若干方法

家庭教育的方法是家长采取的各种教育手段，只有灵活机动地加以选择和运用，才能保证家庭教育的成功。幼儿园应向家庭讲解各种有效的教育方法，以及如何在不同情况下的运用和策略，使家长能把家庭教育的良好愿望变成现实。

1. 讲解说理法

家长对孩子摆事实，讲道理，提高孩子的认识，帮助孩子形成正确的观点。这可通过讲解、谈话、讨论等形式来进行。幼儿园应要求家长在运用这种方法时做到：目的明确、生动有趣、把握时机、和蔼可亲、不哄不骗。例如，父母在带孩子参加友人的生日活动时，教孩子学会说“祝您生日快乐”的祝福语言；在带孩子去给爷爷奶奶拜年时，教孩子学会说“祝你们春节愉快、身体健康”的恭贺话语，使孩子知道在不同的时间、场合，要用不同的语言对别人表示祝贺。

2. 榜样示范法

家长为孩子树立各种正面榜样，让孩子进行模仿，引导孩子积极向上。幼儿园应要求家长不仅运用伟人典范、同伴范例来激励、教育孩子，而且还要利用父母自身的榜样来启发、感染孩子，以身示教。比如，要求孩子不乱扔纸屑、不随地吐痰，父母自己就要先做到这些。

3. 表扬奖励法

家长对孩子的好思想、好行为做出肯定评价，以激励孩子的发展。幼儿园应提请家长注意，表扬要符合孩子的特点，着重表扬孩子付出的努力，运用多种方式表扬孩子，注重对孩子进行精神奖励。例如，在公交车上，孩子给抱着小妹妹的人让座，父母应表扬孩子关心别人的好行为。

4. 批评惩罚法

家长对孩子的不良言行做出否定评价，以纠正孩子的缺点错误。幼儿园要向家长提出要求：孩子有错要批评，批评孩子要及时、恰当，不打骂孩子，让孩子从错误中吸取教训，不致再犯。比如，孩子抢邻居小朋友的玩具，父母批评他这样做很不对，一点也不文明、不礼貌，若想玩别人的玩具，可以友好地和别人商量，或用自己的玩具去跟别人交换。

5. 提醒暗示法

家长用含蓄的方式，间接地对孩子的心理发展施加影响，发挥孩子的主动性、自觉性。幼儿园应要求家长不仅要根据具体情况选用直接暗示、间接暗示、反暗示、自我暗示，而且还要综合运用这些方式，以取得预期的教育效果。例如，孩子吃香蕉时，挑了一个最大的，父母顿时皱起了眉头，以表示对孩子行为的不满。

6. 实践活动法

家长有计划地组织各种活动，让孩子接受实际锻炼，养成良好的品德行为习惯。幼儿园应指导家长运用时注意：广泛开展各类活动，给孩子提供反复练习的机会，制订必要的家庭规则，委托孩子完成一定的任务。比如，上下楼梯时，要求孩子让老奶奶、老爷爷、小弟弟、小妹妹先上、先下，以培养孩子敬老爱幼的品行。

7. 陶冶感染法

家长通过创设、利用有意、有趣的环境，对孩子进行感染、熏陶，寓教于情境之中。幼儿园提示家长在运用时，注意利用人格感化、环境熏染、艺术陶冶等手法，来达到家庭教育的目标。例如，在春节到来之前，父母和孩子一起剪贴窗花、摆放工艺品，以提高孩子的审美能力。

（八）介绍幼儿园的教育概况

幼儿园要向家长介绍幼儿园教育的性质、目标、任务、内容、途径、方法和手段，使家长对幼儿园教育有全面、深入的了解。例如，通过家长开放日活动，让家长耳闻目睹幼儿园的作息制度，亲身体验幼儿园一日活动的安排，使家长真正理解寓教于活动之中的道理。

（九）述评孩子的在园表现

对于全日制的孩子来讲，每周有 5 天、每天有 8 小时时间是在幼儿园里度过的，寄宿制的孩子在园的时间更长，孩子在园的一切都牵动着家长的心。幼儿园要利用家长的这种心态，让他们了解孩子在园的各种情况，不论是孩子身体、智力的发展，还是品行、美感的发展均不应成为被遗忘的角落。例如，通过指导家长观看孩子的美术作品，使家长知道孩子绘画的水平和审美的能力。

（十）引导家长与幼儿园教育保持一致

幼儿园向家长介绍幼儿身心发展的特点和家庭教育的基本规律、幼儿园教育的性质、任务，主要目的在于提高家长的教育素养，加强与幼儿园的联系，相互配合教育孩子，做到家庭与幼儿园的教育同向同步，协调一致，以提高幼儿园的保教质量。比如，为了配合幼儿园的“学会合作”主题活动，可以通过专题讲座，介绍国外的一些研究成果使家长明白配合幼儿园对孩子进行谦让教育的重要性。

第三节　幼儿园家庭教育指导的原则

幼儿园家庭教育指导的原则，是幼儿园在进行家庭教育指导时所必须遵循的基本要求。符合这些要求，就能提高家庭教育指导的质量；违背这些要求，则会使家庭教育指导工作走向失败。幼儿园家庭教育指导的主要原则有：了解性原则、方向性原则、科学性原则、尊重性原则、协调性原则、针对性原则、直观性原则和艺术性原则。

一、了解性原则

幼儿园要对家庭教育进行指导，就必须了解幼儿家长及家庭。在获取了关于家长自身的情况（职业、文化程度、兴趣爱好等）、家庭情况（家庭结构、家庭居住条件、家庭生活方式、家庭成员之间的关系等）、家庭教育情况（对家庭教育的重视程度、教育内容、教育方法、教育经验、教育问题等）、对幼儿园教育的看法（幼儿园教育的重点应是什么、应怎样对孩子进行教育、如何改进幼儿园的工作等)等方面的大量信息以后,再给家长切实的指导。

在执行这一原则时,幼儿园可利用谈话、家访、填表等多种形式来进行。例如,为了解幼儿双休日在家中的情况,可让家长填写表 7-3-1。

表 7-3-1 幼儿双休日活动调查表

亲爱的家长:

本表只是为了了解您的孩子双休日在家里的一般情况,不作为任何考核的依据,请您如实填写或打"√",并于下周一(12 月 14 日)上午交给带班老师。谢谢您的合作。

××××幼儿园

年 月 日

孩子姓名:______ 性别:______ 所在班级:______ 填表人是孩子的:______

1. 孩子早晨几点起床:(1) 7 点左右 (2) 8 点左右 (3) 9 点左右 (4) 10 点左右 (5) 其他
2. 孩子是否自己穿衣服:(1) 是 (2) 否 (3) 其他
3. 孩子是否自己洗漱:(1) 是 (2) 否 (3) 其他
4. 孩子是否自己吃早点:(1) 是 (2) 否 (3) 其他
5. 孩子上午的主要活动有:(1) ______ (2) ______ (3) ______ (4) ______ (5) ______
6. 和孩子一起活动的人有:(1) 爸爸 (2) 妈妈 (3) 爷爷 (4) 奶奶 (5) 外公 (6) 外婆 (7) 其他人
7. 孩子是否自己吃午饭:(1) 是 (2) 否 (3) 其他
8. 孩子是否午睡:(1) 是 (2) 否 (3) 其他
9. 孩子下午的活动主要有:(1) ______ (2) ______ (3) ______ (4) ______ (5) ______
10. 和孩子一起活动的人有:(1) 爸爸 (2) 妈妈 (3) 爷爷 (4) 奶奶 (5) 外公 (6) 外婆 (7) 其他人
11. 孩子是否自己吃晚饭:(1) 是 (2) 否 (3) 其他
12. 孩子一天中看电视的时间共有多长:(1) 1 小时 (2) 2 小时 (3) 3 小时 (4) 4 小时 (5) 其他
13. 孩子晚上几点睡觉:(1) 7 点左右 (2) 8 点左右 (3) 9 点左右 (4) 10 点左右 (5) 其他

二、方向性原则

幼儿园在指导家庭教育时,要使家长认识到家庭教育是国民教育的重要组成部分,必须同国家的教育方针、幼儿教育法规的精神相一致,考虑幼儿发展的特点和社会发展的要求,对孩子进行体、智、德、美全面发展的教育,使孩子身心健康活泼地成长,为入小学打好基础,为造就一代新人打好基础。

在贯彻这一原则时,应给家长讲一些浅显易懂的道理和研究成果,使家长意识到不对孩子进行全面发展的教育,孩子就不能很好地发展。例如,可把国内外的一些幼教研究成果介绍给家长,让家长进一步认识到从小对孩子进行品德教育、培养孩子情商的重要性。如美国一些研究人员,在幼儿园的桌子上摆上一些好苹果,让幼儿去吃,结果发现:(1)大部分幼儿抢着吃;(2)小部分幼儿让人家抢过了,自己吃小的;(3)有几个幼儿则完全让别人吃,根本不在意自己没吃到苹果。研究人员对这些幼儿进行几十年的跟踪调查发现:(1)抢着吃的那些幼儿,长大后无所作为;(2)自己吃小的这些幼儿,长大后都成了厂长、经理;(3)完全不在意没吃到苹果的几个幼儿,长大后都成了政府要员。可见,情商在幼儿一生成长中的作用十分巨大,家长只有注意培养孩子克制自己情感的能力，才能使孩子将来能在事业上做出更大的贡献，更好地报效祖国。

三、科学性原则

在指导家庭教育的内容和方法时，幼儿园要注意科学性，使其符合幼儿身心发展的基本规律和幼儿教育发展的客观规律，做到理论联系实际，既有科学性又有通俗性，注重实效。

在贯彻这一原则时，要注意向家长传授的知识，既要正确、准确，又要深入浅出，生动有趣，操作性强。例如，在指导家长开发幼儿智力的时候，指导者不仅要说明观察力是幼儿智力活动的窗口，对幼儿智力的发展影响很大，而且还要把一些具体实用的方法介绍给家长，如：(1)激发孩子观察的兴趣：兴趣是孩子观察事物的动力，家长应根据孩子好奇心强、求知欲旺的特点，指导孩子观察大自然的变化和社会生活的发展。例如，让孩子观察哪种树的叶子最先变绿？马路上哪种型号的轿车最多？都会激起孩子观察的兴趣。(2)教给孩子观察的方法：家长要教给孩子观察事物的一些基本方法，如从上到下、从左到右、从里到外，从整体到部分等。例如，家里买来了一条鲫鱼，家长先教孩子进行整体观察：鲫鱼的形态呈菱形，分头、躯干、尾三部分。再教孩子作局部观察：头部前端有口，能张开闭合，头部两侧有眼睑，不能闭合，眼的前面有两个鼻孔，头的两侧各有一片鳃盖，鳃盖后边掩住鳃孔，能开闭，与口的开合互相配合，让水不停地由口流入，由鳃排出。(3)参与孩子的活动：幼儿活泼好动，家长应给孩子提供各种活动的机会，并尽可能多地参与孩子的活动，让孩子在活动中进行操作，直接观察事物的变化，认识其属性。比如，家长和孩子一起动手，用纸片制作一个长方形、一个正方形，然后让孩子仔细观察，进行比较，找出它们的相同点（都有四条边，四个角都是直角）和不同点（正方形的四条边相等，而长方形只有对应的两条边相等）；它们还可以相互转化，当长方形的长和宽相等时（先用尺量，再剪去长的部分），长方形就变成了正方形。(4)发挥语言的调节功能：孩子的观察活动离不开父母的语言指导。家长要充分发挥语言的调节功能，吸引孩子的注意力，教会孩子观察，并评价孩子观察的结果。为此，家长的语言应该简明扼要，重点突出，有较强的针对性。例如，带领孩子参观动物园时，家长引导孩子观察猫头鹰，应用语言提示孩子注意其“眼睛”、“嘴”、“爪子”等。

四、尊重性原则

在指导家庭教育时，幼儿园要尊重家长，平等对待各类家长，尤其是各方面发展暂时落后的幼儿的家长，并引导家长在家庭里建立民主平等的亲子关系。

在执行这一原则时，首先要平等对待自身条件不同的家长。不论家长从事什么样的职业（是工人、营业员，还是律师、医生）、具有什么样的文化程度（是初中、高中，还是大专、本科），也不论家长的社会地位如何（是普通老百姓，还是领导干部）、经济条件怎么样（是收入微薄，还是腰缠万贯），都要一视同仁、不偏不倚。

其次，要注意尊重孩子情况不同的每个家长。不论幼儿的相貌如何（是长得漂亮，还是不好看），也不论幼儿的身心发展水平如何（是聪明伶俐，还是反应较迟钝；是有特长，还是无一技之长；是遵守纪律，还是不遵守纪律），都要尊重他们的家长。特别对发展暂时落后的幼儿的家长，应给予更多的尊重，和他们一起激发孩子的上进心。

此外，尊重有不同意见的家长。有的家长喜欢提意见、反映问题，无论如何，都要认真听取，正确的意见就加以接受。

五、协调性原则

幼儿园在进行家庭教育指导中，要经常和家长交流情况，相互沟通，互通有无，协调配合，形成教育的合力。

在遵循这条原则时，幼儿园要及时把幼儿各方面的情况反馈给家长，争取家长的合作。例如，可把孩子在园的一些突出表现、异常行为写在《家园联系册》上，使家长对孩子的成绩和问题做到心中有数。如李老师写道："今天是量量做值日生，他工作认真负责，一丝不苟，一会儿抬桌子、搬椅子，一会儿给小朋友发点心、检查卫生，每项任务完成得都很好。尤其令我感动的是，当他发现废纸篓外边有纸屑时，就弯下腰，用小手把它们全捡起来，不声不响地放进废纸篓里去了。多好的孩子呀，请你们在家里也表扬一下他，好吗？我为你们有这样好的儿子而感到骄傲。"教师亲切的语言、朴实的笔调，有利于调动家长与其合作的积极性，加强彼此间的交流。

幼儿园还应要求家长及时把孩子在家里的表现反馈给幼儿园，以强化孩子的良好言行，克服孩子的不良言行。例如，当陈清小朋友的爸爸在早晨送孩子入园时，把昨天接孩子回家途中乘车时发生的事情（在公交车上，一位乘客下车，另一位乘客正准备坐到这个空座位上时，陈清突然从爸爸的腿上滑下来，抢先一步到达了这个空座位上。爸爸对她讲要坐就还坐在爸爸的腿上，不要抢座位。陈清很听爸爸的话，从座位上下来，回到了爸爸的腿上。后来，又有一位乘客下车了，陈清再次从爸爸腿上下来，跑过去坐到这个空座位上，爸爸要她回来，她很听话，重新坐到了爸爸的腿上）讲给老师听后，教师除了向这位家长表示感谢之外，还利用晨间谈话的机会，在全班幼儿面前表扬陈清小朋友听爸爸话，不抢占座位，是个懂礼貌的好孩子，并引导其他小朋友向她学习。

此外，幼儿园还要帮助家长解决一些问题，使双方教育一致，孩子能更好成长。例如，当家长反映孩子在家不听话，吃饭要人喂，穿脱衣服要人帮，睡觉要人哄，不知道如何帮助孩子改正这些坏毛病时，幼儿园可给家长提议：在家为孩子做一棵"成长树"，树上有 1 个主干、4 个分枝，每个树枝分别代表"听话"、"自己吃饭"、"自己穿脱衣服"、"自己睡觉"。告诉孩子每天做到其中的一件事，就可得到一颗五角星，贴在相应的树枝上。一周统计下来，如果五角星达到 20 颗时，树干就会往上"长高"1 厘米，以激励孩子天天都能在各方面取得进步。

六、针对性原则

幼儿园在进行家庭教育指导时，要根据幼儿和家长的不同特点，开展分类型和分层次的指导，注意灵活性。

在贯彻这条原则时，首先要从幼儿身心发展的年龄特征出发，进行分类指导。例如，在对小班幼儿家长进行指导时，要重点帮助他们做好孩子的入园适应工作；而在对大班幼儿家长进行指导时，则要把重点放在帮助他们做好孩子的入学准备上。具体来讲，家长要注意激发孩子良好的入学动机，使孩子能顺利从幼儿园过渡到小学，实现生活和学习上的重要转折：(1)诱发孩子做一名小学生的愿望。孩子到了幼儿园大班时，往往都急切盼望着当一名小学生，家长应抓住时机，因势利导地进行教育。例如,在接送孩子的路上,看到小学生上学、放学的情景,家长就可以诱导孩子:“你看人家小学生多神气呀,背着书包,穿着校服,戴着红领巾。”家长千万不要对孩子说:“你再不听话,以后上小学就有人管你了,老师会罚你站的。”以免使孩子产生畏惧上学的不良心理。(2)增加孩子对小学的感性认识。家长应因地制宜,适时带领孩子走访、参观家庭居住区附近的小学,让孩子熟悉一下小学环境,认识校舍、操场、教室,观看小学生的活动,如进入校门时的礼仪、规范,在操场上升旗、做早操,上体育课的情景,以及课间、课外的一些活动。(3)加深孩子对小学生的理解。家长可请邻居、亲朋好友的一、二年级小学生,给孩子讲一讲学校的一日生活、学习、各种行为规范等,谈谈学习的体会与收获;让孩子听听他们朗读课文,看看他们的作业本和教科书。(4)给孩子提供各种练习的机会。一方面,家长可以和孩子进行模拟表演。比如,家长扮演“老师”,让孩子扮演“小学生”;“小学生”要跟着“老师”说出:“我是×××小学一年级×班的学生,我叫×××。”听从“老师”的指令,做好课前准备,有条理地拿出铅笔盒、课本、作业本、垫板,并放在桌子的适当位置上;上课时挺胸坐直,认真听讲,不说话,不做小动作,要提问,先举手;下课后,再将所有的文具、学习用品等依次放入书包内,并检查是否有遗漏。另一方面,家长还可以安排固定的时间和空间,对孩子进行专门的训练。比如,晚餐后,选择安静的环境,让孩子在书桌前看半小时左右的图书或画画、写字、做计算。(5)为孩子做好必要的物质准备。家长可以和孩子一同挑选书包、文具、图书。所选购的书包应是颜色鲜艳、面料轻便的双肩包;笔应以铅笔为主,最好是呈棱面的,易于幼儿握持。此外,还要购置一些橡皮、刨笔刀、尺子、垫板等。

其次,要从家长的具体情况出发,进行分类指导。可把父辈归为一类,祖辈归为另一类,加以指导;也可把父亲、祖父归为一类,母亲、祖母归为另一类,分开指导;此外还可把单亲父亲归为一类,单亲母亲归为另一类,分别指导。例如,在对父亲进行家庭教育指导时,首先,要阐明他们在孩子成长中的独特作用。心理学研究表明:幼儿人格的健康发展需要受到男女两性世界的影响,否则,会使幼儿的人格发展蒙上一层阴影,形成单一的、明显的女性特点或男性特点。幼儿在幼儿园受到的影响基本上来自女性。为了保证孩子人格的正常发展,减少由于幼教师资队伍中男性不足所可能产生的负面效应,父亲就必须更多地参与到幼儿教育工作上来,为孩子的全面和谐发展发挥应有的影响作用。其次,要启发他们学会分享、利用幼儿园的教育资源,牢牢把握接送孩子的有利时机,以主人翁的态度参与幼儿园的各种活动,积极参加各种家庭教育指导活动。再次,要把如何发挥自身作用的策略教给他们:(1)介绍自己的职业特点,萌发孩子的爱父之心。通过日常生活,自然而然地把自己的职业特点介绍给孩子,比如,告诉孩子“爸爸是位医生,给病人看病、开药,热心为病人服务,解除病人的痛苦”等,使孩子了解到父亲工作的作用和艰辛,进而乐于接受父亲的教育。(2)全面关心孩子的生活,满足孩子的生理需求。幼儿独立生活能力较差,在衣食住行等方面都有赖于成人的帮助,父亲对孩子只养不教固然不对;但只教不养,同样也不妥。调查发现,孩子更喜欢母亲而不太喜欢父亲的一大原因是:“妈妈哄我睡觉”、“妈妈帮我穿衣服”、“妈妈给我买好吃的”等。可见,父母要赢得孩子的喜爱,就必须从日常生活入手,从具体小事做起,关心孩子,照顾孩子的饮食起居,满足孩子的生理需求。(3)运用科学的育儿方法,满足孩子的安全需要。有些幼儿抱怨父亲对他们“太狠”、“好瞪眼”,甚至“打”、“骂”他们,孩子常常感到恐惧,没有安全感。父亲应抛弃“棍棒底下出孝子”、“不打不成才”的陈腐观念和侵犯幼儿权利的错误做法，尽量少用或不用惩罚的方法对待孩子，应用讲解说理、实践练习，特别是榜样示范、表扬鼓励等方法教育孩子，以真正树立起父亲的威信。教育研究表明：父亲能为男孩树立一个母亲之外的大人形象，使他们认识到父子关系；能使女孩感受到异性的谈吐、举止。在孩子成长的过程中，仅有母亲的赞扬是很不够的，父亲对孩子的赞赏，尤其是对女孩子的称赞具有更大的效果。(4)和孩子一起学习、游戏，满足孩子的社会需要。孩子随着年龄的增长，会产生学习、游戏等方面的更高层次的需求，并以能否满足这种需求为标准，来衡量父亲的好坏。孩子往往把好爸爸归纳为：给他们"讲故事"，教他们"学写字"、"打电脑"，带他们"去公园玩"等。可见，父亲要成为孩子的良师益友，就应当教孩子学文化，做孩子游戏的伙伴，和孩子共欢乐，让孩子愉快地成长。

此外，还要从家庭教育的具体问题出发，进行分类指导。例如，把不重视培养孩子爱心的家长归为一类，单独指导，使其注意通过家庭的日常生活，教育孩子学会关心父母、热爱老师；把喜欢打骂孩子的家长集中起来，加强指导，使其学会运用各种正面教育的方法，来教育孩子；把不知道如何创设家庭教育环境的家长合为一类，进行指导，使其掌握一些策略，如合理利用家庭经济条件、优化家庭生活环境、创造和谐的家庭生活氛围、善于调节控制情感、摆正孩子在家庭中的位置、正确树立教育威信等。

七、直观性原则

幼儿园指导家庭教育，要采用一些直观教育、现代化教育手段，和讲解相结合，使家长通过观察和表象，来丰富家庭教育知识，提高家庭教育能力。

在贯彻这条原则时，要根据指导的需要，正确选用实物、实验、参观、图片、图表、模型、幻灯片、录像带、电视、电影片等不同的直观形式。例如，把幼儿在家庭中不撒谎的调查数据绘制成图表（如图 7－3－1），呈现给家长，能起到一目了然、加深印象的作用。在此基础上，引导家长观看，使家长发现随着孩子年龄的增长，不说谎的比率在下降，使其产生要对孩子，尤其是 5 岁左右的孩子进行诚实教育的念头。

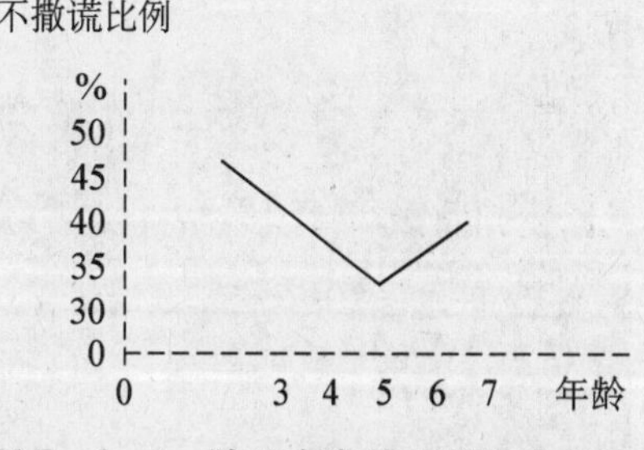

图 7－3－1　幼儿在家里不撒谎曲线图

另外，还要注意语言直观，通过形象的描述、生动的讲解，唤起家长的感性知识和切身体验，使家长在自醒中，提高教育孩子的自觉性和主动性。例如，家长基本上都带孩子去过肯德基店，对此，可向家长描述这样的情景：孩子的面前放着炸鸡腿、汉堡包、土豆条、饮料等一大堆喷香的食品，而家长面前的食品却少得可怜，有的家长甚至只是在一旁观看孩子吃喝，闻闻香味而已。家长的这种行为实际上并不是爱孩子，而是害孩子。因为家长为爱而舍己为孩之情，孩子并不明白。如有位老人临终前提出，想吃一块肯德基店里的热鸡腿，以前只是陪着孙子孙女去吃，自己从未舍得吃。身边的几个孙辈们听后都感到万分惊讶，他们原以为爷爷不喜欢吃这种食品呢。家长从小娇惯宠爱孩子，让他们吃好、穿好、玩好，长此以往，孩子就会出现自我中心，时时处处为自己着想，他们连家长的爱心都体会不到，还怎么能谈得上去爱父母长辈呢？

八、艺术性原则

家庭教育指导，要寓教于乐，寓教于游戏活动之中，使家长在较为轻松、愉快的气氛中，丰富教育孩子的知识，发展教育孩子的能力。

在执行这一原则时，要讲究家庭教育指导的艺术性，把一些教育的规律、途径、方法，巧妙地隐藏在家园活动之中，融合在亲子活动里面，使家长从亲身的体验中得到教益，自然而然地得到指导。例如，家长向幼儿园提意见，游戏活动太多，学习任务太轻，要求增加教学活动的时间；如果只给家长口头讲解道理，家长是不会心悦诚服的。据此，可通过“猎人捕捉动物”等游戏活动(教师扮演“猎人”，家长和幼儿扮演各种“动物”。在“猎人”的追逐下，大、小“动物”东躲西藏，四处逃命。被捕的“动物”，全戴上“俘虏”标记，坐在一起，抢答老师提出的问题)，挖掘埋藏在家长心灵深处的童真，并使家长感受到游戏是孩子喜欢的活动，能给孩子带来无比的快乐，不应剥夺孩子游戏的权利，从而转变教育观念，与幼儿园在教育孩子问题上形成共识。

此外，家庭教育的指导，还要做到不搞排场，不扎花架子、表面轰轰烈烈、热热闹闹；而要注意勤俭节约，本着少花钱，多办事的精神来进行，避免贵族化、高档化。

第四节　幼儿园家庭教育指导的形式

幼儿园应因地制宜，采取多种形式，通过多种渠道，对家长进行家庭教育的指导，提高幼儿教育的质量。幼儿园家庭教育指导的基本形式是：家长委员会、家长学校、家长会议、家长开放日、家长园地、家庭教育咨询、接送时交流、电话交谈、家园联系本、家庭访问、家庭教育经验交流会等。

一、家长委员会

家长委员会是幼儿园和家庭之间的一座桥梁，家长委员是园长和教师的得力助手。幼儿园家长委员会由教育经验丰富、关心幼儿园教育的家长代表组成，要协助幼儿园与家长联系，传达幼儿园对家长的要求；帮助家长了解幼儿园工作的计划和要求；反映家长对幼儿园工作的意见和建议；代表家长利益，参与幼儿园管理；监督幼儿园的财务和卫生保健工作；动员家长力量，参加幼儿园的环境设备的建设。

幼儿园家长委员会由各班家长推选1—2位家长组成，分工协作，在园长指导下进行工作，制订活动计划，总结活动效果，并向家长作汇报。比如，在“国际三八妇女节”来临之前，园长组织召开了家长委员会，商讨在幼儿园和家庭里，如何利用这一节日对孩子进行“爱妈妈”的教育，最后决定由家长提供一些素材，在每个班设立一个展区，例如，在欣赏区，让幼儿通过看看妈妈的各种照片、光盘，领略妈妈的风采；在介绍区，让幼儿说一说妈妈平时是怎么样关心自己的、是怎么样工作的；在歌舞区，让幼儿唱一唱歌颂母亲的歌曲；在绘画区，让幼儿给妈妈画一张肖像；在扮演区，让幼儿学做“妈妈”，关心小宝宝，体验母亲的爱子之心；在操作区，让幼儿动手制作一件小物品，送给妈妈作为节日的礼物。各个展区由每个班的教师和家长代表共同负责准备、布置和效果评估。

二、家长学校

家长学校是对在家庭里承担抚养教育幼儿责任的父母和其他长者进行系统教育和训练的学校。幼儿园举办家长学校，聘请儿童保健专家、幼儿心理专家、幼儿教育专家，有目的、有计划地向家长传授保育、教育幼儿方面的知识和技能。为使家长学校规范化、制度化，幼儿园可聘请当地德高望重的人来担任家长家校的名誉校长，建立以家长代表为主体、有幼儿园保教人员和社区如街道办事处有关领导参加的三结合校务委员会，主任由园长担任；校务委员会各成员分工负责，各司其职；每学期召开二三次校务会议，制订活动计划，安排活动内容，选择活动形式等。

家长学校的教育内容要根据家庭教育的需要和家长的现状来确定。例如，针对家长普遍不重视孩子的性格教育这一缺陷，校务委员会决定开设“培养孩子的良好性格”的专题讲座，其主要内容为：

性格是孩子对人对事物的综合反映，幼年期是孩子性格形成的关键期，孩子性格如何不仅直接影响其未来的学习、生活和工作，而且还关系到他将来走上社会如何处事，如何做人，所以，父母要特别重视从小塑造孩子优良的性格特征。(1)锤炼孩子性格的意志特征。父母要注意培养孩子的独立性、纪律性、目的性、主动性、坚韧性，对孩子的执拗、顽固性要进行积极的引导。(2)陶冶孩子性格的情绪特征。父母要注重培养孩子活泼愉快的心境和积极稳定的情绪。父母要做到既不溺爱孩子，又不过于严格要求孩子、不滥用体罚，以免使孩子养成被动依赖的坏习惯或产生胆小畏惧的心理，唯唯诺诺，失去童年的天真和欢乐。(3)塑造孩子性格的态度特征。比如，孩子和小伙伴一起玩耍时，发生了争吵，父母不应闻“声”而动，应鼓励孩子自己动脑筋，想办法解决问题，“是大家轮流玩，还是彼此交换玩”，或用其他玩法，使孩子在争吵中学会与别人合作分享、正确交往、友好相处的技能。(4)训练孩子性格的理智特征。父母要注意培养孩子主动观察、独立思考、大胆想象的习惯。这可以通过日常生活来进行。如吃香蕉前可从其色、香、味及如何吃法，考考孩子，之后还可以把香蕉和苹果、橘子、梨放在一起，让孩子进行分类，引导孩子通过比较四种水果的外形、构造、性能等特征的异同，从颜色、剥皮法、果皮软硬度、果仁特征、水果产地等方面加以分类。天长日久，孩子的理智特征就会健全起来。

这样，不仅能使家长认识到幼年期是孩子性格形成的重要时期，而且还能使家长掌握培养孩子的良好性格的一些策略。

家长学校可以用讲座的形式来进行，也可以用科学育儿报告会的形式来进行；可以分年龄班来举办，也可以按兴趣特长班来施行；可以是定期的讲课，也可以是不定期的活动。比如，最近幼儿园发生了一桩恶性事件：有位父亲星期六上午带着儿子到朋友家打麻将，中午时分，这位父亲给孩子5元钱，让其外出买零食吃，自己却仍坐在桌旁打麻将，牌局结束时，也未见孩子归来，回到家里孩子也不在，四处查找毫无结果，后被告知孩子已溺水身亡。校务委员会当即决定，通过这一事件，对全体家长进行“关心孩子”的专题报告，要求家长担负起照顾、教养孩子的重任，孩子年龄小，缺乏自我保护的能力，孩子的各种活动都应在父母的视线范围之内，以防不测。

三、家长会议

家长会议是幼儿园对家长进行集体指导的重要形式，这又可分为许多种类。

从时间上来分，主要有：(1)开学前的家长会议。在开学前2周左右召开，向新入园幼儿的家长介绍幼儿园的生活常规、教育任务、内容及形式、方法；讲解孩子入园时可能会出现的一些问题，希望家长予以配合，共同做好孩子的入园准备工作，如在家里时，告诉孩子：马上就要上幼儿园学本领了，以树立孩子入园的自豪感；幼儿园有许多小朋友、玩具，还有像妈妈一样的老师，以激起孩子入园的愿望；认识自己衣服鞋帽的特征，以培养孩子生活自理的能力。(2)学期中间的家长会议。在每学期的中间时段，向家长通报开学以来，幼儿园做了哪些教育工作，孩子们取得了哪些进步；下半学期的工作重点，将要开展的主要活动，请家长合作的事项等。(3)学期结束时的家长会议。在学期结束时举行家长会，向家长汇报整个学期、特别是后半学期幼儿园的工作，对支持幼儿园工作的家长表示感谢，对重视家庭教育的家长进行表扬。

从形式上分，主要有：(1)全园家长会。由园长、家长委员、教师代表共同策划举行，全园幼儿家长都来参加，讨论幼儿园的发展规划、学期工作计划、规章制度、重大的活动等，每学期召开一次左右。(2)班级家长会。以班级为单位，由本班教师负责召集全班幼儿家长开会，讨论的议题多种多样，教师可把每个幼儿、幼儿各方面发展的情况插入到各个议题之中，点名表扬发展好的幼儿及家长，不点名地批评幼儿身上的一些不良现象，请家长帮助纠正。(3)小组家长会。把全园或全班家长按一定标准，分成若干个小组，举行会议，以利于取得更好的指导效果。例如，按孩子的发展水平分组，按孩子的兴趣爱好或特长分组等；开会前，把家长的名字、开会的时间和地点，工整地写在园门口“家园联系专栏”的黑板上，这样，家长一进园就能看到，有利于产生责任感、荣誉感，穿戴整齐，准时到会；开会人数不多，话题集中，大家都有发言的机会，能各抒己见，畅所欲言。

四、家长开放日

这是幼儿园偏向于从实践方面来指导家长的一种重要形式。幼儿园可定期邀请家长来园参观，参加园内的活动，以增进家长对幼儿园教育工作的感性认识，了解教育内容，掌握教育方法，体会到教师工作的艰辛，更尊重教师，对孩子也更有耐心；并使家长在观察幼儿集体活动时，能从不同的侧面认识自己的孩子，发现孩子与同伴的差距，看看孩子是否比以前有所进步，帮助孩子发扬优点，克服缺点，进一步改进家庭教育。

鉴于家长不知道来园该看什么、怎么看等问题，幼儿园可为其设计一些简单的表格(如表7-4-1)，来引导家长观察孩子的活动，并做出评价，以提高开放日的效率。

表 7-4-1 孩子在园活动观察记录表

（在符合孩子情况的题号上打“√”）

孩子姓名：＿＿＿ 性别：＿＿＿ 班级：＿＿＿ 记录者与孩子的关系：＿＿＿ 记录日期：＿＿＿

孩子的表现	评价等第		
1. 孩子做早操的动作与教师的动作	（1）完全一致	（2）基本一致	（3）不一致
2. 孩子吃早点	（1）比同伴快	（2）与同伴差不多	（3）比同伴慢
3. 课堂上老师提问时，孩子	（1）马上举手	（2）过一会举手	（3）不举手
4. 孩子回答问题的声音	（1）响亮	（2）一般	（3）较轻
5. 孩子对问题的回答	（1）正确	（2）模棱两可	（3）错误
6. 孩子做游戏时	（1）自己会玩	（2）和同伴一起玩	（3）自己不会玩
7. 孩子收拾玩具时	（1）动作较快	（2）动作一般化	（3）动作较慢
8. 孩子吃午饭时饭菜	（1）不掉出来	（2）掉下一点	（3）掉出很多
9. 孩子吃午饭时吃得	（1）比同伴快	（2）和同伴差不多	（3）比同伴慢
10. 孩子午睡时脱衣服	（1）动作较快	（2）与同伴差不多	（3）动作较慢
11. 孩子午睡时入睡	（1）很快	（2）与同伴差不多	（3）较慢
12. 孩子起床时穿衣服	（1）又快又好	（2）能自己穿	（3）需教师帮助
13. 孩子自由活动时参加的活动有	（1）一项	（2）两项	（3）三项以上
14. 孩子在活动中遇到困难时	（1）自己解决	（2）和同伴商量	（3）请教师帮助
15. 孩子在园一天的情绪	（1）很愉快	（2）一般化	（3）不愉快

幼儿园也可不定期地对家长开放，把来园观看活动的主动权下放给家长，让他们根据自己的时间和需要，做出选择和安排，再和带班教师预约；教师也要求家长不干扰班级的正常教育教学活动。例如，在教学活动中，当教师提出问题后，家长不强求孩子举手发言，不把问题的答案直接告诉孩子等。

五、家长园地

幼儿园设置宣传栏、展览台、黑板报、陈列室，展示对家长有益的教育书刊和辅导材料，书写家庭教育的小常识，公布幼儿园的作息时间表、食谱、收费标准、集体活动要求及图片等，使家长能根据自己及孩子的实际情况和具体要求，有选择地进行观看，重点学习和观赏。比如，家长看到黑板报上“如何培养孩子良好的学习习惯”的标题时，想到自己家的孩子学习习惯较好，就可不去细看其具体内容；当家长看到旁边的“如何给孩子过生日”这一标题时，觉得很有兴趣，就可仔细阅读其具体内容：(1)首先正确处理物质需要和精神需要之间的关系。根据孩子的年龄特征，来赠送礼物。比如，2—3 岁的孩子过生日，父母可送些娃娃、炊具、汽车、积木等，鼓励孩子爱惜玩具；4—5 岁的孩子过生日，父母可送些图书画册，如《看图说话》、《365 夜》，以培养孩子认识事物的能力，激发孩子的求知欲，诱导孩子良好的品行。(2)兼顾孩子的个性特征。如果孩子喜欢唱歌、跳舞，父母可让孩子在家里进行歌舞表演，或和父母一起唱卡拉OK；如果孩子爱好绘画，父母可在家里为孩子举办个人画展；如果孩子对汽车感兴趣，父母可带孩子到外面观看来来往往的各种车辆。(3)根据孩子的发展状况，补缺补差。如果孩子有挑食的毛病，父母可给孩子讲讲“大力士”的故事，使孩子意识到要想做个健壮有力的人，就得多吃各种各样的蔬菜，并鼓励孩子就餐时尝尝生日蔬菜面条的美味；如果孩子不太合群，正好可利用这一契机，培养孩子的合群性，鼓励孩子邀请邻居的小伙伴来参加生日晚会，让孩子和小伙伴一道吹蜡烛、吃蛋糕、看图书、玩玩具等，体验大家一起玩的乐趣。

在陈列室里，既有教师风采照片、种植的盆花、制作的教具、摄影图片，也有幼儿的绘画作品、自制的玩具、观察气象日记、歌舞活动照片等，父母如果想激发孩子制作玩具的兴趣，培养孩子动手能力，就可带孩子一起来参观教师制作的教具和幼儿同伴自制的玩具。例如，用麦片盒和吸管做出的电视机，用牛奶盒、瓶盖做成的机器人，用快餐盒、塑料绳制作的手提电脑等。

教师也可在自己班级门外的墙壁上开辟一块空间，作为家长园地，定期向家长介绍教育的目标、内容、形式、方法，可以是某个学科的教案，也可以是某个主题教育活动的设计。例如，小班教师于新学年开学的第一周，在家长园地的一角，张贴了一份幼儿英语教育活动方案：

“Hello ... Good—bye”英语教育活动方案

＊教育活动的目的

1. 激发幼儿对英语的兴趣。

2. 帮助幼儿理解“Hello ... Good—bye”的中文意思是“您好……再见”，并能听懂、说出这两个词语。

3. 培养幼儿良好的礼貌行为。

＊教育活动的准备

1. 和全班幼儿个别谈话，了解幼儿对动物的喜爱情况。

2. 根据幼儿比较喜欢小猫、小狗、小熊猫、小兔子、小老虎、小猴、大象等小动物的特点，制作相应的图片、胸章、头饰若干个。

＊教育活动的过程

一、听说“Hello ...”

(一) 引出课题

1. 出示图片(小猴招手)(让幼儿学猴状)

2. 提问：(1)这是什么小动物？(2)小猴为什么要招手？

3. 小结：小猴非常懂礼貌，看见小动物时，总是主动打招呼问好，小动物都很喜欢它。

4. 提问：小猴看见了什么小动物？

（二）图片讲述

1. 出示图片（小狗汪汪叫）（让幼儿学狗叫）并讲解

（1）提问：仔细听，小猴对小狗说了什么？

（2）陈述："Hello，小狗"。

（3）提问：小狗对小猴说了什么？

（4）陈述："Hello，小猴"。

（5）提问：小猴又看见了什么小动物？

2. 出示图片（小猫喵喵叫）（让幼儿学猫叫）并讲解

（1）提问：仔细听，小猴对小猫说了什么？

（2）陈述："Hello，小猫"。

（3）提问：小猫对小猴说了什么？

（4）陈述："Hello，小猴"。

（5）提问：小猴又看见了什么小动物？

3. 出示图片（小熊猫吃竹子）（让幼儿学此状）并讲解

（1）提问：猜一猜，小猴会对小熊猫说什么？

（2）讨论、小结："Hello，小熊猫"。

（3）提问：猜一猜，小熊猫会对小猴说什么？

（4）讨论、小结："Hello，小猴"。

（5）小猴又看见了什么小动物？

4. 出示图片（小兔蹦蹦跳）（让幼儿学兔状）并讲解

（1）提问：猜猜看，小猴会对小兔说什么？

（2）讨论、小结："Hello，小兔"。

（3）提问：猜猜看，小兔会对小猴说什么？

（4）讨论、小结："Hello，小猴"。

（三）模拟练习

1. 讲述：小猴看见了李老师，它说："Hello，李老师。"李老师也说："Hello，小猴。"

2. 提问：小猴看见了我们小（1）班的小朋友，它对我们说："Hello，小（1）班的小朋友。"我们小（1）班的小朋友该怎么样来回答它呢？（"Hello，小猴。"）

3. 个别引导：小猴很喜欢×××小朋友（未开口的幼儿），它说："Hello，×××小朋友。"×××小朋友请你回答小猴说："Hello，小猴。"

（四）游戏活动

1. 教师先和说得较好的几个幼儿一起扮演小动物（佩戴动物胸章），玩"Hello"游戏。

2. 教师再和说得较差的幼儿一起扮演小动物（佩戴动物胸章），玩"Hello"游戏。

3. 幼儿自愿扮演小动物，进行对话游戏。

二、听说“... Good—bye”

(一) 看图片,讲故事

小猴和小动物们一起做游戏,玩了一会儿,猴妈妈喊小猴回家吃饭;小猴可懂礼貌了,它挥手和小动物们一一告别再见。

(二) 分别出示图片(小狗、小猫、小熊猫、小兔),提问、陈述或讨论、小结

1. 小猴对小狗说了什么?“Good — bye,小狗。”小狗对小猴说了什么?“Good — bye,小猴。”

2. 小猴对小猫说了什么?“Good — bye,小猫。”小猫对小猴说了什么?“Good — bye,小猴。”

3. 小猴对小熊猫说了什么?“Good — bye,小熊猫。”小熊猫对小猴说了什么?“Good — bye,小猴。”

4. 小猴对小兔说了什么?“Good — bye,小兔。”小兔对小猴说了什么?“Good — bye,小猴。”

(三) 模拟练习

小猴对我们说:“Good — bye,李老师;Good — bye,小(1)班的小朋友。”我们大家一起和小猴说:“Good — bye,小猴。”

(四) 游戏活动

老师和幼儿一起扮演小动物(佩戴动物胸章),玩“Good—bye”游戏。

三、听说“Hello ... Good—bye”

(一) 讨论、总结

1. 小动物见面问好时说“Hello”;分别再见时说“Good—bye”。

2. “Hello”就是“您好”的意思;“Good—bye”就是“再见”的意思。

3. 小动物真懂礼貌,我们小朋友也要懂礼貌,见面时说“Hello”,分别时说“Good—bye”。

(二) 语言游戏

1. 教师和幼儿集体玩“打电话”的游戏,开头说“Hello”;结尾说“Good—bye”。

2. 幼儿和幼儿个别玩“打电话”的游戏。

(三) 表演游戏

1. 教师和几个说得好的幼儿戴上动物头饰,完整表演“Hello ... Good—bye”游戏。

2. 教师和几个说得差的幼儿戴上动物头饰,完整表演“Hello ... Good — bye”游戏。

3. 教师和全体幼儿一起戴上动物头饰,进行表演游戏。

*** 教育活动的评价**

1. 幼儿喜欢小动物,利用幼儿的这一心理特征,制作教具、玩具来组织教育活动,有利于教育活动的顺利进行。

2. 心理学研究表明:情绪在幼儿语言发展中起着十分重要的作用,积极的情绪体验,浓厚的学习兴趣,都会使幼儿的语言学习处于最佳状态,提高语言教育的质量。通过让幼儿听听、看看、说说、猜猜、做做、玩玩,就为幼儿营造了一个轻松自如、活泼愉快的学习环境,使幼儿把学说"Hello ... Good — bye"当作一种乐趣,而不是一种负担,无论是对学得快的幼儿,还是对学得慢的幼儿来说均如此。

3. 童年期是幼儿学习英语口语的关键期,听小动物的对话,为幼儿的开口说话提供了大量的模仿素材;听在前,说在后;由听到说,听说结合,有利于幼儿英语口语能力的培养。

4. "教学具有教育性",礼仪教育是初入园幼儿社会教育的重要一环,从简单的礼貌语言入手,对幼儿进行英语教育,不仅有利于幼儿英语口语水平的提高,而且还有助于幼儿社会性的发展。

这样,父母不仅能及时了解幼儿园的教育、更好地支持教师的工作,而且还能以此为据,在家里巩固孩子所学的英语知识,配合幼儿园的教育。

此外,还可根据家长的需要,有选择地提供一些指导家庭教育的内容。

六、家庭教育咨询

家庭教育咨询是帮助家长释疑解惑的有效途径,其形式有个别咨询、团体咨询、电话咨询、宣传咨询、现场咨询等。幼儿园在进行家庭教育咨询时,可请有经验的教师或专业人员,专门接待家长,帮助家长分析孩子存在的各种问题,提出一些教育上的建议。例如,在现场咨询时,有位母亲提出"孩子喜欢听故事,但我不知道如何给孩子讲故事,才能使孩子受到更好的影响"的问题,负责咨询的专家、教师就教给她一些简便易行的措施:(1)根据孩子心理发展的特点和教育的目的来选择故事的内容。多给孩子讲童话、寓言,不讲那些带恐怖色彩或低级趣味的故事。(2)把讲故事的过程变为拓宽孩子视野、发展孩子智力、培养孩子品德、提高孩子美感的过程。既要选择内容健康的故事,也要考虑怎么样讲,才最有教育效果。一般而言,可用边讲边提问的方法进行。这样,就能吸引孩子的注意力,使孩子的思路紧紧跟随着故事的情节,发展思维能力。为了培养孩子的想象力、创造力,父母还可在故事达到高潮时突然停下来,鼓励孩子讲下去,给故事编几个结尾。另外,在故事讲完以后,让孩子加以复述,以增加孩子的记忆力,促进孩子口头语言的发展。(3)要选择适当的时间来讲故事。在孩子休息、娱乐、学习时可给他讲故事,不要在孩子吃饭、睡觉时给他讲故事,以免形成不良的习惯。

家庭教育咨询还应建立档案,把家长提出的问题、教师的指导建议等方面的信息记录在档,以保存原始的资料;对接受过咨询建议的幼儿进行跟踪调查,以了解这些教育建议的效果和幼儿的发展情况,为提高家庭教育咨询的质量服务。咨询档案一般应包括以下几个方面的内容:咨询人、咨询的问题、咨询的时间、咨询的地点、解决问题的人、解决问题的办法、教育效果等。咨询档案由一系列咨询表格汇总而成,咨询表的格式如表 7-4-2。

表 7-4-2 幼儿家庭教育咨询登记表

1. 咨询时间：
2. 咨询地点：
3. 咨询人的情况： 与孩子的称谓关系：________年龄：________工作单位：________电话号码：________ 文化程度：____________职业：________家庭住址：________电话号码：________
4. 咨询人的孩子的情况： 姓名：________性别：________出生：______年 月 日____ 班级：________
5. 咨询的问题： (1) (2)
6. 原因分析： (1) (2) (3)
7. 教育建议： (1) (2) (3)
8. 教育效果： (1) 孩子进步很大： (2) 孩子有点进步： (3) 孩子没什么进步：

七、接送时交流

家庭教育指导贵在经常、持久，接送时交流是一种简便易行的指导方式。每天早晨幼儿入园时间以及每天傍晚幼儿离园时间，都是幼儿园对家长进行指导的有利时机，教师要见缝插针，适时利用。比如，有位母亲早晨送孩子入园时，告诉老师：儿子胆小，体质又差，希望老师给予照顾，不要让孩子在室外爬高、奔跑。教师一边向她解释单纯保护孩子并不是一个好办法，一边请她观看孩子荡秋千、滑滑梯、玩“老鹰捉小鸡”游戏时的兴奋心情，使她明白只有让孩子多参加活动、多锻炼，才能从根本上提高孩子的胆量，增强孩子的体质。

再如，下午一个小朋友的妈妈来接她时，教师告诉她：“你的儿子今天在班上有很大的进步，上午他讲了好多粗话、脏话，我批评了他，下午他一句粗话、脏话也没说。请你回去后，也表扬一下孩子的进步，并帮助孩子找找原因，以彻底改正。”教师先扬后抑，使家长能听得进去，并注意净化孩子的语言。

八、电话交谈

电话现已成为家庭较为普遍的通讯工具，幼儿园指导家庭教育时，可以把它作为一个重要的"武器"，加以利用。首先，教师可把幼儿当天发生的一些重要事情，告诉有关家长。这些事情往往是在家长接送孩子时，时间太短，未来得及讲；家长较多，不便于讲；教师想和孩子的母亲讲，来接孩子的却是孩子的父亲；教师自己觉得当面讲，难于启齿。例如，教师在电话里请孩子的母亲听电话，说想和她聊聊，问她：最近有没有留心观察孩子，家里有没有发生什么事情？告诉她：你的儿子今天在班上，只要一坐到小椅子上，就用小手捏自己的"小鸡鸡"，我不知道他遇到了什么难题，请你在家里注意观看一下孩子的活动，心平气和地和他谈谈，看他有没有什么心思。请记住千万不要打骂孩子，否则，孩子不会把心里话说出来。等你了解了情况以后，我们再商量下一步该怎么办，好吗？

其次，教师可把自己家的电话号码告诉家长，便于家长有事联系。例如，有位幼儿的父亲晚上拨通了教师家的电话，向教师告状：女儿今天脾气很坏，到了吃晚饭的时间也不肯吃饭，非要把电视节目看完不可，饭菜都已经热过好几遍了。请老师帮助教育她几句。孩子在接听了老师的电话以后，很快就去吃饭了。事后，教师要求家长和孩子商量一下，共同制订一个家庭生活计划，把看电视的时间和吃饭等各项活动的时间安排好，如果能遵守作息时间，就会得到一个"好孩子"标记。

再次，教师可把全班幼儿家庭的电话号码记录下来，以便相互沟通。例如，有位幼儿生病在家，两天未来上幼儿园。老师不仅自己给这位幼儿打电话，了解他的病情，关心他的健康，而且还请其他家长在晚上，让自己的孩子给生病的同伴打个电话，以此学会关心别人，并使生病的幼儿感受到集体的温暖。

九、家园联系册

教师采用书面通信的方式与家长进行联系，向他们报告幼儿在园的情况，征求他们的意见；了解幼儿在家的情况，以共同教育好孩子。家园联系册的内容一般包括：园历、教职员工名单及教师简历、幼儿园教育目标、作息制度、主要活动安排、幼儿在园表现、家庭基本情况、家长主要情况、孩子在家表现等。

家园联系册，每个幼儿人手一本，可以每个星期反馈一次：周五下午，家长接孩子时，带回家，就可了解到孩子在园一周的主要情况，以及下一周班级的教育内容和教育方法、教师要求家长配合的事宜；周一上午，送孩子入园时，带来交给班级教师，教师就可了解到幼儿双休日在家庭的情况，以及家长对幼儿园工作的要求。例如，教师写道："您有没有注意到虹虹很有正义感，好打抱不平，像个男子汉！今天上午，小朋友玩积木时，A小朋友抢了B小朋友的一块积木，还把B小朋友搭的'大轮船'给推到'海里'去了。虹虹看到这一切以后，很生气，就帮B小朋友去向A小朋友要积木，并要求A小朋友向B小朋友赔礼道歉。可是A小朋友不愿意，虹虹就抓住A小朋友的右手，狠狠咬了一口，直至A小朋友大哭求饶为止。我想，如果虹虹能想出其他办法来'教训'A小朋友，或把情况及时告诉老师，可能就会得到更好的效果。你们同意我的看法吗？"

家园联系册也可以不定期地往返于幼儿园和家庭之间，教师应鼓励家长把家庭教育中的一些困惑写出来，大家共同探讨良策。例如，一位家长写道："琳琳在家里非常勤快，无论大人做什么事情，她总是抢着帮忙，但每次都是越帮越忙，不是打碎了碗碟，就是把水泼到了地上。我该怎么办?"据此，教师首先要使家长明白，孩子的这种探索行为实际上就是孩子的一种学习方式，应予以宽容和谅解；其次要给家长提供一些解决问题的方案，如为孩子准备儿童化的劳动工具，成人指导孩子做些力所能及的劳动，要求孩子每天帮大人做好一件事就行了，多表扬孩子的劳动精神；再次，要提请家长注意在培养孩子劳动技能的同时，更要注意培养孩子的责任感和对父母的爱心。

十、家庭访问

这是幼儿园走向园外进行家庭教育指导的独特形式。教师通过家庭访问，能更深入地了解幼儿在家庭中的情况及教育，和家长共商教育对策、家庭环境的创设。这种指导形式虽然花费的时间多，但效果却更好，能给家长实用、有效的帮助。

教师一般在幼儿园的新生来园报到前，要进行家访。家访前，教师要对幼儿父母的职业、工作单位及文化程度有个大致的了解，对家访的内容作个粗略的安排，还可设计一些图表，便于家访后记录和分析。家访中，教师可与家长交谈，了解幼儿的个性特点、行为习惯、兴趣爱好和家庭教育方面的情况，并对孩子的入园准备工作进行必要的指导。此外，教师可把带来的写有班级、幼儿的标志牌、表示欢迎的小红花送给幼儿，再向幼儿发出邀请，请他下周一戴上小红花，和爸爸妈妈一起到幼儿园来玩。

当幼儿出现了一些不良行为，或有很好的表现的时候，教师也要进行家访，以把隐患消除在萌芽之中，或强化幼儿的良好行为。教师对表现不好的幼儿进行家访，并不是去告状，希望家长责骂、痛打孩子一顿，也不是去"兴师问罪"，责怪家长，而是为了及时向家长反映孩子身上所存在的问题，和家长一起商量解决的办法。例如，教师对家长说："洁洁小朋友在班上很遵守纪律，与小朋友团结友爱，大家都喜欢她；可最近我发现她在玩'娃娃家'游戏时，喜欢打'娃娃'，边打还边说'打死你，打死你'。她是个很懂事的孩子，在班上，不论什么事情，只要老师用眼神示意一下，她就心领神会了。我不知道她在家里表现如何，但我总觉得打孩子不妥当，特别是对她这样敏感的孩子，根本不能打，她把什么不快乐的事情都埋藏在心里，只能在游戏中进行发泄。这样下去，对她性格发展很不利。"父亲听后，觉得很内疚，向教师坦言：最近自己工作上遇到了点不顺心的事情，心情不太好，所以，女儿撒娇不听话时，自己就显得不耐烦，动手打过她几次，未想到对孩子会有这么大的影响。今后一定注意克制自己的情感，请老师放心。

同时，教师进行家访，也能得到更多的关于幼儿及其家庭的感性知识，为设计日后的教育活动奠定基础。例如，教师在一个小朋友家里发现，他的卧室墙壁上贴了许多用英文字母组成的图画。家长解释说，儿子喜欢学英语，也喜欢画画，这都是儿子自己动脑、动手的杰作。教师除了夸奖孩子想象力丰富、动手能力强以外，还在班上开辟了一个英语活动区、一个绘画活动区，使幼儿有更多的机会发展自己的兴趣爱好。

此外，教师在家访前，要和家长预约好，既不做"不速之客"，也可避免"铁将军把门"，吃"闭门羹”。

十一、家庭教育经验交流会

这是幼儿园通过推广家庭教育方面典型的好经验和好方法，来指导家庭教育的一种重要形式。利用家长去教育家长、指导家长，会使家长觉得真实可靠，易学易效仿。

有些家长教子有方，在家庭教育实践中积累了许多宝贵的经验，他们就是潜在的教育资源，幼儿园应充分发挥他们在家庭教育指导中的作用，通过他们的言传身教，来带动更多的家长。在组织经验交流会时，人数不宜过多，可以班级为单位，也可以小组为单位来进行。例如，教师请一位小朋友的妈妈介绍“如何培养孩子整理东西的习惯”的经验：在家里给孩子准备了专门的抽屉，让孩子折叠、存放自己的衣服、鞋帽；给孩子准备了几个旧纸箱，让孩子把玩具分类置放，玩后放回原处；给孩子提供一个小书橱，让孩子自己整理图书……从而培养了孩子自己的事自己做、做事有条理的好习惯。教师请一位小朋友的爸爸介绍“如何培养孩子对数学的兴趣”的经验：每天送孩子去幼儿园时，对他说：今天多少号、星期几，宝宝又要到幼儿园去学新本领了；在家里经常玩“幼儿园”的游戏，让孩子当“老师”，自己当“小朋友”，听孩子讲几加几等于几；出去买菜时，带上孩子，让他帮爸爸算一算该给别人付多少钱；到超市购物时，让孩子自己看看喜欢吃的东西的价格，比较价钱的多少……孩子现在对数学越来越喜欢了，和以前大不相同。这些经验，后来被许多家长采纳。

十二、其他形式

幼儿园还可运用其他多种形式，来指导家庭教育工作。

1. 亲子活动

幼儿园邀请家长和孩子一起参加园长和教师组织的各种各样的活动，得到了家长的拥护，受到了幼儿的喜爱。如今全国各地的幼儿园都广泛开展了丰富多彩的亲子活动，从规模上讲，既有全园的亲子活动，也有年级的亲子活动或班级的亲子活动；从场地上讲，既有园内（室内或室外）的亲子活动，也有园外（家庭或社区）的亲子活动；从内容上讲，既有文艺娱乐性的亲子活动，如“全家都来秀”，也有体育竞赛式的亲子活动，如“二人三足”比赛。

2. 家长助手

幼儿园鼓励家长利用自己的业余时间、一技之长为幼儿园和班级服务，如和教师、幼儿一起开辟种植园地、饲养小动物；教幼儿学电脑、折纸、跳舞；帮助幼儿园维修房屋、设备、水电。

3. 幼儿园网站

随着互联网的发展，电脑的普及，越来越多的幼儿园开辟了网站，并通过自己的网站，把家长关心的许多内容（比如，一周食谱、一日活动安排）、家庭教育的策略方法（例如，家长如何培养孩子良好的饮食习惯，家长如何给孩子讲故事）都放在网上了，供家长自由点击浏览，获取想要的信息。

4. 园长信箱

许多幼儿园都设立了园长信箱，悬挂在大厅的墙壁上或其他比较显眼的地方，欢迎家长自由地、如实地反映孩子的表现、班级的情况、教师的工作，以进一步提高幼儿园的教育质量，促进孩子的成长发展。

5. 家园小报

许多幼儿园都创办了家园小报，聘请家长、教师、幼儿作为业余编辑，自写自编自画，及时反映幼儿园、班级、家庭的大事，刊登幼儿、家长、教师的作品，介绍家庭教育的经验，反映家长的教育建议，以促进家园的沟通和互动。

6. 借阅制度

幼儿园往往以班级为单位，建立面向家长的幼教类、家教类图书杂志借阅制度，将幼儿园里为班上订阅的刊物，定期提供给家长，并要求家长遵守借阅制度，爱惜图书杂志，按时归还。近几年来，有些幼儿园还开展了图书漂流活动，要求每位幼儿都带一本图书来园，和同伴分享。这不仅有助于扩大幼儿的阅读面，而且还有助于发展幼儿的社会性。

7. 友好小组

幼儿园帮助住所较近的几个家庭形成一个小组，在晚上或双休日、节假日时，由家长轮流负责组织孩子们进行活动，例如，在家里画画，或到外面去郊游。

8. 电视录像

幼儿园组织家长观看教育电视节目，也可把幼儿园开展的各种活动进行录像，让家长边看活动录像，边听有经验的教师或幼教专家给他们分析自己孩子的心理发展水平和提高措施。

9. 辩论分析

幼儿园组织家长就家庭教育的某一热点问题，展开讨论，各抒己见，相互交流，相互启发，相互教育，最终形成较为合理的一致的看法。比如，可就“什么样的孩子才是好孩子”这一问题进行讨论。

10. 体验活动

幼儿园安排家长来园参加“儿童化”的活动，邀请家长和教师一起载歌载舞，通过唱幼儿歌曲、跳幼儿舞蹈、做幼儿游戏、回忆自己的童年，唤发出家长的童心，使家长能够站在幼儿的立场上去看问题，获得科学育儿的知识和技能。

11. 竞赛评比

幼儿园可先组织家长学习家庭教育的基本知识，然后开展竞赛活动，看看哪些家长已掌握了教育子女的常识；也可组织家长先撰写教子心得体会，后开展家教论文评选活动。

幼儿园家庭教育指导的方式多种多样，要提高指导的效率，就必须了解家长的心态，利用家长喜闻乐见的形式，来开展具体的活动，使家长乐于学，好于学。笔者曾对上海市区400名幼儿家长进行抽样调查，发现家长对幼儿园开展家庭教育工作的指导形式的需求与喜好是不同的，其占比依次为：家园联系册（占40.00%）→家长开放日（占26.25%）→家长园地（占24.75%）→父母、儿童、教师联谊活动（占22.50%）→家长会议（占14.00%）→家长学校讲座（占10.00%）→家庭访问（占9.25%）→家长来园给教师当助手（占4.00%）。笔者还在上海市××区××幼儿园，对大、中、小班各30名共90名幼儿父亲的调查发现，父亲喜欢参加的家庭教育指导活动的形式依次是：家园联系册（占36%）→家长开放日（占34%）→家长学校讲座（占31%）→接送孩子时谈话（占

18%)→家长园地(占 13%)→家长会议(占 10%)→电话交谈(占 9%)→父母、幼儿、教师联谊活动(占 7%)→其他形式(占 6%)→家长来园给教师当助手(占 4%)。可见,在新的历史时期,根据家长的心态,调动家长理解幼教、支持幼教、配合幼教的积极性,充分开发家庭教育资源,发展新的家园教育结合模式,是深化幼儿教育、家庭教育改革所必须考虑的问题。

第五节 幼儿园家庭教育指导的方案

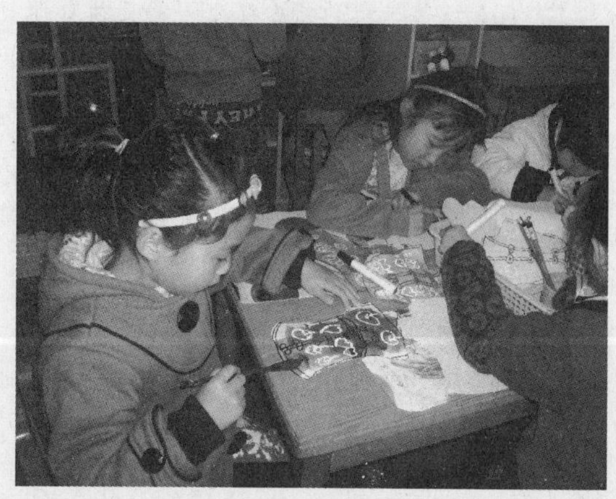

家庭教育指导的方案是幼儿园对家长进行指导的具体做法,它应反映指导活动的全过程。幼儿园在进行家庭教育指导前,应制定相应的活动方案,增加计划性,克服盲目性,以提高指导活动的效率。

家庭教育指导方案的结构一般有如下几个部分组成:指导活动的名称、指导活动的主持者、指导活动的对象、指导活动的时间与地点、指导活动的目标、指导活动的准备、指导活动的内容和形式、指导活动的具体步骤与过程、指导活动的评价等。现以"幼儿家庭双休日活动指导方案"为例加以说明。

幼儿家庭双休日活动指导方案

一、指导活动的主持者

本活动由家长委员会发起、组织,具体由园长助理、教师代表、家长代表来主持。

二、指导活动的对象

对幼儿双休日活动感兴趣的所有家长。

三、指导活动的时间

____年__月__日　星期____

四、指导活动的地点

幼儿园大活动室。

五、指导活动的目标

(1) 使家长感受到孩子双休日的活动应丰富多彩、多种多样。

(2) 使家长意识到双休日既是孩子休息、游戏的时间，又是孩子为下一星期的学习做准备的时间。

(3) 使家长学会尊重孩子的意愿，和孩子一起商量讨论，订立家庭双休日活动的计划。

(4) 鼓励家长邀请孩子参与制订双休日活动的规则，并使孩子能乐于遵守。

六、指导活动的准备

(1) 各班教师了解幼儿家庭双休日活动的情况，选择好的典型。

(2) 幼儿园汇总各班情况，选出好的典型，注意为大、中、小班幼儿家庭，提供各种不同的双休日活动类型的范例。

(3) 请被选出的家庭提交一些反映双休日活动的文字材料、视听材料。

七、指导活动的内容

如何科学而又艺术地安排幼儿的双休日活动。

八、指导活动的形式

(1) 观看照片、录像；

(2) 座谈、讨论；

(3) 总结。

九、指导活动的过程

(一) 主持人引导家长观看照片、录像

1. 观看"家长带领孩子外出参观、郊游"的照片、录像

家长带领孩子去图书馆借阅图书，去科技馆、博物馆、文化馆、展览馆参观，去体育馆、游泳池锻炼，去电影院、俱乐部、游乐场、公园娱乐；到郊区农村走走看看，呼吸新鲜空气，采些野花、野菜，制作昆虫、植物标本等，同时要教育孩子保护环境等。

2. 观看"家长让孩子做点力所能及的家务劳动"的照片、录像

家长让孩子当个小帮手，做点力所能及的事情，比如，洗洗自己的小手帕、小袜子，给爸爸递一双鞋子换上，帮妈妈拿牛奶、买盐等。

3. 观看"家长邀请亲朋好友来家做客"的照片、录像

家长不仅带领孩子走亲访友，而且还邀请亲朋好友来家做客，让孩子学做热情的"小主人"，给"小客人"递上饮料果品，和"小客人"一起看图书、玩玩具。

4. 观看"家长做孩子游戏的好伙伴"的照片、录像

家长拥有一颗童心，和孩子一起做游戏(如孩子扮演"教师"，"妈妈"扮演"小朋友"，由"老师"带领"小朋友"做早操)、看电视、唱歌、跳舞、编讲故事、用废旧材料制作玩具等，做做玩玩很快乐。

5. 观看"家长鼓励孩子自我玩耍"的照片、录像

家长鼓励孩子自我玩耍，独立自主地支配时间，例如，父母可在家里满满地倒上一大脸盆水，让孩子自己把一片竹叶当作小舟，浮在脸盆的水面上，用手制作波浪，让几艘小船比

赛，看哪条船跑得最快。

6. 观看“家长发展孩子的兴趣爱好”的照片、录像

父母发现孩子对踢足球感兴趣，而自己又无能力培养，可以把孩子送到少年宫去学习；发现孩子很喜欢弹钢琴，就聘请家庭教师来家教授孩子，发展孩子的爱好，培养孩子的特长。

（二）主持人启发家长对照片、录像的内容进行家庭讨论、交流

1. 进行开放式提问

(1) 你对上述几种安排双休日活动的做法有何感想？

(2) 你是如何安排孩子双休日活动的？

(3) 你认为应如何安排孩子的双休日活动？

2. 主持人对照片、录像的内容进行讲评

(1) 大自然、大社会都是活教材。社会生活对孩子的发展有巨大的潜移默化的影响。

(2) 劳动是孩子认识世界的阶梯。在劳动中，可以使孩子的双手和大脑得到锻炼；培养孩子独立生活的能力，热爱劳动的态度。

(3) 孩子的社会交往能力是在活动中得到培养和发展的，孩子社会交往水平的高低制约着其社会化的进程。

(4) 游戏是孩子最喜欢的活动，是教育孩子最重要的手段。家长用游戏的口吻、角色的身份，来对孩子进行教育，能起到预想不到的效果，应寓教于游戏之中。

(5) 玩耍不是别人给予的，而是孩子用丰富的想象发掘出来并去实践才能获得的乐趣，这种自我玩耍的方法，会给孩子的童年带来莫大的乐趣，同时也促进孩子独立性的发展。家长应给孩子自由玩耍的时机。

(6) 兴趣爱好是孩子个性的重要组成部分，家长了解孩子的兴趣爱好，并根据孩子的年龄特征、个性特点，因材施教，有助于孩子人格的健全发展。

（三）主持人总结，引导家长得出正确的结论

不论如何安排孩子的双休日活动，都要注意符合孩子的年龄特点和个性特征，考虑家庭和家长的实际情况，使孩子在轻松愉快的气氛中生动活泼地成长。

十、指导活动的评价

活动结束后，教师、家长要对活动的效果进行记录、整理、分析，并做出客观的评价，看看家长和幼儿有没有变化，主要有哪些变化，以便为下一次开展类似的指导活动积累经验。

幼儿园制定家庭教育指导方案的目的是为了达到更好的指导效果，在实施方案的过程中，既要注意计划性，又要注意灵活性，善于处理偶发事件。

第六节 《全国家庭教育指导大纲》简介

2010年2月8日，全国妇联与教育部、中央文明办、民政部、卫生部、国家人口计生委、中国关工委联合印发了《全国家庭教育指导大纲》（以下简称《大纲》）。《大纲》是在总结多年来家庭教育理论与实践经验的基础上，适应家庭教育科学发展的时代要求和家长儿童需求，经过深入研究论证制定的国家层面的家庭教育指导大纲；《大纲》在指导原则、指导内容、指导形式等方面遵循家庭教育的特点和儿童身心成长发展规律，按照年龄段划分家庭教育的指导内容，规范家庭教育指导行为，是全国各级各类家庭教育指导服务机构和家庭教育指导者开展家庭教育指导的重要依据；要求各地各部门根据《大纲》精神，充分发挥各自的职能优势，认真做好贯彻落实工作，积极推动家庭教育的科学化、规范化、制度化，促进家庭教育事业全面发展。

一、《全国家庭教育指导大纲》的指导原则

（一）制定依据

为了深入贯彻落实《中共中央国务院关于进一步加强和改进未成年人思想道德建设的若干意见》，提高全国家庭教育总体水平，促进儿童全面健康发展，依据《中华人民共和国未成年人保护法》、《中华人民共和国义务教育法》、《中华人民共和国母婴保健法》、《中华人民共和国预防未成年人犯罪法》等法律法规，制定此《大纲》。

（二）适用范围

《大纲》适用于各级各类家庭教育指导机构和相关职能部门、社会团体、宣传媒体等组织对新婚夫妇、孕妇、18岁以下儿童的家长或监护人开展的家庭教育指导行为。

（三）指导原则

家庭教育指导应注重科学性、针对性和适用性。

（1）要坚持“儿童为本”原则。家庭教育指导应尊重儿童身心发展规律，尊重儿童合理需要与个性，创设适合儿童成长的必要条件和生活情景，保护儿童的合法权益，特别关注女孩的合法权益，促进儿童自然发展、全面发展、充分发展。

（2）要坚持“家长主体”原则。指导者应确立为家长服务的观念，了解不同类型家庭之家长需

求，尊重家长愿望，调动家长参与的积极性，重视发挥父母双方在指导过程中的主体作用和影响，指导家长确立责任意识，不断学习、掌握有关家庭教育的知识，提高自身修养，为子女树立榜样，为其健康成长提供必要条件。

(3) 要坚持“多向互动”原则。家庭教育指导应建立指导者与家长、儿童，家长与家长，家庭之间，家校之间的互动，努力形成相互学习、相互尊重、相互促进的环境与条件。

二、《全国家庭教育指导大纲》的指导内容

(一) 新婚期及孕期的家庭教育指导

1. 家庭教育指导重点

新婚期及孕期的家庭教育指导主要是引导夫妇共同做好优生优育优教的知识准备，并为新生命的诞生做好心理准备和物质准备。

2. 家庭教育指导内容要点

(1) 重视婚检、孕前检查和优生指导，提高出生人口素质。鼓励新婚夫妇主动参与婚前医学健康检查，选择适宜的受孕年龄和季节，并注意形成良好的生活习惯，鼓励计划怀孕夫妇在怀孕前参加健康教育、健康检查、风险评估、咨询指导等专项服务。对于大龄孕妇、有致畸因素接触史的孕妇、怀孕后有疾病的孕妇以及具有其他不利优生因素的孕妇，督促其做好产前医学健康咨询及诊断。对于不孕不育者，引导其科学诊断、对症治疗，并给予心理辅导。

(2) 关注孕期保健，孕育健康胎儿。指导孕妇掌握优生优育知识，配合医院进行孕期筛查和产前诊断，做到早发现、早干预；避免烟酒、农药、化肥、辐射等化学物理致畸因素，预防病毒、寄生虫等致畸因素的影响；科学地增加营养、合理作息、适度运动，进行心理调适，促进胎儿健康发育。

(3) 做好相应准备，迎接新生命降临。指导准家长做好新生儿出生的相应准备，学习育儿的方法和技巧，购置儿童生活必备用品和保障母婴健康的基本卫生用品，营造安全温馨的家庭环境。

(4) 提倡自然分娩，保障母婴健康。加大宣传力度，指导孕妇认识自然分娩的益处，认真做好孕妇产前医学检查，并协助舒缓临盆孕妇的焦虑心理。

(二) 0—3岁年龄段的家庭教育指导

1. 0—3岁儿童的身心发展特点

婴幼儿期即从出生到大约3岁，是个体神经系统结构发展的重要时期，儿童身高和体重均有显著增长；遵循由头至脚、由中心至外围、由大动作至小动作的发展原则，逐渐掌握人类行为的基本动作；语言迅速发展；表现出一定的交往倾向，乐于探索周围世界；逐步建立亲子依恋关系。

2. 家庭教育指导内容要点

(1) 提倡母乳喂养，增强婴儿免疫力。指导乳母加强乳房保健，在产后尽早用正确的方法哺乳；在睡眠、情绪和健康等方面保持良好状态，科学饮食，增加营养；在母乳不充分的阶段采取科学的混合喂养方法，适时添加辅食。

(2) 鼓励主动学习，掌握儿童日常养育和照料的科学方法。指导家长按时为儿童预防接种，

培养儿童健康的卫生习惯，注意科学的饮食调配；及早对孩子进行发展干预，让孩子多看、多听、多运动、多抚触，带领儿童开展适当的运动、游戏，增强儿童体质；了解儿童成长阶段的特点和表现，学会倾听、分辨儿童的“语言”，安抚儿童的情绪；学会了解儿童的发病征兆及应对方法，掌握病后护理常识。

(3) 设定生活规则，养成儿童良好的生活行为习惯。指导家长了解婴幼儿成长的规律及特点，为儿童设定日常生活规则，并按照规则指导儿童的日常生活行为；重视发挥父亲的角色作用，利用生活场景进行随机教育；指导家长采用鼓励、表扬等正面强化教育措施，塑造儿童的健康生活方式。

(4) 加强感知训练，提高儿童感官能力，预防儿童伤害。指导家长创设儿童自如爬行、充分活动的独立空间与条件，随时、充分地利用日常生活中的真实物品和现象，挖掘其内含的教育价值，让儿童在爬行、观察、听闻、触摸等训练过程中获得各种感官活动的经验，促进儿童的感官发展。同时要加强家庭保护，防止意外伤害发生。

(5) 关注儿童需求，激发儿童想象力和好奇心。指导家长为儿童提供抓握、把玩、涂鸦、拆卸等活动的设施、工具和材料；用亲子游戏的形式发展儿童双手协调、手眼协调等精细动作；用心欣赏儿童的行为和作品并给予鼓励，分享儿童的快乐，促进儿童直觉动作思维发展，满足儿童好奇、好玩的认知需要。

(6) 提供言语示范，促进儿童语言能力发展。指导家长为儿童创设宽松愉快的语言环境；提高自身口语素养，为儿童提供良好的言语示范；为儿童的语言学习和模仿提供丰富的物质材料，运用多种方法鼓励儿童多开口；积极回应儿童的言语需求，鼓励儿童之间的模仿和交流。

(7) 加强亲子沟通，养成儿童良好情绪。指导家长关注、尊重、理解儿童的情绪，多给予儿童鼓励和支持；学习亲子沟通的技巧，以民主、平等、开放的姿态与儿童沟通；客观了解和合理对待儿童过度的情绪化行为，有针对性地实施适合儿童个性的教养策略。培养良好的亲子依恋关系。

(8) 帮助儿童适应幼儿园生活。入园前，指导家长有意识地养成儿童自理能力、听从指令并遵循简单规则的能力等。入园后，指导家长积极了解儿童对幼儿园的适应情况，在儿童出现不良情绪时通过耐心沟通与疏导来稳定儿童的情绪，分析入园不适应的原因，正确面对分离焦虑。

(三) 4—6 岁年龄段的家庭教育指导

1. 4—6 岁儿童的身心发展特点

4—6 岁是儿童身心快速发展时期，具体表现在：儿童的身高、体重、大脑、神经、动作技能等方面获得长足的进步；大肌肉的发展已能保证儿童从事各种简单活动；儿童直觉行动思维相当熟练，并逐渐掌握具体形象思维；儿童词汇量迅速增长，基本掌握各种语法结构；儿童开始表现出一定兴趣、爱好、脾气等个性倾向以及与同伴一起玩耍的倾向。

2. 家庭教育指导内容要点

(1) 加强儿童营养保健和体育锻炼。指导家长带领儿童积极开展体育锻炼；根据儿童的个人特点，寻找科学合理而又能为儿童接受的膳食方式；科学搭配儿童饮食，做到营养均衡、种类多样、比例适当、饮食定量、调配得当；不断学习关于儿童营养的新理念、新知识。

(2) 培养儿童良好的生活和卫生习惯。指导家长与儿童一起制定儿童的家庭生活作息制度；积极运用奖励与忽视并行的方式纠正并消除儿童不良的行为方式与癖好；定期带领儿童进行健康检查。

(3) 抓好安全教育，减少儿童意外伤害。指导家长提高安全意识，尽可能消除居室和周边环境中的伤害性因素；以良好的榜样影响、教育、启迪儿童；结合儿童的生活和学习，在共同参与的过程中对儿童实施安全教育，提高儿童的生命意识；重视儿童的体能素质，通过活动提高其自我保护能力。

(4) 培养儿童良好的人际交往能力。指导家长关注儿童日常交往行为，对儿童的交往态度、行为和技巧及时提供帮助和辅导；注意培养儿童多方面的兴趣、爱好和特长，增强儿童交往的自信心；开展角色扮演游戏，帮助儿童在家中练习社交技巧，并积极为儿童创造与同伴交往的机会，培养儿童乐于与人交往的习惯和品质。

(5) 增强儿童社会适应性，培养儿童抗挫折能力。指导家长鼓励儿童以开放的心态充分展示自己，同时树立面对挫折的良好榜样；充分利用传播媒介，引导儿童学习面对挫折的方法；适时、适宜地在儿童成长过程中创设面对变化与应对挫折的生活情境与锻炼机会；在儿童遇到困难时以鼓励、疏导的方式给孩子以必要的帮助与支持。

(6) 丰富儿童感性知识，激发儿童早期智能。指导家长带领儿童关心周围事物及现象，多开展户外活动，以开阔儿童的眼界，丰富儿童的感性知识；灵活采用个别化教育手段，有针对性地鼓励儿童积极活动、主动参与、积累经验、发展潜能；改变传统的灌输、说教方式，以开放互动的方式让儿童在玩中学、在操作中探索、在游戏中成长。

(四) 7—12 岁年龄段的家庭教育指导(略)

(五) 13—15 岁年龄段的家庭教育指导(略)

(六) 16—18 岁年龄段的家庭教育指导(略)

三、《全国家庭教育指导大纲》的保障措施

(1) 要加强组织领导。各地相关部门要高度重视，加强对《大纲》贯彻落实工作的领导，制订切实可行的实施计划，加强实施管理，组织开展宣传、培训、督导、评估等工作，引导和帮助家庭教育指导机构和指导者根据《大纲》要求开展家庭教育指导。

(2) 要明确职责分工。各地相关部门要根据《大纲》要求，充分发挥职能优势，切实做好指导和推进家庭教育工作。各级妇联组织、教育行政部门牵头负责指导和推进家庭教育；文明办协调各部门力量共同构建学校、家庭、社会“三结合”教育网络；教育部门加强幼儿园、中小学校家长学校的指导与管理；卫生、人口计生部门大力发展新婚夫妇学校、孕妇学校、人口学校等公共服务阵地，对家长进行科学养育的指导和服务；人口计生部门负责 0—3 岁儿童早期发展的推进工作，逐步纳入公共服务范畴；妇联、民政、教育、人口计生、关工委等部门共同承担做好城乡社区家庭教

育指导、服务与管理工作，推进家庭教育知识的宣传和普及，促进家庭教育事业全面发展。

(3) 要注重资源整合。各地相关部门要加大家庭教育指导工作的经费投入，纳入经费预算，确保落实到位。要统筹各方面的优势力量，完善共建机制，形成工作合力，推进家庭教育发展。要广泛动员社会力量，多渠道筹措经费，为家庭教育指导工作提供保障。

(4) 要抓好队伍建设。各地相关部门要加强家庭教育指导工作者队伍的培育，重视对指导人员数量、质量和指导实效性的管理，从实际出发建设具有较强专业知识基础的专家队伍、讲师团队伍、社区志愿者队伍等，并大力发展专业社会工作者队伍，形成专兼结合、具备指导能力的家庭教育指导工作队伍。

(5) 要扩大社会宣传。各地相关部门要以"做一个有道德的人"为主题，开展丰富多彩的实践活动，大力培育在家孝敬父母、在学校尊敬师长、在社会奉献爱心的良好道德风尚。加强家庭教育指导宣传阵地建设，注重与各媒体管理部门的联系和合作，深入、广泛、持久地宣传家庭教育的正确观念和科学方法。省区市级报纸、县级以上电台、电视台要开办与家庭教育相关的栏目，发展家庭教育网校咨询热线，不断提高家庭教育社会宣传的覆盖面和影响力。

阅读参考书目

1. 李生兰著：《幼儿家庭教育》，上海教育出版社 2000 年版。
2. 李生兰著：《幼儿园与家庭、社区合作共育的研究》，华东师范大学出版社 2013 年第 2 版。
3. 李生兰著：《幼儿园家长开放日活动的研究》，华东师范大学出版社 2008 年版。
4. 李生兰著：《儿童的乐园：走进 21 世纪的美国学前教育》，南京师范大学出版社 2011 年版。
5. 李生兰等著：《学前教育法规政策的理解与运用》，南京师范大学出版社 2012 年版。
6. 萧百佑著：《所以，北大兄妹—中国"狼爸"狠狠教你上北大》，上海三联书店 2011 年版。
7. [瑞士]Yolanda Cadalbert Schmid 著，王婀娜译著：《父母角色》，中国轻工业出版社 2002 年版。
8. [美]蔡美儿著：《虎妈战歌》(《我在美国做妈妈》)，中信出版社 2011 年版。

复习思考题

1. 幼儿园为什么要重视家庭教育的指导？
2. 幼儿园家庭教育指导的目标是什么？
3. 幼儿园家庭教育指导的主要任务是什么？
4. 幼儿园家庭教育指导的基本内容有哪些？
5. 幼儿园家庭教育指导的原则有哪些？应如何加以运用？
6. 幼儿园家庭教育指导的方式主要有哪些？为什么要综合加以运用？
7. 你常用哪些方式来对幼儿的家庭教育进行指导？试举例加以说明。
8. 根据本班、本园、幼儿、家长等方面的实际情况，设计一个家庭教育指导活动方案。
9. 你读了《全国家庭教育指导大纲》以后，有什么感想？

第八章

幼儿园的教师

内容提要：本章由四节组成，首先介绍了幼儿园教师的职业特点，其次阐述了幼儿园教师的职业素养，再次论述了幼儿园教师的职业培训，最后简介了《幼儿园教师专业标准（试行）》的主要内容。

幼儿教师是人类灵魂的工程师，幼儿教师的职业是崇高的社会职业。认识幼儿教师的职业特点及其应具备的职业素养，重视幼教师资的职业培训，是提高幼儿教育质量，培养跨世纪人才的关键所在。

第一节　幼儿园教师的职业特点

幼儿教师因其教育对象的特殊性，使这一职业具有许多自身的特点；幼儿教师在拥有一定的权利的同时，也承担着诸多的责任和义务；随着教育事业在一国经济和社会发展中的重要性的不断显现，幼儿教师在幼儿个体发展中所起的重要作用为人们逐渐认识，幼儿教师的地位也在日益提高。

一、幼儿园教师劳动的特点

任何一种职业的劳动都有自己的独特之处，幼儿教师职业的劳动也不例外。随着教育改革的不断深入，幼儿教师的劳动也呈现出一些新的特点，主要有幼稚性、全面性、时代性、复杂性、多样性、地方性等。

（一）幼稚性

幼儿教师的劳动具有幼稚性，这具体表现在两个方面：其一，从劳动的客体来看：教师教育的对象是幼儿，幼儿身心发展的水平较低，身体各器官还不够成熟，思维具体形象，辨别是非的能力较差,模仿性较强,需要教师对其进行粗浅的、简单的正面教育。比如,幼儿不爱吃海带,在进餐前夕,教师就告诉幼儿:有一种病叫大脖子病,脖子粗粗的,连气都喘不过来,身上一点力气也没有,可难受了。有一个办法可保证我们不生这种病,这就是吃海带。今天食堂的阿姨为我们做了这种菜,我们大家要多吃一点。其二,从劳动的主体来看:一些幼儿教师从幼师毕业,刚走上工作岗位的时候大都在十八九岁左右,她们还很年轻,涉世不深,还没有恋爱结婚,在任教的最初几年里会有一些令她们感到棘手的事情需要处理。例如,在教师教小班小朋友学《老师像妈妈》的儿歌以后,午睡时,有个小朋友就提出要含着教师的乳头睡觉,因为他在家里都是含着妈妈的乳头入睡的。为此,教师想了个办法让他含着奶瓶睡觉。下午妈妈来接他时,他冲出教室门,兴奋地大喊:"今天我们老师给我吃奶了。"教师听后感到很难堪,自己还未谈婚论嫁,怎么都给幼儿喂奶了?

(二)全面性

幼儿教师的劳动任务呈现出全面性的特点。幼儿教育是国民素质教育的重要组成部分,教师的任务是面向全体幼儿,对幼儿进行全面发展的教育,使每个幼儿都能生动活泼地成长。教师不仅要对每个幼儿施行身体的、认知的、道德的、审美的整合性教育,而且还要注意采用游戏化的方式促进其发展。比如,为了帮助幼儿学会画大树,教师先用形象化的儿歌描述大树高而粗的特点:"大树高,大树粗;要问树干有多粗,三个宝宝抱不住;要问树枝有多高,三个宝宝够不着。"接着教师边说边在黑板上画下了 I 和 Y,让幼儿猜一猜它像什么,然后再以接龙的方式,请每个幼儿为大树添加枝叶。

(三)时代性

幼儿教师的劳动充满了时代的气息,在不同的时代,教师的劳动拥有不同的特点,随着时代的发展变化而不断发展变化。不论是从幼儿教师劳动的内容上看,还是从劳动的手段上看,均如此。比如,近些年来,人们喜欢到超市去购物、到快餐店去进餐,许多教师也把商业、餐饮业的这一景观移植到了幼儿园里来,通过"超市"、"快餐店"来对幼儿进行各种内容和形式的教育;随着科技的发展,电脑知识的逐渐普及,一些幼儿教师也把电脑多媒体作为教育的重要手段之一,加以运用。

(四)复杂性

幼儿教师的劳动过程特别庞大复杂。幼儿教育的基本途径是寓教于幼儿园一日生活之中,为了实现幼儿教育的任务,教师往往要精心安排、组织幼儿的入园、晨间活动、早操、早点、盥洗、教育教学活动、游戏活动、午餐、午睡、盥洗、散步、午点、教育教学活动、自由活动、兴趣活动、离园等各个环节的活动,做到动静交替,保证幼儿健康的发展。例如,为了给幼儿创设一个良好的睡眠环境,教师让幼儿聆听平缓、抒情的乐曲,使幼儿产生愉快的感觉和睡意,很快进入安静的入睡状态。另外,幼儿在成长的过程中,会受到来自幼儿园、家庭和社会的多种因素的影响,只有在教师的调控下,这些因素才能对幼儿产生积极的影响,因而也增加了教师劳动过程的复杂性和艰巨性。比如，教师教育幼儿彼此要分享、谦让，分苹果时，拣小的拿；家长觉得自己家交的伙食费和别人家一样多，拿小的就吃亏了，要求孩子拣大的拿；家长与教师相悖的价值观、教育观必然会给教师的工作增加难度。

（五）多样性

幼儿教师的劳动呈现出多样性，首先表现在劳动模式的多样化上：为了促进幼儿的和谐发展，教师既可采用分科教育模式，也可采用综合教育、主题教育、区域教育模式，或是多种模式的综合体。例如，为了丰富幼儿关于《车子》的知识，教师设计了收集活动、参观活动、阅读活动、写生活动、音乐活动、游戏活动、实践活动、创造活动等，把科学、语言、音乐、美术、体育等科目的内容融为一体。其次表现在劳动形式的多样化上：为了完成幼儿教育某一方面的任务，教师既可运用集体教育的形式，也可运用小组教育、个别教育的形式，或是几种形式的统一体；同样是集体教育，教师也要根据具体的教育内容选择合适的排座形式。比如，在对幼儿进行语言教育时，教师喜欢采用“半圆形”来进行；在对幼儿进行体育教育时，教师喜欢采用“秧田形”来进行；在对幼儿进行音乐教育时，教师又喜欢采用“马蹄形”来进行。再次表现在劳动方法的多样化上：为了实施幼儿教育的内容，教师既可以通过讲解说理、榜样示范的方法来进行，也可以通过情感陶冶、动手操作来进行，或是多种方法的融合体。例如，为了培养幼儿对汉字的兴趣，巩固幼儿的识字内容，教师让幼儿揉捏橡皮泥，拉成细长条，拼摆出一、二、三、四、五、上、下、左、右、前、后等熟悉的字体。

（六）地方性

幼儿教师的劳动表现出鲜明的地方特色。我国幅员辽阔，各地差异较大，不论是城乡之间，还是城市与城市之间、乡村与乡村之间都有着明显的差别。不同的地区，经济资源、文化设施不同，为幼儿教师的劳动所创造的物质条件也就不同。比如，一些沿海地区或海岛的幼儿教师，便于利用贝壳、海螺、海水、海草、海鱼等物质资源对幼儿进行“海洋教育”；一些山区幼儿教师，便于利用茶叶、香菇、木耳、桑叶等题材对幼儿进行植物方面的教育。

二、幼儿园教师的权利和职责

为了保障教师合法权益，建设具有良好思想品德修养和业务素质的教师队伍，促进社会主义教育事业的发展，1993 年 10 月 31 日第八届全国人民代表大会常务委员会第四次会议通过了《中华人民共和国教师法》，并规定每年的 9 月 10 日为教师节，这不仅有利于形成尊师重教的社会风气，而且还标志着我国教师的权利和义务、资格和任用、培养和培训、考核、待遇、奖励、法律责任等都已经得到了法律的保障。1996 年中华人民共和国国家教育委员会发布了《幼儿园工作规程》，进一步明确了幼儿教师的资格、权利和职责。

（一）幼儿教师的资格

自 1994 年 1 月 1 日开始，我国各地相继实行了幼儿教师资格制度。幼儿园教师的资格认定一般包括下面几个方面：(1)遵守宪法和法律，拥护党的基本路线；(2)热爱幼儿教育事业，爱护幼儿，具有良好的思想品德，为人师表，忠于职责；(3)具备幼儿师范学校毕业及其以上学历，或经国家教师资格考试合格；(4)有教育教学能力，努力学习专业知识和技能，提高文化和专业水平；(5)身体健康。认定合格者，均可取得幼儿教师的资格。从1996年起，我国幼儿园教师实行了聘任制，对有幼儿教师资格的人员进行招聘，择优录用。

（二）幼儿教师的权利

幼儿教师的权利主要是指教师依法行使的权力和享受的利益。通过法律的形式规定幼儿教师的权利，是维护幼儿教师利益、保证幼儿教师顺利工作的必要条件。幼儿教师应享受下列权利：(1)进行幼儿教育教学活动，开展幼儿教育教学改革和实验研究；(2)从事幼儿教育的科学研究、学术交流，参加幼儿教育专业的学术团体，在学术活动中充分发表意见；(3)指导幼儿的学习和游戏，评定幼儿的身心发展水平；(4)按时获取工资报酬，享受国家规定的福利待遇以及寒暑假期的带薪休假，幼儿教师的平均工资水平应当不低于或者高于国家公务员的平均工资水平，并逐步提高；(5)对幼儿园教育教学、管理工作和幼儿教育行政部门工作提出意见和建议，通过教职工代表大会或者其他形式，参与学校的民主管理；(6)参加进修或者其他方式的培训。

（三）幼儿教师的义务

幼儿教师的义务就是教师依法应尽的责任。幼儿园教师对本班工作全面负责，其主要职责如下：(1)依据国家规定的幼儿园课程标准，结合本班幼儿具体情况，制订和执行教育工作计划，完成教育任务；(2)观察了解幼儿，记录、分析、评价幼儿的发展状况，促进幼儿在原有水平上的提高；(3)严格执行幼儿园安全、卫生保健制度，指导并配合保育员管理本班幼儿生活和做好卫生保健工作；(4)与家长保持经常联系，了解幼儿家庭的教育环境，商讨符合幼儿特点的教育措施，共同配合完成教育任务；(5)参加业务学习和幼儿教育研究活动；(6)定期向园长汇报，接受其检查和指导。

幼儿教师的权利和义务是辩证统一的，既不能只行使权利而不履行义务，也不能只承担义务而不享受权利，否则不利于教师队伍的稳定和素质的提高。据报道：S省农村幼儿教师大量流失，严重影响了当地幼儿教育事业的发展。比如，L县不仅是全省而且还是全国基础教育的先进县，幼儿教育曾取得长足的进步，但幼教队伍中却出现了流动大、素质低的问题。据统计，1981年以前参加工作的近千名幼儿教师，到1995年只剩下了127名，现在在岗的约千名幼儿教师，每年也以250名左右的速度流失，流失率颇大。造成这一状况的原因主要有二：一是转正无望，不要说是普通的民办幼儿教师，就是那些曾多次荣获“先进教师”、“教育能手”等称号的民办幼儿教师，工作多年后仍然是民办教师身份。二是工资过低，就拿L县Y乡来说，农民人均年收入5000元，可该乡的幼儿教师年收入只有2000元。可见，要稳定幼教师资队伍，就必须从解决幼儿教师的实际问题入手，在让他们担负相应的义务的同时，还应让他们享有一定的权利。

三、幼儿园教师劳动的价值

教师在幼儿教育中居有十分重要的地位，教师保育、教育幼儿的价值主要体现在：教师是维护幼儿身体健康的保健师，是开启幼儿智力之窗的建筑师，是塑造幼儿美好心灵的工程师，是提高幼儿审美能力的美容师等方面。

（一）教师是维护幼儿身体健康的保健师

幼年期是儿童长身体的重要时期，教师保健师的作用首先表现在教师照料幼儿的生活。幼儿年龄小，能力弱，教师要对幼儿的饮食、睡眠、盥洗给予适当的关心和指导。例如，午睡时，一个小朋友把大便拉在裤子上了，教师及时帮他清洗下身，并给他换上干净的裤子、被褥。

其次还表现在教师要负责幼儿的安全。幼儿年幼无知，自我保护能力较差，教师要加强防范意识，承担保护幼儿的责任。比如，在玩沙游戏开始前，教师要求幼儿戴好防护帽，以免过多的阳光辐射、沙子进入耳朵；在玩沙游戏结束后，教师用油毡布把沙池盖好，以防异物落入，刺伤幼儿的手脚。

再次还表现在教师保证幼儿的健康。有的幼儿有挑食的习惯，教师要注意矫正，培养幼儿良好的饮食习惯，帮助幼儿获取充足的营养，保证身体的正常发育。例如，有的幼儿不爱吃青菜，教师不强迫他去吃，而是通过巧妙的办法和他讲道理，提醒幼儿把不爱吃的蔬菜先吃掉，变得会吃、爱吃。

最后还表现在教师指导幼儿锻炼身体。1995 年 8 月 29 日八届全国人大常委会通过了《中华人民共和国体育法》，提出了“国家提倡公民参加社会体育活动，增进身心健康”、“国家推行全民健身计划，实施体育锻炼标准，进行体质监测”等条款，教师重视对幼儿进行体育锻炼，有助于提高中华民族的体质与健康水平。近些年来，许多教师都能注意利用废旧物品自制体育运动器械，如用瓶盖做串铃，用挂历纸做纸棒等体操器械，从小培养幼儿对体育活动的兴趣，增强幼儿的体质。

（二）教师是开启幼儿智力之窗的建筑师

许多心理学的研究都证明，童年期是幼儿智力发展的关键期，教师建筑师的作用首先体现在教师要激发幼儿的学习兴趣上。兴趣是幼儿学习的动力，教师要促使幼儿勤于思考，积极反应，主动学习。例如，教师把妙趣横生的颠倒儿歌《公鸡下个大鸭蛋》（听我唱个颠倒歌，七个没有三个多；公鸡下个大鸭蛋，小猫游泳多快活；鱼儿岸边晒太阳，兔子头上长尖角；兔捉老鹰飞上天，骨头咬狗真奇特。小朋友们想一想，你说可乐不可乐）教给幼儿时，幼儿就会积极动脑思考，在欢声笑语中了解颠倒歌的内容，从中领悟什么是对的，什么是错的。

其次体现在教师丰富幼儿的知识概念上。教师向幼儿传授的知识主要是关于周围生活的一些粗浅知识和基本概念。例如，教师在教幼儿学习儿歌《几条腿》（小黑鸡，两条腿。大黄牛，四条腿。蜻蜓六条腿，螃蟹八条腿，蚂蚁十条腿，蚯蚓、鳝鱼没有腿）时，幼儿通过吟唱，既能知道 2 到 10 的 5 个偶数、小和大的相反概念，又获得了一些动物方面的简单知识。

再次体现在教师培养幼儿的技能技巧上。为了培养幼儿动手操作技能，教师为小班幼儿提供了碎海绵、碎布头、面团、游戏泥、沙子、珠子、瓶子、瓶盖等材料，让幼儿尝试探索如何使鸡蛋能够站立起来。

最后还体现在教师提高幼儿的智力能力上。智力是幼儿认识能力的整体，包括观察力、注意力、记忆力、想象力、思维力和语言表达能力等。例如，为了发展幼儿的语言表达能力，教师在让幼儿进行气象观察和记录的基础上，每天还给幼儿提供几分钟的时间，模仿电视台的叔叔阿姨，学做“气象先生”和“气象小姐”，解说、预报天气情况。

（三）教师是塑造幼儿高尚品德的工程师

幼儿可塑性很大，童年期是幼儿良好的道德品质形成的奠基时期，教师工程师的作用首先展现在教师提高幼儿的道德认识上。道德认识是幼儿道德品质形成的先导，教师通过讲故事、看图片、观电视等生动活泼的形式，为幼儿塑造具体的道德形象，帮助幼儿分辨是非善恶。例如，教师给幼儿讲《诚实的列宁》的故事，就为幼儿塑造了“诚实”这一具体的道德形象，帮助幼儿学做诚实的人。

其次展现在教师陶冶幼儿的道德情感上。道德情感是幼儿道德品质形成的动力，情境性是幼儿道德情感产生的特有条件，教师通过创设良好的环境，来对幼儿进行初步的五爱教育。例如，教师带领幼儿外出参观浦东牛奶场、三甲港、鹤鸣楼、南浦大桥、多层立交桥，使幼儿耳闻目睹浦东的美丽画卷，萌发幼儿对家乡的热爱之情。

再次展现在教师培养幼儿的道德意志上。道德意志是幼儿道德品质形成的杠杆，教师通过建立合理的常规、必要的制度来培养幼儿的自控能力和自制能力。例如，教师和幼儿一起讨论定出了一条班级规则——“午睡时不讲话，不玩玩具”以后，凡能遵守这条规则的幼儿，起床后，教师都奖给他一朵小红花，以强化幼儿的坚持力。

最后展现在教师训练幼儿的道德行为上。道德行为是幼儿道德品质形成的关键，教师通过给幼儿提供榜样、实践、练习的机会，来训练幼儿的行为，帮助幼儿形成习惯。比如，幼儿早上来园以后，教师主动招呼他“你早”；在幼儿做了老师的小帮手以后，教师对他说“谢谢你”；当教师不小心碰到幼儿的时候，对他说“对不起”；在幼儿离园时，教师和他说“再见”，教师的模范言行有利于培养幼儿文明礼貌的行为。

（四）教师是提高幼儿审美能力的美容师

爱美之心人皆有之，幼儿也不例外。幼儿对美的反映是从无意识走向有意识的，在此过程中，需要教师的培养和指导。教师美容师的作用首先体现在教师为幼儿创造美的生活环境。幼儿园室内外环境的布置一般都具有整洁化、绿化、艺术化、儿童化和美化的特点，幼儿整天生活在这样一个环境中，会受到美的熏陶和感染。

其次体现在教师引导幼儿认识自然的美。大自然是幼儿审美能力发展的丰富源泉，教师通过带领幼儿观察大自然的山川、河流、花草、树木，就能增强幼儿对自然美的感受；通过让幼儿学习、欣赏反映自然美的文学作品，就能扩展幼儿对美的认识。例如，当教师把《冬爷爷的胡子》（“冬爷爷的胡子，亮晶晶，硬邦邦。挂在那树枝、屋檐、山崖……风娃娃很喜欢冬爷爷的胡子，吹呀吹，荡呀荡，吹得冬爷爷的胡子响叮当！响叮当，响叮当，掉下一根粗又长，送给爷爷做拐杖”）这首散文诗让幼儿欣赏的时候，在给幼儿惊喜的同时，也会使幼儿感到冬天的美妙，激发幼儿对大自然的热爱。

再次体现在教师指导幼儿表现美、创造美。音乐、美术、娱乐活动经过教师的精心设计和安排，就能有力地促进幼儿艺术才能的发展。例如，在音乐课上，教师让幼儿先听一段乐曲，再根据这段乐曲说几句话；美术课上，教师先让幼儿欣赏一首诗，再根据这首诗的内容画一幅画。

第二节　幼儿园教师的职业素养

幼儿教师必须具备一定的职业素养才能担负起教育幼儿的神圣使命，幼儿教师的职业素养包括职业道德和智能结构两大方面。

一、幼儿园教师的职业道德

幼儿教师的职业道德是幼儿教师在教育活动中必须履行的行为规范和道德准则，影响和制约着幼儿教育工作的成败。所以，幼儿教师要不断加强道德修养，提高职业道德水平。幼儿教师的职业道德包括：对待幼儿教育事业的道德、对待幼儿的道德、对待幼儿教师集体的道德、对待自己的道德。

（一）对待幼儿教育事业的道德

热爱教育事业是幼儿教师的基本道德准则，也是幼儿教师做好本职工作的前提条件。教师如果爱岗敬业，在工作中就会勤勤恳恳，任劳任怨，知难而上，不断取得新的成绩。在对S市9个区90名幼儿教师的随机调查中，笔者发现，虽然困扰着幼儿教师的事情较多(比如，“幼儿园设备材料不足”、“班级幼儿人数太多”、“活动场地太小”、“幼儿难于教育”分别令40%、25%、13.75%、11.25%的教师感到困难重重)；许多幼儿教师都感到一周工作下来身心疲惫不堪(比如，感到“极为劳累”、“比较劳累”、“一般化”、“比较轻松”、“很轻松”的幼儿教师分别占13.75%、48.75%、18.75%、18.75%、0%)，但她们并没有打退堂鼓，而是纷纷表示“如果来世还有机会选择职业的话，一定还会选择幼儿教育这一行”。幼儿教师对自己所从事的工作的奉献精神、光荣感和责任感，使得她们能出色地完成本职工作，取得累累硕果。

（二）对待幼儿的道德

热爱幼儿是幼儿教师职业道德的核心，是评价幼儿教师职业道德水准的重要指标。教师对幼儿的爱既是一种巨大的教育力量，也是一种重要的教育手段。

教师爱幼儿就要全面关心幼儿的成长，满足幼儿生理上和心理上的需要。比如，在幼儿吃苹果的时候，教师发现有个小朋友吃得很慢，大家早已吃完了，他的苹果却只咬下了一点点。教师见状，就来到他的身边，询问原因。当教师得知这个幼儿乳牙已脱落，正在换恒牙时，就帮他把剩余的苹果切成一个个小薄片，使他吃起来方便一些。

此外，教师爱幼儿还要严格要求幼儿，帮助幼儿克服不良习惯。例如，有个幼儿长得又高又壮，他常利用自己力气较大的特点，去争抢同伴手中的玩具，或是攻击同伴。教师据此就给他讲小动物们团结友爱，在大老虎的带领下，打败了狡猾的狐狸的故事，教育这个幼儿要学会用自己的力气，去帮助弱小的同伴，大家互爱互助。

（三）对待幼儿教师集体的道德

幼儿教师与幼儿教师之间的关系、幼儿教师与整个幼儿教师集体之间的关系，是幼儿教师职业道德的一个重要领域。幼儿园教育任务的完成、班级保教工作的开展都是教师集体创造性劳动的结果。

一方面教师要注意建立融洽和谐的同事协作关系。这不仅有利于教师的心理健康，而且也有助于优化育人的环境。我们的调查结果显示，教师对同事之间关系的满意度为75%(其中“非常满意”的占11.25%，“较为满意”的占63.75%，“一般化”的占20%，“较不满意”的占3.75%，“极不满意”的占1.25%。)低于教师与幼儿之间关系的满意度91.25%(其中18.75%的教师“非常满意”，72.5%的教师“较为满意”，8.75%的教师“一般化”，没有教师“较不满意”和“极不满意”)。同事之间关系的这种负面效应，无疑会影响幼儿教育工作的质量。为此，幼儿教师在同事之间应做到心理相容，彼此尊重，相互支持。

另一方面教师还要注意形成与集体通力合作的良好关系。幼儿教师集体是一个由共同的教育任务组成的复杂整体，要使这一集体能够作为一个统一整体有效地进行工作，所有成员力量的协调一致就显得尤为重要。法国心理学家林格尔曾做过一个“拔河比赛”实验：把一些青年人分成1人、2人、3人……直至8人小组的形式进行拔河比赛，用测力器测量并记录他们在不同群体下用力的情况，结果发现：当他们1对1拔河时，平均拉力是63公斤，按力的平均叠加计算，2人组应是126公斤，3人组应是189公斤……8人组应是504公斤。但实际上测出的平均值，2人组是118公斤，比叠加值少8公斤；3人组是160公斤，比叠加值少29公斤……8人组是256公斤，比叠加值少248公斤。这项实验给我们的启示是，要使群体力量的总和至少不低于单个力量叠加的总和，必须防止或减少幼儿教师群体合作中内耗现象的出现。

（四）对待自己的道德

教师自身的业务提高和道德修养是衡量师德高低的重要标准。在幼儿教育中，教师不仅要以自己的知识、技能去影响幼儿，而且还要以自己的品行、仪表去感染幼儿。教师只有严格要求自己，不断进取，才能适应科技迅猛发展的知识经济时代所发出的挑战。调查结果说明：生活在日益国际化的大都市的幼儿教师，虽然享有其他地区的教师尚未企及的物质文明，但也承受着体制转型期间以及城市格局、功能急剧变化而带来的各种不同形式的压力。统计数字表明：大多数幼儿教师感到，现在在工作中承受的心理压力要比过去大(如认为“大得多”的占26.5%，认为“稍大”的占37.5%）；一些执教多年、有着丰富教育经验的教师，也觉得有较大的压力（如在11—20年教龄组中占70.83%，在21—30年教龄组中占80%）；在一级教师中，承受着较大压力的教师要比二级教师、高级教师多（一级教师占65.91%，二级教师占52.38%，高级教师占60%）；在不同年龄班任教的教师，有不同的压力，大班教师的压力面最大（占70.27%）；获奖级别不同的教师有不同的压力，获过市级奖的教师压力面最大（占71.43%）。幼儿教师应注意把这种压力转变为加强自身修养的动力。

调查结果还显示：幼儿教师的成就感较弱，约一半教师认为自己任教以来，“没有”取得什么成就（占52.5%）；在认为自己取得了较大成就的教师中，仍有近一半的教师对自己的成就感到“不满”（占43.75%）；幼儿教师的内疚感较强，一些教师对幼儿未能得到很好地发展感到“很内疚”，把主要责任归咎于自己（占35%）。由此可见，许多幼儿教师都有着强烈的进取心，他们对自己高标准、严要求。

二、幼儿园教师的智能结构

要使幼儿教师在教育过程中发挥出最佳功能，就必须深入探索其在智能上最合理和完善的结构。幼儿教师的智能结构由知识结构和能力结构两部分组成。

（一）幼儿教师的知识结构

教师是促进幼儿现代化的启蒙者，要按照社会的需要来塑造幼儿，教师自身的知识结构会对幼儿的发展产生很大的影响。幼儿教师的知识结构一般来讲有以下几种：

1.“Ⅰ”型知识结构

这些幼儿教师所具备的知识有纵向深度，有特长，但其知识面却过于狭窄，只专不博。他们只知道与幼儿园各科教学相关的知识点，而对国家的政治、法律不够关心，心理学、教育学、动物学、植物学等学科的知识较为贫乏。例如，有的教师坦言自己“从不看中央电视台的新闻联播节目”；有的教师不鼓励幼儿提问，不喜欢幼儿的答案与自己设想的不同；有的教师不知道我国北方地区的房屋窗户有双层玻璃。

2.“—”型知识结构

这类幼儿教师的知识面比较宽广，什么都懂一点，但都懂得不深透，没有专长，没有特色，像“万金油”。他们拥有《幼儿园教育纲要（试行）》中所规定的“语言”、“科学”、“数学”、“音乐”、“体育”、“美术”等科目的基本知识，但并不精通其中的任何一门学科。比如，有的教师能承担所有这些学科的教学活动，但是，没有哪一门学科教得生动活泼、有特色。

3.“T”型知识结构

这种知识结构不同于上述两种，它不是单一的、平面的，而是复杂的、立体的；横线表示有比较宽广的知识面，竖线表示有一门钻研较深的专业知识；这些幼儿教师既有宽厚的知识根基，又有所专长，“博”和“专”相结合，以博养专，以专促博，专与博相辅相成，潜力大，易在教学科研上取得丰硕成果，是较佳的知识结构。例如，教师在掌握幼儿园六科知识的基础上，对音乐情有独钟，熟知各种乐曲、舞蹈、乐器，擅长音乐教学活动。

4. “H”型知识结构

这类幼儿教师在“T”型知识结构的基础上，精通一门以上的专业知识，即在广博知识的基础上，又精通两门以上的专业知识，能在两门或以上的学科领域里遨游；所掌握的两门专业知识有明显的交叉点、结合部，是最佳的知识结构。这些幼儿教师可以算得上是“通才”，他们一专多才，能量大，用途广。比如，教师在具备关于幼儿园正常教育活动所必需的知识的同时，还对幼儿英语教育、电脑教育有深入的研究。上海有的幼儿园甚至有一条不成文的规定：每班两位带班教师要有四样特长，使幼儿能根据自己的爱好自由选择，发展自己的才能。

幼儿教师只有具备了合理的知识结构，才能在教育过程中充分发挥作用。一位合格的幼儿教师的知识结构应当含有“横向”和“纵向”两个因素，既“博”又“专”；只有知之深，才能取之左右而逢其源。

（二）幼儿教师的能力结构

教师不仅要有丰富的知识、熟练的技能，更重要的是要具备一系列的能力，才能胜任幼儿教育工作，促进幼儿发展。幼儿教师合理的能力结构应当包括：观察能力、表达能力、组织能力、教育能力、创造能力、设计能力、交往能力和评价能力。

1. 观察能力

教师要教育幼儿，就必须了解幼儿。观察是教师了解幼儿的窗口、获取信息的主要途径。通过观察，教师能了解、掌握幼儿的发展水平，为设计幼儿未来的发展计划奠定基础。观察能力是幼儿教师首先必须具备的最基本的能力。

幼儿教育实践证明：不同的教师具有不同的观察能力，教师观察能力的强弱受制于自身的许多因素，诸如个性特征、教育经验、教育态度、儿童观、价值观等。例如，教师认为幼儿的创造行为比其他行为更为重要，那么，他就会在各种活动中，注意观察幼儿的这种行为。

为了提高观察能力，教师在观察幼儿时，要注意把有目的有计划的观察与随时随地的观察、普遍观察与重点观察、全面观察与某方面观察结合起来；注意利用日记、表格、摄影、录音、摄像等多种形式，对已观察到的情况进行客观、公正的记录，以全面、细致、准确地了解一切幼儿和幼儿的一切。例如，教师通过表格的形式（如表 8-2-1），对幼儿在园一周在各领域教育活动中主动举手发言的情况进行记录，以了解幼儿学习的积极性和兴趣所在。

表 8-2-1　幼儿一周各领域教育活动举手发言次数记录表

（用“正”字表示，发一次言，记下一画）

周次：________　日期：________　记录者：________

幼　儿			各领域教育					备注
学号	姓名	性别	健康	语言	社会	科学	艺术	
1								
2								
3								

续 表

幼 儿			各领域教育					备注
学号	姓名	性别	健康	语言	社会	科学	艺术	
……								
20								
……								

2. 表达能力

表达能力是指教师通过语言及非语言或体态等方式向幼儿表露自己思想、知识、信念和情感的能力,其中语言表达能力包括口语表达能力和书面表达能力;非语言表达能力包括用手势、体态、面部表情来进行表达的能力。

苏联教育家马卡连柯认为,教师只有在学会用15—20种声调来说"到这里来",学会在脸色、姿态和声音运用上能做出20种风格韵调的时候,才能真正成为一个有教育技巧的教师。美国心理学家艾伯特·梅拉宾指出,传递一个信息的总效果=7%词语+38%声音+55%面部表情。由此可见,幼儿教师要善于利用各种方式来传递信息,激发幼儿学习兴趣,与幼儿交流情感。比如,既能通过自己亲切标准、生动形象、富有感情色彩的语言来吸引幼儿,为幼儿作示范,又能通过自己的眼神、目光、微笑、沉默,来表达自己对某一事物的赞成或反对、肯定或否定等,以增强教育的感染力,提高教育教学的效果。例如,午睡起床以后,户外散步时,幼儿都抢着拉住老师的手走路;教师微笑着把一群群小朋友分别搂在怀里,然后再按一定的秩序,和幼儿手牵着手,外出步行散步。

3. 组织能力

幼儿教师是教育教学活动的组织者,要使幼儿一日生活有条不紊、有秩序地进行,教师就必须具有组织各种活动的能力,如谈话活动、盥洗活动、教学活动。

现行幼儿园班级规模都较大,不论是集体活动,还是小组活动或者是个人活动的顺利开展,都要求教师拥有较强的组织能力,否则,就无法胜任本职工作。例如,教师在组织幼儿小组活动和个别活动时,要根据幼儿的兴趣爱好、知识经验、言语动作、思维想象等方面的差异及活动内容的变化,灵活地对幼儿进行分组,使幼儿的组合始终处于一种动态过程之中,并从幼儿个性、年龄差异和活动特点的不同实际出发,指导幼儿的小组活动和个人活动。例如,在分组活动时,教师既要监督玩水区的幼儿不喝水池里的水,又要注意到木工区的幼儿不被锤子锤到手,此外,还要兼顾积木区的幼儿不用积木打人等。

4. 教育能力

幼儿教师教育能力的高低,直接关系到教育任务能否完成以及幼儿园的办园质量。教师的教育能力主要包括确定教育内容的能力和选择教育策略的能力。

教师在确定幼儿教育内容时,要把体力、认知、情感、社会性、审美作为教育的主要内容,重视发展幼儿的思维能力、创造能力,培养幼儿的成功感和合作精神;教师在发展幼儿思维能力的时候，要把教育的重点放在幼儿发散思维品质的培养上，爱动脑筋、勤于思考习惯的塑造上；教师在培养幼儿发散思维品质的时候，要尽可能少地向幼儿提出事实问题(即只要根据眼前的事实就能立即做出回答的问题，比如，“这是什么颜色?”)和说明问题(即运用已有的知识经验，作简单对比，便可得出答案的问题，比如，“鸟和蜜蜂有什么相同的地方和不同的地方?”)，而要尽可能多地向幼儿提出启发性问题，比如，“你是怎样用纸折出飞机的?”“还有其他什么方法?”以打开幼儿的思路，引导幼儿从不同的角度认识事物，寻求多种答案，并在此基础上，不断提高问题的难度和创造性要求。

教师在选择教育策略时，要更多地运用表扬奖励的方法；充分利用园内外各种教育途径和资源，“走出去，请进来”；提供许多动口、动脑、动手的机会，促进幼儿的发展。比如，教师不总是扮演讲述者的角色，侃侃而谈，而是充当听众，在幼儿入园时，让他们讲一讲“昨天晚上在电视上看到了什么节目”；在幼儿离园时，让他们说一说“今天做了什么最有趣的事情”，“明天想干什么”以培养幼儿的口语表达能力。

5. 创造能力

幼儿教育是一项创造性的工作，处在新世纪之初的今天是一个需要创造的时代。幼儿教师的创造能力主要是指其不断学习，汲取新知识，创造更新的教育方法的能力。幼儿教师只有不断尝试，大胆创新，才能更好地促进幼儿的发展，培养出合格的跨世纪的公民。所以，创造能力是时代对幼儿教师的呼唤。

幼儿教师要利用多种机会来锻炼自己的创造能力：首先是教玩具的制作。教师要能利用各种废旧物品来制作教具和玩具。例如，用包装盒、塑料瓶制作出形态各异的大玩偶，让幼儿动手操作；用铁丝把易拉罐扎成梅花状，让幼儿在上面行走。

其次是环境的布置。教师要能根据季节的变化、教育内容的调整，利用各式各样的材料来布置教室，装扮环境。比如，在寒冷的冬天，教师可和幼儿一起用彩纸、泡沫屑剪贴、涂画成一幅“飞雪迎春”的墙面装饰图；在开展迎新年的活动时，教师可和幼儿一道用绉纹纸、旧挂历纸撕拉、拼贴出一幅“新年献礼”的欢乐装饰画。

再次是教学活动的实施。教学活动是教育活动的一个重要组成部分，教师要能根据不同的学科、同一学科不同的教学内容、教育对象，创造性地进行教学。例如，为了帮助幼儿认识圆柱体，教师为幼儿准备了铅笔、圆柱体积木、火腿肠、小刀、乒乓球、硬币，通过让幼儿参与观看、触摸、滚动、切割、拼拆等活动，使幼儿意识到“上下有两个相同大小的圆形面，四周光滑，上下一样粗，像根圆柱子的形体”就是圆柱体。

此外，教师还应通过主题活动的编设、区域活动的安排、游戏活动的指导等来发展自己的创造能力。

6. 设计能力

幼儿教师的设计能力，主要指教师设计幼儿教育计划的能力，它包括设计教育幼儿的计划和一日活动的计划的能力；教师的设计能力与其对幼儿过去的了解能力和对幼儿未来发展的预测能力密切相联，制约着幼儿的发展水平和幼儿园的教育质量。

教师在设计教育幼儿的计划中，首先需要阐明具体的教育目标，比如，是认知方面的目标，还是情感方面的目标，或是社会性方面的目标；是为了丰富幼儿的知识经验，还是为了培养幼儿的兴趣爱好，或是为了提高幼儿的能力。其次需要说明实现这些目标的主要过程和步骤。例如，教师在为大班幼儿设计的热爱祖国的教育计划中，安排了如下的活动过程：参观名胜古迹，游览动物园，学唱京剧，欣赏民乐，听四大发明的故事，看国徽图片，画国旗，唱国歌等。

教师在设计一日活动计划时，需要对幼儿园日常生活的各个环节加以分析，根据幼儿的发展水平，准备丰富的活动材料，提供充足的活动时间与空间，确保一日生活的科学化、合理化。

教师在制订好幼儿教育计划以后，还应处理好稳定性与灵活性之间的关系。保证计划的稳定性，有利于塑造幼儿良好的个性特征和行为习惯，符合幼儿成长发展的要求；与此同时，还要注意计划的灵活性，因为幼儿教育活动并不以教师的意志为转移，它受到多种因素的影响，况且，幼儿的身心也是在不断发展变化的，所以，教师只有敏锐地对这种变化做出反应，调整、修改原有的计划，制订出新的计划，才能适应幼儿继续发展的需要。例如，幼儿园为幼儿安排的午睡时间为2—2.5小时，有的幼儿不需要这么长的睡眠时间，很早就醒了，教师就从每个幼儿的实际情况出发，让他们轻轻起床，允许他们提前到户外去活动。

7. 交往能力

教师的交往能力主要反映在教师与幼儿交往的模式上，这已成为世界幼教发达国家评估教师能力的一个重要指标。

教师与幼儿交往的模式有下面几种：(1)单向交往模式：教师与幼儿在进行交往活动时，教师是信息源，信息只从教师这一方传向幼儿，幼儿被动地接受、贮存教师发出的信息。(2)双向交往模式：教师与幼儿在进行交往活动时，教师和幼儿都是信息源，他们都发出信息、接受信息，教师有主导性、引导性，幼儿有主动性、积极性。(3)多向交往模式：教师在与幼儿相互作用的过程中，不仅使教师和幼儿相互成为对方的信息源，而且还使部分幼儿成为同伴的信息源，对同伴产生一定的影响。(4)交叉交往模式：教师在与幼儿进行相互作用的过程中，不仅使教师和幼儿彼此成为对方的信息源，而且还使幼儿彼此之间都成为同伴的信息源。由此可见，从模式(1)到模式(4)，教师的交往能力是不同的，呈现出逐渐增强的趋势。

为了提高交往能力，教师要注意构建合理的师幼交往模式，建立民主平等的师幼关系，形成适当的保育关系，发展科学的教育关系，树立正确的认知关系，融洽亲密的情感关系，以优化师幼交往系统。例如，在做早操时，教师可让每个幼儿轮流领操，使每个幼儿都有机会成为别人学习的榜样，同时也向别人学习。

8. 评价能力

在幼儿教育中，教师是最主要的、最有权威的评价者。因此，教师的评价能力就显得格外重要。幼儿教师的评价能力，主要指的是教师判断、评估幼儿教育价值的能力，具体表现在：(1)教育目标的评价上。教师评价幼儿教育的目标是否已经实现？幼儿在哪些方面已经得到了发展？后续目标是什么，是否符合幼儿的兴趣、需要？如何实施等。(2)教育策略的评价上。教师评价幼儿教育的途径是否适当，有利于幼儿教育内容的完成？是否适合幼儿的年龄特点和个体差异？幼儿教育的方法是否多种多样，具有实效？(3)教育活动的评价上。教师评价幼儿教育活动的内容是否丰富多彩？活动的材料是否十分充足？幼儿是否有自由选择活动的权利与机会？个人充分自由活动的时间有多长?

教师在进行幼儿教育评价时,可采用以每日评价为主,每周评价、每月评价及每年评价为辅的方法来进行,以深入了解本班教育工作情况和效果,不断总结经验,改进工作。

第三节 幼儿园教师的职业培训

幼教师资队伍建设是决定幼教质量的一个关键性因素,因此,重视幼教师资培训,加强课程建设,通过灵活多变的形式,来提高幼儿教师的素质和能力就显得尤为重要。

一、幼儿园教师培训的意义

对幼儿教师进行培养和提高,具有十分重要的意义。首先,这是发展幼儿教育事业,提高幼教质量的保证。在幼儿教育中,教师是教育者、教育的主体,幼儿是受教育者、教育的客体,为了使广大的幼儿都能受到有益于他们成长发展的教育,就必须拥有一支懂得幼儿心理、掌握幼教规律的高质量的教师队伍,科学而又艺术化地"传道"、"授业"、"解惑",教书育人,否则,就不可能使幼儿生动活泼地成长和发展。

其次,这是贯彻国家教育政策法规,提高国民素质的需要。江泽民总书记指出:师范教育是培养教师的摇篮,科教兴国是我们的战略决策,要把造就具有正确的世界观和教育思想,掌握现代教育内容、方法和技术,善于从事素质教育的教师队伍,作为教育工作的一项根本任务来抓。我国教师法也规定:各级人民政府、教育行政部门、学校主管部门和学校应当制定教师培训规划,对教师进行多种形式的思想政治、业务培训。为此,许多省市都制订了幼教师资培养计划,进一步落实国家的教育法规。例如,上海市政府在《上海市教育事业"九五"计划和2010年规划》中,列出了加强幼教师资队伍建设的专项条款,明确提出要高标准、高要求抓好师资培养工作,提高新师资的素质。

再次,这也是我国幼儿教育事业与国际接轨,走向世界前列的必然。师范教育具有超前性,更应面向现代化、面向世界、面向未来。国外许多国家都很重视幼教师资的培训工作,注意更新幼儿教师的知识,增强幼儿教师的能力,提高幼儿教师的学历层次,如美国、瑞典、德国、澳大利亚、日本、韩国都规定幼儿教师的学历要在大专程度以上。现阶段我国一些经济比较发达的省市,也汲取了国外幼教师资培训中的宝贵经验,制定了幼教师资队伍的发展战略,提出了幼教师资队伍建设的目标和要求,并对幼儿教师的学历做出了具体的规定。比如,上海市教育委员会规定:到2000年,全市将有60%—65%的幼儿园在职教师要达到大专学历层次;幼儿园新教师按专科起点学历标准任职。

二、幼儿园教师培训的机构

我国幼教师资的培养多少年来几乎一直是由中等幼儿师范学校、师范学校以及职业高中的幼师班承担的。初中毕业生通过文化考试、艺术体育加试、专业面试，被择优录取在这些教育机构里学习2—3年，掌握基本的幼教专业知识和技能，毕业后分配到幼儿园、学前班等幼教机构任教，成为我国幼教战线上的主力军。

进入20世纪80年代以后，全国许多高等师范院校教育系学前教育专业、高等幼儿师范专科学校开始招收应届高中毕业生，进行2—4年的专业教育，使他们获取较高的理论知识和一定的教育技能。一些学生专科、本科毕业后到幼教机构去工作。虽然这种幼教工作者人数较少，但却给幼教界带来了勃勃生机。

近几年来，幼儿教师培训机构发生了很大的变化。随着教育改革的深入发展，各级政府也都加快了对幼教师资培养工作改革的步伐，许多中等幼儿师范学校相继开办了幼教大专班；一些高校的学前教育专业也从教育系中独立出来，成立了专门的系、所；有的高校的学前教育专业还与当地的幼儿师范高等专科学校、幼儿师范学校合并，组建学前教育学院，出现了从培养专科生到本科生，直至研究生的不同层次的幼教工作者的新格局，以造就一支庞大的高质量的幼教师资队伍。

此外，全国各地的一些教育学院也担负着培养幼教师资的任务。例如，上海市各区县的教育学院，负责培养本地区的幼儿教师。

这些培训机构除了担任幼儿教师的职前培育工作以外，还担负着幼儿教师的在职提高职责。例如，到2000年，上海有约一万名的幼儿教师要参加大专学历培训，这项艰巨的任务就是由华东师范大学学前教育与特殊教育学院和上海市各区县教育学院共同承担的。

实践证明，众多幼教师资培训机构的合力协作，为幼儿教育机构输送了大批合格的教师，推动了幼儿教育事业的蓬勃发展。这不仅是我国幼教发展的成功经验，而且也是世界各国幼儿教育事业发展的普遍规律。例如，在美国，幼儿教师的培养虽然主要是由社区学院（设有幼教系，学生在此学习两年，取得幼儿教师工作证书，毕业后直接就业）、幼儿教育学院（专门培养幼教工作者，学生为本科生、研究生）、大学（设有幼教系，培养本科生和研究生）、研究生院和研究院（培养硕士生、博士生高层次的幼教师资）来进行的，但是，国家幼儿教育协会、地方学校理事会和私人培训机构也承担着培养幼儿教师的任务。在德国，培养幼儿教师的机构也很多，主要有：(1)技术学院。这是培养幼儿教师的基本途径，据统计，1982年，51%的教师是技术学院的毕业生。学生中学毕业后或职业学校毕业后，有了一年的工作经验，再在技术学院学习三年。(2)大学。一小部分的幼儿教师（约占1.6%）是从大学毕业的，他们在大学前三年学习教育理论，进行专题研究，后一年参加教育实践活动，毕业后大多在规模较大的学前教育机构中任教，担任领导职务。(3)培训学院。一部分教师助手（约占15.5%）是由培训学院培养出来的。不同的培训学院对学生的培训时间是不同的，有一年制的，也有二年、三年制的。学生毕业后在幼儿学校任教师助手。此外，还有其他一些辅助机构对幼儿教师进行保教方面的培训。

三、幼儿园教师培训的课程

幼儿教师培训的课程主要有必修课和选修课两个部分。

（一）必修课

必修课是对学生、学员进行专业知识和技能教育的主要途径。我国幼儿师范学校为学生职前教育开设的必修课课程约25门。由于学校招收的是初中毕业生，还需要提高其文化水平，因此文化类课程所占比重较大，教育类和艺术类课程相对较少，约计13门，主要是：幼儿心理学、幼儿卫生学、幼儿教育学、幼儿语言教学法、幼儿科学教学法、幼儿数学教学法、幼儿音乐教学法、幼儿体育教学法、幼儿美术教学法以及音乐、舞蹈、美术和体育基础训练等。

我国高等师范院校为幼儿教师在职专科教育开设的必修课程种类繁多，除政治课（比如，中国特色社会主义概论）、综合基础课（比如，大学语文、基础英语、自然科学基础、计算机基础）以外，还有专业基础课，比如，人体解剖生理学、学前教育学、幼儿心理学、幼儿保健学、中国幼儿教育史、外国幼儿教育史、幼儿游戏理论、教育科研方法等。高等师范院校为幼儿教师在职专科升本科教育开设了综合基础课（比如，邓小平教育思想、马克思主义哲学专题、英语、计算机基础、高科技与社会）和专业基础课，比如，教育通论、德育原理、教学论、教育史专题研究、教育社会学、教育统计与测量、儿童发展理论、幼儿园课程与教学理论、幼儿园环境与教育、幼儿教育心理学等。

世界上许多国家都为幼儿教师的培训开设了大量的课程，例如，澳大利亚的教育学院幼教系为学生设置的课程达30门之多，主要集中在教育类和艺体类方面，例如，幼儿教育与人的发展、儿童发展与学习、儿童语言和认知发展、儿童音乐教育、儿童社会情感与创造性教育、儿童语言教育、儿童科学与健康教育、综合教育、幼儿园教师与家庭、家庭早期教育、特殊儿童教育、土著和边远地区儿童教育、早期教育课程与途径、早期教育策略等。德国的技术学院培训幼儿教师的课程主要有：德语、社会学、宗教教育、心理学、卫生保健、教育学、教学理论与方法、儿童文学、美术、手工、音乐、律动、游戏、体育等。丹麦的培训学院对幼儿教师的培训课程主要有：心理学、教育理论、应用教育学、社会学习、法律、社会医学、语言学、音乐歌舞、体育运动、创造艺术、手工制作、丹麦文学、自然科学、生物学、急救、护理、教育科研方法、补偿教育等。韩国的大学为幼儿教育专业学生开设了许多专业理论课，例如，儿童发展、幼儿教育论等；设置了操作性较强的课程，如幼儿社会教育、幼儿语言教育、幼儿音乐教育、幼儿美术教育等，使学生能学以致用。朝鲜的师范大学、保育学院为幼儿教师培养设置的课程有：文化课，如革命史、哲学、经济学、文学、写作、数学、外语等；艺术课，如音乐、欣赏、器乐、舞蹈、美术、创作、体育等；专业课，例如，音乐教学法、舞蹈教学法、美术教学法、游戏组织等。

从上所述可知，为了使学生、学员能够全面、深入地了解儿童身心发展的特点、规律以及教育儿童的基本原理、原则和方法，各国培训机构都设置了众多课程，以充实、提高学生的理论修养。我们也可以借鉴这些国家的经验，对现有的课程进行适当的调整，从国情出发，从幼教实际出发，因地制宜，再增设一些专业课程，如独生子女教育、农村幼儿教育、少数民族地区的幼儿教育等，以主动适应各地幼儿教育发展的需要。

(二) 选修课

选修课也是幼教师资培训中必不可少的一部分。它能够丰富学生的知识，培养学生的兴趣，发展学生的特长。我国幼儿师范学校为学生开设的选修课很少，因而未能充分调动学生学习的积极性和主动性，学生的兴趣爱好缺少得以发挥的机会，多方面技能和能力的发展受到限制。20世纪90年代初期，国家教育委员会组织了"全国幼师教育方案"课题组，研制了《三年制幼儿师范教学方案》，提出了以必修课程、选修课程、教育实践和活动课程"四板块"相结合，组成教育教学活动的主体实施途径，才使选修课在幼师的课程建设中占有一席之地，并使课程设置逐步变得科学和合理。

我国高等师范院校也越来越重视选修课的课程建设，在90年代中后期为幼儿教师在职专科学历教育开设的课程主要有：学校管理心理学、幼儿园管理、特殊教育概述、幼儿品德教育、幼儿家庭教育、幼儿语言教育、幼儿科学教育、幼儿数学教育、幼儿音乐教育、幼儿美术教育等。为幼儿教师在职专科升本科学历教育设置的选修课主要有：学校管理研究、儿童文学、比较幼儿教育、外国幼儿教育思潮、幼儿营养学、幼儿体育学、幼儿心理保健学、特殊儿童心理学、幼儿教育论著选读等。

国外许多国家幼教师资培训机构为学生开设的选修课，可谓五花八门，种类繁多。例如，在澳大利亚，可供学生选择的课程有51门，如儿童律动、儿童舞蹈、儿童吉他演奏、儿童钢琴演奏、儿童绘画、儿童雕塑、儿童电脑教育、儿童营养方案设计、儿童食品、儿童安全教育、儿童环境教育、儿童性教育、角色游戏、娱乐游戏、体育游戏、室外游戏器械与场地的布置、儿童教育政策、儿童教育机构的管理、儿童外语教育等；丹麦为学生开设的选修课主要有：应用教育学、体育运动、音乐、律动等；韩国为学生开设的选修课主要是：特殊教育、社会关系论等。此外，美国、德国等国家也为幼儿教师设置了许多选修课程。

由此可见，各国选修课的设置，都使学生在修完必修课程以后，能够根据自己的兴趣爱好，自由地加以选择，扬长避短，发展自己的个性；相比而言，我国的选修课显得门类较少，课程内容较为抽象、笼统，偏重于理论提高。如何在保持已有优点的前提下，把选修课分解成更多的小科目，变为更加具体、简单，偏重于实际操作，便于学生、学员进行选择，则是我们进一步优化幼教师资培训课程结构所必须考虑的问题。

四、幼儿园教师培训的形式

幼儿教师的培训形式多种多样，主要有以下几种：

(一) 职前培养和在职提高相结合

要提高幼儿教师队伍的质量，不仅要重视职前教育，而且还要更加重视在职提高。一方面要采取切实有效的措施发展师范教育，提高幼儿教师的社会地位和物质待遇，改善师范院校的办学条件，鼓励和吸引大批优秀学生报考师范院校，以加强幼儿教师职前培训工作。例如，法国这个世界幼儿教育发达国家，允许学生在师范院校学习期间，享受教师待遇，带薪学习，毕业后马上任教，至少工作10年。

另一方面还要重视幼儿教师的在职培训工作，这是终身教育的需要，也是现代教育的需要，要把教师从自然成长过程转化为自觉提高过程,就必须对所有教师进行在职培训,即使是那些有合格学历、能胜任工作的幼儿教师也不例外。在一些幼儿教育比较发达的国家,教师的进修与提高既是一种权利,又是一种义务,用法律形式规定幼儿教师必须定期接受在职培训。例如,法国规定,幼儿教师每5年轮训一次。韩国缩短幼儿教师在职培训周期,将过去每工作5年才有一次轮训机会,改为现在的工作3年就有一次轮训机会。朝鲜教师在职教育由国家和地方负责,各道、市、区都有教师课程讲习班,教师每隔3年有3—6个月脱产轮训的机会,学习国家教育科学院和中央教学所制定的教材和科研成果,参加由国家组织的每3年举行一次的考试,通过者方有资格升级。

我国目前也有一些省市教育行政部门从当地实际出发,统筹安排,规定幼儿园在职教师要进修成人高等师范专科教育,每个幼儿教师隔几年就要进修一次,并采取多种措施为教师进修创造条件。例如,为适应基础教育跨世纪发展的要求,推动幼儿园全面实施以培养创新精神为核心的素质教育,上海市已建立了全员性的培训体系:全面开展幼儿园教师职务培训、干部培训、中青年骨干教师培训、新教师培训和高一层次学历培训;在各类干部、教师培训中,淡化培训的学科界限、教师的职级界限、培训的区域界限、师资培训机构与其他教育机构的界限,形成了全面开放的培训格局,使解惑者先解惑,授业者再受业,取得了显著的成绩。

(二)脱产进修和业余学习相结合

脱产进修和业余学习是幼儿教师在职进修的主要形式,由于幼儿教师的数量不足,编制有限,往往是"一个萝卜一个坑",使教师的脱产学习有许多困难。利用节假日、夜晚等业余时间进行学习,是我国现阶段幼儿教师提高自身专业素养的一个重要举措,"园内搞活动,园外忙'充电'"。就是近两年幼教系统展现出的一幅生动的画面。

在脱产进修和业余学习当中,又有长期培训和短期训练之分,长到一年,短至几天、几个星期、几个月。例如,在上海,教师的脱产进修有的是三个月、一个学期,有的则长达一年;教师的业余进修有的是一个星期、一个月,有的则长达2年、3年。在国外也如此。例如,瑞典政府要求幼儿教师,每年要进修21—40个学时。马来西亚幼儿教师培训班有3个月、6个月的短训班,也有为期3年的长训班。韩国把幼儿教师的培训时间从过去半年延长至今天的1年。

(三)广播电视教育、函授面授辅导和教师自学相结合

这种培训形式便于学生、学员选择,安排好自己的工作、生活和学习,有利于发挥幼儿教师的积极性、主动性。有些省市还在鼓励教师自学成才的基础上,建立了"师带徒"、"导师制"制度,例如,上海市还启动了培养中青年骨干教师的"百、千、万工程",形成幼儿教师培训的网络。

在这种形式的进修中,教学软件是个关键问题,应重视幼儿教师培训课程的教材建设,形成合理的课程教材体系。例如,上海市教育委员会为幼儿教师继续教育课程构建了包括教师修养、专业知识及技能更新、教育教学实践研究、教育理论、教育科研等5个模块的课程教材体系;并组织编写出版了学前教育丛书,例如,《幼儿保健学》、《外国幼儿教育史》、《中国幼儿教育史》、《学前教育学》、《幼儿游戏理论》、《幼儿家庭教育》、《幼儿语言教育》等,供幼儿园在职教师进修成人高等师范专科学前教育专业时使用。

(四) 学术报告、专题讲座和经验交流、观摩活动相结合

国外许多国家都注意探索幼儿教师的培训方式,以求提高幼儿教师职前教育和在职培训的效率。例如,在澳大利亚,教师注意注重运用多种现代化教学手段与设备(如电视、录像、投影、幻灯、录音)来对学生进行专业教育;讲授时间短,讨论时间长,约为 1∶2;气氛比较轻松、活泼,使学生好于学,乐于学。在日本,幼儿教师的在职进修有园内培训及公开保育活动、园际间研修交流、幼儿自然教育研究会举办的假期培训班、全日本保育研究集会等形式。

我国也对幼儿教师的培训方式进行了改革。近些年来,已在不同程度上突破了传统的学历培训课堂授课制方式:以学员自主学习为出发点,注重教育教学能力的培养;根据成人、在职进修的特点,开发了案例教学、现场教学、合作教学、远距离电视教育和临床诊断式、探究式、研修式、个别化指导等,以适应不同培训对象、不同培训内容的灵活多样的培训方式。此外,中国学前教育研究会以及下属几个专业委员会,还定期在全国各地举办"幼儿健康教育"、"幼儿家庭教育"、"幼儿艺术教育"、"幼儿双语教育"等方面的学术交流活动,既有大会学术报告,又有小组讨论、现场观摩,内容具体,针对性强,促进了幼儿教师教育教学能力、教育科研能力的提高。

五、幼儿园教师培训的实践

幼教师资培训中的实践是指每个学生在专业领域中的教育见习、实习活动,它为学生获得一定的专业经验提供了良好的机会,是学生又一个学习过程。这是职前教育的重要环节,对于学生了解幼儿园,熟悉幼儿,巩固专业知识,培养实际能力,初步掌握科学的教育教学方法,具有特殊的作用。

国外许多国家正是认识到了实践活动在幼教师资培训中的价值,才将培训的焦点集中于此。例如,丹麦为了使学生能够把所学的幼教专业知识运用于实践,掌握教育幼儿的技能技巧,培训学院给一年级学生安排 14 周、二年级学生安排 13 周的教育实习时间;三年级时,学生除了听 80 学时的课程以外,其余时间皆用于参观访问、调查了解、评价研究学前教育机构及活动上。澳大利亚学生在三年学习时间里,要到儿童保育中心、幼儿园、学前班以及小学低年级进行教育见习和实习,时间共计 19 周,分别安排在各个学期,为学生提供了观察儿童、班级、幼儿园和小学的大量机会,使学生获得了与个别儿童,小组儿童和全班儿童相互作用的技能,掌握了教学的基本技能技巧,实践了自己所学习的专业知识,形成和发展了自我评价能力。朝鲜很重视学生的教育实习和实习前的准备工作,要求学生先自己改编、创编儿童歌曲和舞蹈,经教师评定合格后,才能参加教育实习活动;学生教育实习的时间为 8 周,他们要写教案,试教,全面实习,整理实习资料,写总结,创编一台文艺节目。学生毕业前须参加实习能力考试、毕业考试、全国教师资格考试,合格者才能取得教师资格。美国特别重视通过幼教实践活动,来培养学生的各种保教技能:(1)保证班级环境安全的技能,包括维护每个活动区安全的技能,鼓励幼儿遵守安全规则的技能,劝阻幼儿危险行为的技能。(2)保持班级环境卫生的技能,包括鼓励幼儿养成良好的卫生习惯的技能,向幼儿提供确保其健康的物品的技能,发现幼儿病先兆及异常情况的技能。(3)创设班组学习环境的技能,包括根据幼教目标、班级空间、幼儿人数来安排活动区的技能;把活动区设置在适当的地方的技能;妥善安排设备与材料,使幼儿能够自由选用的技能。(4)增强幼儿体力的技能,如评

估每位幼儿体能发展情况，制订恰当的发展计划的技能；提供各种运动器械和活动，促进幼儿大、小肌肉发展的技能；使幼儿有充足机会进行躯体运动的技能。（5）提高幼儿认知水平的技能，如指导幼儿利用感官探索周围环境的技能；帮助幼儿建立形状、颜色、大小、种类、序列、数字等概念的技能；以鼓励幼儿思考及解决问题的方式与幼儿相互作用的技能。（6）发展幼儿语言表达能力的技能，包括利用多种方法鼓励幼儿通过口头语言表达自己的思想和感受的技能；提供多种材料、设计各种活动，促进幼儿语言发展的技能；运用图书、故事等激发幼儿听说兴趣的技能。（7）开发幼儿创造潜能的技能，如提供多种材料，让幼儿自由探索、创造的技能；接纳幼儿的创作成果，而不给予任何评价的技能；使幼儿有机会享受欣赏音乐、演奏乐器的乐趣的技能。（8）建立幼儿良好的自我意识的技能，包括以非语言的方式向幼儿表明他们是有独特价值的人的技能；帮助幼儿彼此接纳、相互肯定的技能；给幼儿充分体验成功的喜悦的机会的技能。（9）加强幼儿社交能力的技能，如给幼儿提供与同伴互助工作、合作游戏的机会的技能；指导但不强迫胆怯幼儿与同伴交往的技能；帮助幼儿了解同伴、尊重同伴权利的技能。（10）指导幼儿行为规范的技能，例如采取各种正面教育方法，削减幼儿消极行为的技能；帮助幼儿设立行为界限的技能；引导幼儿通过适宜方式发泄消极情绪的技能。（11）倡导家长参与园教的技能，比如鼓励家长参与幼儿学习活动的策划、实施的技能；与家长保持密切联系的技能；尊重幼儿及其家庭成员的技能。（12）设计、实施幼儿园课程计划的技能，包括设计灵活多样的幼儿教育课程方案的技能；利用活动转换、分组活动等形式实现课程目标的技能；以观察为基础，采取个别教育措施的技能。（13）教育特殊幼儿的技能，包括帮助双语幼儿发展两种语言的技能；帮助不同文化的幼儿了解、欣赏自己文化传统的技能；帮助残疾幼儿获得发展的技能。（14）提高自身业务水平的技能，例如评估其他教师幼教能力的技能；评估自己幼教能力的技能；把握各种机会提高专业水平的技能等。

我国幼教师资培训机构的教育见习、实习活动环节相比而言显得较为薄弱，幼儿师范学校学生到幼教机构中见习的机会和时间较少、较短，只在语言、科学、数学、音乐、体育、美术等各领域课程学习中，有1—2次的幼儿园见习活动，每次在1—2个小时；学生到幼教机构实习的时间短暂而集中，只毕业前夕到幼儿园连续实习4—6周。此外，学生几乎没有机会接触幼教实际。高等院校专科、本科的教育实践活动与此类似。显然，这不利于构建学生合理的知识结构，提高学生的实际工作能力。为此，需要加以改革和调整，博采众国之长，紧紧把握幼儿教育实践性强的特点，把理论知识的教学与专业实践活动结合起来；课堂教学与课外见习相结合；增加教育见习和实习时间；鼓励学生走向社会，参与幼儿教育的调查研究、改革实验、社会咨询和直接为幼儿园服务等活动，以培养学生多方面的技能和能力。

六、幼儿园教师的性别问题

幼儿教师的性别问题一直是幼教师资队伍建设中的一个热点问题。在世界各国幼儿教育发展的进程中，许多教育家都很关注这一问题。世界“幼儿教育之父”德国教育家福禄培尔曾提出幼儿园教师应由未婚女性来承担；我国幼儿教育家张宗麟在20世纪20年代却指出幼儿园教师不仅可以而且还应当由男性来承担，他躬身实践，成为清末近代幼儿教育制度建立以来中国第一位男性幼儿园教师。

长期以来，我国幼教界始终是女性一统天下的局面，男教师寥寥无几。进入20世纪90年代以后，随着幼教改革力度的加大，幼教工作者已逐渐认识到清一色的女性幼教师资队伍对幼儿人格健全发展所带来的一些负面效应，并寻求矫正的良策。在幼儿师范学校、高等师范院校招生时，注意扩大男性的比例，并出台一些优惠政策吸引男性从事幼教工作。幼儿教师队伍中出现了男性的身影，但仍显不足，就像是万里江河中的一滴水，所占比例甚小。据统计，全国幼儿园男教师仅百余人（且主要集中在大城市），不到教师总数的1%。教育部发布的“2009年教育统计数据”显示：全国幼儿园教职工总人数为1570756人，其中女性有1455808人；园长为141909人，其中女性有130456人；专任教师为985889人，其中女性有967353人；保健员为123764人，其中女性有116584人；其他为319194人，其中女性有241415人；代课教师为105004人，其中女性有96338人；兼任教师为14837人，其中女性有11591人。① 教育部发布的“2010年教育统计数据”表明：全国幼儿园教职工总人数为1849301人，女性占教职工总数的91.35%；专任教师总人数为1144225人，女性占专任教师总数的97.96%。② 教育部发布的“2011年教育统计数据”表明：全国幼儿园教职工总人数为2204367人，女性占教职工总数的91.05%；专任教师总人数为1315634人，女性占专任教师总数的97.56%。③教育部发布的“2012年教育统计数据”表明：全国幼儿园教职工总人数为2489972人，女性占教职工总数的91.57%；专任教师总人数为1479237人，女性占专任教师总数的97.97%。④由此可见，目前我国幼教师资队伍仍是以女性为主。

然而，在一些幼教发达国家，男性教师所占的比例却较大，并有逐渐增加的趋势。例如，丹麦，在20世纪80年代初期男性幼儿教师所占的比例是1%，以后不断增加男性的入学率，在1988年的850名应届毕业生中，有7%为男性。瑞典，在1985年的74700名幼儿教师中，有28%为男性。日本幼儿园的男教师，在1990年，有6318人，占6.3%；在1991年，有6277人，占6.2%；在1992年，有6982人，占6.2%；在1993年，有6244人，占6.1%；在1994年，有6213人，占6.0%；在1995年，有6235人，占6.1%。马来西亚1984年在政府创办的幼儿教育机构中，除有15524名女教师以外，还有47名男教师。

由此可见，合理调配幼教师资队伍中男女两性的比例，不仅是促进幼儿身心和谐发展的需要，而且也是我国幼教师资培训顺应世界潮流之必然。

七、幼儿园教师队伍的现状

我国政府一贯重视幼儿教育师资队伍的建设，不断提高幼儿教育工作者的政治地位和经济地位，使幼教师资队伍始终保持着稳定的状态，并有所发展，中华人民共和国教育部历年发布的“教育统计数据”就是一个强有力的证明（详见表8-3-1）。2010年，幼儿园园长和教师共130.53万人，比上年增加17.75万人；2011年，幼儿园园长和教师共149.60万人，比上年增加19.07万人。⑤

---

① http://www.moe.edu.cn，2012年8月27日。

②③④ http://www.moe.edu.cn，2013年12月1日。

⑤ http://www.moe.edu.cn，2012年9月2日。

表 8-3-1 1997—2010 年幼儿园教职工人数统计①

年份	教职工总人数	其中园长人数	其中专任教师人数	其中保健员人数
1997	1172939	77382	884429	62177
1998	1157630	80317	875427	60820
1999	1158302	85479	872422	63211
2000	1144297	89993	856455	63121
2001	861726	83864	546203	50810
2002	903319	88041	571227	56644
2003	973159	96219	612856	63620
2004	1047323	103486	656083	71342
2005	1152046	114511	721609	81396
2006	1238567	121748	776491	90784
2007	1317247	125165	826765	99228
2008	1434211	133465	898552	111425
2009	1570756	141909	985889	123764
2010	1849301	未见数据	1144225	未见数据

广大的幼教工作者在不同地区的幼儿园(如城市、县镇、农村)、不同属性的幼儿园(如教育部门和集体办、社会力量办、其他部门办)、幼儿园的不同岗位(如园长、专任教师、保健员)上辛勤地工作着(详见表 8-3-2)。

表 8-3-2 2009 年幼儿园教职工人数统计②

	教职工数					代课教师	兼任教师
	合计	园长	专任教师	保健员	其他		
总计	**1570756**	**141909**	**985889**	**123764**	**319194**	**105004**	**14837**
教育部门办	364610	26024	265950	17410	55226	50156	5469
集体办	144794	13374	96398	7285	27737	12627	1013
民办	932783	95064	552348	91574	193797	36550	7588
其他部门办	128569	7447	71193	7495	42434	5671	767
城市	**701669**	**48811**	**411110**	**52196**	**189552**	**24921**	**5274**
教育部门办	133592	7317	88438	6801	31036	9944	1299

① 本表是作者根据教育部门户网站 http://www.moe.edu.cn 上公布的数据编制而成的。

② http://www.moe.edu.cn,2012 年 8 月 27 日。

续 表

	教职工数					代课教师	兼任教师
	合计	园长	专任教师	保健员	其他		
集体办	49700	3346	29540	2814	14000	1934	196
民办	409706	32079	233830	36480	107317	8476	3113
其他部门办	108671	6069	59302	6101	37199	4567	666
县镇	**514985**	**44386**	**342346**	**42895**	**85358**	**36279**	**4860**
教育部门办	161877	10441	124108	7224	20104	20756	2240
集体办	40520	3033	27286	2353	7848	3327	303
民办	298451	30015	182562	32379	53495	11664	2274
其他部门办	14137	897	8390	939	3911	532	43
农村	**354102**	**48712**	**232433**	**28673**	**44284**	**43804**	**4703**
教育部门办	69141	8266	53404	3385	4086	19456	1930
集体办	54574	6995	39572	2118	5889	7366	514
民办	224626	32970	135956	22715	32985	16410	2201
其他部门办	5761	481	3501	455	1324	572	58

不论是幼儿园园长，还是幼儿园的专任教师，都十分注意职前教育和在职培训，不断提高自己的学历层次，促进自己的专业化发展。教育部公布的每年“教育统计数据”显示，我国幼儿园园长和专任教师的学历在2000年及以前，以“中师毕业”为主(详见表8－3－3)；从2006年开始，迅速转向以“专科毕业”为主；从2001年开始，“研究生毕业”的园长和教师越来越多，在2005年已超过1千人，到2009年已高达2千多人(详见表8－3－4)。另据教育部统计，2010年，全国学前教育专任教师中大专及以上学历的比例为60.3%，比上年提高1.7个百分点。其中，城市学前教育教师中大专及以上学历的比例为71.5%，比农村高18.8个百分点；学前教育专任教师中幼儿教育专业毕业的比例为71.6%，比上年下降1.3个百分点。①

表8－3－3　1997—2000年幼儿园园长、专任教师学历情况统计②

年份	合计人数	师范院校本专科毕业	中师毕业	职业高中幼教专业毕业	非师范专业毕业		合计中取得“专业合格证书”者
					高中阶段毕业	高中阶段以下毕业	
1997	961811	50754	372627	139536	229574	169320	120865
1998	955744	67253	394427	146309	207000	140755	111302
1999	957901	87752	419228	149695	187700	113526	108241
2000	946448	111720	426159	152933	164660	90976	95444

① http://www.moe.edu.cn，2012年8月27日。

② 本表是作者根据教育部门户网站 http://www.moe.edu.cn 上公布的数据编制而成的。

表 8-3-4　2001—2009 年幼儿园园长、专任教师学历情况统计①

年份	合计	研究生毕业	本科毕业	专科毕业	高中阶段毕业	高中阶段以下毕业
2001	630067	368	14474	186505	380445	48275
2002	659268	552	19305	224776	373893	40742
2003	709075	857	25446	264567	379839	38366
2004	759569	996	36150	308435	377079	36909
2005	836120	1175	50044	359773	389308	35820
2006	898239	1333	64839	403397	393411	35259
2007	951930	1458	83508	437867	394692	34405
2008	1032017	1631	105029	487206	403510	34641
2009	1127798	2053	132539	538528	418418	36260

此外，幼儿园园长、专任教师的职称也有所提高。中华人民共和国教育部"教育统计数据"表明，进入 21 世纪以来，我国幼儿园园长和专任教师的职称以"小学一级"、"小学高级"为主，以"小学二级"为辅；拥有"中学高级"、"小学高级"、"小学一级"职称的人数都在逐年增加，2009 年与 2001 年相比，"中学高级"职称的人数翻了 2 倍多、"小学高级"职称的人数翻了近 2 倍(详见表 8-3-5)。

表 8-3-5　2001—2009 年幼儿园园长、专任教师职称情况统计②

年份	合计人数	中学高级	小学高级	小学一级	小学二级	小学三级	未评职称
2001	630067	2825	85217	155398	73213	11178	302236
2002	659268	3465	96664	158891	71002	11630	317616
2003	709075	3803	107427	159506	69058	11672	357609
2004	759569	4713	117567	161779	68381	11103	396026
2005	836120	5345	129515	168361	66299	11607	454993
2006	898239	6019	142589	173189	65139	11333	499970
2007	951930	5633	151690	176807	61789	11535	544476
2008	1032017	6486	163835	181824	62318	11966	605588
2009	1127798	7359	169976	184736	62087	11987	691653

① 本表是作者根据教育部门户网站 http://www.moe.edu.cn 上公布的数据编制而成的。
② 本表是作者根据教育部门户网站 http://www.moe.edu.cn 上公布的数据编制而成的。

第四节 《幼儿园教师专业标准(试行)》简介

2012年2月10日,教育部向各省、自治区、直辖市教育厅(教委)、新疆生产建设兵团教育局、部属师范大学下发了关于印发《幼儿园教师专业标准(试行)》的通知,强调为了贯彻党的十七届六中全会精神,落实教育规划纲要,构建教师专业标准体系,建设高素质专业化教师队伍,根据《中华人民共和国教师法》,研制了《幼儿园教师专业标准(试行)》,要求全国各地结合实际认真贯彻执行。

一、《幼儿园教师专业标准(试行)》的重要价值

幼儿园教师是履行幼儿园教育工作职责的专业人员,需要经过严格的培养与培训,具有良好的职业道德,掌握系统的专业知识和专业技能。《专业标准》是国家对幼儿园合格教师专业素质的基本要求,是幼儿园教师开展保教活动的基本规范,是引领幼儿园教师专业发展的基本准则,是幼儿园教师培养、准入、培训、考核等工作的重要依据。

(1) 各地教育行政部门、开展教师教育的院校、幼儿园要把贯彻落实《专业标准》作为加强教师队伍建设的重要任务和举措,认真制定工作方案,精心组织实施,务求取得实效。

(2) 各地、各校要采取宣讲、讨论、座谈、培训等多种形式,组织开展《专业标准》专题学习活动,充分利用报刊、电视、网络等各类媒体,广泛宣传《专业标准》的重要意义和主要内容,进一步提高全社会对教师专业特性的认识,通过学习宣传,帮助广大幼儿园教师和师范生准确理解《专业标准》的基本理念,全面把握《专业标准》的内容要求,切实增强专业发展的自觉性,把《专业标准》作为开展教育教学实践、提升专业发展水平的行为准则。

(3) 各地、各校要紧密结合实际,抓紧制订贯彻落实《专业标准》的具体措施,要根据《专业标准》调整教师培养方案,编写教育教学类课程教材,作为教师教育类课程的重要内容,将《专业标准》作为"国培计划"和"省培计划"等各级培训的重要内容,依据《专业标准》制定教师培训课程指南,将《专业标准》作为幼儿园教师考核的重要依据,进一步细化考核的内容和指标。

二、《幼儿园教师专业标准(试行)》的核心理念

(一) 以幼儿为本

尊重幼儿权益,以幼儿为主体,充分调动和发挥幼儿的主动性;遵循幼儿身心发展特点和保教活动规律,提供适合的教育,保障幼儿快乐健康成长。

(二) 以师德为先

热爱学前教育事业，具有职业理想，践行社会主义核心价值体系，履行教师职业道德规范。关爱幼儿，尊重幼儿人格，富有爱心、责任心、耐心和细心；为人师表，教书育人，自尊自律，做幼儿健康成长的启蒙者和引路人。

(三) 以能力为重

把学前教育理论与保教实践相结合，突出保教实践能力；研究幼儿，遵循幼儿成长规律，提升保教工作专业化水平；坚持实践、反思、再实践、再反思，不断提高专业能力。

(四) 要终身学习

学习先进学前教育理论，了解国内外学前教育改革与发展的经验和做法；优化知识结构，提高文化素养；具有终身学习与持续发展的意识和能力，做终身学习的典范。

三、《幼儿园教师专业标准(试行)》的主要内容

《专业标准》的内容由 3 个维度、14 个领域、62 项基本要求组成。

(一) 专业理念与师德

包括以下几个方面：(1)职业理解与认识；(2)对幼儿的态度与行为；(3)幼儿保育和教育的态度与行为；(4)个人修养与行为。

(二) 专业知识

包括以下几个方面：(1)幼儿发展知识；(2)幼儿保育和教育知识；(3)通识性知识。

(三) 专业能力

包括以下几个方面：(1)环境的创设与利用；(2)一日生活的组织与保育；(3)游戏活动的支持与引导；(4)教育活动的计划与实施；(5)激励与评价；(6)沟通与合作；(7)反思与发展。

四、《幼儿园教师专业标准(试行)》的实施建议

(一) 各级教育行政部门要将《专业标准》作为幼儿园教师队伍建设的基本依据

根据学前教育改革发展的需要，充分发挥《专业标准》引领和导向作用，深化教师教育改革，建立教师教育质量保障体系，不断提高幼儿园教师培养培训质量。制定幼儿园教师准入标准，严把幼儿园教师入口关；制定幼儿园教师聘任(聘用)、考核、退出等管理制度，保障教师合法权益，形成科学有效的幼儿园教师队伍管理和督导机制。

（二）开展幼儿园教师教育的院校要将《专业标准》作为幼儿园教师培养培训的主要依据

重视幼儿园教师职业特点，加强学前教育学科和专业建设。完善幼儿园教师培养培训方案，科学设置教师教育课程，改革教育教学方式；重视幼儿园教师职业道德教育，重视社会实践和教育实习；加强从事幼儿园教师教育的师资队伍建设，建立科学的质量评价制度。

（三）幼儿园要将《专业标准》作为教师管理的重要依据

制定幼儿园教师专业发展规划，注重教师职业理想与职业道德教育，增强教师育人的责任感与使命感；开展园本研修，促进教师专业发展；完善教师岗位职责和考核评价制度，健全幼儿园绩效管理机制。

（四）幼儿园教师要将《专业标准》作为自身专业发展的基本依据

制定自我专业发展规划，爱岗敬业，增强专业发展自觉性；大胆开展保教实践，不断创新；积极进行自我评价，主动参加教师培训和自主研修，逐步提升专业发展水平。

阅读参考书目

1. 庞丽娟主编：《教师与儿童发展》，北京师范大学出版社 2001 年版。

2. 刘晶波著：《师幼互动行为研究》，南京师范大学出版社 2002 年版。

3. 黄娟娟主编：《优秀幼儿教师教育行为研究》，上海教育出版社 2002 年版。

4. 张燕著：《幼儿教师专业发展》，北京师范大学出版社 2006 年版。

5. 朱继文主编：《师幼互动理念指导下的园本课程》，北京师范大学出版社 2010 年版。

6. 李生兰著：《儿童的乐园：走进 21 世纪的美国学前教育》，南京师范大学出版社 2011 年版。

7. 顾荣芳等著：《竹节的力量—关键事件与幼儿教师专业成长研究》，南京师范大学出版社 2011 年版。

8. 李生兰等著：《学前教育法规政策的理解与运用》，南京师范大学出版社 2012 年版。

9. ［美］James M. Banner 等著，陈廷榔等译：《现代教师与学生必备素质》，中国轻工业出版社 2000 年版。

10. ［美］D. John Mclntyre 等著，丁怡等译：《教师角色》，中国轻工业出版社 2002 年版。

复习思考题

1. 幼儿教师的劳动特点是什么？
2. 幼儿教师有什么权利和义务？
3. 幼儿教师的作用表现在哪些方面？试联系实际加以说明。
4. 幼儿教师应如何提高自己的职业道德水平？你有什么经验？

5. 幼儿教师的知识结构类型主要有哪几种？试分析自己的知识结构类型。
6. 幼儿教师的能力结构应由哪几个部分组成？你认为哪一种能力最重要？为什么？
7. 幼儿教师应如何提高交往能力？试对自己与幼儿交往的模式加以分析。
8. 幼儿教师培养与提高的主要措施有哪些？
9. 你是如何看待幼儿园教师的性别问题的？
10. 你是如何看待《幼儿园教师专业标准(试行)》的？

第九章

国外学前教育的改革及启示

内容提要：本章由四节组成，首先论述了美国学前教育改革的特点，其次阐述了英国学前教育发展的特点，再次说明了新加坡学前教育课程改革的特点，最后述评了埃及幼儿教师成长的特点。

第一节 美国学前教育的特点及启示

应美国科尔盖特大学 H·露斯教授的邀请，笔者前往美国首都华盛顿参加了“比较教育和国际教育第 45 届年会”，并作了题为“上海幼儿教育的成效、问题及对策”的学术报告，引起了与会代表的极大兴趣。除了会议期间与专家、学者和教师进行广泛的交流和深入的研讨以外，笔者还在会议前后参观了儿童博物馆和其他博物馆等多种儿童社会教育的场所，并随机在首都华盛顿的一所儿童保育中心（QCC）、纽约的一所日托学校（CADS）以及波士顿的一所学前教育机构（KP）共计 16 个班级中，[①]观察了儿童的各项活动。现将自己的所见所闻和所感阐述如下：

一、和谐发展的学前教育目标

学前教育工作者认为，学前教育机构是儿童初次离开父母而独立生活的地方，学前教育机构应为儿童提供一个安全的、有教育意义的、社会化的环境，使儿童能自然地离开家庭，自信地在学前教育机构中学习。学前教育机构的目标主要包括以下几个方面：

① 研究者遵循科研规范，将这些学前机构的真实名称全部隐去，用英文字母代替，下同。

(1) 激发儿童的好奇心，以儿童个体发展的水平为基础，充分发挥他们的潜力，鼓励他们在各方面都得到发展。

(2) 鼓励儿童与别人相互作用，帮助儿童学会友好地与同伴交往，能够相信成人，并能对成人的各种要求做出反应，拥有责任感。

(3) 帮助儿童理解并尊重他们自己的文化传统和其他儿童的种族文化。

(4) 鼓励儿童发现问题、解决问题，使他们能够表达自己的需要，学会与人分享和合作。

(5) 发展儿童的社会性和情感，培养儿童的艺术技能和认知技能。

(6) 提高儿童肢体动作的准确性、手眼动作的协调性，发展儿童的独立精神和探索精神。

(7) 培养儿童学习的技能，如前读写算的技能，但不要强迫他们去学习，使儿童能够根据自己的成长速度来进行学习。

(8) 通过游戏丰富儿童的知识经验，并帮助儿童对知识经验进行总结、分类；增进儿童的友谊，发展儿童的自尊心、想象力和创造力。

二、开放多样的学前教育途径

(一) 丰富多彩的一日活动

观察发现，在学前教育机构的一日活动中，儿童活动的内容和形式多种多样，既有生活活动，也有学习活动、游戏活动；既有动脑活动，也有动手活动、动口活动；既有自由活动，也有教师规定的活动；既有个人活动，也有小组活动、大组活动；既有室内活动，也有室外活动等，做到动静交替，劳逸结合，促进了儿童身心的健康发展。

下面是纽约 CADS 学前教育机构每日活动安排表(见表 9-1-1)。

表 9-1-1 ×××学前教育机构一日活动安排表

上午	8:00	儿童入园/自选活动
	9:30	晨间谈话(比如，日期、天气、故事等)
	10:00	区角学习(比如，艺术、操作、戏剧游戏、积木等)
	10:45	早点
	11:00	圆圈活动(比如，音乐、故事、律动)
	11:30	室外游戏
	12:30	午餐
下午	1:00	文学和故事
	1:30	休息
	3:00	安静活动(比如，七巧板、操作、读书)
	3:45	午点
	4:00	圆圈活动、故事活动(比如，唱歌、讲故事)
	4:30	室外游戏
	5:00—6:00	儿童离园

(二) 五彩缤纷的区角活动

一走进班级，泾渭分明的各个活动区就会展现在眼前。

1. 活动区的共性和个性

几乎在每个班级设立的活动区有电脑区、科学区、图书区、计算区、戏剧游戏区、积木(积塑)区、操作区等;有的班级还设立了家庭区或玩沙区、玩水区、玩球区(打保龄球或篮球)、手工区、绘画区、泥塑区、木工区、实验区、烹调区、劳动区等。

2. 活动区的位置和面积

靠近班级门口的地方一般是动态活动区,如玩沙区、玩水区、玩球区,远离班级门口的地方主要是静态活动区,如图书区、电脑区、计算区。不同的区域占地面积不同,相对来讲,图书区、积木区、戏剧游戏区、绘画区等占地面积较大,计算区、电脑区、手工区、烹调区等占地面积较小。

3. 活动区的材料和陈列

各个活动区的材料都非常丰富,种类齐全,全部开放,置于低矮处,儿童选用十分便利。例如,在图书区内,既有录音机、桌椅、沙发,也有多本图书、多付耳机、多个靠垫;在科学区中,既有多种动物模型、标本,也有尺寸不同的烧杯、放大镜;在玩水区里,不但有会沉或浮的物体,而且还有漏斗、水桶;在积木区内,不仅有空心、实心的积木,而且也有形状、颜色不同的积木。

4. 活动区的分隔和人数

图书柜、玩具柜和操作台是常见的分隔物。不同的活动区对儿童有着不同的吸引力,相比而言,在戏剧游戏区、积木区、玩球区进行活动的儿童人数最多;其次是电脑区、操作区、手工区;再次是科学区、图书区、玩水区、玩沙区。

(三) 自由自在的游戏活动

1. 游戏的种类及主题

"游戏自然地走向儿童",在开展各类游戏活动时,教师总是鼓励儿童自己进行选择、作出决定,儿童既可参加"娃娃家"的角色游戏,如带"娃娃"去购物,也可加入"舞蛇"的表演游戏,如使用不同模型的"蛇"作为道具。

2. 游戏的材料及构思

"游戏是儿童学习的主要方式",材料是儿童游戏的支撑,教师十分尊重儿童对材料的取舍和操作的方式;"游戏是儿童的工作",教师注意为儿童创设轻松愉快的游戏氛围,保护儿童游戏的积极性,赞赏儿童的不同观点。例如,在"造大桥"的积木游戏中,有的幼儿提出要先造"桥墩"再架"桥",有的幼儿则提出不需要造"桥墩",直接铺上一块长板就可以造成"大桥"了;有的幼儿提议要用圆柱形的实心积木做"桥墩",有的幼儿却提议应用长方形的空心积木做"桥墩",对于幼儿的这些想法,教师都全盘接受,夸奖他们想象合理,设计奇特,很值得去试一试。

3. 游戏的时间及场地

儿童在上午、下午都有很长的一段时间进行游戏,能够尽情尽兴地玩耍;游戏场地开阔、安全,室内以地板、地毯为主,室外以木屑、胶粒为主,如果天气允许的话,儿童会有大量的时间在室外游戏场地上度过。

（四）走进社会的实践活动

教师注意从儿童的特点和兴趣出发，利用社区丰富的教育资源开展实践活动，为儿童的发展寻找契机和突破口。

1. 动手活动

“听过就忘记了，看过就记住了，做过就理解了”，这是儿童获取知识、掌握知识、运用知识的真实写照。教师经常把儿童带到当地的儿童博物馆中去，比如，首都儿童博物馆（Capital Children's Museum）、曼哈顿儿童博物馆（Children's Museum of Manhattan）、布鲁克林儿童博物馆（Brooklyn Children's Museum）、波士顿儿童博物馆（The Children's Museum），让儿童自己触摸、尝试、探索、发现和游戏，使学习成为一种探险活动，而变得趣味无穷、永无止境，儿童的思维更加活跃，想象更为丰富，对周围世界的认识更加深刻。此外，教师还带儿童去美国历史博物馆（American History Museum）中一楼的动手科学中心（Hands On Science Center）、二楼的动手历史屋（Hands On History Room）以及国家自然历史博物馆（Natural History Museum）里的发现屋（Discovery Room），使儿童在成人的指导下，通过自己动手操作和亲身体验，探寻科学的奥秘。

2. 参观活动

儿童心理的成熟和发展依赖于已建立的表象的数量和质量。教师定期带儿童到当地的各种博物馆如科学博物馆（Museum of Science）、航天博物馆（Air and Space Museum）、邮政博物馆（Postal Museum）、美国艺术博物馆（American Art Museum）、美国印地安人博物馆（American Indian Museum）、非洲艺术博物馆（African Art Museum）、大都会艺术博物馆（Metropolitan Museum of Art）、波士顿美术博物馆（Museum of Fine Arts, Boston）和历史名胜如华盛顿纪念碑（Washington Monument）、林肯纪念堂（Lincoln Memorial）以及政府机构如国会大厦（Capitol）、白宫（White House）、联合国总部（United Nations Headquarters）等地去参观，使儿童摄入了量多质优的表象，丰富了对国家发展和世界文化的感性知识，提高了审美能力。

3. 其他活动

儿童的成长是在生动有趣的活动中完成的。教师有时还带儿童到农场去郊游，到马戏团去看表演，到水族宫去观赏，到公园、街道、广场去散步，以开阔儿童的眼界，增强儿童的体力，陶冶儿童的情感。

三、千姿百态的学前儿童教师

执教于学前教育机构的教师在诸多方面表现出不同：

1. 学历、职称的不同

学前教育工作者除了达到国家、州、市规定的基本标准以外，还根据所担任的工作类型，有着不同的要求。比如，园长，一般为教育硕士，做过教师助手、教师、主班教师、园长助理；教师，通常都修过学前教育专业课程，有的正在申请学前教育副学位。在由3—4位教师组成的一个班级师资群体中，有1—2名是主班教师，1—2名是教师，他们共同负责约16名儿童的保教工作，这些儿童可能是按年龄分班的，也可能是混龄编班的（2岁9个月—5岁）。

2. 经验、特点的不同

有的教师早在1978年就任教于学前教育机构，而有的教师仅从1995年起才开始从事幼教工作。不同的教师有着不同的职业素养和个性特征，有的“很了解儿童，很热爱工作”；有的“极具耐心，理解力强，责任感强”；有的“经验丰富，幽默风趣”；有的“温暖热情，喜欢动物”；有的“多才多艺，会作曲，能弹吉他”。在管理者看来，教师的这些特点都很宝贵，都是学前教育机构的巨大财富，都对提高教育质量起着重要的作用。

3. 时段、性别的不同

学前教育工作者每日工作8小时，但工作的具体时段却有所区别，呈现出交叉性。比如，园长的工作时间一般为上午7:30—下午3:30，教师的工作时间可能是上午9:30—下午5:30、上午7:00—下午3:00，或上午8:00—下午4:00、上午10:00—下午6:00。教师队伍中虽以女性为主，但也有男性加盟，在我们所观察的3个学前教育机构中，都各有1位男教师。

四、责权并重的学前儿童家长

家长作为教师的合作伙伴，在学前教育机构中，既享有一定的权利，也需尽必要的义务。

(一) 广泛的权利

学前教育工作者使家长们清楚地意识到他们具有如下一些权利：(1)当孩子在机构中时，他们可以随时来访。(2)他们能够参与制定促进机构发展的政策和方案，如果他们的建议不被采纳，他们会收到书面反馈意见。(3)机构定期为每个儿童撰写一份成就报告，至少每6个月给父母提供一份副本，或与父母一起讨论报告。(4)每年至少召开1次父母会议，也可根据父母的需要来开会。(5)孩子的档案是特许的信息，应严加保密，只有得到父母的书面同意后，才能公开。(6)父母复制记载孩子的资料不会被高价收费。(7)父母可以对孩子的档案增加信息和评语。(8)父母可以请求删除或修改孩子档案中的任何信息，他们应收到来自机构的书面决定。(9)父母可以通过书面的形式提出请求：孩子的档案对他们公开。(10)父母可以要求召开一个会议，让他们去澄清或修正孩子档案中的令人不愉快的记载，在会后1周内父母应收到反馈意见。(11)在孩子进入机构前，父母应被约见等。

(二) 重大的责任

1. 对孩子的物品负责

教师要求父母让孩子携带如下物品来机构，并在这些物品上写出孩子的名字。(1)在一个大袋子中为孩子放入一套完整的备用衣服(内衣、袜子、衬衫、裤子、运动衫)和一个塑料袋。(2)孩子在室外穿的衣服要符合季节的需要，如冬天要有帽子、手套、靴子和裤子。(3)一个小床单和枕头，一个标准尺寸的枕套。(4)一张孩子的照片。

教师要求父母不能让孩子从家中带玩具来机构，因为孩子很难与人分享玩具。如果孩子想带东西来机构，可带这样的东西，如图书、音乐唱片或磁带、照片、制作或发现的物品(鸟窝、岩石)、动物模型。此外，还不能让孩子从家中带玩具枪或武器等物品来机构。

2. 对孩子的食品负责

孩子在学前教育机构中的午餐是从家里带的，教师提请父母为孩子准备营养均衡的食物。将糖从孩子每天的午餐盒中取消，即使在生日、假期和其他庆祝活动等特殊情况下，也要严格限制孩子对糖的摄入量。要为孩子提供营养丰富的三明治：小麦面包、薄脆饼干、乳酪、金枪鱼、色拉、新鲜蔬菜、葡萄干、坚果（比如，胡桃、栗子）、火鸡、新鲜水果、酸乳酪或汤、炖肉、米、干面食、烧过的蔬菜等。在午餐盒上写下孩子的名字，以便于教师放到微波炉中加热。

学前教育机构在上午、下午都向儿童提供优质、有趣的点心，如果汁、乳酪、花生黄油、薄脆饼干、芹菜、胡萝卜和其他的非加工的、非甜类的食品，以帮助儿童建立良好的饮食习惯。父母在家中应强化这些习惯。不要让孩子带有糖、化学添加剂、防腐剂、染色剂、调味品的食物到机构来。

3. 对机构的活动参与

父母参与机构的活动，能够提高学前教育的质量，促进孩子的发展。教师鼓励父母以不同的方式参与：(1)参加父母会议，表明自己的兴趣，提出自己的疑问，与专家一起讨论教养孩子的问题。(2)参加需要出席的父母/教师会议。(3)当需要的时候，志愿为机构做清洗工作。(4)参加每年评估机构的活动。(5)参加班级活动、参观活动和特殊活动。(6)通过志愿做一件事，如为儿童阅读，向儿童演示反映特殊文化的技能，来共享家庭的文化传统。

五、几点启示及思考

1. 加强儿童的科学技术教育

在“科学技术是第一生产力”的知识经济时代，我们也应像美国一样，把对学前儿童的科学技术教育放在重要的位置上，拓宽现行幼儿园科技教育的内容，注意对儿童进行信息科学技术、生命科学技术、新能源与可再生能源科学技术、新材料科学技术、空间科学技术、海洋科学技术、有益于环境的高新技术和管理科学技术等方面的启蒙教育，为儿童提供更多的使用计算机的机会，以实现“计算机要从娃娃抓起”的目标。

2. 重视儿童的多元文化教育

当今世界越来越成为一个地球村，从小培养儿童学会与人共处就显得尤其重要。美国学前教育的一条成功经验(在帮助儿童认识本国文化的同时，还让他们接触外国的文化)值得我们借鉴。在学前教育中，我们应处理好区域文化、本国文化与外来文化、世界文化之间的关系，使儿童不仅有时机了解自己的家乡和祖国，而且还有机会了解周边国家和边远国家，能够理解多元文化的共性和特性，学会尊重、宽容不同的文化传统，共享人类文化的精髓，成为一个合格的国际公民。

3. 开展活动区教育的研究

我国一些幼儿园也开展了活动区的教育，但却比较注意形式，未能发挥出区域活动应有的教育价值。我们应以美国为镜，从我国的实际情况(班级师生比率较高、活动场地不大)出发，探索活动区教育的特点和规律：究竟应设哪些区？每个区应如何布局？应占多大面积？需放置哪些材料？如何放置材料？每个区可容纳多少儿童等。

4. 增加参观和旅行的机会

美国学前教育实践证明:参观和旅行是教育儿童的有效形式,因为儿童的身体所处环境的变化能带来儿童的意识和行为上的变化。在学前教育工作中,我们也应全面开发社区中的教育资源,有计划、有组织地带领儿童到历史名胜去参观,到城市、乡村去旅行,到公园、街道去游玩,到商店、超市去见习,使儿童得以发现自己所处的地方环境以外的世界,并将其与书本知识和课堂上所学到的知识进行比较,实现从认知体验到情感体验的飞跃。

5. 给予家长相应的权利

权利和义务是一对"孪生姐妹",双方相互依托,缺一不可,家长只有在享受到自己特权的时候,才能更好地履行自己的义务,这是美国学前教育发展带给我们的一点启示。几十年来,在我国学前教育事业的发展中,我们对家长讲得较多的是他们的责任和义务,而权利和特权则很少提及。我们应摆正学前教育机构与家庭之间的位置,与家长建立民主平等的关系,尊重家长,并给予他们必要的权利,如孩子个人隐私的保护权、孩子肖像作品的维护权、孩子发展水平的知情权、孩子教育措施的决策权、孩子教育成就的评估权等,使家长能真正地与教师合作,实现家园同步共育。

第二节 英国学前教育的特点及启示

赴英国牛津大学参加国际教育与发展大会期间,我随机考察了牛津9所学前教育机构、伦敦3所学前教育机构和9个社区儿童游戏场所,访问了伦敦大学教育学院和儿童与家庭、社会问题研究院,并和这些学前教育实践工作者、理论工作者和研究者进行了交流。现将英国学前教育发展与改革的特点及所给予的启示综述如下。

一、学前教育的机构及特点

1. 机构设立

学前教育机构以单独设立的为主,以附设在小学里的为辅。在笔者考察的12所学前教育机构中,只有DSPP设有学前班,①招收4—5岁儿童。这些学前教育机构既有单位创办的(如医院幼儿园),也有私人团体创立的;既有社区举办的,也有教会组建的。

2. 招收对象

学前教育机构招收对象的年龄较小、范围较广,从不足1岁到5岁的儿童,既有幼儿,也有学

① 研究者遵循科研规范,将这些学前教育机构的真实名称全部隐去,用英文字母代替,下同。

步儿和婴儿。例如,在牛津,OUWC 幼儿园招收出生 6 个星期—5 岁的儿童,TT 幼儿园招收出生 3 个月—5 岁的儿童;在伦敦,MT 幼儿园招收出生 3 个月—5 岁的儿童,TC 早期教育中心招收出生 6 个月—5 岁的儿童。

3. 机构规模

学前教育机构的规模普遍较小,在 1—4 个班之间,儿童不足 60 人,保教人员不到 15 人。比如,OUS 幼儿园有 4 个班,53 名儿童,15 名保教人员,而 FHM 幼儿园只有 1 个班,17 位儿童,3 位保教人员。

4. 编班形式

学前教育机构编班的形式是不同的,有的是按年龄编班,有的是采用混合年龄编班,儿童数量的多少是决定编班形式的重要因素。比如 CFC 幼儿园只有 16 名幼儿,所以采用的是混龄编班,而 TT 幼儿园拥有 58 位儿童,所以采用的是按年龄分班。

5. 师幼比率

学前教育机构都能严格控制班级规模和师幼比率,在 0—1.5 岁儿童班,约有 2 位保教人员,6 位儿童,师幼比为 1∶3;在 1.5—3 岁儿童班,约有 3 名保教人员,9 名儿童,师幼比为 1∶3;在 3—4 岁儿童班,约有 3 位保教人员,12—14 名儿童,师幼比为 1∶4—1∶5;在 4—5 岁儿童班,约有 2—3 名保教人员,16—18 名儿童,师幼比为 1∶7—1∶8。以 RH 幼儿园为例,在 0—18 个月婴儿班里,有 3 位保教人员、9 位婴儿,师幼比为 1∶3;在 18—30 个月学步儿班里,有 3 名保教人员、9 名学步儿,师幼比为 1∶3;在 30 个月—5 岁幼儿班里,有 12 个儿童、2 个保教人员,师幼比为 1∶6。

二、学前教育的目标及特点

学前教育工作者认为,学前教育的目的主要有以下四个方面:一是为儿童提供一个关心、安全、爱和幸福的环境,使儿童能够受到积极的刺激、鼓励、表扬和尊重;二是促进每个儿童在情感、身体、社会性、智力等方面的发展,使每个儿童的潜力都能得到最大程度的开发;三是帮助儿童掌握读写算的简单技能,为儿童进入小学做好充分准备;四是为家长参加工作和学习创造便利条件,解除家长的后顾之忧。

不同的学前教育机构在确立具体的目标时,侧重点有所不同。例如,CFC 幼儿园把教育目标概括为六个方面:(1)使儿童学会尊重自己和别人;(2)使儿童感到愉快,有自信心,乐于学习;(3)培养儿童的独立性;(4)培养儿童的关爱精神;(5)培养儿童的宽容心;(6)培养儿童的好奇心,使儿童喜欢探索。而 SP 幼儿园则把教育目标定位在培养儿童的四大技能上:(1)社会技能:能和其他儿童合作游戏;适当使用、分享玩具和其他设备;能关心别人,善待别人;能发起谈话;能了解、接受不同于自己的儿童;注意个人卫生。(2)情感技能:能描述自己的感觉;能控制自己的情绪;能接受成人的批评,而不沮丧;能倾听、服从小组的要求;有自信心。(3)独立技能:能自己去洗手间;能自己穿脱外套;能自己穿脱鞋子;能运用刀叉;至少能集中注意进行 10—15 分钟的活动。(4)教育技能:能了解主要颜色;能给身体部位命名;会写自己的名字;会复制/模仿书写;能运用各种艺术媒体;能用剪刀;能认识、理解数字 1—5;能辨认一些字母的形状和发音;能分类、匹配不同的物体;能欣赏、分享图书和故事;能排列事件的顺序和模式;能复制基本的几何图形;能在线内涂色。

三、学前教育的内容及特点

不同学前教育机构的教育任务和内容从总体上来讲基本相同,但是在不同的年龄班则有所差异,随着儿童年龄的增长,教育任务和内容越来越复杂,而这往往是以2岁为分水岭的。

(一) 2岁以下儿童的教育内容

这一年龄阶段儿童的教育任务较为简单,内容较为浅显,有的学前教育机构如TC早期教育中心只从知识、技能、态度这三个方面提出笼统的要求,有的学前教育机构如OUS幼儿园从探索技能、创造力发展、语言发展、操作技能、身体技能、个性、社会性和情感的发展这六个方面提出粗浅的要求。

(二) 2岁以上儿童的教育内容

这一年龄阶段儿童的教育任务和内容比上一年龄阶段更为深入而全面,都包括六大领域,尽管不同的学前教育机构在表述具体要求时有所差异。例如,OUS幼儿园提出的要求为:(1)交往、语言和读写:发展幼儿听和说的能力,使幼儿成为一个读者和作者;(2)数学发展:在实践活动中培养幼儿运用数学思维的能力,使幼儿学会和运用数学语言;(3)个性、社会性和情感的发展:使幼儿能和其他人合作,一起工作,一同游戏,共同反映生活经验;(4)创造性发展:培养幼儿的想象力、交往能力,创造性地表现思想和情感的能力;(5)身体的发展:使幼儿能控制自己的身体,喜欢运动,意识到空间,具有操作技能和健康的生活方式;(6)了解和理解世界:让幼儿初步接触历史、地理、科学等领域的知识。

为了实现教育的任务和内容,学前教育机构都制订了年计划、学期计划、月计划、周计划和日计划,并通过主题的形式来体现;不同的年龄班拥有不同的主题,如2岁以下儿童,在春季的主题有“花”、“蛋”、“春天”等,2岁以上儿童,在夏季的主题有“我们的身体怎样工作”、“假日”、“海洋生物”等;不同的主题持续的时间不同,短的只有4周,长的则达8周,这主要是根据儿童的兴趣来决定的;每个主题的重点虽然可以不同,但都必须涉及六个领域的教育内容。

四、学前教育的途径及特点

(一) 一日活动

这是学前教育机构对儿童进行教育的基本途径,尽管不同的学前教育机构,儿童入园与离园的时间、在园时间的长短有所不同。例如,FHM幼儿学校,全日制儿童在园时间7小时(8:00—15:00),半日制上午组儿童在园时间4—5小时(8:00—12:00/13:00,下午组儿童在园时间3小时(12:00—15:00;SP幼儿园,全日制儿童在园时间8小时(9:00—17:00),半日制上午组儿童在园时间4小时(9:00—13:00,下午组儿童在园时间4小时(13:00—17:00);RH幼儿园,全日制儿童在园时间近11个小时(7:30—18:00),半日制上午组儿童在园时间5—6小时(7:30—13:00),下午组儿童在园时间5小时(13:00—18:00。学前教育机构在安排儿童的一日或半日活动时,都注意做到:自由活动和有组织的活动相结合,个人活动与小组活动相结合,生活活动与娱乐活动相结合,室内游戏与室外游戏相结合,动态活动与静态活动相结合。现以LR幼儿园一日活动的安排为例(见表9-2-1),加以说明。

表9-2-1 LR幼儿园一日活动安排表

8:30—10:00	自由活动	12:45—13:15	安静时间
10:00—10:20	小组活动	13:15—14:45	自由活动
10:30—10:45	早点	14:45—15:30	室外游戏
10:45—11:30	室外游戏	15:30—15:50	午点
11:30—12:00	音乐	15:50—16:15	小组活动
12:00—12:30	午餐	16:15—16:45	音乐
12:30—12:45	故事	16:45—17:00	故事

(二)区域活动

这是学前教育机构对儿童进行教育的重要途径,英国保教人员认为环境是儿童发展的第三位老师,因而十分重视幼儿园整体环境的布置和班级特色环境的创设,并通过区域活动来充分发挥环境的潜在教育价值,以满足每个儿童发展的需要。所见的活动区有:

1. 图书区

该区设在室内光线明亮的地方,书架高度在1米以下,图书封面朝着儿童竖放在书架上,书架旁边摆着沙发、坐垫,书架上面贴着"世界地图"、插着各国国旗;儿童可以和老师一起阅读图文并茂的图书,也可以自己观看所喜欢的画册。

2. 科学区

此区设在室内朝阳的窗户周围,在科学桌上摆放着树枝、树根、木块、木板与放大镜以及不同质地、不同尺度、不同形状的瓶子,在科学架上陈列着人体模型、人体结构解剖图和地球仪,在竹篮里装着多种植物的果实、不同颜色的贝壳,在墙壁上装饰着"秋天"树叶变黄、飘落的景色;儿童可以自由选择材料进行探索和尝试。

3. 电脑区

该区在室内靠近墙壁的地方,在电脑桌上安放着电脑和打印机;儿童可以坐在椅子上操作,也可以站着操作,可以独自一人玩电脑,也可以和同伴合作玩电脑。

4. 绘画区

此区在室内靠近自来水龙头的地方,画架和儿童身高基本相同,画架板上夹着旧报纸和大彩纸,画架板下的笔筒里插着各种颜色的排笔,画架旁边有几块大型积木;儿童可以站在地上画画,也可以站在积木上画画。

5. 家庭区

该区在室内靠近墙壁的地方,不仅有洗衣机、电冰箱、微波炉等家用电器模型,而且还有沙发、桌子、椅子等家具和餐具、炊具、蔬菜模型;儿童可以玩娃娃家游戏,也可以玩烹饪游戏。

6. 建筑区

此区在室内临近墙壁的地方,在低矮的柜子上陈列着不同型号的玩具车、动物模型、人物模型,在柜子里整齐地堆放着不同类型(大型与小型、空心与实心)的积木、积塑,在柜子旁边铺着地毯图;儿童可以按照地毯图上的内容进行建筑游戏,也可以自己想象进行结构游戏。

7. 数学区

该区在室内靠近墙壁的地方,在墙上贴着1—10的数字和图画,在架子上陈列着玩具时钟,在桌子上放着几何图形镶嵌板、数字纸卡、写字笔、白纸条;儿童可以坐下来写数字,也可以站着拨弄时针。

8. 玩水区

此区在室内或室外的水槽(盆)里,槽(盆)的高度为0.5米左右,槽(盆)中有色彩不同的水、长度不同的水管、直径不同的漏斗、大小不同的塑料碗和勺子、形状不同的塑料杯子和瓶子;儿童可以通过用漏斗把水装入容器,也可以直接把水从一种容器倒进另一种容器。

9. 玩沙区

该区在室内时,是设在桌上的沙槽里,槽的高度为0.5米左右,在室外时,是设在地上的沙池里,沙槽(池)里往往有锹、铲子、小桶等塑料建筑工具;儿童可以通过工具接触沙,也可以用手玩沙,或在纸上创作沙子画,然后贴在班级的墙壁上展览。

10. 木工区

此区设在室内,在木工桌上摆放着长长的木条、大大的铁钉、较小的锯子和锤子等真实的劳动工具和材料;儿童进行木工活动时,教师必须在旁边加以指导和监督。

11. 体育区

该区设在室外,游戏场地上除了有木制的火车、平衡木、平台以及秋千、钻桶等大型运动器械以外,还有三轮车、拖车、拉车等交通运输工具;儿童在户外自由游戏时,教师必须把所有儿童都纳入自己的视线之内。

12. 种植区

此区设在室外,种有向日葵和一些花草,区内摆放着洒水桶、小铲子、小耙子、小推车;儿童和教师一起按时给植物松土、浇水、修剪。

(三) 游览活动

这是学前教育机构对儿童进行教育的不可忽视的途径。英国学前教育机构均十分重视利用家庭和社区独特的教育资源,来拓展学前教育的空间,促进儿童的更好发展。保教人员和家长经常有目的、有计划地带领儿童去博物馆、动物园、公园、儿童游戏场、书店、超市、商店、农场、运河等地方参观游览,以扩大儿童的视野,丰富儿童的感性知识,培养儿童探索世界的能力。

由于外出活动比园内活动具有更大的危险性，所以，各个学前教育机构不仅在注册时要求家长签字表示同意让孩子外出活动，而且在每次外出活动之前还请家长签字以示同意。

此外，学前教育机构还注意控制外出活动的规模和师幼比率。例如，OF 幼儿园规定：外出郊游、散步等不需要使用公共交通工具时，2 个成人最多带 6 个儿童，师幼比为 1∶3；外出游泳等需要乘坐公共交通工具时，2 个成人最多带 4 个儿童，师幼比为 1∶2。

五、学前教育的师资及特点

（一）工作时间

所到之处的学前教育机构，都有全日教师和部分时间教师，例如，在 SP 幼儿园 5 位保教人员中，有 3 位是全日的，2 位是部分时间的；在 LR 幼儿园 8 位保教人员中，有 5 位是全日的，3 位是部分时间的；在 OF 幼儿园 11 位保教人员中，有 5 位是全日的，6 位是部分时间的。此外，许多学前教育机构还有正在接受幼教理论培训的学生加盟，他们利用课余时间来见习、实习，这虽然不能当作员工来计算师幼比，但却有利于组织儿童的各种活动。

（二）证书类型

学前教育工作者都持证上岗，但证书的种类却多种多样，有的保教人员同时还拥有几种证书。

1. NNEB(Nursery Nurse Examination Board)

这是关于 0—8 岁儿童健康和教育的 2 年课程的毕业证书，许多教师持有的证书属于此类，如 OF 幼儿园园长和 4 位全日教师、TC 早期教育中心 12 位教师均拥有此证书。

2. PLA(Pre-School Learning Alliance)

相当于 DPP(Diploma in Pre-School Practice)，这都是关于 2—5 岁儿童发展和教育的 1 年课程证书，如 OF 幼儿园园长和 2 位部分时间教师、TC 早期教育中心 2 位教师持此证书。

3. CERT ED. (Certificate in Education)

这是关于初等教育的 3 年课程证书，如 FHM 幼儿学校、TC 早期教育中心各有 1 位教师持此证书。

4. CCE(Certificate in Child Care and Education)

相当于 NVQ(National Vocational Qualifications)level2(初级)，这是关于 0—8 岁儿童保育和教育的 1 年学院课程证书，如在 TC 早期教育中心里，有 2 位教师持此证书。

5. DCE(Diploma in Child Care and Education)

相当于 NVQ level3(中级)，这是关于 0—8 岁儿童保育和教育的 2 年学院课程毕业证书，如在 OF 幼儿园、FHM 幼儿学校、TC 早期教育中心里，各有 1 位教师持此证书。

此外，还有的保教工作者具有 MCW(Maternal and Child Welfare)证书(这是关于 0—5 岁儿童健康和发展的 1 年课程证书)、CQSW(Certificate of Qualification in Social Work)证书(这是关于社会工作的 2 年课程证书)，少数教师拥有 BAHons(早期教育课程 360 学分)证书,个别高级教师持有 B-Ed(360 学分)教育学士学位证书,个别园长持有 M. A. 硕士学位证书。

(三) 职业规范

学前教育机构要求保教人员必须具有一定的专业知识、技能、能力和态度,平等对待、尊重所有儿童,而不论其家庭背景、性别、种族、宗教信仰和文化。如 SP 幼儿园要求员工具有儿童营养、健康、安全等方面的基本知识和急救技能;RH 幼儿园要求员工要为儿童提供积极的角色范例,表扬、鼓励儿童,帮助儿童形成良好的行为习惯,当儿童出现过失行为时,要同儿童个别谈话,考虑儿童的成熟水平,用儿童能够理解的语言去解释行为规则,使儿童意识到什么是正确的什么是错误的,知道如何做出更好的行为,而不允许员工体罚儿童、恐吓儿童、对儿童高声说话或尖叫、让儿童远离同伴、把儿童送到室外;FHM 幼儿学校要求员工忽视儿童的坏行为,表扬、奖励儿童的好行为,每周对儿童进行观察记录,向儿童父母报告儿童的情况,共同制订儿童个人成长计划。

(四) 在职培训

为了不断更新保教人员的专业知识,提高保教人员的教育能力,学前教育机构都做出了保教人员在职必须定期参加专业培训的决定。有的学前教育机构还要求全日教师制订个人的职业发展计划,如 FHM 幼儿学校要求全日制员工不仅要经常参加地方教育机构举办的培训活动,而且还必须制订出自己的进修计划。有的学前教育机构还规定了培训日,此时机构关闭,不对儿童开放,以保证员工有足够的时间和精力参加培训。如 OF 幼儿园规定每年有 2 天为培训日,永久员工必须参加地方教育部门和社会部门安排的培训活动。TC 早期教育中心规定每年有 5 天为培训日,所有员工必须选择参加不同形式的培训活动,如中心自培,地方学院的教育课程培训,C 教育局的培训。

六、学前教育的管理及特点

(一) 评估

从 2001 年 9 月开始,学前教育机构除了要在当地的社会服务部注册,接受当地的消防局、环境保护局的监督以外,至少每隔 18—24 个月还要接受国家“教育标准办公室”(Office for Standards in Education 简称 OFSTED)的督导和评估。“教育标准办公室”用 14 条标准(合格的保教人员,合理的师幼比率,足够的空间,满足儿童需要的资源,促进儿童情感、身体、社会性和智力发展的活动,安全的设施,合格的家具、设备和玩具,预防疾病传染的措施,儿童的平等机会,儿童的特殊需要,儿童行为的管理,和父母的关系,儿童的保护措施,儿童的记录材料)来评价学前教育机构的保教质量,写出评估报告,指出不足之处和改进意见,并反馈给学前教育机构。由于国家规定只有评估达标的机构,才有资格接受政府为 3—4 岁儿童发放的《幼儿教育补助金》(Nursery Education Grant),所以,各种学前教育机构都非常重视依法办园。由于学前教育机构基本上都能照章办事,因此得到的评估结果往往皆比较理想,自然就都喜欢把印有 OFSTED 字样的合格证书张贴在大厅醒目的墙壁上，供家长观看和监督。

（二）收费

1. 收费基本标准

学前教育机构的费用标准是按天核算的，收费是按月进行的，每月第一天交纳全月的费用，儿童如果在某天缺席如病假、事假、休假等，已交的费用则不退还。不同的学前教育机构，每天的费用不同（在19—35英镑之间），上午半日与下午半日的费用也不同（在12—18英镑之间），此外，2岁以上与2岁以下的费用也不同（在27—35英镑之间），详见表9-2-2。

表9-2-2　3所学前教育机构每天收费标准（单位：英镑）

学前教育机构名称	2—5岁儿童			2岁以下儿童		备注
	全日	上午半日	下午半日	全日	半日	
LR	34.5	17.25	17.25	27.24	13.62	
OF	25.97	13.66	12.31			上午含午餐
FHM	19.50	17.50	13.50			午餐自带

儿童4岁生日以后，基本上都能享受到政府发放的《幼儿教育补助金》，获得每周5个半天、每个半天2—3个小时的在园免费保教。儿童如果在学前教育机构的时间超长，家长需交纳差额部分。据FHM幼儿学校校长R介绍，参加全日保教的儿童，每学期的费用是1050英镑（每周是97.5英镑，每学期按10—11周计算），政府补助金为每学期406英镑，这样家长还要交纳644英镑。据伦敦大学儿童与家庭、社会问题研究院院长M教授介绍，从2004年3月开始，全英3岁儿童也能像4岁儿童一样，享受政府发放的幼儿教育补助金。

儿童不仅每天提前来园、推迟离园需另外交费，而且参加兴趣班也要额外交费。如TC早期教育中心的基本时间为上午9:30—下午3:30，儿童若要加入扩展时间上午8:00—下午5:30，家长则需另外付费；FHM幼儿学校规定，参加法语课和音乐课兴趣班的儿童，每节课要交纳1.50英镑。

2. 付费改革方案

一些单位还从职工的切身利益出发，制定了付费制度改革方案，既为单位赢得了经济效益，也减轻了家长为孩子交付保教费的负担。现以《牛津大学儿童保育工资福利方案》（University of Oxford Childcare Salary Sacrifice Scheme）为例，加以说明。

该方案的双赢性表现在：（1）对于大学来讲，由于教职工加入方案后的工资相对减少，因而也就节省了支付给教职工的“国家保险金”和“养老金”；（2）对于教职工来讲，加入方案以前，是在收入税后交付孩子“保教费”的，而加入方案以后，则是在收入税前支付孩子“保教费”的。比如，一个教职工每年毛收入为25213英镑，每年为孩子交出的保教费为5647英镑，参加方案前后实际收入情况比较如表9-2-3。

表 9-2-3 参加方案前后实际收入情况比较表

	加入方案前的收入(英镑)	加入方案后的收入(英镑)
年毛收入	25213	19571(年毛收入 25213 减去儿童保教费 5642)
收入税金	4046	2867
国家保险金	1738	1264
养老金	1261	979
纯年收入	18168	14461
儿童保教费	5642	
实际总收入	12526(年纯收入减去儿童保教费 5642)	14461

由此可见:(1)大学每年在每位教职工身上能节省 756 英镑:(1738+1261)-(1264+979)=756。(2) 教职工本人每年能节省 1935 英镑:14461 - 12526 = 1935。

该方案指出:(1)全校教职工只要年毛收入超过孩子保教费用的均可参加,且需签字表示同意加盟;教职工离开学校、教职工孩子离开大学或学院附属幼儿园时,方案均失效,工资恢复为加入方案以前的。(2)大学节省的费用要全部用于幼儿园的改建、扩建;教职工节省的费用由其决定是否捐给大学,或用于幼儿园的建设与发展之中。

(三) 投诉

学前教育工作者认为,尽管他们全心全意地为儿童和家长服务,但也不可避免地会出现这样或那样的问题,引起家长的不满和抱怨,唯有以坦诚的态度、开放的心理,才能公正地对待家长的投诉。他们不仅相信家长的诚意,而且还鼓励家长一旦有了问题,就要尽早提出,以便于及时解决。许多学前教育机构都把投诉的程序告诉家长,这样家长就知道有了担忧和顾虑可以逐级上诉。例如 CFC 幼儿园在《家长手册》(Parents Handbook)上写道:发生问题时,要先和班主任交流;如果问题未得以解决,再和园长交流;如果园长也没解决好,再向当地教育部门或政府部门反映。一些学前教育机构还把投诉的最高机关告诉家长,使家长可以直接上诉。比如 FHM 幼儿学校在"父母信息栏"(Parents Notice Board)上贴着"教育标准办公室"的电话号码和地址。一些学前教育机构为了提高投诉的效率,还向家长做出了时间上的承诺。例如,SP 幼儿园规定,园长必须在 7 天以内对家长提出的问题予以答复,家长如果不满意,可向幼儿园管理委员会提出,管理委员会必须在 7 天内做出回答,家长如果还不满意,可向"教育标准办公室"上诉。

七、几点启示与思考

(一) 幼儿班级与编制

我国幼儿园的规模普遍较大,基本上都在 10 个班级以上;班额也很大,不论是大班、中班,还是小班、托班,都有 25 名以上的儿童;师幼比率过高,均在 1∶13 以上。我们在普及学前教育的同时,还应注意提高学前教育的质量,而班级规模、师幼比率都是制约学前教育质量的关键因素。

因此，如何向英国学习，缩小班级规模，降低师幼比率，就成为摆在我们面前的一个十分紧迫的问题。我国有学前教育专业的高等师范院校附属幼儿园，可否招聘学前教育专业的专科生、本科生、研究生做志愿者，鼓励他们利用课余时间，轮流到幼儿园去助教，这样既能给学生提供与儿童广泛接触的机会，丰富学生的感性知识，又能增加班级成人的数量，利于组织儿童的小组活动。

究竟应该对儿童如何进行编班，是把同一年龄的孩子放在一个班级好，还是把不同年龄的孩子合在一个班级好？英国学前教育界的做法给我们的启示就是从本园的实际情况出发，儿童人数多时就按年龄分班，儿童人数少时就实行混龄编班。我们在向世界学前教育看齐的时候，不能只学其皮毛，认为混龄编班时髦就去追赶，甚至盲目地推崇混龄制。因为我国幼儿园的规模本来就很大，师幼比率又很高，如硬是要采用混龄编班，肯定事与愿违，达不到应有的教育效果。当然，我们在按儿童年龄分班的同时，可适当安排不同年龄班儿童共同活动的时机，通过“大带小”、“小促大”等形式扩展儿童交往的范围，提高儿童交往的质量。

（二）幼儿数学教育

英国把幼儿教育内容划分为六大领域（交往、语言和读写，数学发展，个性、社会性和情感的发展，创造性发展，身体的发展，了解和理解世界），而我国则把幼儿教育内容划分为五大领域（健康，语言，社会，科学，艺术），相比之下，英国比我国更加重视幼儿的数学教育。查阅 2001 年 9 月教育部发布的《幼儿园教育指导纲要（试行）》，我们会发现，在“科学”领域的 7 个条目中，有 1 个条目涉及“数学”。那么，在教育过程中，我们怎样才能做到不轻视、不忽视幼儿的数学教育呢？怎样才能把幼儿的数学教育有机地渗透到幼儿的科学教育中去呢？这是我国幼儿教育与国际接轨不得不思考与解决的问题。

（三）幼儿园与家庭、社区共育

2003 年 3 月国务院办公厅转发的教育部等十个部委《关于幼儿教育改革与发展的指导意见》正式发布，明确指出“幼儿园要与家庭、社区密切合作，”“要建立社区和家长参与幼儿园管理和监督的机制”。为了构建这种互相监督的合作伙伴关系，幼儿园就必须以开放真诚的态度对待家长，欢迎家长指出园方所存在的任何问题，并像英国幼儿园那样，把反映问题的正常渠道告诉家长，使家长知道要逐级反映问题，以便于及时解决问题，而不能怠慢家长，片面理解家长反映的问题，以免激化矛盾，迫使家长越级上诉，从而影响幼儿园的声誉，导致生源的流失。

社区潜藏着许多独特的教育资源，幼儿园不应成为幼儿监狱，而应把大门打开，经常带领幼儿外出活动，以充分发挥社区优势资源的价值，这是世界学前教育发展的一条重要经验。我国幼儿园在利用社区资源时的一个最大心理障碍就是过多地担心幼儿的安全问题，而没有采取针对性的措施加以解决。如果我们借鉴英国的做法，让家长签字表示同意让孩子参加园外活动，这样就会减轻教师的心理压力，与此同时，再邀请家长参与，以降低师幼比率，这样，就会消除安全隐患了。

(四) 幼儿教师学历

我国许多地方教育行政部门都要求幼儿园教师的学历必须在大专以上，园长和骨干教师的学历必须在本科以上，因此，许多教师不能专心于自己的工作，把不少精力用在忙于提高自己的学历上，应付各种各样的考试。幼儿教师的学历提高了，是否就会随之带来幼教质量的提高？我国高等师范院校学前教育专业每年要培养出很多本科生，但学生毕业后并不愿意去幼儿园工作，他们觉得那是大材小用了，因而改行去做别的工作的人比比皆是。英国幼教界的做法给我们以启示，这就是不应过分强调教师的学历，在职培训也应如此，要注意建立促进教师专业水平不断提高的机制，从根本上升华教师的业务水平。令人欣喜的是华东师范大学等多所高校现在已开始面向社会招收具有大专以上学历的人员，进行学前教育专业的短期培训，使其能担负幼儿园教师的工作。

(五) 幼儿教育收费

我国政府对幼儿教育的投入严重不足，资金短缺是现行幼儿园生存与发展所面临的主要问题之一。《关于幼儿教育改革与发展的指导意见》提出，“幼儿园不得以开办实验班、特色班和兴趣班为由，另外收取费用，不得收取与幼儿入园挂钩的赞助费、支教费等”，那么幼儿园资金缺乏的问题如何解决？《关于幼儿教育改革与发展的指导意见》还指出，“地方各级人民政府要积极采取措施，加大对幼儿教育的投入，做到逐年增长”，要“加强对企事业单位幼儿园的管理”。据此，我国企事业单位可否以《牛津大学儿童保育工资福利方案》为参照，出台相应的儿童保教付费制度改革方案？如这样，就能获得一些额外的资金，投入幼儿园的发展之中，如增加园舍，缩小班级规模，招收较小年龄的儿童，而不需要通过其他形式收取赞助费、赞助物，来改善办园条件。

我国幼儿园的收费标准一直是按照幼儿的年龄来进行的，不同的年龄班收费标准不同，我们可否借鉴英国的做法，破除年龄界限，统一收费标准，因为幼儿总是要从小班升到中班、大班的；同时不退还幼儿缺席时的餐点费和保教费，这样，就能减轻保教人员的工作量，使他们能把更多的精力用于提高保教质量。

第三节　新加坡学前教育课程述评

赴新加坡福禄培尔学院授课期间，笔者除了和院长、教师多次进行学术对话以外，还在院长的安排下，参观了 3 所不同类型的学前教育机构(TWPK、CLC、TWEC)，此外，自己也随访了新加坡 A 学院、4 个学前教育机构(KCC、OCDC、MCDC、EPS)，观察了儿童在学前教育机构中的各种活动，和园长、教师进行了交谈；后来我还和新加坡学前教育研究会的学者们数次交换学术观点，现将新加坡学前教育课程的现状述评如下。

一、学前教育课程目标述评

新加坡学前教育工作者认为，学前教育课程不仅是学前教育的重要内容，而且也是学前教育的必要途径；学前教育既然是为儿童以后进入小学做准备的，那么学前教育课程也应该为儿童今后的学习打好基础；因为新加坡是个多元文化的国家，所以要从小对儿童进行不同语言、不同文化的教育，使儿童能通过课程，受到多元文化的熏陶；由于新加坡是个非常开放的国家，涌入的外国人越来越多，竞争也越来越激烈，因此学前教育课程既要有广度又要有深度，才不会使儿童输在起跑线上，并满足儿童终身发展的需要。例如，KCC 提出，学前教育课程的目标是培养儿童的学习愿望和学习能力，发展儿童的独立性、自尊心和自信心，使儿童能成为一个有热情的、有创造性的终身学习者。TW 教育中心指出，学前教育课程的目标是创造一个温暖的、积极的社会环境，使每个儿童都能受到最好的教育，个性得到和谐充分的发展；创设一个平衡的课程体系，通过引导性学习和非引导性学习，培养儿童终身学习的积极态度、基础知识和基本技能。

由此可见，新加坡学前教育课程的目标不仅考虑到儿童的基本知识、技能与学习态度、能力之间的关系，而且还关注着儿童的现在发展与未来发展之间的关系，这对于我国学前教育课程的改革具有启发意义，不论是国家课程、地方课程，还是幼儿园课程，在制定具体的课程目标时，都应正确处理这两对矛盾及其相互关系。

二、学前教育课程方案述评

新加坡学前教育课程的方案多种多样，既有相同性，也有不同性，可以从以下几个视角加以透视：

1. 在时间上

学前教育机构为儿童提供了不同时间长度的课程方案，有一日课程方案、半日课程方案和周末课程方案、临时课程方案。比如，OCDC 幼儿园在星期六 10:30—13:00，为儿童提供周末课程方案。①

2. 在年龄上

学前教育机构为儿童提供了不同年龄跨度的课程方案，不仅有为 2—3 岁儿童、3—4 岁儿童分别设计的课程方案，而且也有为 4—5 岁儿童、5—6 岁儿童专门设计的课程方案。TWP 幼儿园就为不同年龄段的儿童如托儿小班、托儿大班、幼儿小班、幼儿大班创设了不同的课程方案。

3. 在语种上

学前教育机构为儿童提供了不同语种的课程方案，以双语（英语和汉语）教育的课程方案为

---

① 研究者遵循科研规范，将这些幼儿园的真实名称全部隐去，用字母代替，下同。

主,以马来语教育的课程方案、泰米尔语教育的课程方案、日语教育的课程方案、朝鲜语教育的课程方案等为辅,基本上都由母语教师执教,如中国人教儿童学汉语。

4. 在内容上

学前教育机构为儿童提供了不同特色的课程方案,比如,TWEC开辟了儿童发现的课程方案、儿童冒险的课程方案;CLC构建了儿童舞蹈课程方案、儿童阅读课程方案;KC中心建立了蒙台梭利课程方案,强调通过实践生活、感官、语言、数学和文化,促进儿童的发展。

由此可知,新加坡学前教育机构为儿童提供的不同时间长度的课程方案,有利于满足不同家长的不同需要;学前教育机构为儿童提供的不同内容的课程方案,有助于培养儿童的独特兴趣爱好和专门技能技巧。新加坡学前教育机构为不同年龄的儿童提供不同的课程方案,说明了儿童的年龄特征对课程具有极大的制约性,这应引起我国一些正在(或准备)推行混龄教学的幼儿园的思考:究竟要不要打破按年龄分班教学的界限,实行混龄合班教学?新加坡学前教育机构为儿童提供多种语言教育的课程方案,反映了国家官方语言的基本特色(马来语为国语,马来、英、华、泰米尔语为官方语言),这也应引起我们的反思:我国幼儿园究竟有没有必要教授英语?新加坡在对儿童进行多种语言教育的时候,教师教授的皆是母语,而我国幼儿园则不然,主要由母语是汉语的教师教儿童学英语,这必然会在发音、语调、用词准确性、表达恰当性等方面影响教学质量的提高。

三、学前教育课程领域述评

新加坡学前教育课程的内容由七个领域组成:(1)数学:帮助儿童按照物体的不同特性(如颜色、形状、大小、模式等)进行分类,掌握数概念,学会加减运算。(2)音乐和律动:鼓励儿童欣赏音乐(如通过动作、打击乐器、节拍)和表现音乐(如运用身体的某一部分表现事物)。(3)科学:促进儿童直接体验、自由探索、自我发现科学知识,掌握科学概念,获得科学技能。(4)语言:促使儿童听讲故事、儿歌、诗歌,欣赏语言的美丽,获取语言技能。(5)艺术和工艺:启发儿童运用颜料、蜡笔、铅笔等艺术材料进行工作,创造美术作品和艺术作品。(6)社会学习:指导儿童与成人、同伴相互作用,开展游戏活动和竞赛活动,形成社会知识、社会技能和社会态度。(7)室内外体育活动:引导儿童参加各种各样的体育活动,发展大肌肉动作和精细动作,增强体力。

学前教育机构在选择课程的内容时,虽然都包含了上述七个方面,但不同的学前教育机构在安排课程的具体内容时,侧重点则有所不同。例如,OCDC幼儿园开辟的课程内容是:英语和汉语,前科学概念,独立性和社会技能,早期数概念,创造性表现,现代科技技能。CLC幼儿园安排的课程内容是:综合语言艺术,汉语,数学,游泳,技术综合学习(电脑),音乐律动,艺术和工艺,思维,演讲和戏剧,儿童音乐。TWPK幼儿园设计的课程内容是:英文字母,创意写作,语音、语言与阅读技巧;华文认字,阅读,汉语拼音,基本笔画;数字概念,计算机;新闻讨论,自由交谈,主题谈话,课题对话,故事,儿歌;歌曲,音乐与律动;绘画,手工,工艺;室内外游戏,烹调活动,动手活动,自选活动。

在每个学前教育机构中,同一年龄班的课程内容大致相同,由这一年龄班的全体教师共同构建,经园长审查批准后统一实施,园长认为,这样做有利于客观公正地评价教师的教学质量和儿童的学习成效。

从上可见，新加坡是把学前教育的课程分为“数学”、“音乐和律动”、“科学”、“语言”、“艺术和工艺”、“社会学习”、“室内外体育活动”这七大领域的，而我国则把学前教育的课程分为“健康”、“语言”、“社会”、“科学”、“艺术”五大领域，比较两国的课程领域。不难发现，我国把数学合并到“科学”之中去了，把音乐和律动、艺术和工艺合并为“艺术”了，这种合并是否正确是否合理，还有待于教育科研的结果和教育实践的检验。事实上，我国幼儿园许多教师在实施课程时，还是把数学和“科学”分开来进行的，因为数学和“科学”毕竟是两门不同的学科，有着自身的规律和特点，难以融为一体；音乐和美术也如此，前者反映的是听觉的艺术，而后者反映的则是视觉的艺术。因此，我们在改革幼儿园课程结构过于强调学科本位、门类过多和缺乏整合的今天，不能从一个极端走向另一个极端，为了强调课程结构的综合性、淡化学科界限，就把难以综合到一起的学科也拼凑在一起，这只能算是形式上的一种综合，创设综合课程的关键是要以综合的观念为指导，只有这样才能真正发挥综合课程的作用。

新加坡学前教育机构在选择课程内容的时候，不仅注意现代社会、科技发展，而且还关注儿童生活、学习经验，这是值得我们学习的；新加坡学前教育机构过于重视培养儿童基础知识和基本技能，使课程内容变得繁难、深奥，陷入了“小学化”的误区，这是值得我们防备的；新加坡学前教育机构中同一年级不同班级的课程内容完全相同，这是不可取的，因为不同的班级有不同的特点，不论是在教师之间还是在儿童之间、家长之间都存在着差异，应区别对待，选择适合班级具体情况的课程内容。

四、学前教育课程途径述评

新加坡学前教育课程的途径丰富多彩，既有园内的半日活动、教学活动、区角活动、游戏活动、主题活动，也有园外的参观活动。

(一) 半日活动

半日活动是新加坡实施学前教育课程的基本途径。儿童在学前教育机构的时间多为半天，上午来园或下午来园，在园时间约3小时。不同的学前教育机构为儿童安排的半日活动时间表虽有所差异，但都包含了一些基本的环节，如聚会、音乐和律动、吃点心与休息、室内与室外活动、前英语(包括拼音)活动、数学活动、书写活动、烹调活动、说汉语、谈论时事、念儿歌、讲故事、艺术和工艺活动。例如TWP幼儿园4—5岁儿童上午半日活动时间安排如下：8:30—8:45聚会，8:45—9:25英语(包括拼音)/数字/书写/烹调活动，9:25—9:45点心/休息，9:45—10:30汉语/谈论时事/诗歌/故事，10:30—11:00计算机辅助教育/艺术和工艺/室内活动/室外活动，11:00—11:15音乐和律动，11:15—11:30阅读/谈论时事/诗歌/故事。同一学前教育机构的不同年龄班，在这些环节的时间分配上会有所不同。

(二) 教学活动

教学活动是新加坡实施学前教育课程的首要途径。学前教育机构特别重视通过正规的课堂教学活动，培养儿童听、说、读、写、算的基本技能。例如，在TWEC幼儿园的一节英语课上，儿童围着写字板，席地而坐；教师站在写字板前，提问儿童以后，便在写字板上写下了几句英语："Today is Thursday.""The date is 7th October.""My class is Ginger One.""My name is ..."然后教师要求儿童思考后说出"以字母Cc开头的每一个单词"，儿童边说教师就边在写字板上写下来："car、cat、candle、castle、club、cake、card、circle、clean、corn、can、colour、cry、clock、class…"等。在TWP幼儿园的计算课上，教师讲解以后，儿童围着拼起来的正方形的大桌子，坐在自己的坐位上，在练习纸上做计算填空题：Justin has 6 marbles. Joshua gives him 4 more. He has ________ marbles altogether.

（三）区角活动

区角活动是新加坡实施学前教育课程的必要途径。学前教育机构的区角活动主要有以下几种：

(1) 图书角活动/语言角活动/读写角活动：有许多图书，图书正面朝向儿童，陈列在低矮的书架上，书架有轮子，可移动，儿童可任意挑选图书进行阅读；地上摆放着26个英文大、小写字母的拼板，墙上贴着26个英文大、小写字母及相应的图画和"我会读"的标签，在标签下贴着许多中英文单词、词组（如水果、动物）、短语、句子、童诗，儿童可随意认读。

(2) 艺术角活动/创造角活动：有许多彩纸和白纸、彩笔和圆珠笔、大型和小型的废旧纸盒、胶水和粘贴胶、剪刀等，儿童可自由选用，制作教师规定的作品如画轮船、造汽车，或创作自己喜欢的作品如折扇子、造高楼。

(3) 数字角活动/数学角活动：墙上贴着图文并茂的数字（从1到20、从一到二十、从one到twenty）、几何图形，架子上、桌子上摆放着许多纸和笔，儿童可在纸上学写数字，学做加减法。

(4) 科学角活动/发现角活动：地上摆放着多种家用电器，桌子上放置着天平、计算机，架子上陈列着不同类型的汽车玩具、不同职业的工作帽子，墙壁上贴着"动物世界"的图画、气象图表，儿童可动手操作，进行探索和发现，根据天气情况，学做气象日记。

(5) 运动角活动/健康角活动：运动场地较小，运动器械有滑梯、攀登架、秋千、钻圈、跷跷板、高跷等，儿童在户外活动时穿着运动鞋。

（四）游戏活动

游戏活动是新加坡实施学前教育课程的有效途径。在学前教育机构中，儿童玩的游戏可归结为以下几种：(1)模仿游戏：儿童模仿成人的言语和行为进行游戏，例如，在TW教育中心，教师和儿童一起玩"理发店"的游戏，教师先扮演成一位"顾客"，来到"理发店"要求"理发"，然后一位男幼儿学着教师的样子，也把自己装扮成"顾客"，接受两位"理发师"的理发。(2)实践游戏：儿童为寻求活动本身的快乐而进行的游戏，比如，儿童玩踩高跷的游戏。(3)象征游戏：儿童通过想象进行游戏，例如，把荡秋千想象成到月亮上去旅行。(4)规则游戏：儿童玩游戏时必须遵守一定的规则，比如，玩躲藏—寻找的游戏时，要先躲藏，后寻找。

(五) 主题活动

主题活动是新加坡实施学前教育课程的主要途径。学前教育机构开展的主题活动可以从以下几个角度加以审视：

(1) 围绕着节日开展主题教育活动。在每个节日来临之际，教师就以这个节日为主题，对儿童进行综合教育。比如，在国庆节(8 月 9 日)时，教师就教儿童欣赏国花“兰花”，认读国徽格言“前进吧，新加坡”，理解国名释义“狮子城”，认识货币“新加坡元”，学写“8 月 9 日是国庆节”的字样，欢庆国家的节日。在中秋节时，CLC 的教师给儿童讲解中秋节的故事，和儿童一起画“月饼”，涂“月饼”，写“月饼”，尝“月饼”，制“灯笼”，共同布置“中秋赏月”、“中秋节快乐”的墙饰，庆祝华人的节日。在儿童节(10 月 1 日)时，TW 教育中心的教师和儿童一起开办自助餐，鼓励儿童载歌载舞，自由表演，给自己画像，共同布置“儿童节快乐”、“Happy Children's Day”的墙饰，愉快地度过自己的节日。在端午节时，OK 的教师给儿童讲述端午节的故事，引起儿童对粽子的兴趣，向儿童介绍粽子的成分及糯米、棕叶、线绳的作用，演示包粽子的过程，手把手地教儿童包粽子，鼓励儿童把粽子带回家去品尝，培养儿童的成功感，传承华人的粽子文化。

(2) 围绕着交通工具开展主题教育活动。教师在班级张贴新加坡地铁图，引导儿童观看有关交通工具的录像、图片和玩具，帮助儿童了解交通工具的不同名称、作用、组成部分和安全规则(如 TWP 幼儿园，以图文并茂的形式让儿童学习儿歌《交通灯》：“路上有个交通灯，亮了红灯亮绿灯，绿灯亮时走一走，红灯亮时停一停”)，和儿童一起讨论旅行的注意事项，知道晕车、晕船、晕机现象及防范措施，创编有关交通工具的歌舞，绘画、制作各种各样的交通工具，并给儿童提供乘坐交通工具的机会，如 TW 教育中心组织儿童到圣淘沙岛(Sentosa Island)去旅游，使儿童亲身感受不同的交通工具的独特作用。

(3) 围绕着动物开展主题教育活动。教师给儿童讲动物的故事，教儿童学动物的诗歌，唱动物的歌曲(如 TWP 幼儿园教师教儿童唱“Elephant”歌)；组织儿童讨论动物的特征与习性，对动物进行点数、比较和分类；鼓励儿童搭建动物园，开办动物商店、动物旅馆、动物咖啡店；指导儿童描绘动物，例如，C 学习中心的教师引导儿童画出不同形状的鱼(如三角形的鱼、长方形的鱼、正方形的鱼、圆形的鱼)，启发儿童以鱼为中心说一句话。(如“I saw fish.”“I like fish.”“I like to feed fish.”)

(六) 参观活动

参观活动是新加坡实施学前教育的外部途径。学前教育机构重视利用社区的多种资源，开展参观活动、郊游活动，扩大了儿童的视野，增强了儿童的环境意识。例如，TW 教育中心组织儿童参观社区公园、儿童图书馆、邮电局、警察局，使儿童认识到不同建筑物的标识、作用和区别(如把休闲、娱乐与公园联系起来，把看书、借书与图书馆联系起来，把写信、寄信与邮电局联系起来，把急救电话号码与警察局联系起来)，理解不同职业人们的劳动，学会尊重他们及他们的劳动成果。例如，KC 中心带领儿童参观中央消防局(Central Fire Station)，让儿童观看消防队员的演习，试穿消防队员的衣服，使儿童产生了对消防队员的敬重之情。OCDC 幼儿园引领儿童参观蔬菜农场(Vegetable farm)、蘑菇农场(mushroom farm)，使儿童有机会亲眼目睹葫芦、莴苣、香蕉、卷心菜、蘑菇的生长情况，品尝新鲜蔬菜和蘑菇，养成健康的饮食习惯。此外，一些学前教育机构还带领儿童去鱼尾狮公园(Merlion Park)、新加坡动物园(Singapore Zoological Gardens)、新加坡植物园(Singapore Botanic Gardens)等地游玩，使儿童观看到不同的动物(如老虎、狮子、猴子、斑马、大象)、植物(如榕树、木槿、兰花、莲花)，产生对动植物的喜爱之情，萌发关爱环境的意识。还有一些学前教育机构带领儿童去地铁站、超市、中国城(Chinatown)、滨海艺术中心(Esplanade-Theatres on the Bay)、圣淘沙等处游玩，使儿童充分感受到新加坡的地貌特征，认识到人与人、人与自然和谐相处的重要性。

从上可知，新加坡在实施学前教育课程的过程中表现出如下几个特点：

(1) 室内活动较多，室外活动较少。这是不利于儿童大肌肉运动能力发展和体质增强的。造成这一状况的原因可能有两个，一是新加坡乃寸土寸金的国家，学前教育机构占地面积较小，户外运动场地狭小，这就从空间上限制了室外活动的开展；二是新加坡地近赤道，属热带海洋气候，常年高温多雨，这又从气候上阻碍了室外活动的开展。相对来讲，我国学前教育机构在这方面则具有较大的优势，如何利用我们的有利条件，更多、更好地开展室外活动，则是摆在我们学前教育工作者面前的一个重要课题。

(2) 集体活动较多，个人活动较少。这易使儿童成为由同一模型灌制出来的人，不利于儿童兴趣爱好的发展和良好个性的培养。

(3) 教学活动较多，游戏活动较少。这容易混淆学前教育与小学教育之间的界限，助长学前教育"小学化"的错误倾向。

这两个问题也是我国学前教育课程改革中所遇到的难题，究竟应如何处理集体活动与个人活动的关系，真正做到关注儿童的个体差异，引导儿童富有个性的学习？究竟应如何看待教师与儿童相互作用的模式，彻底改变教师的教学方式，全面变革儿童的学习方式？

(4) 自然资源运用得较多，人文资源运用得较少。毋庸置疑，动物园、植物园等自然景观是教育儿童的重要资源，但它们只是园外教育资源的一部分，美术馆(如 Singapore Art Museum)、艺术馆(如 Victoria Theatre & concert Hall)、博物馆(如 Asian Civilizations Museum)、纪念碑(如 War Memorial Park)、路边雕塑(如 Mother and Child)、河边桥梁(如 Anderson Bridge)等人文景观也是教育儿童的宝贵资源，也应加以充分利用，只有这样，才能帮助儿童更好地了解国家的历史、文化和艺术，提高审美能力，增强爱国热情。

五、学前教育课程师资述评

学前教育的师资是课程改革的关键。在新加坡，学前教育机构的每个班级都有两名教师，负责本班儿童的各项活动。教师接受职前教育和在职培训，培训费用可由学前教育机构帮助申请免交，但培训结束后必须在这个机构工作三年以上，且要以签约为据。教师随着学历层次的提高，薪水也相应增加，例如，持有学前教学资格证书(Certificate in Pre-School Teaching)的人，在学前教育机构做教师时，月薪为 1200—1500 元新币；持有学前教育教学大专证书(Diploma in Pre-School Education Teaching)的人，在学前教育机构做高级教师时，月薪为 1500—1800 元新币；持有学前教育一管理大专证书(Diploma in Pre-School Education-Leadership)或早期教育学士学位证书(a Bachelor in ECE)的人,在学前教育机构做园长时,月薪为2500—3500元新币。

学前教育师资培训机构的教育方案都是经过新加坡教育部(Ministry of Education)、社会发展和体育部(Ministry of Community Development and Sports)批准的。学前教育师资培训机构都有全日(Full time)培训和业余(Part time)培训两种形式,全日培训持续时间较短,而业余时间培训持续时间则较长。比如,福禄培尔学院学前教育(教学)大专学历的全日培训时间为8个月,业余培训时间为15个月;新加坡澳洲理工学院学前教育(管理)大专学历的全日培训时间为6个月,业余培训时间为12个月。

学前教育师资培训机构不论是培养什么样的学前教育工作者,都注意围绕着学前教育机构的课程来确立培训内容,设置相关课程。例如,新加坡澳洲理工学院规定学前教学资格证书的培训内容由六个模块组成,其中一个模块就是"课程学习和教育学",包括以下11门课程:方案设计导论、游戏和娱乐导论、学习环境设计导论、语言与文学和读写、数学、音乐和律动、主动的体育游戏、戏剧游戏、视觉艺术、科学与环境和技术、班级管理;学前教育(教学)大专学历的培训内容由六个模块组成,其中一个模块也是"课程学习和教育学",包含如下12门课程:学前儿童课程设计和方案设计导论、有效的学习环境、主动的体育游戏、语言与文学和读写、数学、科学与环境和技术、音乐和律动、视觉艺术、戏剧游戏、自我与健康和社会意识、班级管理、特殊儿童方案;学前教育(管理)大专学历的培训内容有五个方面,其中一个是"设计学前教育课程",包括以下9门课程:方案哲学、课程设计和总体方案的协调与评价、语言发展协调方案、数学与科学和技术协调方案、音乐和律动协调方案、主动的体育游戏协调方案、戏剧游戏协调方案、视觉艺术协调方案、特殊儿童协调方案。

学前教育师资培训机构在安排课时的时候,都把权重放在与学前教育机构相应课程的理论学习和实践运用上了。例如,福禄培尔学院把大专学历的学前教育(教学)师资培训内容分为六个模块,其中一个模块是"课程设计和教育学",270个学时,占总学时的39%;另一个模块是教学实习,200个学时,占总学时的29%。

由上可见,新加坡实施学前教育课程的师资队伍建设反映出以下几个特点:

(1) 培训费用支付合理。学前教师的培训费用由工作(或将要工作)的单位支付,这就减去了教师的经济压力(如大专学历的培训费用约需7800元新币,相当于一个普通的幼儿园教师半年的收入),使教师能全心全意地学习和工作。现行我国学前教师的培养(训)费用也很高,一些教师特别是老少边穷地区的教师迫于经济的原因,不得不放弃提升学历的梦想,这与终身学习的时代是不相吻合的。我们可否借鉴新加坡的做法,为教师的求学征程创设一些有利条件,通过多种形式减免教师的培训费用?

(2) 培训时间短暂仓促。全日培训的时间在半年左右,业余培训的时间在一年左右,这两种培训形式所占据的时间都只是我国的一半。我们难免要问:教师是否能在这么短暂的时间内学习那么多的知识、掌握那么多的技能?是否会出现"营养过剩"、"消化不良"的现象?是否能真正消化、充分吸收?

(3) 培训课程丰富实用。教师的培训课程丰富多样,与学前教育机构的课程相匹配,且重视实践,这样就有利于教师更早、更多地了解现行学前教育课程的结构和特征,学以致用,以便在培训结束后能更快、更好地适应学前教育机构的教育教学工作。这启示我们，在培养学前教育师资时，要考虑学前教育课程改革的目标与内容，适时调整课程设置，完善课程结构，使学前教育的师资培训工作与学前教育的课程改革工作同步进行。

(4) 培训效果明显实惠。谁受训，谁受益。教师学历的提高与经济利益直接挂钩，从客观上能刺激教师不断提升自己的学历层次，这或许对我们如何制定有效持续的师资培训计划、如何提高教师经济地位、稳定教师队伍、保证教师队伍的质量能有所启发。

第四节 埃及幼儿教师的特征及思考

华东师范大学学前教育与特殊教育学院受教育部的委托，承担了非洲埃及幼儿园教师在职三个月短期培训的任务。按照学院的安排，笔者除了给他们开设一个专题讲座以外，还担负了他们每周1次幼儿园见习的指导工作。在与他们亲密接触的过程中，笔者发现了他们身上的许多特点，现综述如下，与幼教同仁一起分享，也希望能为我国幼儿园教师的在职培训工作起到一丝借鉴作用。

一、埃及幼儿教师的主要特征

(一) 极具爱心

埃及幼儿教师非常热爱幼儿教育事业，十分喜欢到幼儿园去。每次下园见习时，他们都显得很兴奋，满面春风，露出甜蜜的微笑，并纷纷向笔者表示：去幼儿园是每星期最开心的一件事了。在幼儿园里，他们总是积极地与园长、教师、家长交谈，而不管他们是否听得懂、是否能理解其意。

埃及教师很热爱幼儿，用热情温暖、平等激励的态度与幼儿进行语言和非语言的交往。一走进班级，他们就会微笑着主动和幼儿打招呼(如“Good morning”、“Hello”)，向幼儿问好(如“How are you”)，蹲下来和幼儿握手，并与幼儿保持目光接触；在询问幼儿的姓名(“What's your name”)和年龄(“How old are you”)以后，就迫不及待地把自己的姓名(“My name is ...”)和年龄(“I'm ... years old”)告诉幼儿；经常向幼儿提出一些简单的问题，当幼儿做出回答时，他们不仅会伸出大拇指，用语言夸奖一番幼儿(great、good)，而且还会跪下来紧紧地拥抱幼儿，连续数次亲吻幼儿的小脸蛋。

(二) 极其虚心

不懂就问，从不装懂。由于埃及教师的母语是阿拉伯语，第二语言是英语，对汉语则是“一窍不通”，为了让他们更好地了解上海幼儿教育改革的现状与特点，所以，每次见习时，我都请这些示范园或一级园开设一个英语活动和一个特色活动。教师们在组织英语教育活动时，使用的语言全部是英语，因此埃及教师都能听懂。但在进行特色活动时，许多教师却无法使用英语，而不得不凭借汉语，这样埃及教师理解起来就有了语言上的障碍，对此，他们不是静坐在座位上“听而不闻”、“想心思”，等待着下课，而是不停地向我发问，希望我为他们“汉译英”，显示出“不耻下问”、刨根问底的精神。有一次，在幼儿园观摩英语教育活动以后，接着又旁观美术特色活动，当执教教师用汉语给幼儿讲解范画（聪明猪）时，他们听不懂，马上就向我提出“刚才那个教师讲英语，这个教师为什么不讲英语”的问题，当我对他们解释（教师在英语课上才讲英语，在美术等其他课上都讲汉语，就像你们讲阿拉伯语一样）以后，他们又提出了其他问题（这个教师刚才讲了什么？是什么意思？这个幼儿刚才说了什么？讲得对不对），有位教师坐的位置离我较远，我的“汉译英”她听不见，她就离开座位，来到我的身旁，要我再为她翻译一遍。

不会就学，从不怕丑。在频繁的接触中，我发现埃及教师的艺术技能与上海幼儿教师相比，要逊色得多（如都不会弹钢琴），但他们并不为此而感到气馁，敢于丢下面子，放下架子，向上海教师讨教。在幼儿园见习的过程中，每当他们看到新颖独特的墙饰时，就向我说出想学的心愿，我也就“成人之美”。例如，在南汇区周浦镇幼儿园见习时，他们觉得教师用纸制小船拼摆成一幅大轮船的图案，既有创意，也很有趣，纷纷向我表示想学折纸船，当我把他们的意思转达给园长以后，园长让带班教师手把手、一步一步地教他们折纸船，他们非常认真地跟着学，折好一条纸船后，他们还向园长提出“想带走一些彩纸，回到宾馆后继续折叠，复习巩固”的请求。埃及幼儿教师看到上海幼儿教师在音乐活动中能演奏各种不同的乐器时，往往也会情不自禁地流露出非常羡慕的神情，当我征询他们“是否想和幼儿一起学用乐器”时，他们都用言行做出了肯定的回答。例如，在虹口区密云路幼儿园见习音乐活动时，通过教师的示范指导，他们也能以幼儿为参照，轮流学习“按节奏敲腰鼓”的知识和技能。

（三）极有童心

一到幼儿园，这些埃及幼儿教师个个都散发出青春的气息，变成了“大小孩”，他们参与幼儿活动的意识和行为极强，不论幼儿是在唱歌、跳舞，还是在下棋、做游戏，他们都跃跃欲试，急于加入，很快就能和幼儿打成一片，融为一体，成为幼儿的伙伴。比如，在闸北区延长路幼儿园见习时，他们开心地和幼儿一起手舞足蹈，放声高唱儿童英语歌曲“*Old Macdonald Had A Farm*”（《老麦克唐纳有个农场》）；在普陀区曹杨新村幼儿园见习时，当看到幼儿自娱自乐，在小舞台上表演新疆舞时，他们也脱下外套，和幼儿一道摇头扭脖子；在普陀区银锄湖幼儿园见习时，他们积极地和幼儿一起猜拳，下“水果蔬菜”棋，一比高低；在宝山区小鸽子幼儿园见习时，他们欢快地和幼儿一道玩中国民间游戏（如跳橡皮筋、斗鸡、顶牛），走荡桥，爬攀登架；在杨浦区杨浦幼儿园见习时，他们勇敢地和幼儿一同爬攀岩墙，滑滑板车，玩“滑板送信”的游戏。

埃及幼儿教师不仅和幼儿一样好动，而且还和幼儿一样有着很强的好胜心。例如，在宝山区共康五村幼儿园见习时，我提议双方教师进行一场“拔河比赛”的体育游戏。该园教师提出：因为我们人矮体轻，你们人高体重，所以，我们人数应多一点，你们人数应少一点。但埃及幼儿教师坚决不同意，说人数相同才公平。结果，第一局拔下来，他们获胜，个个伸出双臂，振臂高呼；第二局拔下来，他们输了，就默不作声。征得双方的同意后，我这个裁判当即宣布：一比一，平局，比赛第二，友谊第一，中埃幼儿教师友谊天长地久！

埃及幼儿教师还保持着儿童般旺盛的好奇心。尽管每次下园时，我都向他们介绍这个幼儿园的基本情况和主要特色，但他们往往还是觉得不过瘾，会提出另外一些问题，诸如这个幼儿园是公立的还是私立的？收费是多少？教师讲英语吗？幼儿讲英语还是讲普通话、上海话（我曾告诉他们：上海人也讲方言——上海话）？教师住在这个幼儿园附近吗？他们在周末干什么？

此外，埃及幼儿教师对幼儿的各种艺术作品还爱不释手，在幼儿美术活动结束时，他们会坦率地向带班教师和幼儿讨要儿童的绘画作品（如冬天、猪八戒）、纸工作品（如向日葵、轮船）、陶艺作品（如花篮、茶壶）。他们还喜欢和幼儿合影留念。

（四）极为细心

埃及幼儿教师注意分配的范围较广，观察事物的能力较强，在观看幼儿园教育活动时，他们既能用耳朵聆听，也能用眼睛明察；既能关注教师的一言一行，也能察觉幼儿的细微变化。例如，在一所幼儿园见习音乐活动时，带班教师可能是把注意力全部集中在弹钢琴和教幼儿学唱歌上了，因而没有发现“一位小男孩在不停地拉动裤子门襟”这一现象，但埃及幼儿教师却注意到了这个男孩，其中一位教师便走到配班教师的身旁，对她说：“That boy may want to go to the toilet.”（那个男孩也许想上厕所。）经询问，事实果真如此。埃及幼儿教师细致的观察、准确的判断令在座的上海幼儿教师自叹弗如。

（五）非常有心

埃及幼儿教师深深地爱着自己的祖国，并抓住各种机遇传播本国文化。最初几次到幼儿园见习时，他们都会不失时机地向幼儿园赠送从埃及带来的一面小国旗（红、白、黑三色相间的条纹，在白色条纹上印着雄鹰的国徽图案），或一本画册、一套风光明信片（如金字塔、人面狮身像、尼罗河），向上海幼儿教师和幼儿展示埃及的文化特征。例如，在金山区实验幼儿园见习时，教师把幼儿分成中国队和埃及队，进行足球表演赛，一位埃及幼儿教师见状，赶紧从随身携带的背包里拿出一面小国旗，请求带班教师将其插在埃及队这边。后来几次到幼儿园见习时，他们就带上从“埃及驻上海领事馆处”获取的介绍埃及风土人情的汉语资料，送给幼儿园，并表示欢迎幼儿教师到埃及参观旅游；他们还会见缝插针地送给幼儿园小面值的埃及货币“埃及镑”，告诉幼儿教师“他们是来自世界四大文明古国之一的埃及”。

埃及幼儿教师强烈的爱国主义精神在观看幼儿的各种活动中也淋漓尽致地表现出来。比如，当他们看到幼儿在玩“世界版图”类的拼摆材料时，他们常常自告奋勇地向幼儿说明自己国家的名称是 Egypt，并指出其在版图上所处的位置（非洲东北部），津津乐道地向幼儿解释自己国家的国旗的含义（红色代表革命，白色代表纯洁，黑色表示过去的不幸，雄鹰表示勇敢）；当他们看到幼儿在使用绘画材料的时候，他们就会在幼儿的手背上画埃及的国花“莲花”的图案；当他们听到教师在课堂上教幼儿说埃及的英语名称“Egypt”，而幼儿又能说出“Egypt”的发音时，他们都会情不自禁地鼓掌喝彩。

(六) 十分精心

埃及幼儿教师的精心表现在对中国文化的了解、理解、尊重和热爱上。首先,他们能够认同中国的时间概念,遵守必要的规章制度。第一次下园见习时,我们学院书面通知他们"上午 8 点准时乘校车出发",届时只来了 2 位幼儿教师;到了 8:30 时,他们才全来齐。我问他们:按照中国的文化,说 8 点集合,就应是 8 点;按照埃及的文化,说 8 点集合,应该是几点呢? 是提前、准点,还是推迟? 他们不好意思地轻声对我说:也是准点。我有意作了一下总结:你们的文化和我们的文化相同,都是准点。第二次下园时,看见他们准时到达,我就向他们表示感谢(如谢谢你们的合作,谢谢你们准时赶到)。从此以后,到幼儿园见习时,不论刮风下雨,他们都能准时抵达,而不再迟到。

其次,埃及幼儿教师乐于接受中国的风俗习惯,做到入乡随俗、客随主便。到金山区实验幼儿园见习时,园方开展了"家庭教育电视录像研讨会"的大型活动,设立了"主席台"、"嘉宾座"。我告诉埃及幼儿教师:按照中国的习俗,重要的人都在台上就座,你们不远万里来到上海,是幼儿园的贵宾,皆应坐在台上,他们听后,欣然接受,并说这与埃及的习惯很相似。

再次,埃及幼儿教师大胆尝试中国的京剧艺术,力求一招一式像模像样。在金山区东风幼儿园见习时,教师先为幼儿播放了一段京剧录像,埃及幼儿教师听我解释脸谱的寓意(白色代表坏人,红色代表好人,黑色代表正义);教师后为幼儿提供小镜子、各种颜色的油彩泥,鼓励幼儿自由选择,在自己的脸上画出所喜欢的京剧脸谱,埃及幼儿教师也对着小镜子,用油彩泥为自己画脸谱;教师又教幼儿唱京剧、演京剧,埃及幼儿教师也跟着学唱,表演京剧的一些动作;活动结束以后,他们还打听在什么地方可以买到画京剧脸谱的油彩泥和清洁剂,表示回国后要和幼儿一起画脸谱,表演京剧。

最后,埃及幼儿教师对中国的物品表现出浓厚的兴趣,喜欢其独特的寓意。在幼儿园里,当他们看到由红丝线编织出的"门神"、"鞋子"、"福"字、"吉"字等装饰物挂在门旁、墙壁上时,就会问我:这是什么东西? 为什么要把它挂在这里? 当我告诉他们"在中国的文化里,'门神'能够保卫家园,使全家人平安健康;'鞋子'能够驱逐邪恶,避免灾难;'福'字表示幸福美满,福如东海;'吉'字表示大吉大利,吉祥如意"以后,他们就会露出惊喜的神情,选择与其合影,并表示也要去买这些物品,回国后,把它们悬挂在自己的家里或班级里。当他们走到形状像"鱼"的体育运动器械旁时,我就对他们说"在中国文化里,'鱼'暗示年年有余,越来越富裕",他们说埃及文化也如此;当园长提出想和他们拍张合影照时,我请他们自由选择照相的背景,结果他们都跑到"鱼"形体育运动器械的前面去了。

此外,埃及幼儿教师喜欢学汉语,并利用一切时机进行练习。在每次去幼儿园的途中,他们都喜欢问我一些常用的、简单的汉语知识,我告诉他们:kindergarten 指的是幼儿园,director 指的是园长,teacher 指的是教师,children 指的是儿童;见到园长时,要说"你好"就是 Hello 的意思,离开幼儿园时,要向园长表示感谢,说"谢谢你"就是 thank you 的意思,并和园长道别,说"再见"就是 Good-bye 的意思。起初,他们在汉语的运用上还闹出了不少笑话,如刚进入幼儿园看见园长时，就抢着对园长说“再见”；后来，他们基本上能在恰当的时候说出“你好”、“谢谢”、“再见”等词语。

另外，埃及幼儿教师还渴望了解中国幼儿教师的现状，羡慕上海幼教工作者的经济待遇。在许多幼儿园里，他们曾以不同的方式悄悄地问我如下的问题：这个园长多大了？这个教师多大了？园长每个月能挣多少钱？教师每个月能挣多少钱？尽管我每次都告诉他们：年龄、收入等都属于个人隐私，不好随便问及。最后一次下园见习时，他们又向我提出了教师的薪水问题。为了满足他们的好奇心，也为了不给他们留下什么遗憾，我硬着头皮问了一位我的园长朋友：你们幼儿园教师的平均收入大约是多少？园长说“大约两千”。当我告诉埃及幼儿教师“这里的教师每月的收入约相当于 280 美元”时，他们都吃惊地说：“报酬真高，是我们的好几倍呢，我们每个月的收入只相当于 100 美元。”

（七）确有诚心

每次见习活动结束时，我都和埃及幼儿教师一起交流彼此对幼儿园的看法，他们会争先恐后地发言，如实地、真诚地说出自己的想法，什么地方好、什么地方不好。例如，从我们学校到金山区实验幼儿园路途遥远（院车在路上就开了 4 个小时），上午 8:00 出发，晚上 6:00 才回到学校（这是下园后回校最晚的一次），但他们各自表白，虽然有点累，但却很值得，因为看到了许多家长积极参与幼儿园的各种活动，幼儿园还通过向家长展示色香味俱全的食品，向家长普及营养知识，家园关系十分密切。到南汇区周浦镇幼儿园见习后，他们在校车上一个劲地夸奖园长热情、善解人意、乐于助人，称赞教师艺术技能、英语水平高超。在闸北区延长路幼儿园见习后，他们在返校的途中说：幼儿的英语表达能力很强，幼儿园对儿童进行英语教育非常重要，符合上海国际化大都市的需要。再如，在一所幼儿园见习英语教育活动“认识蔬菜”时，教师呈现玩具萝卜教幼儿说“radish”以后，又给幼儿提供了胡萝卜的图片，要求幼儿说出“radish”；我身旁的几位埃及幼儿教师立即向我指出：这个教师说错了，“radish”和“carrot”指的是不同的蔬菜。在另一所幼儿园看完美术活动“小胖猪”、“秋天”以后，他们的情绪都很低落，一致认为这两位教师过分强调示范和模仿，会阻碍幼儿独立性和创造性的发展，我向他们表示也有同感。

在所有的见习活动结束以后，我设计了一份调查问卷表，请埃及幼儿教师无记名填写，他们也能诚实作答。例如，在回答“你对上海幼儿园的印象是什么”的问题时，他们分别写道：幼儿园很美，教室很大，游戏材料丰富，活动多样独特；在回答“上海幼儿园和埃及幼儿园相比，最大的不同点是什么”的问题时，他们各自写道：上海的幼儿园与小学是分开设立的，我们的幼儿园是附设在小学里的，上海幼儿活动的场地比我们大，体育运动器械比我们既多又好，我们用图书对幼儿进行教育，而上海幼儿教师则不用；在回答“你认为上海幼儿园最大的优点是什么”的问题时，他们大都写道：场地大，运动器械多；在回答“你认为上海幼儿园最大的不足是什么”的问题时，他们又写道：教师在幼儿园花费的时间太多，幼儿在幼儿园里的时间太长，集体活动较多，教师没有很好地运用各种教育手段。

埃及幼儿教师还向我和盘托出他们的真情实感和未来打算：很喜欢上海，希望能在上海的幼儿园工作，能有机会做我的研究生。我告诉他们：如果你们的母语是英语就好了（他们讲的是埃及英语),如果你们会讲中国话就好了,这样会很容易找到一份称心的工作;如果你们能通过汉语"托福"考试,到我们学院读研究生,就会成为现实。当他们得知在上海学习汉语、读研究生的费用时,感叹道:你们的收费比我们高多了,我们只能忍痛割爱,回祖国去了,2010 年再来上海看世博会。

二、与中国幼儿教师的比较及思考

(一) 鼓励教师多通道观摩

近些年来,笔者参与了我国许多省市举办的幼儿教师现场活动,发现:我们的幼儿教师到幼儿园去参观学习时,喜欢带上笔记本,专注地听,不停地记,而不怎么深入地参与到具体的活动中去,旁观的色彩浓,体验的机会少;埃及幼儿教师给我的印象是既是"客人"也是"主人";在观摩活动中,既重视听又重视看,更重视动,而很少记笔记。心理学研究表明,只有当学习者的各种感官通道都参与到学习活动中去的时候,才能使学习效果达到最优化。我想,我们的幼儿教师今后再开展互访互学的活动时,是否应该注意在充分发挥视觉、听觉作用的基础上,不忘使用触觉和运动觉,使各种感官通道都能协调起来,共同为学习服务,以提高观摩的实效呢?

(二) 培养教师的优秀品质

美国学者 Carol E. Catron 指出,优秀幼儿教师具有热情、敏感、灵活、诚实、正直、自然、好奇等特征和进入幼儿世界、不断学习等能力。在我看来,埃及幼儿教师已在不同的程度上具备了这些特征和能力,那么,我国的幼儿教师又具有哪些特征和能力呢?对幼儿教师来讲,艺术方面的技能技巧可能不是最重要的因素。作为中国的一名幼儿园教师,如何与时俱进,实现自己的可持续发展呢?在通往优秀幼儿教师、"明星"幼儿教师的征途上,我们的幼儿教师是否应该在促进自己专业知识和专业才能发展的同时,还需关注自己专业情意的发展,把真实性和主动性、移情能力和探索能力的培养放在重要的议事日程上呢?

(三) 促进教师的专业成长

幼儿教师只有通过不断参加专业培训,才能获得专业发展。美国学者 L. Katz 提出,幼儿教师的成长经历着生存、巩固、更新、成熟四个阶段。位于第一阶段(工作第一年)的教师,只有通过培训(如给予指导和支持),才能掌握基本的教育知识和技能;置于第二阶段(工作第二年)的教师,只有通过培训(如提供宽厚的知识和多样的资源),才能巩固已有的知识和技能,形成具有个人特色的能力结构;处于第三阶段(工作第三年、第四年)的教师,只有通过培训(如广泛阅读专业书籍、观摩不同的教育模式、与其他专业人员交往),才能获得新的教育理念,掌握新的教育方法;处在第四阶段(工作第五年及以后)的教师,只有通过培训(如参加学术交流、撰写教育方案、发表研究报告),才能反思教育实践,形成自己的教育观。可见,埃及政府把处于第三阶段的幼儿教师送到我国来培训,旨在更新这些幼儿教师的儿童观和教育观。为了加快幼儿教师专业成长的进程,我们在对幼儿园教师进行在职培训的时候,是否也应该考虑分阶段进行、区别对待?是否要对处于不同发展阶段的幼儿教师选用不同的培训策略、提供不同的学习空间?对于那些没有出过省市的幼儿教师，是否应该鼓励他们到外省市去参观“取经”？对于那些没有出过国的幼儿教师，是否应该创造条件让他们到国外深造？对于那些到国外交流研讨过、回国后没看出什么变化的幼儿教师，是否应该供给一个平台，要求他们发挥出其应有的作用？

阅读参考书目

1. 李生兰著:《比较学前教育》，华东师范大学出版社 2013 年第 2 版。
2. 李希贵著:《36 天，我的美国教育之旅》，华东师范大学出版社 2006 年版。
3. 李生兰著:《儿童的乐园:走进 21 世纪的美国学前教育》，南京师范大学出版社 2011 年版。
4. 朱永新著:《外国教育观察》，中国人民大学出版社 2012 年版。
5. 李生兰等著:《学前教育法规的理解与运用》，南京师范大学出版社 2012 年版。

复习思考题

1. 美国学前教育给了你什么样的启示？
2. 英国学前教育引发了你的哪些思考？
3. 新加坡学前教育课程有什么特点？
4. 中国幼儿教师与埃及幼儿教师相比有什么异同点？

附录 1

学前教育学课程教学(考试)大纲

一、课程性质与目标

(一) 课程性质

学前教育学是学前教育专业的一门核心课程,它主要是研究学前教育的现象,揭示学前教育的规律,增强学生从事学前教育工作的职业素质,提高学前教育质量的一门学科。

(二) 课程设置目标

设置学前教育学这门课程,旨在帮助学生了解学前教育的基本知识和主要理论,掌握学前教育的实践技能和重要能力,这主要体现在以下几个方面:了解学前教育学产生发展的主要过程,树立正确的儿童观和科学的教育观;理解游戏在儿童成长发展中的重要作用,掌握观察和评价儿童游戏的知识和技能;了解幼儿园课程的理论和方案,学会设计和评价幼儿园课程;理解幼儿园社会教育的价值,学会设计、组织和评价儿童社会教育活动;了解幼儿园教师工作的特点,把握与家长沟通合作的形式和策略。

二、教学内容与要求

第一章 导　　论

(一) 教学目的与要求

理解婴儿教育、幼儿教育、学前教育、早期教育的概念,掌握学前教育机构的不同形式,了解学前教育学产生与发展的过程,运用学前教育学的研习方法。

(二) 教学重点与难点

1. 教学重点:学前教育的概念、机构。
2. 教学难点:学前教育理论的产生、发展。

(三) 教学内容与定位

第一节　学前教育与学前教育学(记忆)

一、学前教育的概念及界定

二、学前教育的机构及形式

三、学前教育学的研究对象和内容

第二节 学前教育的理论与实践(理解)

一、学前教育思想的产生

二、学前教育理论的建立

三、学前教育理论的发展

第三节 学前教育学的研习方法(应用)

一、学习学前教育学的方法

二、研究学前教育学的方法

(四) 教学建议与参考

1. 教师启发学生回忆自己童年时代是否上过幼儿园？对幼儿园有什么样的印象？幼儿园对自己的发展产生了什么样的影响？

2. 教师带领学生走进幼儿园，实地观看大厅和走道环境、班级内外环境、户外活动场地、种植和饲养园地，以形成学生对幼儿园的感性认识。

第二章 学前儿童观

(一) 教学目的与要求

理解不同的儿童观，认识到儿童的受教育权和游戏权，能够树立正确的儿童观，了解《中国儿童发展纲要(2011—2020 年)》的精神实质。

(二) 教学重点与难点

1. 教学重点：正确儿童观的树立。

2. 教学难点：儿童权利的扩大与保护。

(三) 教学内容与定位

第一节 儿童观的界说(记忆)

一、儿童观的概念

二、儿童观的种类

第二节 儿童权利的扩大与保护(理解)

一、儿童权利的国际认识

二、儿童权利的中国承诺

三、儿童权利的保障与实施

第三节 正确儿童观的树立(应用)

一、儿童有各种合法权利

二、儿童的成长受制于多种因素

三、儿童发展的潜力要及时挖掘

四、儿童是连续不断发展的

五、儿童的发展具有差异性

六、儿童通过活动得到发展

七、儿童作为一个整体来发展

第四节 《中国儿童发展纲要(2011—2020年)》简介(记忆)

一、《中国儿童发展纲要(2011—2020年)》的基础和价值

二、《中国儿童发展纲要(2011—2020年)》的导向和原则

三、《中国儿童发展纲要(2011—2020年)》的目标和措施

四、《中国儿童发展纲要(2011—2020年)》的实施和评估

(四)教学建议与参考

1. 教师启发学生通过玩具、图书、电视和电脑等媒体,来说明儿童权利的变化。
2. 教师指导学生进入社区,随机了解身边的人们对儿童的基本看法和主要做法。
3. 教师可和学生围绕《中国儿童发展纲要(2011—2020年)》展开讨论和辩论。

第三章 学前教育观

(一)教学目的与要求

了解学前教育的发展现状以及在幼儿成长发展中的作用,理解我国学前教育的目标,能够树立科学的学前教育观,重视学前儿童的因材施教,了解《关于当前发展学前教育的若干意见》的精神实质。

(二)教学重点与难点

1. 教学重点:科学学前教育观的树立。
2. 教学难点:学前儿童因材施教的策略。

(三)教学内容与定位

第一节 学前教育的价值(记忆)

一、保证了胎儿健康的出生

二、保证了婴儿及时的成长

三、保证了幼儿迅速的发展

第二节 学前教育的发展(理解)

一、学前教育事业的发展

二、农村学前教育的发展

三、学前特殊教育的发展

四、社区学前教育的发展

五、网上学前教育的发展

六、学前教育发展的未来

第三节 学前教育的目标(理解)

一、我国学前教育的目标

二、中外学前教育目标的比较

第四节 科学学前教育观的树立(应用)

一、热爱每个儿童

二、尊重每个儿童

三、全面教育儿童

四、寓教于活动中

五、教育要儿童化

六、教育要多样化

七、因儿童而施教

八、争取家庭配合

第五节 学前儿童的因材施教(应用)

一、实现角色转换

二、深入研究儿童

三、构建独特环境

四、开展小型活动

五、考虑儿童学习方式

六、利用儿童强项

七、实行多元评价

第六节 《关于当前发展学前教育的若干意见》简介(记忆)

一、把发展学前教育摆在更加重要的位置

二、多种形式扩大学前教育资源

三、多种途径加强幼儿教师队伍建设

四、多种渠道加大学前教育投入

五、加强幼儿园准入管理

六、强化幼儿园安全监管

七、规范幼儿园收费管理

八、坚持科学保教,促进幼儿身心健康发展

九、完善工作机制,加强组织领导

十、统筹规划，实施学前教育三年行动计划

（四）教学建议与参考

1. 教师邀请幼儿园教师到班级来，和学生分享自己的教育经验，以帮助学生理解科学的学前教育观。

2. 教师带领学生进入幼儿园，实地了解幼儿园的规模和班级的规模，和学生一起分析因材施教的困境和出路。

3. 教师可和学生围绕《关于当前发展学前教育的若干意见》，展开讨论和辩论。

第四章　学前教育的课程

（一）教学目的与要求

了解学前教育课程的含义、种类和方案，理解学前教育课程的理论观点，掌握设计学前教育课程的原则，学会评价学前教育的课程，探讨后现代课程理论的现实意义。

（二）教学重点与难点

1. 教学重点：学前教育课程的设计、评价。
2. 教学难点：学前教育课程的含义、理论。

（三）教学内容与定位

第一节　学前教育课程的界定（记忆）

一、学前教育课程的含义

二、学前教育课程的种类

第二节　学前教育课程的理论（理解）

一、学前教育课程的理论观点

二、学前教育课程的框架结构

三、学前教育课程的拟定

四、学前教育课程的测试

第三节　学前教育课程的方案（应用）

一、发展儿童认知的课程方案

二、提高儿童能力的课程方案

三、陶冶儿童情感的课程方案

四、训练儿童行为的课程方案

五、协调家园关系的课程方案

第四节　学前教育课程的设计（应用）

一、设计学前教育课程的原则

二、设计学前教育课程的内容

三、设计学前教育课程的策略

第五节　学前教育课程的评价(应用)

一、评价儿童的成长发展

二、评价课程的所有环节

第六节　后现代课程理论及启示(记忆)

一、后现代课程的含义及启示

二、后现代课程的构建及启示

三、后现代课程的标准及启示

四、后现代课程中的评价及启示

五、后现代课程中的教师及启示

(四) 教学建议与参考

1. 教师带领学生进入幼儿园,观看一日活动,并针对某个环节加以具体的分析。

2. 教师指导学生根据幼儿园课程安排,设计一个学期计划,或月计划、周计划、日计划、活动安排。

第五章　幼儿园的社会教育

(一) 教学目的与要求

了解幼儿园社会教育的价值和内容,理解幼儿社会化的理论和实践、幼儿园社会教育的主要途径,掌握幼儿园社会教育活动的设计原则,学会组织和实施、观察和评价幼儿园社会教育活动。

(二) 教学重点与难点

1. 教学重点:幼儿园社会教育活动的设计原则、组织与实施、观察与评价。

2. 教学难点:幼儿社会化的理论和实践、幼儿园社会教育的主要途径。

(三) 教学内容与定位

第一节　幼儿园社会教育的价值和内容(记忆)

一、幼儿园社会教育的含义

二、幼儿园社会教育的价值

三、幼儿园社会教育的任务

四、幼儿园社会教育的内容

五、幼儿园社会教育的过程

第二节　幼儿社会化的理论及其实践(理解)

一、幼儿社会化的含义

二、幼儿社会化的理论

三、幼儿社会化的成因

四、幼儿社会化的内容

五、幼儿社会化的特点

六、幼儿社会化的策略

第三节　幼儿园社会教育的路径探寻(理解)

一、主题教育路径

二、方案教育路径

三、区域教育路径

四、旅行教育路径

第四节　幼儿园社会教育活动的设计原则(应用)

一、考虑幼儿现有水平及其未来发展方向的原则

二、兼顾幼儿现实生活和世界未来发展趋势的原则

三、有组织的社会教育活动与随机教育相互补充的原则

四、班内、园内教育与班外、园外教育相互结合的原则

五、幼儿社会认知与社会情感、社会行为协调发展的原则

六、面向全体幼儿与注重幼儿个别差异的原则

第五节　幼儿园社会教育活动的组织与实施(应用)

一、正规的社会教育活动的组织与实施

二、非正规的社会教育活动的组织与实施

第六节　幼儿园社会教育活动的观察与评价(应用)

一、幼儿园社会教育活动的观察

二、幼儿园社会教育活动的评价

第七节　幼儿园社会教育活动的案例(应用)

一、我是美食家:品尝月饼

二、我是糕点师:制作粽子

三、我是按摩师:孝敬长辈

四、我是宣讲员:赞美祖国

五、我是旅行家:环游世界

(四) 教学建议与参考

1. 教师带领学生进入幼儿园,观看社会领域的教育活动,并加以评价。

2. 教师指导学生围绕社会领域的内容,设计一个教育活动方案或环境布置方案。

第六章　幼儿园的游戏活动

(一) 教学目的与要求

了解幼儿园游戏活动的种类和价值,知道如何为幼儿的游戏活动做好准备,掌握观察幼儿游戏活动的知识和技能,学会指导和评价幼儿的游戏活动。

(二) 教学重点与难点

1. 教学重点:幼儿园游戏活动的准备、观察、指导、评价。
2. 教学难点:幼儿园游戏活动的种类、民间游戏活动的案例。

(三) 教学内容与定位

第一节　幼儿园游戏活动的种类(记忆)

一、幼儿游戏活动的界定
二、幼儿游戏活动的种类

第二节　幼儿园游戏活动的价值(理解)

一、促进幼儿体力的发展
二、促进幼儿智力的发展
三、促进幼儿创造力的发展
四、促进幼儿情感的发展
五、促进幼儿社会性的发展
六、促进幼儿美感的发展

第三节　幼儿园游戏活动的准备(应用)

一、设定幼儿游戏活动的时间
二、布置幼儿游戏活动的空间
三、提供幼儿游戏活动的材料
四、丰富幼儿游戏活动的经验

第四节　幼儿园游戏活动的观察(应用)

一、观察幼儿游戏活动的价值
二、观察幼儿游戏活动的策略
三、观察幼儿游戏活动的记录

第五节　幼儿园游戏活动的指导(应用)

一、尊重幼儿的游戏活动
二、支持幼儿的游戏活动
三、参与幼儿的游戏活动

四、引导幼儿的游戏活动

五、干预幼儿的游戏活动

第六节 幼儿园游戏活动的评价(应用)

一、幼儿游戏活动环境的评价

二、幼儿游戏活动全程的评价

三、幼儿游戏活动水平的评价

第七节 幼儿园游戏活动的案例(应用)

一、幼儿"跳房子"的游戏活动

二、幼儿"跳皮筋"的游戏活动

三、幼儿"滚铁环"的游戏活动

四、幼儿"抽陀螺"的游戏活动

五、幼儿"砸果核"的游戏活动

六、幼儿"拾骰子"的游戏活动

(四) 教学建议与参考

1. 教师和学生分享自己童年时代所玩过的游戏,启发学生思考他们童年时代所玩过的游戏,共同探讨游戏对儿童发展的影响。

2. 教师带领学生在幼儿园观看游戏活动,要求学生对所看到的游戏活动进行分类和评价。

3. 教师指导学生设计一个幼儿游戏活动观察量表或评价量表。

第七章 幼儿园的家庭教育指导

(一) 教学目的与要求

了解幼儿园家庭教育指导的价值、内容,理解幼儿园家庭教育指导的原则,掌握幼儿园家庭教育指导的形式,学会设计幼儿园家庭教育指导的方案,把握《全国家庭教育指导大纲》的精神实质。

(二) 教学重点与难点

1. 教学重点:幼儿园家庭教育指导的原则、形式、方案。

2. 教学难点:幼儿园家庭教育指导的内容。

(三) 教学内容与定位

第一节 幼儿园家庭教育指导的价值(记忆)

一、有利于贯彻幼儿教育法规政策

二、有利于与世界幼儿教育接轨

三、有利于发挥幼儿教育整体功能

四、有利于提高家长的教育素质
五、有利于促进幼儿的幸福成长

第二节　幼儿园家庭教育指导的内容(理解)

一、幼儿园家庭教育指导的目的
二、幼儿园家庭教育指导的任务
三、幼儿园家庭教育指导的内容

第三节　幼儿园家庭教育指导的原则(应用)

一、了解性原则
二、方向性原则
三、科学性原则
四、尊重性原则
五、协调性原则
六、针对性原则
七、直观性原则
八、艺术性原则

第四节　幼儿园家庭教育指导的形式(应用)

一、家长委员会
二、家长学校
三、家长会议
四、家长开放日
五、家长园地
六、家庭教育咨询
七、接送时交流
八、电话交谈
九、家园联系册
十、家庭访问
十一、家庭教育经验交流会
十二、其他形式

第五节　幼儿园家庭教育指导的方案(应用)

一、指导活动的主持者
二、指导活动的对象
三、指导活动的时间
四、指导活动的地点
五、指导活动的目标

六、指导活动的准备
七、指导活动的内容
八、指导活动的形式
九、指导活动的过程
十、指导活动的评价

第六节 《全国家庭教育指导大纲》简介(记忆)

一、《全国家庭教育指导大纲》的指导原则
二、《全国家庭教育指导大纲》的指导内容
三、《全国家庭教育指导大纲》的保障措施

(四) 教学建议与参考

1. 教师鼓励学生访谈一位幼儿园教师,看看这位教师经常运用哪些形式与家长交流?为什么?最喜欢运用哪种形式与家长交流?为什么?
2. 教师指导学生选择一种家庭教育的指导形式,设计与家长交流的具体方案。
3. 教师可和学生一起围绕《全国家庭教育指导大纲》,展开讨论和辩论。

第八章 幼儿园的教师

(一) 教学目的与要求

了解幼儿园教师的职业特点和培训形式,理解幼儿园教师的职业道德,掌握幼儿园教师的智能结构,把握《幼儿园教师专业标准(试行)》的主要内容。

(二) 教学重点与难点

1. 教学重点:幼儿园教师的职业素养。
2. 教学难点:幼儿园教师的职业特点。

(三) 教学内容与定位

第一节 幼儿园教师的职业特点(记忆)

一、幼儿园教师劳动的特点
二、幼儿园教师的权利和职责
三、幼儿园教师劳动的价值

第二节 幼儿园教师的职业素养(应用)

一、幼儿园教师的职业道德
二、幼儿园教师的智能结构

第三节 幼儿园教师的职业培训(理解)

一、幼儿园教师培训的意义

二、幼儿园教师培训的机构

三、幼儿园教师培训的课程

四、幼儿园教师培训的形式

五、幼儿园教师培训的实践

六、幼儿园教师的性别问题

七、幼儿园教师队伍的现状

第四节 《幼儿园教师专业标准(试行)》简介(理解)

一、《幼儿园教师专业标准(试行)》的重要价值

二、《幼儿园教师专业标准(试行)》的核心理念

三、《幼儿园教师专业标准(试行)》的主要内容

四、《幼儿园教师专业标准(试行)》的实施建议

(四) 教学建议与参考

1. 教师启发学生思考幼儿园教师的学历和经验之间的关系。

2. 教师和学生一起探讨幼儿园优秀教师应具有哪些特质。

3. 教师鼓励学生思考自己未来准备成为一名什么样的幼儿园教师。

4. 教师可和学生一起围绕着《幼儿园教师专业标准(试行)》的主要内容，展开讨论和辩论。

第九章 国外学前教育的改革及启示

(一) 教学目的与要求

了解世界主要国家学前教育改革与发展的主要特点，思考可供我们借鉴之处。

(二) 教学重点与难点

1. 教学重点：美国、英国学前教育的特点及启示。

2. 教学难点：新加坡学前教育课程的特点及启示。

(三) 教学内容与定位

第一节 美国学前教育的特点及启示(应用)

一、和谐发展的学前教育目标

二、开放多样的学前教育途径

三、千姿百态的学前儿童教师

四、责权并重的学前儿童家长

五、几点启示及思考

第二节 英国学前教育的特点及启示(应用)

一、学前教育的机构及特点

二、学前教育的目标及特点

三、学前教育的内容及特点

四、学前教育的途径及特点

五、学前教育的师资及特点

六、学前教育的管理及特点

七、几点启示与思考

第三节 新加坡学前教育课程述评(理解)

一、学前教育课程目标述评

二、学前教育课程方案述评

三、学前教育课程领域述评

四、学前教育课程途径述评

五、学前教育课程师资述评

第四节 埃及幼儿教师的特征及思考(记忆)

一、埃及幼儿教师的主要特征

二、与中国幼儿教师的比较及思考

(四) 教学建议与参考

1. 教师引导学生比较中外学前教育的异同点,并分析其成因。

2. 教师指导学生思考国外学前教育的改革给了我们哪些启示?有哪些举措是值得我们学习借鉴的?

三、教材与教学参考资料

(一) 教材

李生兰著:《学前教育学(第 3 版)》,华东师范大学出版社 2014 年版。

(二) 教学参考资料

1. 李生兰等著:《学前教育法规政策的理解与运用》,南京师范大学出版社 2012 年版。

2. 李生兰著:《儿童的乐园:走进 21 世纪的美国学前教育》,南京师范大学出版社 2011 年版。

四、教学安排与考试

(一) 课时安排

教学时间共 60 学时。

章第	章　名	学时
一	导论	4
二	学前儿童观	6
三	学前教育观	10
四	学前教育的课程	8
五	幼儿园的社会教育	8
六	幼儿园的游戏活动	8
七	幼儿园的家庭教育指导	6
八	幼儿园的教师	6
九	国外学前教育的改革及启示	4
合计		60

(二) 考核方法

可采用闭卷、笔试的方法，也可采用开卷、口试的方法；运用百分制进行测评，60 分以上为及格；考试时间为 90 分钟或 120 分钟。

附录 2

学前教育学课程模拟考试试卷及参考答案

试卷一

年级________班级________姓名________学号________成绩________

（考试时间：90 分钟；考试方法：闭卷）

一、名词解释（每题 3 分，共 12 分）

1. 学前教育
2. 福禄培尔
3. 陶行知
4. 《儿童权利公约》

二、简答题（每题 8 分，共 16 分）

1. 幼儿体育的目标
2. 幼儿德育的目标

三、论述题（每题 13 分，共 39 分）

1. 家庭指导的形式主要有哪些？试以某一种形式为例，说明如何加以运用。
2. 联系实际说明教师如何为幼儿做好游戏的准备？
3. 设计学前教育课程应遵守哪些原则？

四、设计题（1 题 23 分）

设计一个“欢庆元旦”的家园合作活动方案。

五、分析题（1 题 10 分）

王老师对一位实习生说：“现在要想做个称职的教师，最重要的是要有创新能力，别的能力无关紧要。”如果你是这位实习生，你将如何回答她？并简述你的理由。

参考答案

一、名词解释

1. 出生到入小学前儿童的教育（3 分）。
2. 德国教育家（1 分），1837 年创办幼儿园（1 分），重视游戏作用（1 分）。
3. 艺友制培养师资（1 分），创办第一所乡村幼儿园和劳工幼儿园（2 分）。
4. 1989 年联合国大会通过（1 分），重视儿童的受教育权及游戏权等（2 分）。

二、简答题

1. 身体正常发育和机能协调发展(2 分),增强体质(2 分),培养生活与卫生习惯(2 分),体育活动兴趣(2 分)。

2. 爱家乡、爱集体等情感(3 分),诚实等品德行为习惯(3 分),活泼开朗的性格(2 分)。

三、论述题

1. 家长会、家长开放日、家长园地、家庭教育经验交流、家访、接送交流、电话交谈、家园联系册(各 1 分,共 8 分,说理 5 分)。

2. 游戏时间、游戏空间、游戏材料、知识经验(各 2 分,共 8 分,说理 5 分)。

3. 儿童权利、民族性、世界性、儿童特点、儿童潜力(各 2 分,共 10 分,说理 3 分)。

四、设计题

主持者(1 分)、对象(1 分)、时间与地点(2 分)、目标(3 分)、准备(3 分)、内容和形式(4 分)、具体步骤与过程(6 分)、评价与后续活动(3 分)。

五、分析题

观察力、组织力、交往力、表达力、教育能力、设计力(各 1 分,共 6 分,说理 4 分)。

试卷二

年级________ 班级________ 姓名________ 学号________ 成绩________

(考试时间:90 分钟;考试方法:闭卷)

一、名词解释(每题 5 分,共 25 分)

1. 学前教育学
2. 蒙台梭利
3. 南陈北张
4. 学前教育观
5. 家庭结构

二、简答题(每题 10 分,共 20 分)

1. 学前教育与社区的关系。
2. 遗传、环境、教育对学前儿童发展的影响。

三、论述题(每题 20 分,共 40 分)

1. 张宗麟认为幼儿园教师应具备什么样的条件?应接受哪些方面的培训?试联系上海幼教实际写出你的看法。

2. 什么是儿童观?你认为幼儿教师应如何树立正确的儿童观?

四、分析题(1 题 15 分)

试用《学前教育学》中的理论知识,对幼儿园见习中的一个教育活动加以分析,指出其合理性或不足之处。

参考答案

一、名词解释

1. 研究学前教育现象及规律的科学(5分)。

2. 意大利教育家(1分),《童年的秘密》、《蒙台梭利法》(1分),创办儿童之家(1分),儿童发展有敏感期、自动教育、准备环境(2分)。

3. 南方陈鹤琴(1分),北方张雪门(1分),著书立说(1分),创办幼教机构(1分),对幼教作出贡献(1分)。

4. 对学前教育的基本认识和看法(2分),涉及教育目的、任务、内容、途径和方法(3分)。

5. 家庭各成员之间的关系(1分),包括核心家庭、扩大家庭、单亲家庭、再婚家庭(4分)。

二、简答题

1. 自然结构、经济结构、社会习俗、人口、独生子女(各2分)。

2. 遗传是儿童发展的物质基础(3分),环境在儿童发展上起决定作用(3分),教育起主导作用(4分)。

三、论述题

1. 初中以上文化程度(2分),男性也可(3分),文化、教育、心理知识(8分),倡导男性加盟(3分),重视提高文化素养(2分),不断接受在职培训(2分)。

2. 对儿童的基本看法(2分),涉及儿童的权利、地位和作用(3分),儿童有年龄特点(3分),儿童有个体差异(3分),儿童有各种权利(3分),儿童的发展是全方位的(3分),儿童通过活动发展(3分)。

四、分析题

教师准备工作(2分)、教师语言(2分)、幼儿反应(2分)、教师提问难度(2分)、幼儿回答频率(2分)、幼儿动手(2分)、幼儿积极性(2分)、合理性(1分)。

试卷三

年级________ 班级________ 姓名________ 学号________ 成绩________

(考试时间:120分钟;考试方式:闭卷)

一、填空题(每题1分,共10分)

1. 1979年联合国发起了________年。

2. 1989年联合国大会通过了《____________》。

3. 1996年原国家教委发布了《____________》。

4. 2001年教育部颁发了《____________》。

5. 学前教育课程可分为隐蔽课程和____________。

6. 1997年原国家教委、全国妇联联合发布了《____________》。

7. 1993 年第八届全国人大常务会第四次会议通过了《＿＿＿＿＿＿》。
8. 课程是一个体现了＿＿＿＿的计划，是幼教工作者工作的指导准则。
9. 学前教育是对＿＿＿＿儿童进行的教育。
10. 德国教育家＿＿＿＿是世界学前教育之父。

二、简答题(每题 6 分，共 30 分)

1. 儿童观的种类。
2. 幼儿园的保教目标。
3. 优秀的幼儿教育课程。
4. 儿童社会化的理论。
5. 儿童游戏的种类。

三、论述题(每题 10 分，共 20 分)

1. 学前教育课程的三种理论流派(画图表示)。
2. 幼儿游戏环境的评价指标。

四、评价题(1 题 15 分)

试对第一次下园见习活动中的“环境布置”加以评价。

五、设计题(1 题 15 分)

围绕“元旦”，设计一个家园合作活动简案。

六、推测题(1 题 10 分)

猜谜语并简析其特点。

有面没有口，有腿没有手，虽有四条腿，可是不会走。(打一用具)

参考答案

一、填空题

1. 国际儿童
2. 儿童权利公约
3. 幼儿园工作规程
4. 幼儿园教育指导纲要(试行)
5. 公开课程
6. 家长教育行为规范(试行)
7. 中华人民共和国教师法
8. 教育思想
9. 出生至入小学前
10. 福禄培尔

二、简答题

1. 小大人，白板，有罪的，花草树木，私有财产，未来资源，有能力的主体。
2. 保教结合，全面发展，身心和谐。

3. 针对儿童身心:身体,认知,语言,创造,社会性与情感。
4. 统一,冲突,互动,主体。
5. 创造性(角色,结构,表演),体育,智力,音乐,娱乐。

三、论述题

1.

流派	代表人物	特点	教师作用	中心
成熟社会化	格赛尔	社会情感	社会环境	儿童
教育训练	斯金纳	准备	教育环境	教师
认知发展	皮亚杰	互动	适当环境	教师和儿童

2. 冷硬性,开放性,复杂性,干预性,活动性。

四、评价题

优点;不足。

五、设计题

主持者,对象,时间,地点,目标,准备,内容,形式,过程,后续。

六、推测题

凳子。来自生活,幼儿熟悉。

试卷四

年级________班级________姓名________学号________成绩________

(考试时间:120 分钟;考试方式:闭卷)

一、填空题(每题 1 分,共 10 分)

1. 1979 年联合国发起了________年。
2. 1989 年联合国大会通过了《____________》。
3. 1996 年原国家教委发布了《____________》。
4. 2001 年教育部颁发了《____________》。
5. 学前教育课程可分为公开课程和____________。
6. 1997 年原国家教委、全国妇联联合发布了《____________》。
7. 1993 年第八届全国人大常务会第四次会议通过了《____________》。
8. 课程是一个体现了教育思想的计划,是幼教工作者工作的____________。
9. 学前教育是对________儿童进行的教育。
10. 德国教育家________是世界学前教育之父。

二、简答题(每题6分,共30分)

1. 加德纳的多元智能理论。

2. 幼儿教师如何树立正确的教育观。

3. 布朗芬布伦纳的社会生态学理论。

4. 观察幼儿的内容与形式。

5. 幼儿园家长工作的主要形式。

三、论述题(每题10分,共20分)

1. 设计学前教育课程的原则。

2. 幼儿教师的能力结构。

四、评价题(1题15分)

试对第二次下园见习活动中的“第一节英语课”加以评价。

五、设计题(1题15分)

设计一个幼儿游戏活动观察记录简表。

六、推测题(1题10分)

猜谜语并简析其特点。

一群小娃娃,身上油腻腻,画出五彩画,短了它自己。(打一文具)

参考答案

一、填空题

1. 国际儿童年
2. 儿童权利公约
3. 幼儿园工作规程
4. 幼儿园教育指导纲要(试行)
5. 隐蔽课程
6. 家长教育行为规范(试行)
7. 中华人民共和国教师法
8. 指导准则
9. 出生至入小学前
10. 福禄培尔

二、简答题

1. 语言,数学,运动,空间,音乐,人际,内省,自然。
2. 热爱儿童,尊重儿童,全面教育儿童,寓教于活动之中,儿童化,多种形式,因材施教,家园合作。
3. 生态环境,若干系统组成。
4. 全面与某方面,普遍与重点,有计划与随机。
5. 家长会,家长园地,亲子活动,电话交流,家访,家园小报。

三、论述题

1. 儿童权利,民族特色,世界,个别差异,发展潜力。

2. 组织,表达,设计,创造,交往。

四、评价题

优点:年龄性,世界性,本土性;不足:时间短,成人化。

五、设计题

游戏区对幼儿吸引力的观察记录表

观察记录时间:________ 观察记录者:________

游戏区	位置	面积	材料	人数

六、推测题

油画棒。美术活动物品,幼儿经常使用。

试卷五

年级________ 班级________ 姓名________ 学号________ 成绩________

(考试时间:90 分钟;考试方式:开卷)

一、论述题(每题 15 分,共 45 分)

1. 你是如何理解《幼儿园工作规程》关于幼儿体育的目标的?

2. 你认为教师应如何促进幼儿的社会化?

3. 结合教育见习活动,说明幼儿园应如何办好家园之窗。

二、设计题(25 分)

围绕参观书城或书店,设计一个家园合作共育活动简案。

三、评析题(30 分)

一位家长在 5 月 23 日给李老师发来了电子邮件,邮件的内容是:上小班的女儿,因在幼儿园午睡时没有睡觉,就被老师掐着脖子拎了出去;很担心女儿的心灵会从此受到创伤;很想同老师交涉,但又怕老师日后对女儿变本加厉;恳请李老师给予指教。

谈谈你看了这封电子邮件的想法。

参考答案

一、论述题

1. 培养良好的卫生习惯(3 分),激发体育的兴趣(3 分),增强体育的技能(3 分),提高身心健康水平(6 分)。

2. 合理安排幼儿园活动(8分),充分发挥家长的作用(4分),注意挖掘社区潜力(3分)。

3. 定期与随时更换相结合,平面与立体相结合,教师计划与幼儿作品、家长反馈信息相结合,色彩鲜艳、平视,指导家长阅读。(各3分)

二、设计题

活动名称(3分),活动准备(3分),活动目标(3分),活动过程(10分),活动延伸(3分),活动评价(3分)。

三、评析题

1. 电子邮件已成为幼儿园家庭教育指导的一种重要形式。
2. 这位教师的做法不妥。
3. 家长不能在孩子面前流露出对教师的不满。
4. 家长在家中应注意培养孩子午睡的习惯。
5. 家长应心平气和地和教师交换信息。

(各6分)

试卷六

年级________班级________姓名________学号________成绩________

(考试时间:90分钟;考试方式:开卷)

一、论述题(每题15分,共45分)

1. 你是如何理解《幼儿园工作规程》中幼儿美育的目标的?
2. 什么是情商? 教师应如何提高幼儿的情商?
3. 结合教育见习,说明幼儿园应如何办好家园小报。

二、设计题(25分)

围绕清明节,设计一个家园合作共育活动简案。

三、评析题(30分)

5月26日,李老师收到了一位家长发来的电子邮件:儿子就要上小学了,如何为他准备文化用品和学习用具? 暑假里是否应给儿子制订一个学习计划,让他多认字,多做算术题? 是不是只有这样,他才不会输在起跑线上? 敬请李老师在百忙之中给予帮助。

谈谈你看了这封电子邮件的想法。

参考答案

一、论述题

1. 让幼儿感受美(4分),让幼儿表现美(4分),培养幼儿审美的情趣(3分),提高幼儿审美的能力(4分)。

2. 是情感和社会技能的综合表现(3分)。

通过开展多种活动来实现:交流活动、说笑活动、合作游戏、歌舞活动、训练活动。(各 2 分)

3. 确定主编和责任编辑,搞好版面设计,组织好稿源,邀请幼儿、家长参与,做好发行工作。(各 3 分)

二、设计题

活动名称,活动准备,活动目标,活动过程,活动延伸,活动评价。(活动过程 10 分,其余皆 3 分)。

三、评析题

1. 选购孩子喜欢的图书、书包、文具盒和文具。
2. 带孩子去书店、文具店、超市购买。
3. 暑假里可根据孩子的兴趣爱好,学习浅显的文化知识。
4. 除了识字、计算以外,还可学习其他东西。
5. 应保证孩子有充足的休息、娱乐和游戏的时间。

(各 6 分)

试卷七

年级________ 班级________ 姓名________ 学号________ 成绩________

(考试时间:90 分钟;考试方式:开卷)

一、填空题(每空 1 分,共 18 分)

1. 幼儿园的保教目标是:实行________和________相结合的原则,对幼儿实施________、________、________、________诸方面全面发展的教育,促进其身心和谐发展。

2. 幼儿园家庭教育的指导形式主要有:________、________、________、________、________、________等。

3. 幼儿游戏多种多样,可分为________、________、________、________、________、________等。

二、名词解释(每题 3 分,共 12 分)

1. 幼儿社会化
2. 学前教育学
3. 隐蔽课程
4. 儿童观

三、简答题(每题 5 分,共 20 分)

1. 幼儿教师的基本能力。
2. 幼儿游戏的教育价值。
3. 幼儿社会化的理论流派。
4. 幼儿园课程设计的原则。

四、论述题(每题12分,共24分)

1. 联系幼教实际,说明教师应如何树立正确的教育观。

2. 结合幼儿园实习,说明教师应如何指导幼儿的游戏。

五、评析题(1题12分)

案例:妈妈喜欢“插花”,不论是什么样的蔬菜、水果,只要一到她的手里,就能变成一个个美丽的“花篮”、“花环”、“花束”,儿子羡慕极了。妈妈每次“插花”时,儿子都嚷着要和妈妈一起插,“想看看妈妈究竟是怎么插的。”但妈妈总是回答他:“别给我添乱,玩你的积木去吧。”

试析儿子的主要特点和母亲的教养方式,并提出相应的教育建议。

六、设计题(1题14分)

试围绕“可爱的上海”这一主题,设计一组系列教育活动简案。

参考答案

一、填空题

1. 保育,教育,体,智,德,美

2. 家长会,家长园地,电话交流,接送时交谈,亲子活动,开放日活动

3. 角色游戏,结构游戏,表演游戏,智力游戏,体育游戏,音乐游戏

(每题每空1分)

二、名词解释

1. 幼儿从自然的人变成社会的人的过程。

2. 研究学前教育现象及其规律的科学。

3. 潜在的、非正式的课程。

4. 对儿童的基本看法,也涉及对儿童的做法。

(每题3分)

三、简答题

1. 教育能力,观察能力,组织能力,创造能力,交往能力。

2. 促进幼儿体力、智力、社会性、情感、审美能力的发展。

3. 统一论,冲突论,互动论(前喻,后喻,并喻),主体论。

4. 承认儿童权利,反映民族特色,面向世界,尊重儿童特点,开发儿童潜力。

(第3题的第3个要点2分,其余各题的每个小点1分。)

四、论述题

1. 热爱儿童,尊重儿童,全面教育儿童,寓教于活动之中,教育要儿童化,多种形式教育结合,因儿童而施教,争取家庭配合。

2. 保证幼儿游戏的时间空间,丰富幼儿游戏的知识经验,观察幼儿的游戏,尊重幼儿的游戏,支持幼儿的游戏,参与幼儿的游戏,引导幼儿的游戏,干预幼儿的游戏。

(每题的每个小点1.5分)

五、评析题

1. 儿子发展特点:好奇心强,探索欲旺,对“插花”很感兴趣。
2. 母亲教养方式:压制孩子思维,阻挡孩子动手,剥夺孩子参加艺术活动的权利。
3. 教育建议:满足孩子的合理需要,供给孩子各种探索材料,示范和讲解相结合。

(每项 4 分,每个小点 1 分。)

六、设计题

1. 活动时间(1 分)
2. 活动地点(1 分)
3. 活动对象(1 分)
4. 活动准备(2 分)
5. 活动目标(2 分)
6. 活动过程(参观活动,摄影活动,绘画活动,讲说活动,展览活动)(6 分)
7. 后续活动(1 分)

试卷八

年级________ 班级________ 姓名________ 学号________ 成绩________

(考试时间:90 分钟;考试方式:开卷)

一、说明题(在 7 个题目中任选 5 个题目;每题 10 分,共 50 分)

1. 儿童观的含义是什么?儿童观有哪几种?你赞成哪一种?为什么?
2. 什么是因材施教?你认为教师应如何对学前儿童进行因材施教?
3. 公开课程指的是什么?隐蔽课程指的是什么?这两类课程之间的关系如何?
4. 幼儿园的社会教育指的是什么?它对儿童的发展有何作用?
5. 教师应如何为儿童的游戏做好准备?试举例加以说明。
6. 你认为做一个合格的幼儿园教师需要具备哪些条件?为什么?
7. 教育部 2001 年颁发的《幼儿园教育指导纲要(试行)》指出幼儿园教育内容的特点是什么?它把教育内容分为哪几个领域?并写出你的看法。

二、设计题(1 题 20 分)

5 月 15 日是国际家庭日,试围绕这一节日,设计一个教师与家长合作共育的活动简案。

三、评析题(1 题 30 分)

情景:父亲一手拎着公文包,一手牵着背着小花包的 5 岁女儿,朝着华东师范大学的校门走去。走到校门口时,父亲用手指着门廊上的几个字对女儿说:“妮妮,你看,这就是爸爸常跟你说的‘华东师范大学’,现在爸爸带你进去玩玩。”女儿一边大声地复述着“华东师范大学”,一边笑嘻嘻地跳进了校门。

试对上述情景进行评析:

1. 女儿的发展特征。

2. 父亲的教养方式。

3. 社区资源的利用。

参考答案

一、说明题

1. 儿童观是对儿童的看法和做法。儿童观有小大人、白板、有罪的、花草树木、未来的资源。

2. 根据儿童不同的特点对儿童进行不同的教育。儿童积极性不同、兴趣爱好不同、知识能力不同,教师的教育也应不同。

3. 公开课程是正式课程。隐蔽课程是非正式课程。对儿童发展有不同的作用,这两类课程可相互转化。

4. 幼儿园的社会教育是对儿童进行社会认知、社会情感、社会行为的教育。对儿童社会性的发展、价值观的形成、社会化的进程都有积极作用。

5. 教师应为儿童的游戏作好时间、空间、材料、经验准备。

6. 做一个合格的幼儿园教师需要具备职业道德和智能结构(知识、能力)。

7. 教育内容的特点是全面的、启蒙性的。教育内容分为健康、语言、社会、科学、艺术五个领域。

二、设计题

题目、活动目标、活动准备、活动过程、后续活动。

三、评析题

1. 女儿特征:独立性、胆量、语言、情绪、动作较好。

2. 父亲教养方式:较放手,激发孩子上进心,寓教于玩。

3. 社区资源利用。大学是社区的重要的人文资源,有利于激发孩子的学习兴趣,培养孩子长大上大学的理想。

试卷九

年级________班级________姓名________学号________成绩________

(考试时间:120 分钟;考试方式:开卷)

一、论述题(1 题 40 分)

什么是儿童观?你认为幼儿园教师应如何树立正确的儿童观?试联系幼教实践加以说明。

二、设计题(1 题 60 分)

试以“重阳节”为主题,设计一个活动简案。

参考答案

一、论述题

儿童观是教师如何看待和对待儿童的观点的总和。

幼儿园教师在树立正确的儿童观时，应认识到以下几点：(1)儿童有各种各样的权利，(2)儿童的成长受制于多种因素，(3)儿童发展的潜力要及时挖掘，(4)儿童是连续不断发展的，(5)儿童的发展具有差异性，(6)儿童通过活动得到发展，(7)儿童是作为一个整体来发展的。

可以某一要点为主，举例加以说明。

二、设计题

活动简案应包括如下几个部分：

(1) 活动名称：要新颖独特

(2) 活动目标：要简明扼要

(3) 活动准备：要全面具体

(4) 活动过程：要详细充分

(5) 活动评价：要简单扼要

(6) 活动延伸：要简单扼要

试卷十

年级________ 班级________ 姓名________ 学号________ 成绩________

（考试时间：120 分钟；考试方式：开卷）

一、论述题(1 题 40 分)

什么是教育观？你认为幼儿园教师应如何树立科学的教育观？试联系幼教实践加以说明。

二、设计题(1 题 60 分)

试以“中秋节”为主题，设计一个活动简案。

参考答案

一、论述题

教育观是教师如何看待和对待学前教育的观点的总和。

幼儿园教师在树立科学的教育观时，需要注意以下几点：(1)热爱儿童，(2)尊重儿童，(3)全面教育儿童，(4)寓教于活动中，(5)教育要儿童化，(6)多种教育形式相结合，(7)因不同的儿童而施教，(8)争取家庭配合。

可以某一要点为主，举例加以说明。

二、设计题

活动简案应包括如下几个部分：

(1) 活动名称:要新颖独特
(2) 活动目标:要简明扼要
(3) 活动准备:要全面具体
(4) 活动过程:要详细充分
(5) 活动评价:要简单扼要
(6) 活动延伸:要简单扼要